U0804713

明代易學史

林忠军 张沛 张韶宇 等著

齊魯書社

教育部人文社会科学重点研究基地重大项目
“明清易学”（07JJD720041）成果

教育部人文社会科学重点研究基地
山东大学易学与中国古代哲学研究中心资助

泰山学者工程专项经费资助

目 录

概　述

宋明理学亦称“新儒学”。对此，牟宗三先生曾解释道：“对先秦之庞杂集团、齐头并列，并无一确定之传法统系，而确定出一个统系，藉以决定儒家生命智慧之基本方向，因而为新。……对汉人以传经为儒而为新。此则直接以孔子为标准，直就孔子之生命智慧之方向而言成德之教以为儒学，或直相应孔、孟之生命智慧而以自觉地作道德实践以清澈自己之生命，以发展其德性人格为儒学。”①作为宋代理学集大成者的朱熹，其思想学说厘定了一个孔孟儒学慧命相续的统系。可以说，在理学阵营内部，这个统系的厘定为理学话语的权威性、正当性提供了一种理学家之个人信仰世界的内在支撑。但在朱子当时身处的生活世界中，此种权威性和正当性并未得到现实权力的外在支撑。朱熹生前长期讲学著书，弟子众多，形成了一个势力颇大的学派，但其晚年至死后的二十余年中，朱子学一直被南宋统治者斥为“伪学”，受到极大的压制。其弟子门人被诬为妖人，流放驱逐，客死他乡者有之；不胜政治高压，变服易形，以示异于朱门者有之。甚至应举考试，学

① 牟宗三：《心体与性体》上册，上海古籍出版社 1999 年版，第 11 ~ 12 页。

者先须声明自己并非朱学信徒，方准参加。直到南宋末年庆元党禁解除，朱熹的学术思想才获得官方认可。然而，此时风雨飘摇的南宋政权已然无暇他顾，故此一认可对理学的真正意义实在微乎其微。及至元代，情况开始有所改变。统治者对汉文化的高度欣赏，加之一批具有强烈担当意识的儒家知识分子“用夏变夷”之文化策略的双重作用，促使南宋理学得以流入北方。元仁宗皇庆年间，朝廷更明令科举当以朱熹《四书集注》及五经朱子传注为思想准绳。就此而言，元代理学显然是向着积极方向迈进的。不过，长久以来儒学高度强调的道统意识和华夷意识亦在不断地提醒着元代的知识分子，在此家国天下变色的时局之下，空谈心性境界有多么不合时宜。可以说，元代理学一边提升着儒家知识分子的精神追求，一边又不断摧残着他们的生命尊严和民族自信。这样的情况一直延续到明朝方才终结。

明建立之初，统治者“征召耆儒，讲论道德，修明治术，兴起教化，焕乎成一代之宏规”①。学术则承袭宋元之传统，推崇程朱理学。明太祖洪武年间，解缙上万言书，建议官方编修理学经书，“上溯唐、虞、夏、商、周、孔，下及关、闽、濂、洛”(《明史》卷一百四十七《解缙传》)，至明成祖时，理学书籍的修纂得以实施。永乐十二年(1414)，明成祖提出“五经四书，皆圣贤精义要道，其传注之外，诸儒议论，有发明余蕴者，尔等采其切当之言，增附其下。其周、程、张、朱诸君子性理之言……皆六经之羽翼，然各自为书，未有统会，尔等亦别类聚成编”②，大臣胡广等人即遵照指示开始

① 〔清〕张玉书、王鸿绪、张廷玉等：《明史》卷二百八十二《儒林一》，中华书局1987年版。以下凡引此书只注卷数、卷名或篇名。

② 《明太宗实录》卷一五八，台湾“中央研究院”历史语言研究所1962年影印，第1803页。

撰修《五经大全》《四书大全》《性理大全》，不足一年即完工。皇帝阅之，大加赞赏，亲自制序，颁布天下，正式确立起程朱理学的官学地位。因此，明初学术以祖述推阐程朱思想为绝对主流。黄宗羲曾指出：

> 有明学术，从前习熟先儒之成说，未尝反身理会，推见至隐，所谓“此亦一述朱，彼亦一述朱”耳。①

明初理学发端于朱子门人。号称“醇儒”和“名儒”的曹端、薛瑄、吴与弼等人被认作是明初儒学正宗。其中，曹端开明代理学先河，以朱学为归；薛瑄继起，恪守朱子矩矱，开“河东之学”，为北方朱学之大宗；吴与弼“一禀宋人成说”，创立“崇仁之学”，尤重自治躬行。而后，海内学者皆宗其学。“原夫明初诸儒，皆朱子门人之支流余裔，师承有自，矩矱秩然。曹端、胡居仁笃践履，谨绳墨，守儒先之正传，无敢改错。”（《明史》卷二百八十二《儒林一》）

明中后期，立于官学的三部《大全》成为开科取士的法定教科书。然而，所谓“大全”不过是剽窃宋元、临时拼凑之作，这对当时的经学研究造成了极深的负面影响。在许多士子的心目中，经学只是博取功名利达的跳板。在此浮躁学风的持续熏染下，多数学者缺乏萃心钻研的精神，他们非但不关注汉唐经师留下的丰厚成果，对经学源流甚至原典本义亦一知半解，自然也就谈不到思想体系的建构与创新。关于明代经学之积弊，杨慎等人已有所指陈：

① 〔清〕黄宗羲：《明儒学案》卷十《姚江学案》，中华书局1985年版，第179页。以下凡引该书只注卷数、卷名。

> 本朝以经学取人，士子一经之外，罕所通贯。近日稍加务博，以哗名苟进，而不究本原，徒事末节，五经诸子则割取其碎语而诵之，谓之蠡测；历代诸史，则抄节其碎事而缀之，谓之策套。其割取枝节之人已不通经涉史，而章句血脉皆失其真。有以汉人为唐人、唐事为宋事者，有以一人析为二人、二人合为一事者。①

明代经学研究的诸多弊端，在一定程度上导致了程朱理学步向式微，继而逐渐形成了两股以颠覆程朱理学为宗旨的思潮：一是经学复古思潮。杨慎、陈耀文、胡应麟等学者有感于明代经学之偏失，试图以经学考据、辨伪、辑佚等工作来反对朱学乃至整个宋学，力倡汉学朴实之风。“这几项经学研究的内容和方法，告诉我们这些经学家正从事一项新的经学运动。这种运动，不同于宋人以义理为主的‘新经学’，而是逐渐与汉儒精神相契合的汉学运动。”②就此而言，明中后期的经学复古思潮乃清代朴学的先声。二是心学思潮。此时，部分理学家先后从朱子学的既定框架中跨步而出，进而以自我建构的心学体系来反对朱学理论。如朱子的学术思路是从客观世界入手，就事事物物上求其天理；阳明心学则反其道而行之，点出良知即天理、心外无理，主张由致良知直达天理，即所谓“致吾心良知之天理于事事物物，则事事物物皆得其

① 〔明〕杨慎：《升庵集》卷五十二《举业之陋》，《文渊阁四库全书》第1270册，台湾商务印书馆1986年影印。

② 林庆彰：《晚明经学的复兴运动》，参见《明代经学研究论集》，台湾文史出版社1994年版，第134页。

理矣”①。明代心学思潮起自陈献章的“江门之学”和王守仁的“姚江之学”，其学问世以来，趋之者日众，流风所扇，长达百余年。正如《明史》所言：“学术之分，则自陈献章、王守仁始。宗献章者曰江门之学，孤行独诣，其传不远。宗守仁者曰姚江之学，别立宗旨，显与朱子背驰，门徒遍天下，流传逾百年，其教大行，其弊滋甚。嘉、隆而后，笃信程、朱，不迁异说者，无复几人矣。”（《明史》卷二百八十二《儒林一》）阳明下世后，弟子各依自家理解再度诠释阳明学说，继而形成了不同的心学支派。黄宗羲在《明儒学案》中曾从浙中、江右、南中、楚中、北方、粤闽、泰州等地域的角度来划分阳明后学的分派，并逐一为之设立学案。部分阳明后学亦杂糅吸取禅学资源，如主无念为宗，以默坐澄心为工夫，追求虚寂无欲。就在心学愈发走向高迈玄远的同时，其与禅学之间的边界亦日益模糊，以致遭到了心学阵营内外的共同指责：浙中王门黄绾提倡“艮止之学”，反对禅学式的虚空心体；王艮及其泰州学派主张“百姓日用即道”的儒学世俗化；东林党人顾宪成、高攀龙力辨“无善无恶心之体”的乖谬；明末大儒刘宗周则以“诚意”“慎独”为核心，纠正阳明“四句教”和王龙溪“四无论”的消极影响。

在理学、心学、佛学三者相互碰撞、即对峙即交融之学术背景下形成的明代易学，反映了此一时期学术文化发展的理路与特色。在官方的极力倡导下，易学研究的规模相较前代丝毫不减。据《明史·艺文志》记载，明代易学书籍共 222 部，1570 卷。官方独尊程朱易学的标志，则是《周易传义大全》的纂修。该书共二

① 〔明〕王守仁：《王阳明全集》卷二《传习录中·答顾东桥书》，上海古籍出版社 1992 年版，第 45 页。

十四卷，从属于明初《五经大全》。“传”指《程氏易传》，“义”指朱子《周易本义》。顾名思义，《周易传义大全》即合《程传》与《本义》为一，并大量吸收程朱后学二董、二胡之成果。董楷，浙江临海人，撰有《周易传义附录》十四卷，首合程颐《易传》与朱熹《本义》于一编；胡一桂，江西婺源人，撰有《周易本义附录纂疏》；董真卿，江西鄱阳人，曾受学于胡一桂，撰有《周易会通》；胡炳文，江西婺源人，撰有《周易本义通释》。在很大程度上，《周易大全》只是去其姓名、刊其重复、抄录四家而成书。清人朱彝尊批评此书“止就前儒之成编，一加抄录，而去其名……则天台鄱阳二董氏、双湖云峰二胡氏，于诸书外，全未寓目，所谓《大全》，乃至不全之书也”①。即便如此，因乎程朱易学被崇奉为官学，故而明初易学的主流仍然是沿袭程朱重义理、兼顾河洛先天的路数，重在解释阐发程朱思想，或基于程朱之说重释《周易》。至于《性理大全》取《易学启蒙》之说，则是明初易学独尊程朱、尤重朱学的又一确证。

明初理学大儒曹端、薛瑄、胡居仁三人皆通易学。号称明初理学之冠的曹端著有《周易乾坤二卦解义》《太极图说述义》；薛瑄为明代义理学先驱，著有《读书录》，对易学问题多有涉及。他主张理象合一和理气合一，反对理先气后，旨在修正朱学观点。依他之见，易即阴阳，天地阴阳是自然之易，《易》书符号则是模写天地之易。“易者，阴阳之气交错往来是也，而性命之理实具于气之中，故曰易为性命之源”②；胡居仁

---

① 〔清〕朱彝尊：《经义考》卷四十九，中华书局 1936 年版《四部备要》本。

② 〔明〕薛瑄：《薛瑄全集》，山西人民出版社 1990 年版，第 1364 页。

著有《易像钞》①,他"读《易》二十年有所得辄抄积之,手订成帙,取先儒图书论说合于心得者,录之。三卷以下则皆与人论《易》往复劄记及自记所学,又为檃括歌辞以举其要。居仁之学其源虽出于吴与弼,而笃实则远过其师。故在明代与曹端、薛瑄俱号醇儒。……其说《易》亦简明确切,不涉支离元渺之谈"②。在此三人的影响下,明代理学阵营中出现了一批易学家。他们重新解说《周易》

① 今《四库》所存胡居仁《易象钞》四卷,已非胡氏原作。《四库提要》指出:"其说《易》亦简明确切,不涉支离玄渺之谈。考万历乙酉御史李颐《请以居仁从祀孔子庙庭疏》,称所著有《易传》《春秋传》,今颇散佚失次。朱彝尊《经义考》载有居仁《易通解》,注曰'未见',而不载此书,岂此书一名《易通解》欤?然李颐时已称散佚失次,何以此本独完?疑后人裒其绪言,重为编次,非居仁手著也。"朱伯崑先生认为:"此书所辑诸家易说,有黄正宪、章本清语,皆出于胡氏之后。显然,此书乃后人所伪托,非胡氏之作。"(见朱伯崑《易学哲学史》第三卷,昆仑出版社 2005 年版,第 85 页。)郭彧先生认为,"今见四库全书本《易像钞》(非'易象钞')"注文中有"胡叔心","若此书为胡居仁所作,无自属其名字之理";又引蔡清、章潢、杨时乔、顾宪成、焦竑等胡氏身后诸家之言论,故绝非胡居仁所作。郭先生将此书与钱一本之《像抄》对比,发现"《像抄》前两卷文字与《四库全书》本《易像钞》前五卷文字完全相同,其三十二图,唯《马图》画有'龙马',《龟书》画有'神龟',其余亦完全相同"。故郭彧以四库全书本《易像钞》为钱一本之著作。(参见郭彧《续四库提要辩证·经部易类》,此著作为网络发表,网址:http://www. confucius2000. com/zhouyi/xu4kutybzh/jing5. htm.)此外,刘勇亦在对四库本《易像钞》及钱一本《像钞》之序言、结构和内容进行大量比较分析后,直指《易像钞》为钱氏之书。他还进一步推测:"《四库提要》所据胡居仁《易像钞》,是两淮盐政李质颖在乾隆皇帝的催索之下,通过当地总商向书贾匆忙购取。""结合之前由乾隆皇帝本人所定的征书标准,以及两淮盐政实际的采集环境,完全有可能此书是书贾为射利而将钱一本所著《像抄》改署胡居仁之名的结果,书前的序言,大概也是在此时篡改的。"(参见刘勇《从胡居仁与〈易像钞〉看〈四库提要〉之纂修》,《燕京学报》新 21 期,北京大学出版社 2006 年版,第 107 ~ 137 页。)

② 〔清〕永瑢等:《四库全书总目》卷五《易象钞》,中华书局 1965 年版。以下凡引该书只注书名、卷数及篇名。

经传,对朱熹《周易本义》进行注疏,或对朱子易学加以修正。其中,最具识见者莫过于蔡清。蔡清,著名经学家,著有《易经蒙引》十二卷。该书依《周易本义》解说经传,将《本义》与经文并书,但文意多与《本义》异同。所谓"异同",不仅表现在文字训诂上,更体现在义理阐释上。例如,他主张易有天地、吾身、《易》书三易。易理本在天地与吾身,《易》书之理即天地之理、吾身之理,故《易》书实乃天地、人身之易的影子;太极之理是阴阳之气对待流行的条理,太极兼阴阳,理气亦合一;人性有本然之性与气质之性,实然之性即气质之性,等等。四库馆臣曾对蔡清之易学贡献有如下评论:"朱子不全从《程传》,而能发明《程传》者莫若朱子,清不全从《本义》,而能发明《本义》者莫若清。"(《四库全书总目》卷五《易经蒙引》)此外,罗钦顺的《困知记》阐发薛、蔡思想,提出了理气为一说;林希元继《蒙引》作《易经存疑》;崔铣作《读易馀言》,以理为气之条理,进一步修正了朱学的理气观;杨时乔作《周易古今文全书》,辟心学之谬而宗程朱之学。

正当程朱易学盛行之时,明代学界又出现了完全不同于程朱易学乃至反对程朱易学的势力,且逐渐呈现上升趋势,此即心学视域下的易学。心学易肇端于南宋。宋代心学易的代表人物有陆九渊、杨简、王宗传。陆九渊虽无解经著作,但《象山语录》中存有数条论《易》之语。杨简著有易学专书《杨氏易传》及《己易》,王宗传曾作《童溪易传》。杨氏主张天人、万物皆一理,人心即道、即理,进而将《周易》之旨归摄于己:"天地之心,即道,即易之道,即人,即人之心,即天地,即万物,即万事,即万理。"①因

① 〔宋〕杨简:《慈湖遗书》卷七,《文渊阁四库全书》第1156册,台湾商务印书馆1986年影印。

而，学《易》无须外求，深入洞察一己本心即可。王宗传与杨简一样以心解《易》，如四库馆臣所云："宗传之论，有性本无说。圣人本无言之语，不免涉于异学，与杨简《慈湖易传》宗旨相同。盖弼《易》祖尚元虚，以阐发义理。汉学至是而始变，宋儒扫除古法，实从是萌芽。然胡、程祖其义理而归诸人事，故似浅近而醇实。宗传及简祖其元虚，而索诸性天，故似高深而幻窅。"（《四库全书总目》卷三《童溪易传》）明代心学易则始于吴与弼的弟子陈献章。吴与弼（1391—1469），字子传，号康斋，抚州崇仁人，其学称"崇仁之学"，代表作有《日录》一卷，其说"兼采朱、陆之长，而刻苦自立"（《四库全书总目》卷一七一《康斋文集》），但总体上仍倾向朱学。陈献章（1428—1500），字公甫，号石斋，广东新会白沙人，世称白沙先生。因新会地处江门，故其学称"江门之学"。他早年从学于吴与弼，但始终未能体认到心与理的"凑泊吻合"，"于是舍彼之繁，求吾之约，惟在静坐。久之，然后见吾心之体隐然呈露，常若有物，日用间种种应酬，随吾所欲，如马之御衔勒也。体认物理，稽诸圣训，各有头绪来历"。由是彻底转向"君子一心，万理完具，事物虽多，莫非在我""天地我立，万化我出，宇宙在我"的心学立场①。而后，陈氏弟子湛若水创建了甘泉学派，与王守仁的姚江学派遥相呼应。湛若水（1466—1560），初名露，字民泽，避祖讳改名雨，后定名若水，字元明，广东增城人。因居增城县甘泉都，学者称甘泉先生。其易学代表作为《修复古易经传训测》，该书虽已佚失，但序文得以留存。此外，《甘泉文集》保留了他与王阳明的多次书信往来，二人曾就本体、工夫等问题展开论辩。湛氏心学之影响虽远不及阳明，但其"心体物而不遗"

---

① 〔明〕陈献章：《陈献章集》，中华书局 1987 年版，第 145、55、217 页。

“心之体即是易体”等著名论断颇有学理价值。王守仁(1472—1529),字伯安,祖籍浙江余姚,青年时随父迁至山阴越城。因曾在会稽山阳明洞筑室讲学,自号阳明子,故世称阳明先生。谥号文成。王守仁曾将其论学的“大头脑”良知比作易道,提出了“良知即易”的观点。其弟子王畿(1498—1583)著有《龙溪先生文集》和《大象义述》,进一步将师说引申为“易为心易”。此外,王阳明弟子薛侃(1486—1546)之《图书质疑》所论格致、体用、虚实及儒释之辩,皆守良知之说;季本(1485—1563)作《易学四同》,辨朱子《本义》九图之误,批驳四圣分观,力主四易同一,“发明杨简之易,以标心学之宗”(《四库全书总目》卷七《易学四同》)。

佛学易亦与心学易密切相关。方时化的《易引》《易疑》《易通》《周易颂》《学易述谈》《易旨要绎》等作品,除以周敦颐、张载之说释《易》外,更以佛学思想解《易》。智旭的《周易禅解》、焦竑的《易筌》则进一步会通易佛。智旭(1599—1655),明末四大高僧之一,俗姓钟,名际明,又名声,字振之,江苏吴县人,号“八不道人”“北天目道人”,晚称“灵峰老人”“蕅益老人”。少年学儒,作《辟佛论》数十篇,誓灭佛老。十七岁学佛后,一改往日谤佛态度,将所著辟佛文字悉数焚毁。二十四岁遁入空门,潜心佛学。一生著述宏富,不仅主张佛教各宗派之调和,亦主张儒佛会通,著有《周易禅解》《四书蕅益解》。智旭深信,孔门心学与佛门心学一脉相承,“易理”与“禅理”亦无二致。因此,他运用对比方法,积极探寻易学和佛教理论的相通之处,由此建立了二者的双向诠释。其《周易禅解》一书乃易学史上第一部以佛教学说系统解说《周易》的作品。该书极大限度地会通了易学与佛学,在易学史上独树一帜。

另一种不同于程朱易学的势力是以恢复汉学考辨传统为宗旨的象学。杨慎重视汉唐古注，以汉学训诂和考辨方法研究易学，驳斥朱子在《易学启蒙》中以《易传》解先天、后天、太极诸图的做法，反对先有图而后有《易传》的观点，认为朱子此举乃颠倒源流。熊过、陈士元、魏濬、何楷等人皆重易象，主张易象乃圣人立《易》之本，言《易》当本于象。然而王弼《易》注问世以来，学者多扫象言理，致使易象失传。程朱及其后学又承袭王学传统，崇尚义理、关注人事，却忽略了《周易》固有之象，失于偏颇。有鉴于此，他们倡导汉学风气，希求从汉易中汲取营养，将考辨方法与取象方法相结合，竭力恢复汉代经师以象解《易》的传统。如熊过作《周易象旨决录》、陈士元作《易象钩解》、魏濬作《周易古象通》、董守谕作《卦变考略》、吕怀作《周易卦变图传》、何楷作《古周易订诂》等。这些著作或沿用汉易的取象方法和解《易》路数，或部分择取汉代之后的取象方法，或自创新的取象义例用以解《易》。此外，章潢的《周易象义》以《汉上易传》为椎轮，杂引荀爽、虞翻、《九家易》、李鼎祚及宋儒郑汝谐、林栗、项安世诸家之说，取象言本体、互体、伏体。黄端伯作《易疏》，专主京房易学。公开批判程朱者亦不乏其人，邓梦文《八卦馀生》以身为易，掊击前人之说，指摘程颐、苏轼二家《易》说不合经者七十余处，批评程颐尤甚。尽管此派学者未必完全认同汉易的取象方法即非全盘恢复汉易，但他们不满于官方易学，不畏权威，敢从学术上纠正宋明易学的空谈义理之风，提出一己之见，并试图以汉易传统取代宋易主流的程朱易学，以汉易之象取代河洛先天之象，其学术意义不言而喻。在明代的象数学中，来知德的《周易集注》、黄道周的《易象正》和《三易洞玑》、桐城方氏的《周易时论合编》尤应引起高度重视。他们依照自己的理解，各自建立了异于前人的独特易学体系。此三家易学皆有一定影响。如曹学佺《周易可说》深疑《本义》,而对来氏易学多有撷取;黄氏弟子董说作《易发》专主象数,兼取焦、京、陈、邵之法,参互为一,推阐己意;清初钱澄之的《田间易学》即黄道周易学之余绪。综上,明代象数学的发展约有如下数端:推崇朱子象学,如胡居仁是也;取汉宋易学之象,如熊过、陈士元是也;创造象学体系,自成一家之言,如来知德是也;恢复汉易方法,以古象解《易》,如魏濬是也;以古代自然科学解《易》,如黄道周是也。

若从时代学术文化的整体发展流变来看,明代易学经历了由独尊程朱到修正批判程朱及以心学和佛学解《易》,继而步向调和理学与心学、融通儒学与佛学的演进历程。如高攀龙的《周易易简说》、苏浚的《周易生生篇》、钱一本的《像象管见》皆有会通心学与理学的倾向;智旭作《周易禅解》以佛解《易》,诱儒入佛;明末桐城方氏父子利用易学公开批判王门后学和佛学,却又不曾彻底否定心学和佛学。相反,他们认为儒释道三家绝非水火不容,而应在易学中实现三者的融会贯通:即无即有、即费即隐、即象数即义理,不必刻意纠缠于其中的差别,从而表现出某种庄学的"齐物"倾向;同时,他们借用《中庸》的"微显费隐"等概念以及阳明后学的相关思想来解释太极的内涵,心学色彩亦十分明显;他们一面反对佛学所讲的虚无,一面又常以佛教话语解释易学,如以"不落有无"诠释太极。依此观之,方氏父子虽将象数视为易学研究之根本,但其易学更多地表现出融合象数与义理、心学与理学、道家与儒学的特点。就此而言,桐城方氏易学实乃明代易学之集大成者。

宏观地讲,明代各家易学无论理论体系,还是解《易》方法,抑或具体的易学观点都表现得千差万别,这些差别有时会导致不同派别之间或同一学派内部持有异见的学者之间的碰撞与冲突，甚至表现为异常激烈的易学之争。然而，由于明代定理学于一尊，其主流趋向仍是遵从宋易，尤以程朱之说为正宗，故而明代易学在很大程度上应视为宋代易学的延续，二者有着共同的特点，即易学诠释不过分崇拜《周易》文本和先圣言论，不以追求《周易》经传的词句本意及取象依据为终极目标，而是在更大程度上意在表达自家所体认到的天理。确切地说，天理不仅存在于《周易》文本和圣贤言语之中，更存在于解读者的主观诠释与创造之中。其理解和诠释的重点不是转述、复制、开示经传的原本涵义，而是通过对《周易》文本字句的创造性重释，揭示出作为天地宇宙终极根基的天理，或契会人人皆具、同于圣贤的心体良知。因此，明代学者大多以“天理”或“良知”为理论基点，把《周易》定位为明理或明心之书、变化之书和道德之书，基于“义理优位”的原则极力弘扬儒家一贯的人文价值理想，通过解读易学文本的概念和命题，在超越文本的基础上建构天人通贯而最终落实于人道的易学体系。这一点与汉易明显不同。汉易以象数优位为治经原则，其注解《周易》的目标在于逐一指示出象辞之间的严整对应，并大量吸纳天文、历法、星象、数学等自然科学知识，熔铸自然科学与易学象数于一炉。换言之，作为明代易学主流的以理解《易》、以心解《易》、以佛解《易》皆属义理派的治经路数，与晋唐和两宋易学一脉相承，而与采用象数兼顾训诂方法的汉易有着本质的区别。相较而言，宋明易学精微而思辨，系统而条达，具有哲学的思辨性，注重哲学分析和论证。汉代易学则更多关注文本字词固有意义的解读，往往显现出机械、支离、附会等缺陷，这在实际的注经运用中表现得尤为突出。宋明儒者以力辟佛、道二教和弘扬儒学道统为帜，实质上却是将儒、释、道三教内在涵化为一体，从而构建起高度理性化的天人之学体系。这种天人之学并非立基于经验认知的感应相与、灾异谴告，而是力图凭借理性的细致分疏建立天地本体与人之心性的本然贯通。两汉象数易学则在与此不同的时代文化语境下形成，通过其独特的经验性思维来论证天人之间的一体无隔、相互感通，在一定程度上留有《周易》筮占固有的神秘性，从而成为当时天人之学的显学形态和神道设教的理论工具，这与宋明易学重理性思辨、反阴阳术数的特征宛若天冠地履。

从易学史的角度审视，明代易学的价值在于确立了程朱易学在明清时期的法定权威地位，承传整合了以程朱为主流的宋代易学，在某些方面或某种程度上修正了宋代易学的缺陷，推动了易学的发展，是易学史上不可缺少的重要环节。诚然，明代易学与宋代易学虽在问题面向与研究方法上大体相近，其创造力却较两宋大为逊色。甚至极具创见的来知德、黄道周及方氏父子，其易学的主导思想与核心内容仍未超出宋代易学的基本方向。清入关后，清廷基于拉拢汉族士子并加强文化专制的需要，因袭了前朝独尊朱子的官学政策，从而使理学传统在清代仍有广泛延续；然而，内心燃炽着华夷意识的明代遗臣在反思前朝学术时，一致认为旧朝覆灭与理学诸家对境界气象的高谈阔论和对事功建构的贬抑疏离不无关系。他们主张，儒学绝不能在天道的高迈玄思、心性的细致分疏和人格的工夫证成上继续打转，而应以淑世情怀和现实关切为宗旨加以重整。于是，在内容上，清初儒学从“性与天道”的语录阐发中跨步而出，落脚为“经世致用”的《五经》诠解；在方法上，力求以训诂、考据等手段还原经典本义，继而去除宋学绵延几百余年的持续遮蔽。依此判准，宋代的图书、先天、《太极》诸说皆被视为无稽之谈。然而，当清初经学沿此方向发展至清中期，原本针对宋易象数的批判浪潮已渐进波及整个宋学，经世的核心精神亦随文字狱的高压而丧失殆尽，唯独清初确立的治经之法得以留存，并光大为专务汉代经说的乾嘉朴学。当然，尽管清人对明代经学水平多有非议①，我们仍不宜一味抹杀明代易学的学术贡献。

① 如皮锡瑞论明代经学时曾云："明时所谓经学，不过蒙存浅达之流；即自成一书者，亦如顾炎武云：'明人之书，无非盗窃。'弘治以后，经解皆隐没古人名字，将为己说而已。其见于《四库存目》者，新奇谬戾，不可究诘。"见〔清〕皮锡瑞：《经学历史》，中华书局1959年版，第278页。

第一章　程朱一尊格局下的理学易

一、崇奉朱子的曹端易学

曹端(1376—1434),字正夫,号月川,河南渑池人。年三岁,“与群儿立,必拱手正立,不妄戏谑言笑。处必直身端坐,不妄动作指顾”①,故父母名之曰“端”。三十三岁中河南乡试第二名,翌年参加京城会试,以乙榜第一的身份授山西霍州儒学学正,后补山西蒲州学正。而后,西蜀、山东、陕西、河南、直隶、太原等地多有造访求学者慕名而来。事父母至孝。永乐十六年双亲丧,庐墓六年,其间仍有前来问学者。学行卓越,曾三次典试陕西。宣德六年(1431)作《月川图诗》曰:“天上一月映万川,万川各有月团圆。有时川竭为平地,依旧一轮月在天。”由是自号“月川子”,学者称“月川先生”。宣德九年(1434),卒于任上。

曹端萃心于性理之学,注重躬行实践,尤以静存为要。曾读《太极图》《通书》《西铭》,曰:“道在是矣。”从此笃志,“坐下著足处,两砖

① 〔明〕曹端:《曹端集》附录二《年谱》,中华书局2003年版,第257页。以下凡引该书只注卷数及篇名。

皆穿”。《明史·儒林传》谓：“明兴三十余载，而端起崤、渑之间，倡明绝学，论者推为明初理学之冠。”著有《孝经述解》《四书详说》《太极图说述解》《通书述解》《西铭释文》《性理文集》《儒学宗统谱》诸书。曹端虽无专门易学著述，但对《周易》义理探研较深，曾作《乾坤二卦解》，惜今已散佚。即便如此，我们仍能从其传世著作《太极图说述解》《通书述解》《语录》《录粹》中窥见其易学思想之大略。

（一）图书与道统

理学的权威性与正当性不能仅仅依靠政治权力的认可，它还必须被普天之下的士阶层广泛认同。为了实现理学的权威化与正当化，朱熹曾在《中庸章句序》中以“虞廷心传”说再次强调了儒学道统上接古圣先贤。他明确将伪《尚书·大禹谟》“人心惟危，道心惟微，惟精惟一，允执厥中”一语认作是尧、舜、禹递相传授的“十六字心传”。对朱熹而言，《尚书·大禹谟》的真伪、客观历史世界是否真的存在一个为尧、舜、禹等古圣先贤代代承续的道统，并不十分重要。关键在于，只要理学家的内心认同这一道统，宋代理学即可获得某种权威性与正当性。不过，朱熹注重开显儒家“心性之学”的学术指向固然无可非议，但他将文献依据建立在伪经之上，确有授人以柄之处。相较朱熹，陆九渊明显不同。他以彰明孟学为己任，亦以孟子继承者的身份自居：“窃不自揆，区区之学，自谓孟子之后至是而始一明也。”①阳明亦曰：“陆氏之学，孟氏之学也。”②诚然，陆氏心学的“先立乎其大”及“发明本心”等要义，确与

---

① 〔宋〕陆九渊：《陆九渊集》卷十《与路彦彬》，中华书局 1980 年版，第 134 页。

② 〔明〕王守仁：《王阳明全集》卷七《象山文集序》，上海古籍出版社 1992 年版，第 245 页。

孟子论心关联紧密。有别于南宋朱、陆两家，曹端根据《易传》“河出图，洛出书”一语，把理学道统的内容直接归为河图、洛书，进而上承孔孟、周公、文王、夏禹、伏羲等历代圣贤。追本溯源，河图、洛书又是天理的自然展现。其《太极图说述解序》有云：

> 理学之源，实天所出。是故河出图，天之所以授羲也；洛出书，天之所以锡禹也。羲则图而作《易》，八卦画焉；禹则书而明《范》，九畴叙焉。圣心，一天理而已。圣作，一天为而已。且以羲易言之，八卦及六十四卦次序方位之图，曰先天者，以太极为本，而生出运用无穷，虽欲绍天明前民用，然实理学之一初焉。厥后，文王系卦辞、周公系爻辞，其义始明且备，命曰《周易》。及孔子“十翼”之作，发明羲画、周经之旨大明悉备，而理学之传有宗焉。(《曹端集》卷一)

此间，曹端通过“理学之传有宗焉”的论证，给出了一种实现理学权威化、正当化的新理路。“理学之源，实天所出”的说法明显有异于朱子“传心”、陆学宗孟的路径。同时，他也更新了朱、陆二人建构道统的经典依据，认为凝结着伏羲、文王、周公、孔子四圣生命智慧结晶的《周易》一书才是理学的真正渊源所在。

问题在于，“河出图，洛出书，圣人则之”虽见于《系辞上》，但北宋欧阳修等学者早已对河图、洛书与《易》卦之间的关联深表质疑。对此，朱熹曾予以反驳。依朱子之见，尽管后世河洛之说不尽相同，其间却无根本抵牾。况且先秦古籍言河洛者不止一见，绝不可简单否定图书之学的合理性。《易传》虽未明言伏羲因河图而画卦，但所谓仰观于天、俯察于地、近取诸身、远取诸物，似已将受图之事包含在内。并且，相比天地间诸多形象仅能体现阴阳二气的定位流行，河图十数实已将奇偶数理展现得一览无余。因而朱子相信，河图之出乃感发圣人画卦的“最亲切处”。具言之，伏羲受启于河图的阴阳之象与天地十数，继而以《易》卦来寓示宇宙天地的生成运化及其所以然的终极根据“天理”。“伏羲之《易》，初无文字，只有一图以寓其象数，而天地万物之理，阴阳始终之变具焉。”① 对伏羲而言，河图涵具的阴阳之象、奇偶之数，既符示着形上空阔的终极天理，又能将形下具体事物的变化始终涵盖在内；对后世学者而言，正是透过伏羲所作《易》卦的阴阳之象和奇偶之数，人们才得以发觉由万事万象、天地人物共同组成的整体宇宙是如此和谐、通泰、有序。

那么，何以伏羲和夏禹能够抉发河图、洛书中的阴阳之象、奇偶之数？曹端顺循朱子的思路做出了解释。“圣心，一天理而已。圣作，一天为而已。”也就是说，伏羲和夏禹的生命是“心与理一”“人与天同”的生命，所以天才会以“河出图”的方式将“图”授予伏羲，以“洛出书”的方式将“书”授予夏禹。需要指出的是，曹端所谓的天并不是人格意义上的神秘主宰，河洛出图书更非神秘意志的作用使然。“天道之立，实理所为。”（《曹端集》卷一《太极图说述解序》）河图也好，洛书也罢，皆不过是天理的自然显现。基于此，河图、洛书才有权威化、正当化的资格。理既是天的终极根基，亦是圣人心性纯然至善、智性充足的根源所在。正是伏羲、夏禹二圣与天无隔、与理合一的生命境界，使得他们被智慧的灵光照澈，继而在图书的启悟之下，一则作易画八卦，一则明《范》叙九畴。同理，后世三圣即文王、周公、孔子又在伏羲卦画的基础上，系以卦

① 〔宋〕朱熹：《朱文公文集》卷三十八《答袁机仲书》，中华书局 1936 年《四库备要》本。

辞、爻辞、赞以“十翼”。至此,《周易》经传方得以最终形成。

总之,与朱熹将理学道统的合法性诉诸伪古文《尚书》的“十六字心传”有所不同,曹端对“理学之传有宗焉”的论证乃通过对“天理”到图书再到《周易》经传之成书的早期易学发展史加以重新解读来实现的。显然,曹氏此论不仅是对理学道统说的改造完善,亦是对《周易》渊源问题的再度解释。

(二)先天与《太极》

我们知道,朱子的易学体系保留了邵雍易学的主体框架,并直指其先天易为伏羲易。此后,尊奉朱学的多数学者便对此信之不疑。曹端亦不例外。“‘易有太极,是生两仪,两仪生四象,四象生八卦’,羲易说也。”(《曹端集》卷一《太极图说述解序》)“以羲易言之,八卦及六十四卦次序方位之图,曰先天者,以太极为本,而生出运用无穷,虽欲绍天明前民用,然实理学之一初焉。”(《曹端集》卷一《太极图说述解序》)

同时,朱子亦极为推崇“理学开山”周敦颐的《太极图》与《太极图说》。我们知道,周子依此建立了一个自“无极而太极”直至“万物化生”的宇宙生成图式。而在朱子理学中,“太极”即“天理”,是逻辑在先的第一范畴,它符示着天地万物生成变化的超越本体。因而,朱子格外重视对《太极图》并《说》的创造性诠释,希望以此为其理本论提供坚实的文献依据。曹端继承了朱熹的这一思想,明确将《太极图》定位作道学之本源:“《太极》一图,其道学之本源。噫! 有志道学者,宜致思焉。”(《曹端集》卷一《太极图说述解序》)这样一来,《太极图》与先天易便成为宋代理学的两大渊源。他曾言道:

> 然则羲易未有文字而为文字之祖，不言理学而为理学之宗。噫！自木铎声消，儒者所传周经、孔传之文，而羲图无传，遂无异流窃之而用于他术焉。至宋邵康节，始克收旧物而新其说，以阐其微。及朱子出，而为《易》图说《启蒙》之书，则羲易有传矣。不惟羲易千载之一明，而实世道人心之万幸也。伊川程子、康节之同游，传《易》而弗之及，果偶未之见耶，抑不信邵之传耶？若夫濂溪周子，二程师也，其于羲图，想亦偶未之见焉，然而心会太极体用之全，妙太极动静之机，虽不践羲迹，而直入羲室矣。于是手《太极图》而口其说，以示二程，则又为理学之一初焉。(《曹端集》卷一《太极图说述解序》)

更重要的是，《太极图》与先天易两大系统之间并不彼此孤立，而是有机地相互融通：

> 太极者，象数未形而其理已具之称，形器已具而其理无朕之目。是生两仪，则太极固太极。两仪生四象，则两仪为太极。四象生八卦，则四象为太极。推而至于六十四卦，生之者皆太极焉。(《曹端集》卷一《太极图说述解序》)

也就是说，先天易同《太极图》虽然在表达形式上有所不同，但其易学精神并无二致。既然二者旨在展现以“太极”为终极根基的宇宙妙用无穷、生生不息之理境，则先天易与《太极图》皆应归诸伏羲之易。因而，后世学者若能了悟此二者之深意所在，“虽不践羲迹，而直入羲室矣”。

（三）无极与太极

我们知道，《系辞》并未对“太极”概念给予明确界定。在汉唐经学的宇宙生成论思路下，“太极”一般被理解为阴阳二气混而未分的初始状态。及至宋代理学，“太极”的涵义才发生根本性的转变。朱子指出，“太极”即“天理”。这一说法，又被明初理学家全盘继承。曹端曾云：

> 盖孔子而后论太极者，皆以气言。老子道生一而后乃生二，庄子师之曰：“道在太极之先。”曰一，曰太极，皆指作天、地、人三者气形已具而混沦未判之名。道为一之母，在太极之先，而不知道即太极、太极即道。以通行而言则曰道，以极致而言则曰极，以不杂而言则曰一。夫岂有二耶？《列子》混沦之云、《汉志》含三为一之说，所指皆同。微周子启千载不传之秘，则孰知太极之为理而非气也哉？且理语不能显、默不能隐，固非图之可形、说之可状，只心会之何如耳。（《曹端集》卷一《太极图说述解序》）

可见，曹端延续了朱子以“天理”释“太极”的路向，主张“太极”“天理”两个概念的内涵完全相同。不仅如此，因太极之理普遍存在于万事万象、天地人物之中，故又称“道”，即“以通行而言则曰道”；它是宇宙的终极根基，拥有至高无上的地位，故“以极致而言则曰极”；理既不能离物而独存，却又与气不杂，它不是某种落入形象的具体事物，而是世间万象背后的所以然者，“以不杂而言则曰一”。换言之，“道”“太极”“一”都不过是“天理”的别名而已。然而，老庄道家和汉唐经师均未看破此意，无一不是在宇宙生成论的视野下把太极理解为浑然未分的阴阳二气。直至北宋周敦颐借《太极图说》将“太极”之义畅然点出，后世学者方才了悟“太极”与“天理”二者异名而同实。

问题在于，《太极图说》首句“无极而太极”的“无极”一词源于《老子》第二十八章“复归于无极”，故陆九韶曾因其儒学品性不纯，进而怀疑《图》及《图说》“非周子所为，不然，或是其学未成时所作。不然，则或是传他人之文，后人不辨也”。况且陆氏兄弟将“极”字训为“中”义，则“太极”即“大中”之道，“无极”显然言不成义。针对陆氏的这一观点，朱子曾经极力辩驳。“与陆氏不同的是，他训‘极’为‘至’。‘太极’指‘理’，‘无极’则是对‘太极’的修饰。他说‘无极’有三义。其一，针对有形、具体的器物界而言，‘无极’即‘无形’，它表明‘太极’不是事物类属链条上同质的一物，‘太极’无形无象，不可以事物言。其二，针对形上界而言，‘无极’肯定了‘太极’之上并无有一超然的绝对存在者，由此肯定了‘太极’为逻辑在先的最高者，是确凿真实的，不因形象的变动而迁流，不因事物的幻现而虚无。其三，从贯通形上形下两界而言，‘无极’既是对有形的否定，同时也是‘太极’自身内涵的否定因素，‘太极’不是于事物之外别有一事物，‘太极’即本然之理。”因此，“不言无极，则太极同于一物，而不足为万化之根；不言太极，则无极沦为空寂，而不能为万化之根”①。在此基础上，朱子又依其“理一分殊”的思路加以补充说明：

伏羲作易，自一画以下，文王演易，自乾元以下，皆未尝言

① 参见冯达文、郭齐勇主编：《新编中国哲学史》下册，人民出版社 2004 年版，第 66 ~ 67 页。

太极也，而孔子言之。孔子赞《易》，自太极以下，未尝言无极也，而周子言之。夫先圣后圣，岂不同条而共贯哉？若于此有以灼然实见太极之真体，则知不言者不为少，而言之者不为多矣，何至若此之纷纷哉？①

《易传》曰："天地之大德曰生。""生生之谓易。"宇宙的创生大化之功从未止歇，生生不已乃天地最伟大的品德。而《周易》一书，即彰显此一生生不息之大德的经典。因此，三圣虽然各以"一画""乾元""太极"等不同概念来描述天地万物创生之根源，但其本旨皆在彰显宇宙生生无穷之理境。正如"月映万川"，分殊而理一，三圣之说原本彻底通贯、毫无隔碍。尤有进者，《周易》经传的形成虽然经由"四圣""三世"河图洛书、先天后天、古经大传的发展历程，内容亦有象、数、理、占之"分殊"，但其无一不是太极"一理"的展现方式。与此相类，周子所言"无极"亦应作如是观。

顺着朱子的思路，曹端对"无极而太极"的问题也表达了一己之见。《年谱》载，曹氏五十一岁典试陕西时，曾论及"无极""太极"二者之关系：

先生在试院，有同列言"先有无极而后有太极"者，先生曰："只此一句便见所见之差，流于老、庄之说，如此则于不相离之言实不相蒙，与老子'道生一而后生二'、庄子'道在太极之先'之说同归于谬，岂周子之意哉？夫周子所谓'无极而太极'，'无'谓无形象，无声气，无方所。'极'谓至极，理之别名

① 〔宋〕陆九渊：《陆九渊集》附录二《朱熹答陆九渊书》，中华书局1980年版，第552页。

也。‘太’者,大无以加之谓。天地间凡有形象、声气、方所者,皆不甚大,如此极者,虽无声气,而有形象、方所焉。惟理则无形象之可见,无声气之可闻,无方所之可指,而实充塞天地,贯彻古今,大孰加焉?故周子言‘无极而太极’,是言无极之中而有至极之理。朱子曰:‘上天之载,无声无臭,而实为造化之枢纽,品汇之根柢也。’”同列见其发明详尽,豁然有悟。(《曹端集》附录二《年谱》)

在此段文字中,曹端再次凸显了太极“充塞天地、贯彻古今”的超越性与普遍性。在他看来,太极之所以如此超越、普遍,乃因其“无形象之可见,无声气之可闻,无方所之可指”。作为“造化之枢纽”“品汇之根柢”的宇宙终极根基的“太极”之理“无形象、无声气、无方所”,即拥有“无极”的特性,故周子《太极图说》首句明言“无极而太极”,绝不可无端解作“自无极而为太极”即从无入有的宇宙生成论。

(四)理气与动静

在理气论的问题上,曹端仍然继承了朱熹的观点,主张世间万物皆由理气凝聚而成。既然“天理”这一绝对在先者被认作是“太极”,则理气关系必定同于太极与阴阳的关系。据此,朱子对《太极图说》“无极之真,二五之精,妙合而凝”一语作出了如下解说:

真以理言,无妄之谓也。二,阴阳也;五,五行也。精以气言,不二之名也。妙合者,理气浑融而无间也。凝者,聚也,气聚而成形。盖气为之主,而阴阳五行为之经纬错综,又各以类

> 聚成形，则天下无性外之物，而性无不在焉。①

“无极”即“太极”、即“天理”；“真”是就无极之为理而言，意为真实无妄；“二”指阴阳二气，“五”指金木水火土五行；“精”是指气之纯一不杂。“真”与“精”即理与气浑融无间、凝合于一，从而构成了世间万物。“天所赋为命，物所受为性，言乾道变化，而万物各得受其所赋之正理。”②“命”指的是天道大化流行的过程。世间人物在受气成形的同时，皆完整禀赋了太极之理得以各正其性。按照朱熹的“理一分殊”思想，天地人物虽然万殊，但“物物一太极”，共同享有太极之理这一终极根基。此一太极之理落实下贯于天地人物之中，便成就了人物与生俱来的“天命之性”。因此，“性即太极”，“天下无性外之物，而性无不在焉”。朱子相信，“理一分殊”就是《通书·理性命》章所云“是万为一”“一实万分”的真正涵义。“是万为一”乃合而言之，从“分殊”中见“理一”，即一切人物皆完整禀受了太极之理；“一实万分”分而论之，是由“理一”达“分殊”，即太极之理与阴阳之气凝合成就世间万象。曹端对《通书》的解释，亦贯彻了朱熹的这一思路：

> 二气五行，天之所以付受万物而生之者也。自其末以缘本，则五行之异本二气之实；二气之实，又本理之极。是合万物而言之，为一太极而已。自其本而之末，则一理之实，而万物分之以为体。然而谓之分，不是割成片去，只如月映万川相

① 〔宋〕朱熹：《太极图说解》，见〔宋〕周敦颐：《周敦颐集》，中华书局1990年版，第5页。

② 〔宋〕朱熹：《通书解》，见〔宋〕周敦颐：《周敦颐集》，中华书局1990年版，第12页。

似。(《曹端集》卷二《通书述解》)

曹端特别强调,“分”不是“割成片去”。换言之,万物各自禀受一太极,并不是对天理的机械分割,而是同一太极在万物之中自有其不同显现。另一方面,人人既然禀受了同一天理,则其理应在各自的不同情势、分位中充分彰显“天命之性”。

尽管太极之理和二气五行被朱子界定为“理一分殊”的关系,学者们仍不要免追问:理气之间的过渡是如何实现的?根据《系辞上》“易有太极,是生两仪”的说法不难推知,理气之间原本存在着一个“理生气”的生成阶段。对此,《太极图说》曾给出过一段解释:“太极动而生阳,动极而静,静而生阴,静极复动。一动一静,互为其根。分阴分阳,两仪立焉。”①显见,周子在太极与阴阳之间引入了动静环节,即由“一动一静,互为其根”过渡到“分阴分阳,两仪立焉”。需要指出,在《太极图说》中,动静的主语无疑是“太极”。然而,由于朱子将太极规定为无形无象的天理,故太极本身势必无法显现动静之相,唯有阴阳二气方有所谓动静。如其所云:“太极犹人,动静犹马,马所以载人,人所以乘马,马之一出一入,人亦与之一出一入。”②在此问题上,曹端经过多年的潜玩思索后表示了置疑。他发现,周子的《太极图说》和朱子的《太极解义》皆主张太极自身可以动静,而《朱子语类》明确以“人骑马”的比喻来否定太极之动静。于是,曹端撰作《辨戾》一文,对此予以详辨:

① 〔宋〕周敦颐:《周敦颐集》,中华书局1990年版,第4页。

② 〔宋〕黎靖德:《朱子语类》卷九十四,中华书局1986年版,第2376页。

> 先贤之解《太极图说》,固将以发明周子之微奥,用释后生之疑惑矣。然而有人各一说者焉,有一人之说而自相龃龉者焉,且周子谓“太极动而生阳,静而生阴”,则阴阳之生,由乎太极之动静。而朱子之解极明备矣,其曰“有太极则一动一静而两仪分。有阴阳则一变一合而五行具”,尤不异焉。及观语录,却谓“太极不自会动静,乘阴阳之动静而动静”耳,遂谓“理之乘气,犹人之乘马,马之一出一入,而人亦与之一出一入”,以喻气之一动一静,而理亦与之一动一静。若然,则人为死人,而不足以为万物之灵;理为死理,而不足以为万化之原。理何足尚而人何足贵哉?今使活人乘马,则其出入、行止、疾徐,一由乎人驭之何如耳。活理亦然。不之察者,信此则疑彼矣,信彼则疑此矣,经年累岁无所折衷,故为辨戾,以告夫同志君子云。(《曹瑞集》卷一《太极图说述解》)

曹端认为,《语类》的比喻仅仅强调了人随马出入即理附气而动的一面。事实上,理正是气之动静背后的所以然者。因此,理绝不应是被动受制于马的死人,而是能动地驾驭着马的活人。换言之,曹端以“活人骑马”来修正朱子的比喻,其实是旨在凸显太极之理对阴阳之气流行变化的支配主宰作用,从而确保理相对于气的绝对优先地位。他由是推断:“至于《语录》,或出于讲究未定之前,或出于应答仓卒之际,百得之中不无一失,非朱子之成书也。近世儒者多不之讲,间有讲焉,非舍朱说而用他说,则信《语录》而疑注解,所谓弃良玉而取顽石,掇碎铁而掷成器,良可惜也。”(《曹端集》卷一《太极图说述解》)

应当理解的是,无论对朱子还是对曹端而言,经验世界中的理气必定是浑然一体、不离不异的。二者的合分、动静只是理论分析的结果。朱熹之所以主张太极自身不能动静,旨在挺显天理的超验性、形上性;曹端强调“活人骑马”,则是出于维护天理权威性和绝对性的目的,防止天理本体被阴阳之气驱使、异化,从而避免气主理从的理论困难。不过,尽管在“太极动静”的问题上,《辨戾》一文与朱子所言稍有不同,但曹端一生始终以躬行践履为志,故其罕有学理建树,论学之语亦大多是对朱学成说的尊奉持守。

二、恪守朱学的薛瑄易学

薛瑄(1389—1464),字德温,号敬轩,山西河津人。永乐中登进士第,宣德初年授监察御史,差监湖广银场。后任山东提学佥事,又调大理寺左少卿。因忤中官王振,被诬论死,后放还。景泰初年,起南京大理寺卿。英宗复辟后,迁升礼部右侍郎,兼翰林院学士并入内阁,后乞致仕,年七十六卒。薛瑄的“河东之学”强调躬行践履,以“达于性天”为宗旨。临终之际留诗云:“七十六年无一事,此心始觉性天通。”今人将其著作整理为《薛瑄全集》①。其中,《读书录》及《续录》里留存了大量易说。

(一)论《易》书与易道

薛瑄虽无解《易》专著,但从《读书录》及《续录》中,我们仍可获知薛氏对《易》之书及易之道的基本理解。

首先,薛瑄完全接受了朱子“《易》本卜筮之书”的观点:

---

① 〔明〕薛瑄:《薛瑄全集》,山西人民出版社 1990 年版。本节所引薛氏原文皆以该书为准,其中标点有部分改动。以下只注书名、卷数。

> 《周易》则因文王演易系彖，周公系爻而得名。周以前，占卜之法既皆不传，今所传者惟《周易》，至孔子则作《彖传》《小象》《大象》《文言》《系辞》《说卦》《序卦》，谓之“十翼”。然周以上易虽不可见，观经传论载之语，盖皆专主卜筮；文王周公之《易》，则皆发明伏羲卜筮教人之意尤著；至孔子则始详于义理而不遗卜筮，程子之《传》，专主义理；朱子《本义》，则推原作易教人卜筮之意于千古之上。（《读书录》卷三）

薛氏本朱说，既对四圣之易的不同处进行了区分，又再次强调了《周易》的“卜筮”本义。他认为，《周易》一书因文王作卦辞、周公系爻辞而得名，“周”乃朝代名；至于“易”，则如朱熹所言有“交易、变易”二义，“‘交易为体’，以定位而言；‘变易为用’，以流行而言。”（《读书续录》卷四）

其次，在圣人作《易》的问题上，薛瑄同朱子一样，认为《易》之卦画乃圣人拟天地阴阳而作。《易》之书只是“有画之易”，天地阴阳的自然之象则是“无画之易”或“自然之易”：“天地间阴阳是自然之易，卦画奇偶，不过模写阴阳之象而已，故亦谓之《易》。卦之奇偶，法阴阳之奇偶而画。天地之易，《易》书之易，同一阴阳而已。”（《读书续录》卷四）并且，即使《易》一画未成之时，天地阴阳的自然之象仍无时不在，故“自然之易”即邵雍所谓的“画前之易”：“羲皇虽未画卦，而天地自然之易已著，邵子所谓‘画前之易’也。”（《读书续录》卷三）薛瑄由此强调，学《易》须遵朱子之训，不单要研《易》之书，更应体读“自然之易”：“读有卦画之《易》，当知无卦画之易。有卦画之《易》，今之《易》书，犹可以言求。无卦画之易，则须以心会，而不可以言求。”（《读书录》卷四）

复次，薛瑄基于理学立场，将周、邵、程、朱皆纳入到易学道统中来。薛氏以为,孔子之后,易道不明。直至北宋五子承四圣之绪,方将此道彰明天下。而后,南宋朱熹更发明五子之学,终得《易》之本义:

> 伏羲观象以画卦,周子原理以作《图》,其义一也。(《读书录》卷四)
>
> 孔子之后,知作《易》之本原者,程明道、邵康节。(《读书续录》卷四)
>
> 邵子有功于易之象数,伊川有功于易之义理,朱子明易之象数兼程子之义理。三夫子有功于易,自孔子以来未之有也。(《读书续录》卷三)

最后,在解《易》方法上,薛瑄遵循了朱子象数、义理兼综的易学路数。他一方面借陈抟之言强调"象为《易》本":"'后世卦画不明,易道不传,圣人于是不得已而有辞,学者谓易止于是,而不知有画矣。'观希夷之言如此,则卦象者,其《易》之本与!"(《读书续录》卷四)另一方面又引伊川之论主张"由辞得意":"程子曰:'予之所传者辞也,由辞以得其意,则在人为耳。'不但读《易》之法如此,他书皆然。"(《读书录》卷四)薛氏认为,象数、义理皆源自《易传》:"朱子论《易》象数,皆本于《大传》。"(《读书录》卷十一)"《大象》辞皆以理言。"(《读书录》卷三)二者正是体用显微的关系,故《易》之象数与义理一体不离、缺一不备。"'体用一源',理包乎象;'显微无间',象不外乎理。"(《读书续录》卷二)"理、象、数、辞,《易》备焉。"(《读书录》卷四)

(二)论理气

我们知道,北宋五子皆以易学为学理根基开出各自的理学体系,本于洛学又融通周、张、邵诸家的朱子理学,更是高度涵化了易学的学术资源,透显着易学的思维方式。因而,理学自其由来处就有着深刻的易学渊源。明初理学亦是如此。尽管薛瑄之学的实行意味较重,但《读书录》及《续录》中仍有关于理气论的大量探讨。

继理学开山周敦颐以《太极图说》之寥寥数语开显架构出一个由“无极而太极”层层创生演化的系统宇宙论之后,“无极而太极”便成为理学的重要命题之一。在对“无极而太极”的理解上,薛瑄完全因袭朱子之说:“‘无极而太极’,非有二也。以无声无臭而言,谓之‘无极’;以极至之理而言,谓之‘太极’。无声无臭而至理存焉,故曰‘无极而太极’。”(《读书录》卷一)朱学认为,“太极”是涵纳天人、通贯古今的终极之理,“无极”则是对此理无形无象、非形下世界某一特定事物的修饰语。借用伊川《易传》之《中孚》传文,薛瑄进一步诠释了这一意蕴:

> 《中孚》:“二体皆中实,全体则中虚。”中虚则无物,中实则有理,故曰:“中虚信之本,中实信之质。”无物而有理,即“无极而太极”也。(《读书录》卷一)

《中孚》初、二、五、上四爻为阳,中间三、四两爻为阴。阴为虚,故《中孚》卦“全体则中虚”;就上下两体而言,九二、九五各居下兑、上巽之中位,阳为实,故上下卦“二体皆中实”。薛瑄认为,“虚”“实”亦可用以描述“无极”和“太极”。理无形象、不可以物言是“虚”,无声无臭而确有此理是“实”。因此,《中孚》卦爻象虚实合一,恰符示出“无极而太极”的“无物而有理”之意。

一方面，理是整个宇宙的终极根基根据，是内在于万有的所以然者；另一方面，天地人物之形成、消亡则是气之流行运化的结果：

> “大哉乾元！万物资始。”“至哉坤元！万物资生。”始者气之始，生者形之始。万物资乾元为气之始，即资坤元为形之始。是则坤元之气即乾元之气，坤无所作为，惟顺承天施而已。（《读书续录》卷一）
>
> “在天成象，在地成形”，皆一气也。（《读书续录》卷四）

由“乾元之气”“坤元之气”的表述可见，薛瑄是将乾坤二元理解为构成有形有象之物的气。形下世界中每一事物的生成覆灭，无不根源于阴阳二气之作用。气亘古常存，其造化之功从未止息，由此便造就出古往今来纷繁多彩的大千世界：“天地生物之心，流行于四时，无一息之间断。”（《读书续录》卷十二）“仁”即由“生生”这一“天地之大德”而来：“仁从‘乾元’大本大原中流出，所以为众善之长。”（《读书续录》卷五）薛瑄此论，无疑是对明道、上蔡之说的继承与吸纳。

事实上，“朱子的理气观既不是唯气的，也不是唯理的，更不是理气二元对立的，它强调理气混成一体的圆相论”①。对于朱学这种理气不离不杂、不一不异的关系，薛瑄借用《易传》和《太极图说》的文句再次予以强调：

① 冯达文、郭齐勇主编：《新编中国哲学史》下册，人民出版社 2004 年版，第 71 页。

> 孔子曰:“易有太极”,又曰:“一阴一阳之谓道”,又曰:“形而上者之谓道,形而下者之谓器”,皆兼理气而言;周子“无极而太极”,则纯以理言,至“动而生阳,静而生阴”,则兼以气言矣。(《读书录》卷一)

在“太极”为理、“阴阳”为气的前提下理解,《系辞》既言“易有太极”,又言“一阴一阳之谓道”,恰明示出理不离气、气中有理的圆融关系。理为形而上者,气为形而下者,《系辞》兼言形而上下,理气亦非相互外在。另一方面,理是本原,气是资具,二者亦不相杂,又不妨分别言之。如《太极图说》首句“无极而太极”只是对“理”的描述,至次句“动而生阳,静而生阴”则是合言理气。在朱学的视域下,不单濂溪之《太极图说》已被目为理气角度的立论,张横渠所言“一”与“两”亦可依此作出相应解读:“‘一故神’,太极也;‘两故化’,阴阳也。”(《读书录》卷一)

程颐《易传》曾提出“体用一源,显微无间”的著名论断。其易学本义,乃对义理与卦爻象关系的理解和界定。而后,这一命题及思维方式在易学史和理学史上的发挥运用已远超出其本义范围,并产生了巨大的影响。对此命题的理解,薛瑄亦本于程朱:

> 其曰“体用一原”者,无声无臭也,体也,而天地万物之理无不具,故曰“一原”;其曰“显微无间”者,天地万物,显也,而无声无臭之理无不具,故曰“无间”。盖“体”与“微”皆以理言,“用”与“显”皆以象言,理中有象,象中有理,初无毫发之间也。(《读书续录》卷三)

显见,薛瑄此间是以“体用”“显微”解释终极之理与天地万物的关系。宇宙终极之理是“体”，因其不可见，故称“微”；形下世界的万事万象是“用”，形象分明，故称“显”。万物之中皆有太极至理，太极至理亦不离物独存，即“体用一源”；无声无臭之理遍在于有形有象之物中，有形有象之物皆有无声无臭的所以然之理，即“显微无间”。在薛瑄看来，儒家经典中的许多辞句不外乎言此体用关系。如《易》“藏诸用”是体，“显诸仁”是用；《中庸》“费而隐”是体，“隐而费”则是用：“‘显诸仁’是‘藏诸用’之所为，乃发见而可见者；‘藏诸用’是能为‘显诸仁’之机缄，而不可见者。‘显诸仁’似隐而费，‘藏诸用’似费而隐。”(《读书录》卷一)

不难理解，太极之理与万事万物的“体用”与“显微”，其实也就是朱学强调的“理一”与“分殊”：

> 卦爻皆阴阳奇偶之变易，皆气也，而太极理也。理不杂乎气，故一卦一爻皆有太极焉。(《读书续录》卷一)

卦爻无非阴阳，故《周易》六十四卦、三百八十四爻所符示的皆是由气之流行构成的天地万物之存在与情状。依“分殊”而言，太极之理遍及万事万物，故《易》之一卦一爻各有一太极；就“理一”而论，万物虽各有一太极，但所禀受的仍是同一个太极之理，万物的各自禀受丝毫不能伤及太极的完满性和至上性。

此外，薛瑄紧承明初曹端《辨戾》之绪，亦对“太极”能否动静的问题发表了意见：

> 张子曰“一故神”，神即太极也。或者谓“太极不会动静”，则神为无用之物矣。岂所以为“造化之枢纽，品汇之根柢”哉？(《读书录》卷七)

同曹端一样，薛瑄认为，若太极自身不可动静，只是消极被动地随气而行，则太极便失却了主宰地位，其作为万事万物之内在根据的意义亦无法凸显。因此，太极自身必有动静，且太极动静是气之流行运化的所以然者。阴阳二气无时不存，无处不在，其状态非动即静，二者永恒地循环更替。薛瑄曾以十二消息论之曰："《复》为动之始，《乾》为动之极；《姤》为静之始，《坤》为静之极。静极复动，动极复静，循环无端，非知道者孰能识之？"（《读书录》卷七）

进而，薛瑄以气之动静规则否定了理先气后的提法：

> 太极或在静中，或在动中，虽不杂乎气，亦不离乎气也。若以太极在气先，则是气不断绝，而太极别为一悬空之物，而能生夫气矣。是岂"动静无端，阴阳无始"之谓乎？（《读书录》卷三）

薛瑄强调，理气绝不可认作是前后相继的生成关系。主张理先于气，无异于认肯宇宙在某一时间段内只有理而未有气，这显然与"动静无端、阴阳无始"之说相悖；并且，太极之理亦会因无处挂搭而悬空无着，这本身就与理气不离不异相抵牾。因此，二者绝无先后之别，而是恒久地以不一不离的方式一时并在。

综上可见，薛瑄的理气论大体并未出离朱学范围。这无疑根因于明初朱学一尊的时代文化格局。然而，明初理学尽管在极大程度上表现为对朱学的恪守，但在"述朱"中亦略有发明。当然，这种发明仍是基于尊奉、维护朱学的目的所进行的内部改良而已。

（三）论性与工夫

诚然，程朱理学因其理气论具备穷极宇宙终极存在和根据的意义，故彰显出对天道知性探求的一面；但毋庸置疑，挺立人道之应然价值才是理学追求和关怀的本旨，其真正的落脚点仍在于心性与工夫。理气论到心性论的过渡，实质是天道在人道上的落实。

> “立天之道，曰阴曰阳；立地之道，曰柔曰刚；立人之道，曰仁曰义。”阴阳以气言，刚柔以质言，仁义以德言。三才分殊，而理一也。（《读书录》卷三）

在理一分殊的宇宙图景下，太极之理遍在于一体相连的天地人物中。阴阳、刚柔、仁义虽有气、质、德之分判，太极之理却无不涵摄其中。故天地人既别为三才，又一体通贯。此是从“理一”处着眼。就“分殊”而论，太极之理下贯即展现为人物之性：

> 太极只是性。朱子曰：“乾男坤女，以气化者言也，各一其性而男女一太极也；万物化生，以形化者言也，各一其性而万物一太极也。”又曰：“天下无性外之物，而性无不在。此无极二五浑融而无间也。”则太极只是性可见。（《读书续录》卷一）

依程朱之见，人既然是由宇宙生生大德造就的至灵，则“性”作为人之所以为人的内在根据，必然同一于“理”这一宇宙的终极根基，此为“性即理”。薛瑄强调的是，由于气化而成者非人即物，世间人物又皆各自禀受一全然太极，故就此一现实世界而言，太极不外乎人物之性，亦即性在在皆是。

我们知道，朱子是在融通北宋"道学"的基础上兼以"天命"和"气质"论性的。薛瑄的性论，完全继承了朱学的这一内容。一方面，人性因禀太极之理而来，必已本然地具备了纯善无恶的品格：

> 《易》言"继之者善也"，此"善"字实指理言也；孟子言"性善"，此"善"字虚言性而有善而无恶也。然孟子言"性善"，实自"继之者善"来，因"继之者善"，故性有善而无恶也。（《读书续录》卷一）

薛瑄认为，孟子强调的性善只是"虚言"。其之所以"虚"，乃因孟子并未指明人性之善的终极来源；而《系辞上》"继之者善"一句则是"实"，因为"继之者善"足以凸显人之本性承继天理而得以纯善无恶的意义。依理学的诠释，《易》之"继之者善"着实为孟子的性善论提供了充足理据，二者皆旨在彰明"天命之性"的至善义。另一方面，人性又绝非现实的纯善无恶，人物之性亦千差万别。薛瑄同程朱一样，将此归因于气质之殊别：

> 元、亨、利、贞，天之命也；仁、义、礼、智，人之性也；四者惟人与天合而得其全。就人细分之，又有气质清浊、通塞之不齐。有全之全者，有全之半者，有全之少者，有皆不能全者，其品盖不可胜计也。至于物，则拘于气质愈不能全矣。……是则同者生理之一源，异者气质之万殊。（《读书录》卷五）

由于理非气外的悬空之物而必寓于气，相应地，源于太极的纯然"天命之性"亦必下落、实现于气质之中。然而，气质之清浊、通塞，关乎理是否会被气禀隔蔽而不得呈现。所谓“气质之性”，即这种理气不离共同作用影响下的现实人物之性。凭借“气质之性”的概念，理学家才得以给出人之所以高于万物而最为天下贵的原因：物完全拘于气质，人却能以高度的价值理性自觉地实现太极赋予人的“天命之性”，即仁义礼智。而且，理学家也由此得以解释现实世界种种恶的存在：有禀气纯而清者，有禀气杂而浊者。此一差别导致了“天命之性”的实现程度不同，从而表现为或善、或恶、或善恶相混的“气质之性”。

不难理解，“天命之性”和“气质之性”只是朱学为探讨人性精微而作出的理论判分。就现实的人性而言，“气质”之外无“天命”，“天命”只在“气质”中：“‘无极而太极’，天地之性也；‘太极动而生阳，静而生阴’，气质之性也。……然‘无极而太极’，即阴阳中之太极；阴阳中太极，即‘无极而太极’。太极虽不杂乎阴阳，亦不离乎阴阳。天地之性，气质之性，一而二，二而一者也。”（《读书录》卷二）

显见，薛瑄论性与朱子一脉相承。在朱学的逻辑体系内，人道的性论完全建立在天道层面理气关系的基础之上：

> 孔子曰：“一阴一阳之谓道，继之者善也，成之者性也。”皆兼理气而言。（《读书录》卷二）
>
> “继之者善”，就造化流行上说；“成之者性”，就人物禀受上说。（《读书录》卷十）
>
> “继之者善”，其理一；“成之者性”，其分殊。（《读书录》卷三）

薛瑄多次引用《系辞上》“继善成性”一句来阐明性论与理气论的逻

辑关系。在他看来，“继之者善”侧重于太极之“理”的下贯赋予，“成之者性”则言人物禀受且兼及“理气”。前者是“就造化流行上说”，是“理一”；后者是“就人物禀受上说”，是“分殊”。言理气已有性在，论性无非理气。因此，在“太极”为理、“阴阳”为气的前提下审视，易道不外乎太极阴阳，故周子赞《易》为“性命之源”：“易者，阴阳之气交错往来是也，而性命之理实具于气之中，故曰易为‘性命之源’。”（《读书续录》卷三）

究其根本，《易》之六十四卦、三百八十四爻皆由一阴一阳组成。在理学家看来，《易》之阴阳交错既符示出天道层面二气此消彼长的流行态势，亦代表着人道意义善恶交互相胜的动态情状。“《易》六十四卦，三百八十四爻，只是君子小人迭为盛衰。”（《读书录》卷三）依此，《易》之阳尊阴卑就鲜明地透显出为善去恶的工夫意蕴。

首先，薛瑄有取于程颐易学，再次强调了《易》所开启的“时”的智慧：“六十四卦，三百八十四爻，惟贵乎‘时’。君子之处世，亦曰‘时而已矣’。”（《读书录》卷六）在易学中，“时”的涵义并不仅限于“时间”，而是指时、空、人、物一体相连而形成的总体格局、趋向与态势。人无时无刻不处于每一当下特定的“时”之中，因而所谓“‘时的哲学’，乃是以一种特殊的‘时’的智慧和视野，观照、理解乃至回应大宇宙和现实社会人生的哲学”①。这种哲学，曾被程颐概括为“随时变易以从道”。薛瑄解伊川之说云：“《易传》曰：‘易，变易也，变易以从道也。’如人之一动一静者，变易也；而动静之合于理者，即道也。”（《读书录》卷一）薛瑄认为，人应力求当下每一动静皆能符合理之当然。“动静、语默、应事、接物，求合于理，即学

① 王新春：《〈周易〉时的哲学发微》，载《孔子研究》2001年第6期。

《易》也。”(《读书续录》卷五)《周易》“时”的智慧晓示人们相时动静、因事合理,所以,学《易》不仅是书斋里极深研几的思维活动,更须贯穿于人伦日用的言行举止中。

其次,薛瑄继承了周敦颐学说中“几”的概念,并将其与“天理”“人欲”之说联系起来:“几之善是道心,几之恶是人心流而为人欲。几之善是天理,几之恶是人欲。”(《读书续录》卷三)在《系辞》中,“几”原本是指客观事物阴阳变化的微妙兆头,周子则将其创造性地内化为心性活动萌发、尚未显著的状态。薛瑄强调,“几”中潜藏的善恶端倪,已然包含了“天理”与“人欲”的分际。因此,人须在心性活动肇始之时就谨慎地加以反省检视,力行为善去恶之功:“一阳复而为之喜,一阴生而为之戒。”(《读书录》卷三)“众阴方长之时,未易胜也。深于《易》者知之。”(《读书续录》卷三)

此外,薛瑄还多次以工夫论《易》,如“君子法乾之健,只无私便不息,有私则息矣”(《读书录》卷四),“先儒谓学《易》欲人恐惧修省,循之吉,违之凶。”(《读书续录》卷三)总之,在理学视域下诠释易学,则易学之本旨便与存理去欲、正明人道从而达至圣贤之境的理学宗旨深度契合。

(四)论图书先天

宋代以降,沉寂已久的象数易学终于迎来了再次勃兴。宋代象数学,是在涵化两汉易学已有成果的基础上,以高度的原创性和综合性登上易学舞台的。此一时期,河图、洛书和先天易学经陈抟、刘牧、邵雍等人的极力倡导渐次确立起象数学的基石地位后,又因朱子的推崇表彰得以与理学合流。朱子之后,理学家大多笃信先天、图书之说。及至明代,象数易学的影响犹在。

在此易学文化格局之下,薛瑄袭用旧说,主张“河图乃万数、万

理、万象、万化之源”(《读书录》卷三),而《系辞》的“相得有合”四字,足以括尽河图之数的特点:

“五位相得而各有合。”“相得”,谓一与二相得,三与四相得,五与六相得,七与八相得,九与十相得;“有合”,谓一与六合,二与七合,三与八合,四与九合,五与十合。朱子曰:“相得如兄弟,有合如夫妇。”相得,则取其奇偶之相为次第,辨其类而不容紊也;有合,则取其奇偶之相为生成,合其类而不容间也。“相得有合”四字,该尽河图之数。(《读书续录》卷五)

图书学认为,河图十数即《系辞》中的“天一”至“地十”。因此,《系辞》所谓“五位相得而各有合”必是对河图之数的描述。薛瑄认为,“相得”如天一地二、天三地四、天五地六、天七地八、天九地十,是言阳奇阴偶两数的相邻次第,朱子称“相得如兄弟”;“相合”则如天一地六居北、地二天七居南、天三地八居东、地四天九居西、天五地十居中而分属水火木金土,是言五行生数与成数一奇一偶、阴阳相合而分居五方之位,朱子称“有合如夫妇”。如此,则河图天地十数皆不出“相得有合”四字。

除图书学外,朱子对邵雍先天易学的认肯吸收亦对明代理学产生了巨大影响。薛瑄认为,“《易》书一字一义,皆自先天图出”(《读书续录》卷十一)。究其根本,乃因《易》之卦爻辞及传文皆本六十四卦卦画而来,而“小横图”与“大横图”正全然揭示出太极到六十四卦的自然演生过程:

太极自能生两仪、四象、八卦,加倍生生而不容已,所谓“生生之谓易”也。(《读书续录》卷一)

盖一生二、二生四、四生八、八生十六、十六生三十二、三十二生六十四，而一随生随在者，分之殊也；六十四根于三十二、三十二根于十六、十六根于八、八根于四、四根于二、二根于一者，理之一也。理之一各贯于分殊之中，分之殊毕统于理一之内。（《读书录》卷四）

薛瑄指出，在太极按“加一倍”的生生法则不断展开为六十四卦的同时，太极之理亦随之下贯赋予。卦虽六十有四，理却无处不一。由是观之，从太极尚无一画到六十四卦齐备的创生过程，不单单充分地展现出宇宙大德的“生生”之旨，更内在地蕴含着“理一分殊”的宇宙原理。

至于“小圆图”，薛瑄云：“‘天地定位，山泽通气，雷风相薄，水火不相射，八卦相错。数往者顺，知来者逆。’乃伏羲规横图为圆图。自震至乾为数往之顺，自巽至坤为知来之逆也。”（《读书续录》卷三）薛瑄继承前人观点，认为先天八卦方位符合《说卦》义，且以震四至乾一、巽五至坤八解“顺逆”。此外，他还颇有新意地以卦德论“小圆图”之阴阳各半：“先天图左半属阳，故乾健、兑说、离明、震动，四卦之德皆阳；右半属阴，故巽入、坎险、艮止、坤顺，四卦之德皆阴。此虽先儒所未言，窃意其如此。”（《读书录》卷七）可见，薛瑄论《易》偶有前人未发处。

薛氏亦曾论及“大圆图”。因乎“大圆图”中六十四卦各居之位皆具时令、空间之意，且其顺逆次序呈示出动态流转之蕴，故“大圆图”可视为一幅与汉易“六日七分说”不同的新型六十四卦卦气图。正是在卦气说的语境下，薛瑄指出周子“太极图”与“大圆图”的相合之处：

> 先天图十月纯《坤》初爻中已有十一月《复》卦初爻之根，即《太极图》右半阴中阳也；先天图四月纯《乾》初爻中已有五月《姤》卦初爻之根，即《太极图》左半阳中阴也。由是观之，先天与《太极图》未尝不合。（《读书录》卷七）

在大圆图中，一阳初动之《复》紧邻正北纯阴之《坤》，一阴初动之《姤》比邻正南纯阳之《乾》。薛瑄结合“十二消息”说，主张《坤》十月初爻之下已伏《复》十一月之一阳、《乾》四月初爻之下已伏《姤》五月之一阴。故周子《太极图》之第二图恰是对阴阳互涵之意的符示，即“《太极图》与大圆图未曾不合”。需要说明的是，邵氏易学本以阳之始机在《复》《坤》之际、阴之始机在《姤》《乾》之间；前者为“天根”，后者称“月窟”。薛瑄此处却直指天根、月窟分居《乾》《坤》之初爻，显然有违邵雍原意。

尤有进者，具有卦气意义的大圆图已然将年复一年春夏秋冬的四时运化、月复一月晦朔弦望的月相变换、日复一日昼夜昏旦的黑白交替囊括殆尽：

> 先天图《离》卯为春，《乾》午为夏，《坎》酉为秋，《复》子为冬。《坤》为晦，《复》为朔。自《坤》之《震》，月之始生，初三日也；至《兑》，月之上弦，初八日也；至《乾》，月满为望，十五日也；至《巽》，则月之始亏，十八日也；至《艮》，则月之下弦，二十三日也；至《坤》，三十日，又为晦矣。卯《离》，昼而旦；酉《坎》，夜而昏。春、夏、秋、冬，晦、朔、弦、望，昼、夜、昏、旦，莫不见于此图。（《读书续录》卷四）

此段文字将薛瑄的卦气思想展示得一览无余。首先，薛瑄以分居卯酉子午位的《离》《坎》《复》《乾》四卦象征春秋冬夏。然而,《离》《坎》《乾》皆属先天四正卦,缘何独舍《坤》卦不用而以《复》卦象冬?此颇可疑。笔者愚见,此处当为讹文,似宜正《复》为《坤》;其次,薛氏以《坤》为晦、《复》为朔,又以《震》《兑》《乾》《巽》《艮》《坤》六卦之象拟照一月之月相变化。此说亦有不当处。众所周知,以六卦配月相本自《周易参同契》,亦见于虞翻易学。按《参同契》和虞氏易学的月体纳甲说,与月相配的六卦乃三爻之经卦而非六爻之别卦。然而,"《复》为朔"一句显示出薛瑄之以卦配月说乃就先天大圆图而言的。这就意味着,薛氏必然是用《震》《兑》《乾》《巽》《艮》《坤》六别卦来对应月相。问题在于,一旦将月体纳甲说的六经卦换作六别卦,则六卦之阴阳爻象便不再具有直接摹写一月之月相变化的意义,更不必说此六卦在大圆图中的方位与月体纳甲所指明的月相出没方位毫无干系;最后,薛瑄又以《离》《坎》两卦象征昼夜。《离》居卯东,《坎》居酉西,离为日,坎为月。正是太阳东升西落、日月来往相推造就了昼夜的交替循环。总之,在薛瑄看来,天道运行的规律及其大到一年、小到一日的具体展现,皆在六十四卦大圆图的涵摄符示之中。

以上就是薛瑄论《易》的大体内容。综上可见,尽管薛瑄《易》说相较曹端、胡居仁更为丰富,但事实上,其论《易》之语除细枝末节处偶有发明外,总体仍未越出朱子易学范围。这充分说明,明初朱学一尊格局下的理学易,已全然笼罩在朱学的巨大影响中。囿于继承传续宋代理学的明初义理易,早已失却了北宋五子由易学开出理学般的高度原创精神。此一时期的理学家,充其量只是发挥了易学对理学的诠释作用,进一步确立了程朱理学在明代的权威地位。依此观之,它在当时虽有重要影响,但在整个易学史和理学史上影响较弱,实不足为奇。

三、发明朱子学的蔡清易学

蔡清(1453—1508),字介夫,号虚斋,福建晋江人,明朝著名理学家、易学家。成化二十年(1484)登进士第,弘治元年(1488)得礼部祠祭主事,历任吏部稽勋主事、祠祭司员外郎、南京文选郎中、江西提学副使。正德三年(1508),被任命为南京国子监祭酒,未及赴任即卒,时年五十六。后追谥文庄,赠礼部右侍郎。

蔡清一生萃心于六经、诸子及史集,著《易经蒙引》《四书蒙引》《虚斋集》《太极图说》《河洛私见》《艾庵密箴》等书以发明朱子之学。他说:"吾平生所学惟师文公而已。"[①]"宋儒之道至朱子始集大成,朱子之道不明,则圣贤之道因之遂晦,故其所学所推明惟朱子而已。"[②]但事实上,蔡清对朱学并非一味盲从。"大抵读书须要酌以真理,不可全信耳目,全凭故纸。虽朱子之说亦不能无未尽善处,且朱子之释注诸书,据《文集》所载,则其前后不同亦多。据《语录》所载,则其不同处尤多,若理出于至当归一则,又安有不同者耶?然则学者安得便以朱子之说而遂不敢有所异同耶?"[③]《明儒学案》曾对《易经蒙引》给予高度评价:"先生平生精力,尽用之易、四书《蒙引》,茧丝牛毛,不足喻其细也,盖从训诂而窥见大体。"(卷十四六《诸儒学案上四》)

---

① 〔清〕永瑢等:《四库全书总目》,中华书局1965年版,第28页。

② 〔明〕林希元:《文庄虚斋蔡先生行略》,载《四库全书存目丛书》集部第43册,齐鲁书社1997年版,第7页。

③ 〔明〕蔡清:《易经蒙引》卷十上,《文渊阁四库全书》第29册,台湾商务印书馆1986年影印。以下凡引该书只注书名、卷数。

(一)天地之易、吾身之易、《易》书之易

如何理解《易》的起源和本质？蔡清把朱子“有天地自然之易、有伏羲之易、有文王周公之易、有孔子之易”①的说法概括为“三易”：

> 大抵《易》书之理即天地之理，天地之理亦吾身之理，孔子此章之言，一以见人当求易理于天地，二以见人当求天地之理于吾身，盖有天地之易，有吾身之易，有《易》书之易。(《易经蒙引》卷九上)

依他之见，易有天地之易、吾身之易、《易》书之易。所谓“天地之易”，即朱子所云“画前之易”或“天地自然之易”，它客观存在，而非人为创造。其内涵当从理、气两方面理解：就万物构成的角度言之，天地人物皆由阴阳之气构成，万事万象无非阴阳。“天地间不外乎阴阳，阴阳之数不外乎奇偶。”(《易经蒙引》卷一上)“阴阳一气也。”(《易经蒙引》卷九上)他同朱子一样，把这种气称为有形可见的“实体”：“天地者，阴阳形气之实体，或曰天积气也，地则形也。实体对易中法象言也，所以兼言形气而又曰实体。”(《易经蒙引》卷九上)就宇宙本原的角度言之，阴阳消息变化皆以理为主宰。“易阴阳而已。幽明死生鬼神皆阴阳之变，天地之道也。”(《易经蒙引》卷九下)在解释天地之理时，蔡清沿用了朱子的“变易”“交易”说：“对待则所谓交易也，流行则所谓变易也。”(《易经蒙引》卷九下)

---

① 〔宋〕朱熹:《周易本义·卷首九图》，萧汉明:《〈周易本义〉导读》，齐鲁书社 2003 年版，第 78 页。标点有改动。

“如天地定位，合言之交易也。专就天言，则有南极北极之分；专就地言，则有南北高深之辨，此又分言之交易也。如昼夜之相推，合言之变易也。昼午前为阳，午后为阴。夜则子前为阴，子后为阳。此又分言之变易也。”（《易经蒙引》卷一上）天地如是，万事万物亦如是：“举天地间物物皆是易，不是变易，便是交易，二端之外，更无他也。此古之圣人所以用一‘易’字以该括之。”（《易经蒙引》卷一上）

人由天地创生，有阴阳男女之别，亦有变易、交易之理，此即吾身之易。“且阴阳之分，在人在物，无不有之。如人之男女，男阳而女阴也。然男女之身，各有血气，血阴而气阳也。所谓一物原来有一身，一身还有一乾坤，而人身之血气，其界分亦自不同。”（《易经蒙引》卷一上）人之形体性情亦对应阴阳五行。他说：“近取诸身，则吾身之间，其形体、其性情莫非阴阳消息之所在也，如目为火，而左耳为木，口为水，而右耳为金，外体之阴阳也。肝为木而心为火，肺为金而肾为水，内体之阴阳也。仁木而礼火，义金而智水，性之阴阳也。喜木而乐火，怒金而哀水，情之阴阳也。凡阴皆消，凡阳皆息也。”（《易经蒙引》卷十一上）

无论是天地万物之易，还是吾身之易，蔡清统统视为画前之易。在他看来，未画卦之前，天地之易和吾身之易的阴阳变化之理早已客观存在于万事万物之中。“每一物中各有个阴阳消息，且是未画卦之前如此。”（《易经蒙引》卷十一上）“道无他，只是一阴一阳而已。是阴阳也，在天者此也，在地者此也，在人者此也，在物者此也，在此一物有是阴阳，在彼一物亦有是阴阳，皆道之所在也，而实有定在，所谓无在无不在也。”（《易经蒙引》卷九下）概言之，天地之易即遍在于万事万物中的一阴一阳；易之理，则是阴阳对待流行，即交易变易。

天地之易与吾身之易属先天客观之易,《易》书之易则是后天圣人之易。然而,《易》书之理、天地之理、吾身之理实乃同一天理,故三者必然相通。“《易》书之理即天地之理,天地之理亦吾身之理。”(《易经蒙引》卷九上)那么,《周易》一书是如何形成的?它与天地之易、吾身之易有何关系?蔡清对此进行了深入探讨。我们知道,朱子认为,《周易》一书本于天地自然之易。明初薛瑄则进一步提出《易》书是对画前之易的模写:“天地间阴阳是自然之易,卦画奇偶不过模写阴阳之象而已,故亦谓之易。”①在此基础上,蔡清又提出了“影子”说:

> 上而天文,下而地理,中而人事,微而物情。大而元会运世之变,小而旦夕顷刻之间,何所不具,何所不有?若无所该而实无一之不该;若无所载而实无一之不载。举万有之全尽模写于数奇偶之内,随其所观,各有其象;随其所取,各有其义。(《易经蒙引》卷十一上)
>
> 究竟论之则易理本在天地与吾身,其《易》书则是天地人身之易之影子也。若不是于天地吾身上体验得出,则看那《易》书之易终亦死杀了。(《易经蒙引》卷九上)

按照蔡清的理解,《易》书的阴阳卦爻,是对天地之易阴阳奇偶、变化之理的模写。“然书所以模写此理也,六十四卦三百八十四爻。卦爻,一阴阳也,阴阳,一道也。”(《易经蒙引》卷九下)阴阳符号从天地万物中抽象出来的,故天下间所有事物皆被《易》书所模写,即所谓“举万有之全尽模写于数奇偶之内”(《易经蒙引》卷十一上)。

① 〔明〕薛瑄:《薛瑄全集》,山西人民出版社 1990 年版,第 1387 页。

《易》书有阴阳符号和蓍数奇偶，其变化表现变易交易、对待流行，即对天地万物阴阳奇偶、消息变化的模写："爻之奇偶，就该得消息卦之消息，就当个奇偶爻之奇偶，非但交易亦变易也。卦之消息，非但变易亦交易也，故圣人立象以尽意，则奇偶已该消长之理矣。"（《易经蒙引》卷十一上）不仅如此，《周易》的卦名和概念都不是凭空杜撰的，亦本自天地之易和人身之易，如"易有乾坤、有贵贱、有刚柔、有吉凶、有变化，然此等名物……不过皆据六合中所自有者而模写出耳"（《易经蒙引》卷九上）。因此，《周易》模写的并非某一局部的事物及道理，而是天下万事万物及其道理之全体。此即《易》书"是天地人身之易之影子"。

值得注意的是，蔡清以影子比喻《易》书，实已将《易》书与天地之易、人身之易区分开来。事物有影子，但影子并不等于事物本身。"易中只是卦爻，卦爻只可谓之法象，不可直谓之实体。今只是欲明易中具得有此等物事，故为之立言曰：易之见于实体者耳，非固以易之卦爻为实体也。"（《易经蒙引》卷九上）天地之易是有形可见的实体，《易》书只是法自然之实体象而已。前者是源，后者是流。可许多人只知其流，不知其源："易穷则变，'易'字元是指天地人物之事及后来既有《易》书，则将此'易'字分了一半，并称为易矣。奈何后之读《易》者，只把《易》书做易，遂忘却元祖之易，及闻人以天地人物变化之理为易，乃甚骇而不信。盖逐流而忘源，不知溯流而求源也。"（《易经蒙引》卷十一上）

在对《周易》一书的理解上，蔡清认同朱熹象数、义理并重的做法。他认为："伊川后来作《易传》，于象数上略了，只据胸中所得之义理来解说。朱子服其理到，但以其未得《易》之本旨，故别为之注而自名曰《本义》，便见《程传》之说未为本义矣。《本义》字字皆从画上味出，亦多本之孔氏也。”(《易经蒙引》卷一上)《易》书法天地之易和吾身之易，将至著之象与至微之理融为一体，二者不可偏废：

> 人事粗迹也，《易》书有以微之，盖于至著之中寓至微之理也。天道至幽也，《易》书有以阐之，盖以至微之理寓于至著之象也。微显与神德行相似，阐幽与显道相似，但彼在占筮上说，其功用之切于人。此在卦爻上说，言其功用之具于易。此亦所谓体用一原显微无间者也。(《易经蒙引》卷十一下)

《易》书与天地之易齐准，至微者即不可感观的抽象义理，至著者即可以感观的具体易象。天道幽微而《易》书以象尽显之，人事显著而《易》书以理概之。“至著之中寓至微之理”，“至微之理寓于至著之象”。象中有理，理寓于象，有至著之象便有至微之理，有至微之理必有至著之象。

在《周易》一书基本性质的问题上，蔡清接受了朱熹“《易》本卜筮之书”的观点。他说：“《易本义》立‘象’‘占’二字尽蓍卦之始终矣。象在卦，占以蓍。卦者，易之体；蓍者，易之用。缺一非易也。”(《易经蒙引》卷一上)一方面，蔡清相信卜筮有预测的功能，且常常有奇验。筮占结果之所以准确，是因为人可以感通“阴阳之良知”：“大抵盈天地间无处无阴阳二气，阴阳之良知即其灵也，有感必通，不疾而速不行而至断，亦非偶然者。”(《易经蒙引》卷一上)另一方面，蔡清虽然承认《易》为卜筮之书，但他更多强调以道义配祸福。“易虽主卜筮，然以道义配祸福，与他术数书不同，所以为经也，故无不效。”(《易经蒙引》卷一上)所谓道义配祸福，是说吉凶并非取决于卜筮，而是取决于道义。朱熹曾云：“所谓道义便是易也","道义是众人公共底"。① 蔡清进一步解释说:"易以道义配祸福,故元亨而必利贞也。"(《易经蒙引》卷一上)"人为之善者,或能吉其凶,其不善者,则能凶其吉。"(《易经蒙引》卷一上)人做善事可以逢凶化吉,为恶则吉亦转凶。顺理义则吉,逆之则凶。"盖天下只一个理,人之动非顺乎理即逆乎理。顺理则吉,逆理则凶,惟一理之所在,而视之逆顺以为吉凶耳。此卦爻之占所以只有此二者而已。"(《易经蒙引》卷十一上)

道义德性决定了人之福祸吉凶,那么,道义如何而得,出自何处?蔡清又把道义与知礼工夫、穷理尽性、崇德广业结合起来加以论述。他指出,《易》书无非理,穷理增长智慧,崇理、循理、依理而行,则本然之性长存,道义即成:

> 盖六十四卦三百八十四爻,无非是理之所在也,圣人于是理也,穷之于心则识见超迈,而其知也崇;循是理而行,则工夫笃实,而其礼也卑。其知之崇,则如天之崇,崇之极也。其礼之卑,则如地之卑,卑之极也。且天位乎上,地位乎下,则其中阴阳升降变化不穷矣。今也圣人知崇于上,礼卑于下,则其本然之性存存不已,而道义即从此出。吾见道义之得于心者,日新月盛而德,于是乎崇矣,道义之见于事者,日积月累而业,于是乎广矣。(《易经蒙引》卷十上)

道义见之于心为崇德,见之于事为大业。"道义之得于心者,日知其所未知,则为德之崇矣。道义之见于事者,日行其所未行,则为

① 〔宋〕黎靖德:《朱子语类》卷七十四,中华书局 1986 年版,第1909~1910 页。

业之广矣。道义之与德业，岂有不同归哉。”（《易经蒙引》卷十上）道义、德业、知礼相互关联。由知礼而成性，由成性而道义，由道义而德业，层层递进。理、性皆为天道，《易》书既主穷理，又主尽性：“大而人伦，小而一物，易皆有以处之，非所以尽人物之性乎，然曰理曰性皆天道也。而易能穷之尽之，以合于天道之自然，又非所以至于命者乎。盖理性者，天命之散见，天命者，理性之本原，其始穷之尽之功，犹人也，其终合于天道，则人而天矣。是又以浅深而言也。”（《易经蒙引》卷十二上）故《周易》亦是天人性命之书，学《易》即在于体认天人之理，穷理尽性至命。“易者，穷理尽性以至于命者。寻常看《易》，只见得是吉凶悔吝之辞而已，安得有性命在？其实《易》中无一句一字不在性命上。如乾‘元亨利贞’则自乾道大通至正上来，坤自‘元亨，利牝马之贞’以下无一字不从阳全阴半道理上来也，伏羲卦画亦然。盖易中所有都是下一层者，其实一画一字都有上一层道理在。所谓形而上者谓之道，诸卦皆然。”（《易经蒙引》卷一下）六十四卦、三百八十四爻皆有天理蕴含其中，学《易》体认到天地之理并如此去做，便是尽人物之性，从而达至天命。

（二）太极与阴阳

太极是易学最重要的范畴之一。朱熹曰：“太极只是一个理字。”“太极只是天地万物之理。”①对此，蔡清进一步予以疏解：“‘极’字所从来本是指屋极，故‘极’字从木。今以理之至极而借此以名之。犹‘道’本是道路之义，今亦以此理为人之所当行而借名之耳。‘太’字是‘大’字加一点，盖大之有加焉者也。既曰极矣，而又加以‘太’，盖以此理至广至大至精至微至中至正。一‘极’字

① 〔宋〕黎靖德：《朱子语类》卷一，中华书局1986年版，第1～2页。

犹未足以尽之，故加‘太’字于‘极’之上，则至矣尽矣，不可复加矣。”①也就是说，太极是至广、至大、至精、至微、至中、至正之理。相应地，其解“无极而太极”亦本于朱熹：“曰‘无极’，言初无个极也。曰‘而太极’，言实则为莫大之极也。”（《太极图说》）“无极”就是“无有个极”，指太极无形无象，绝非具体事物中的一种；“太”字训为至大，“太极”即至极至高之天理。“无极”修饰“太极”，言其本体性、抽象性、形上性和超越性，“太极”则言天理之全体性、普遍性与绝对性。从太极与理的关系上说，太极纳万理为一，为理之极致。“太极云者只是理之尊号也，盖贯万理而一之也，所谓道之大原也。”（《太极图说》）“圣人以其无穷无尽而无以名状之故强而加之以太极之名，盖太极只是此理之尊号而已。”（《易经蒙引》卷九下）从太极与阴阳的关系上说，一方面，太极有别于阴阳之气，它具有本体性与超越性。“所以别太极于阴阳五行也，形而上、形而下之分也。夫太极惟本是无，故能博其有也。”（《太极图说》）另一方面，太极虽是超然的形而上者，但又遍在于天地人物之中，不离事物而独存。

在此基础上，蔡清又对太极展开了详细解说。首先，太极得全体之妙。他认为，《彖》赞乾坤“大哉乾元”“至哉坤元”，但乾只有“大”之意，即“太”之意；坤只有“至”之意，即“极”之意。因此，乾偏于阳动，坤偏于阴静。单独的乾坤均不能得太极之妙。而太极兼有乾坤的品性，得全体之妙。“《易》曰：至哉坤元，至即极之意。曰大哉乾元，大亦太之意。但阳虽得兼阴，然对阴静而言，犹只是阳动之一偏，而非其全体之妙。故乾只言大而不兼言至，亦未全于

① 〔明〕蔡清：《蔡文庆公集》附录《太极图说》，《四库全书存目丛书》第43册，齐鲁书社1997年版。以下凡引该书只注篇名。

太也。"(《太极图说》)太极即道之全体,道是太极之流行。"语道体之全则谓之太极,语太极之流行则谓之道。"(《易经蒙引》卷九下)

其次,太极无所不在,具有普遍性。他说:"太极无不在。且如一年春夏发生之候为阳,秋冬收藏之候为阴,是一年之内有个太极也。然只春夏发生之候亦自有个阴阳之分,春为阳之阳,夏为阳之阴,亦一动静之理也。是即阳而道亦在阳矣。只秋冬收藏之候亦自有个阴阳之分。秋为阴之阴,冬为阴之阳,又一动静之理也。是即阴而道亦在阴矣,是即所谓动静不同时,阴阳不同位而太极无乎不在者也。自此推而上之,是气机也运转不停,不但今年如此,明年又如此。不但明年如此,后年又如此。积而至于十年而一周纪,三十年而为一世,十二世而为一运,三十运而为一会,十二会而为一元,十二万九千六百年而犹未已也。可谓其大无外矣,此不谓之太极乎?此不谓之动静无端,阴阳无始乎?"(《易经蒙引》卷九下)大到元会运世,小到一呼一吸,处处都有太极阴阳迭运之理。阴阳无始,动静无端,其大无外,其小无内。"自四时推而下之一时有三月,一月有三十日,一日有十二时,一时有八刻,一刻有百三十五息,一息有一嘘一吸,然物类不同,嘘吸亦有长者亦有短者,其微至于蚍蜉蚁嘘吸之气,必亢短数,而其一嘘一吸,均一造化动静之机也,可谓其小无内矣。斯又不谓之动静无端,阴阳无始乎?非太极之理乎?自一呼一吸之微积而至于一元之十二万九千六百年之久,只是此一气之动静也,此一理之统贯也。又自一元而二元三元以至于十元百元之无穷,独非此一气之动静,独非此一理之统贯乎?信乎君子语大天下莫能载,语小天下莫能破矣。"(《易经蒙引》卷九下)

再次,他秉承了朱子"理一分殊"的观点,主张万物各具一太极之全体。“各一其太极者，譬如日月之光辉一也，或在水，或在庭，或在屋，同一日月之光也。以水得之而为水之光，庭户得之而为庭户之光，屋瓦得之而为屋瓦之光。要之则初无二光也，同受一日月之光也。”(《太极图说》)太极如日月之光照耀万物，万物皆受日月之光，完整禀赋了同一太极之全体。

但是，蔡清所说的太极之理与朱子又有根本的不同。对他而言，阴阳之气才是实体，是万物化生的根本；理则是阴阳二气对待流行的条理，不能离开阴阳而存在，并不具有实体性。“阴根乎阳，阳根乎阴，此所谓全体也，即所谓本体也，即所谓理也。”(《太极图说》)因而，太极之理的具体内涵即阴阳的对待与流行，即交易、变易。蔡清指出，对待是阴阳对立不可混淆，流行则是阴阳推移和相互转化。以乾坤为例，“夫乾，其静也专其动也直；夫坤，其静也翕其动也辟，是对待的也。如阖户谓之坤，辟户谓之乾，成象谓之乾，效法谓之坤，则又是流行的，对待则所谓交易也，流行则所谓变易也。”(《易经蒙引》卷九下)一方面，从根源上来说，先有对待后有流行。“有先天对待之体方成后天流行之用。推类而言之，日属阳，月属阴，日月相对待者也。必有日有月，然后往来相推而明生。又如文属阳，武属阴，文武相对待者也。必有文有武，然后德威交济而治功成。夫属阳，妇属阴，夫妇相对待者也。必有夫有妇，然后内外相得而家道成。推之万事，亦莫不先有对待之体，然后有流行之用也。”(《易经蒙引》卷十二上)另一方面，对待与流行又相辅相成、相互渗透。有对待的流行，亦有流行的对待。“虽然动静相生而无端，故对待亦有肇于流行者，所谓体在天地后用起天地先是也。流行亦有对待者，所谓太极动而生阳，阳极而静，静而生阴，阴极复动者也。”(《易经蒙引》卷一上)也就是说，阴阳的对待流行并非截然两分，而是一体浑成。“二气之分实一气之运”(《太极图说》),“一物两体,互为其根,其实一也”(《易经蒙引》卷九下)。

不过,在二气流行运转的过程中,阴阳的功能和作用并不等同。阳为主宰而统乎阴,故阳得全体之妙,阴则只具一半之功。蔡清称之为“阳全阴半”:“阳全阴半,阳统夫阴,阴制于阳。”(《易经蒙引》卷一下)或用奇偶言之,即“奇者兼乎偶者也,偶者分奇之半者也。如举日则包夜,奇也;夜则得日之半,偶也”(《易经蒙引》卷一上)。因而,万物生成也必然是阳全阴半,乾主生物,坤主成物。“万物之生成只是一元之气而已,造化原无两个元也,坤元只是乾元后一截,当其气形交接处,乾坤虽云两个物实则只是一般物也,以一段物而受两个物之投种,究竟宁有是理哉?盖总一气机也。”“地所发生,一本于天之气,故谓之天地生万物,亦可谓天之生物,亦可即此就是阳全阴半之理。”阳气消退便是阴,阴只是阳的下半截,阴阳交际之时看若两物,其实则一。阳为本,阴为末,阳可兼阴,阴却不得兼阳。以乾坤两卦为例,“坤元亨自与乾元亨不同,乾元亨无所不元亨也,坤元亨只是柔顺者元亨也”。“夫造化之理,阳全阴半。坤阴也,以先后言仅得于后,以利义言仅得于利,以四方言仅得于西南。”(《易经蒙引》卷一下)

正是从“阳全阴半”说出发,蔡清对理和气的地位进行了界定:“盖分理与气,则理为精,气为粗,所谓形而上形而下也。太极者,二气之本体;二气者,太极之支分。是太极为本,二气为末也。所以无彼此者,盖精而本者实包举乎粗而末者,其粗而末者,实皆精而本者之所在耳。”(《太极图说》)可见,蔡清对太极与阴阳关系的阐释是整体性的。太极并不是阴阳合一之气,而是阴阳对待流行中的完整条理。形而下的阴阳之气虽是“实体”,但它并不等同于太极,而是内中涵有太极之理。基于此,他又对朱学的理气观加以修正。由于蔡清将太极界定为阴阳对待流行的条理,消解了理的实体性,所以他明确反对朱子“理先气后”的说法:“尽六合皆气也,理则只是此气之理耳。先儒必先有理而后有气及理生气之说,愚实有所未解。”(《太极图说》)他也不赞同朱学“理无动静”的观点。既然太极以阴阳合一之气为实体,则理必然具有生生不息的创生能力,即自身能动静。在太极的主宰支配下,气分为阴阳。阳气轻清,上升悬浮为天;阴气重浊,下沉凝结为地。继而阳气刚健成男,阴气柔顺成女。“太极实函阴阳,所谓一阴一阳之谓道也。是以太极肇判之,初其气固自分阴分阳,阳之轻清上浮为天,阴之重浊下凝为地。及天地既位之后,此气又相絪缊融结,亦自分阴分阳。得阳之奇而健者为男,得阴之偶而顺者为女,此皆其理之自然而不容以不然者,所谓天地万物之父母是也。故以男为乾道之所成,女为坤道之所成也。”(《易经蒙引》卷九下)

蔡清的这一思想,与宋明时期的气学、理学各有同异。一方面,他以气为实体、理为气之条理,显然异于朱子而近乎气学;另一方面,他依然坚持太极之理是形而上者,形下阴阳之气中涵有太极之理,又与气学判若两途而以朱子为归。

(三)本然之性与气质之性

在人性的问题上,蔡清也继承了朱子“天命”与“气质”的说法,并把“天命之性”称为“本然之性”。他认为,人以本然之性为主,但其寓于气质之中,与气质之性合而为一。“本然之性寓在气质之中,虽随气质而合为一,而其本然之性常为之主,故云性相近。”[①]在

① 〔明〕蔡清:《四书蒙引》卷八,《文渊阁四库全书》第206册,台湾商务印书馆1986年影印。以下凡引该书只注书名、卷数。

他看来，孔子所云“性相近”虽也说到气质之性，但仍以天理本然之性为主。人皆禀受天理，所以性相近。此说源于朱子《四书集注》：“此所谓性，兼气质而言者也。气质之性，固有美恶之不同矣。然以其初而言，则皆不甚相远也。”①孟子言性则是以天地本然之性不杂乎气质而言的，也就是纯粹的天地本然之性，故称性善。“问：‘孔子言性兼气质而言，不知孔子之意重在理上，重在气质上？’曰：‘重在理上。盖是就气质中指出天地本然赋予之理不杂乎气质者而为言，故曰孔子之言性以其不离乎气质者而言。孟子之言性以其不杂乎气质者而言。盖虽不离乎气质，而亦不杂乎气质也。孟子性善之论要亦孔子之言，但孔子语意浑全而无缺。孟子曰：非天之降才尔殊也，其所以陷溺其心者，然也。非即孔子习相远而性相近之言哉，同一扶持世教开晓人心也。’”（《四书蒙引》卷八）又曰：

> 自一阴一阳之谓道，而继之者善于以赋于万物，人为万物之灵，其性之所自来固无有不善，而既属于人则不能以尽同，故夫子一言以蔽之曰：性相近也。至孟子当人欲横流之时，特推其所本然者，以晓当世，故专以性善为说，自此言性者，纷纷矣。由今观之，谓性为相近，则验之身，稽之人，参之往，古考之。当今上探之圣贤，下察之众庶，无一不合信乎？其为相近也，谓性为皆善，则自己而人、自古而今、自圣贤而众庶皆不能不少殊。虽禹、汤、文、武之圣，亦未见其尽与尧舜为一。孟子盖独推其所本然者，以晓之也。言性之说至本朝而始精，以善为天地之性，以不能尽善为气质之性。此说既出，始足以完孟

① 〔宋〕朱熹：《四书章句集注》，中华书局1983年版，第175～176页。

子性善之说。(《四书蒙引》卷八)

性是天理下贯于人,故"性之所自来固无有不善"。由此可知,孟子所云性善是指本然之性。但正因天地本然之性纯粹至善,人人相同,所以谈不到相远或相近。现实的人性却是各有不同,"而既属于人则不能以尽同"。即使同为圣人,禹、汤、文、武亦与尧、舜不尽相同。因此,孟子仅从本然之性的角度谈性善是不全面的,唯有孔子兼及天地之性与气质之性的"性相近"一语才道破实情。

由此可见,蔡清其实更为强调气质之性。他说:"所谓天地之性是指天命流行之初者言也,推性之所自来也。所谓气质之性是指既属于人而言也,斯即其谓之性者也。"(《四书蒙引》卷八)天地本然之性只是就天命流行之初而言,是由现实人性推出的逻辑根源。一旦落实于人身,便已是气质之性。因而,现实中并不存在纯粹至善的天命之性,气质之性才是实然的人性。因此,蔡清对《系辞》"一阴一阳之谓道,继之者善也,成之者性也"一句有着不同的理解:"'继善成性',先儒以为孟子性善之论所由出,然按《大传》,此言终是兼气质,终是兼高下善恶,故下文云'仁者见之谓之仁,知者见之谓之知',此固于气质而不能纯乎善者也。又曰'百姓日用而不知',则其中又安得无恶者耶?此所谓愚不肖者之不及也。乃知孟子论性不论气,果是不备也。"(《四书蒙引》卷九下)在他看来,《系辞》所说的"继善成性"也是兼天命与气质而言的。因为"继善成性"一句后又云"仁者见之谓之仁,知者见之谓之知",仁者和智者气质不同,个性有殊。至于"百姓日用而不知",更是指"愚不肖者之不及"。可见,人性都是气质之性,即有高下善恶之分。

我们知道,程颐曾主张"论性不论气,不备;论气不论性,不明”①。朱熹对此推崇备至，“二之则不是，所以发明千古圣贤未尽之意，甚为有功！”②然而，蔡清在著述中更多强调“论性不论气不备”，对“论气不论性不明”一句几乎只字未提。原因在于，程颐、朱熹都以天理为宇宙的终极实存，蔡清则将理认作是阴阳气化流行中的条理。因此，他虽未否认本然之性，但着力凸显气质的一面。“窃疑天地之性究竟亦只是阴阳五行之理耳，阴阳五行之理即便有清浊厚薄矣，故先儒先有理而后有气之说愚终不能释然。”③既然气载于质、理寓于气，则天地之性亦只是阴阳五行之理，不能离气而独存。

蔡清又进一步从共性和个性的角度来阐释人性问题。“且天下之生凡同类者无有不同，而纤悉则不能尽同，此其所以为造化之妙。如桐梓之生一也，而枝条花叶之横斜疏密则无一同，然要其所以为桐梓者，终相若也，此相近之说也，而可以知人矣。人之形体一也，而耳目口鼻之位置，美恶则无一同，然其所以为人者，终相若也。此相近之说也，而可以知其无形者矣。人之能言，一也，而其声音之清浊高下则无一同，然要其所以为人声者，终相若也，此相近之说也。而可以推人之性矣，其赋自天何有不善，自阴阳杂揉属之人而谓之性，宜不能粹然，而皆善矣，此相近之说也。奈何主性善之说而遂废性相近之说耶？”（《四书蒙引》卷八）有如桐梓树之枝条花叶横斜疏密各有不同，人之眼耳口鼻、声音清浊高低亦千差万别，人性虽以天地之性为共性，本然皆善，但与形体阴阳之气杂

① 〔宋〕程颢、程颐：《河南程氏遗书》卷六，《二程集》，中华书局 1981 年版，第 81 页。

② 〔宋〕朱熹：《四书章句集注》，中华书局 1983 年版，第 176 页。

③ 〔明〕庄煦编：《四书蒙引别录》，《文渊阁四库全书》第 206 册，台湾商务印书馆 1986 年影印。

糅之后,便已不是纯然的天地之性而具善恶高下之分了。

那么,人性中的恶又源自何处?在此问题上,蔡清也不同意前人“在天无有不善,在人方有恶”的解释。依他之见,“一阴一阳之谓道”,有阳便有阴,有善便有恶。天有阴浊之气,故非全然至善,阴浊之气禀赋于人便是恶:“《大传》‘继善成性’及《太极图说》似皆谓在天者无不善及在人乃有不善。看来只是立教之意,其实在天便亦有不纯乎善者。故阴浊之气必有所泄,泄于人则为愚不肖,泄之于物则为豺狼蛇蝎之类,亦天所赋也。”(《太极图说》)然而,根据阳为主宰而统乎阴的“阳全阴半”说,人性之恶亦是善中之恶,实即善之不足。如其所云:“人性之有恶者亦在善中之恶,故孟子以为人性皆善亦是也,先儒以为恶亦不可不谓之性亦是也。然虽至恶之人,见其所仇家之孺子将入井之时,初间亦皆有怵惕恻隐之心焉,岂不见得人性之善?但少间瞬息则别心生矣,况其人素恶终不可化而善,兹又岂非善中之恶乎?大抵以人性而视禽兽则为善,惟所禀有不同,则又有善中之恶,且如文学之选虽百个进士亦有学问不足者,虽聚百个状元而较之,其中又有不足者,故惟纯粹者最难也。”(《易经蒙引》卷九下)蔡清相信,凡人遇事之时皆有恻隐之心。即使至恶之人看到仇家孩童将落于井,最初一念亦会萌动恻隐,只是而后又生出恶意,此即“善中之恶”。与禽兽相比,人性都是善的,这是人之为人的共性所在。但同为性善,而又不尽相同。就像同为进士学问亦有高下,身为状元亦有学问不足者。在这个意义上说,人性都是善的。对此,向世陵先生的评价极为透辟:“讲论人的性善,必须要看到善中之恶的一面,看到从纯粹到杂驳都可以统属于善的范畴。事实上,同为进士而学问有参差,同为状元而品格有高下。重要的不在于‘善’的质的统一,而在于其量的差别。蔡清的这一认识,应当说已高出于当时的一般学者之上。”①

蔡清一生以传承发明朱学为职志，其学术贡献主要体现在以下三方面：第一，明代理学恪守朱子矩矱，不敢有所异同，其原创生命力亦由是丧失殆尽。蔡清身处明中期朱学由盛转衰之际，其大力弘扬朱子理学确有扶衰振落之功；第二，《易经蒙引》依朱子之说折中宋、元、明诸家朱学注疏，极力纠正其中误读偏颇之处，条分缕析，十分详尽，极有价值；第三，朱子一生著述繁多，因乎写作年代和谈论语境不同，对许多具体问题的说法有所出入甚至相互抵牾。蔡清指出，朱子的思想也是一个逐渐发展圆熟的过程，因此，对其早年未定之见应仔细甄别，不宜盲从。由此出发，他对朱子著作进行了详尽辨析，力图消解其中的矛盾，继而提出一己之见。因此，蔡清在当时影响甚巨，明末詹仰庇称许其曰：“朱熹发明圣贤之旨，而清又发明朱氏之言，四方学者宗之，至于今不废。……朱熹有功于圣人，而清则有功于朱氏。”②难能可贵的是，蔡清对朱子之说并非一味拘执墨守，这对时人及后学冲破朱学藩篱，进一步发展宋明理学具有重要意义。尽管蔡清本人尚未彻底转向气学，但其学说在客观上开启了以气学解构理学的先河。正是这一原因，而后明确提出“理气一物”说的罗钦顺才对蔡清推崇备至，赞其曰“儒林中之杰出者”③。毋庸置疑，蔡清的学说确实对明代中后期罗钦顺、崔铣、刘宗周等人的气本论思想不无开拓之功。

---

① 向世陵：《蔡清对朱熹〈本义〉的折中修正——以“保合太和”与“继善成性”的注解为例》，载《周易研究》2009 年第 2 期。

② 〔明〕詹仰庇：《都察院左佥都御史咫亭詹先生疏稿》，《四库全书存目丛书》集部第 43 册，齐鲁书社 1997 年版，第 9 页。

③ 〔明〕罗钦顺：《困知记》卷下，中华书局 1990 年版，第 43 页。

四、批判与修正朱子学的崔铣易学

崔铣(1478—1541),字子钟,一字仲凫,初号后渠,改号少石,后又定号洹野,河南安阳人①,明弘治乙丑(1505)进士②,改庶吉士,授编修,官至南京礼部右侍郎,《明史·儒林传》有传。年十五,"讲太极,通《周易》,能筮"③,至青年,志趣儒学。及其出仕为官,刚正不阿,敢进直言。正德初,宦官刘瑾干政,崔铣与同僚见瑾,众人皆屈膝参拜,唯崔铣与何瑭长揖不拜,瑾怒其轻薄,与党人曰:"翰林白面后生轻薄,如崔铣尤甚。"遂出为南京吏部主事,瑾诛,方召还翰林。嘉靖初年,因进谏君主近贤远佞,去官,居家十余年,作后渠书屋,读书讲学其中。明世宗嘉靖二十年(1541)病逝,终年六十四岁。赠吏部尚书,谥"文敏",世称"后渠先生"。后学评价其道德文章曰:"渊醇清邵,卓然巨儒。"④著有《洹词》十二卷、《彰德府志》八卷、《文苑春秋》四卷、《士翼》四卷、《读易馀言》五卷等。

崔铣的易学思想主要保存在《读易馀言》中,该书完成于下世

---

① 《安阳县志》卷十五称崔铣"其先山东安乐人"。《明儒言行录》载曰:"字子钟,一字仲凫,河南汝阳人。"又《罪惟录列传》:"崔铣,字子钟,一字仲凫,河南海阳人也。"案,"汝阳"与"海阳"俱无根据,乃"安阳"之笔误。至于"其先山东安乐人",乃据其自述而言。《洹词·显考参政南郭君述》:"先君讳升,字廷进,山东安乐人。"《安阳县志》盖以此为据。

② 《皇明名臣琬琰录》:"公讳铣,字子钟,更字仲凫,河南安阳人,正德乙丑进士。"案,明正德无乙丑年,当是弘治乙丑年登进士第,此乃著者失考之处。

③ 〔明〕黄佐:《南雍志列传》,载周骏富辑《明代传记丛刊·学林类》第21册,台湾明文书局1990年版,第75页。

④ 〔明〕张宏道、张凝道:《皇明三元考》,载周骏富辑《明代传记丛刊·名人类》第16册,台湾明文书局1990年版,第366页。

前一年，即嘉靖庚子年（1540）十一月冬，应属晚年定论。《读易馀言》凡五卷，“凡上下经《卦略》二卷、《大象说》《系辞辑》《说卦训》各一卷。”①《四库全书总目》对其篇目论之更详：“其《上经卦略》《下经卦略》《大象说》皆但标卦名，不载经文，《系辞辑》《说卦训》则备录传文，盖书非一时之所著，故体例偶殊，且经有卦名，而《系辞》《说卦》则无章名，其势亦不能不异也。惟删《说卦》广象八章，而别以蔡清之说增损之，又《序卦》《杂卦》《文言》三传一概从删，则未免改经之嫌。”（卷五《读易馀言》）又，朱彝尊《经义考》以为，崔铣在《读易馀言》五卷之外另有《易大象说》一卷。② 四库馆臣非之曰：“考此书第三卷即《大象说》，彝尊以其别本单行，遂析为二，偶未考也。”（《四库全书总目》卷五《读易馀言》）然今《读易馀言》之《大象说》于《未济》卦后自述撰作此篇之缘由曰：“先圣赞《易》，彖爻随文生解，《系辞》以下兼明羲画，惟《大象》探卦象之赜、示民用之宜，虽剥烂夷诛，可安宅莅众，是故不待布筮列卦，而能立己泽物。虽用三圣之文，别发大道于乎其孔《易》也与？程朱《传》《义》，阐微挈蕴于象则略，诸儒求义于啧，乃或迂曲不通。铣日味圣言，乃考诸家，乃出臆见，裁截敷衍，缀为一卷，差若详明，可训蒙士。”③此语与《经义考》引文相同。唯朱彝尊将其目为《易大象说》之序，《读易馀言》五卷则将其列于《大象说》之末。观其余卷次，末尾文字皆不与此相类，文风不谐，故四库馆臣又曰：“盖书非一时之

---

① 〔清〕永瑢等：《钦定四库全书简明目录》卷一，上海古籍出版社 1985 年版，第 22 页。

② 见〔清〕朱彝尊：《经义考》卷五十一，中华书局 1936 年版《四库备要》本。

③ 〔明〕崔铣：《读易馀言》卷三，《文渊阁四库全书》第 30 册，台湾商务印书馆 1986 年影印。以下凡引该书只注书名、卷数。

所著，故体例偶殊。”据此推断，《大象说》或有行世单行本，而后人见《读易馀言》缺录，方将其补录亦未可知。朱彝尊所引当为原书序文。不然，何以唯独此卷多出一段文字且注明“缀为一卷”？除《读易馀言》外，《士翼》一书亦对易学多有讨论。

崔铣学宗程朱，曾多次称赞程朱的学术贡献：“圣人之学，程子发其微，朱子排其伪。程子犹曾子也，朱子犹孟子也。”①在此信念之下，他严守程朱学统，怀有极强的门户之见，主要表现为如下两端：一是排斥心学，“诋阳明不遗余力，称之为霸儒”。在他看来，心学纯属伪学，乃异端邪说之类；二是对程朱理学阵营内部的非正统思想予以清算。“问：‘程子有《遗书》矣，子述程志也何居？’曰：‘伐伪存真也。高虚者异端则然，学者附之，斯人惑之，向使二夫子之道淆，其游、谢之罪与？’”②可见，崔铣对程朱后学的虚浮高迈之说亦颇有不满，希望将其排除在理学正传之外。事实上，他对程朱之说也非一概墨守，而是时有取舍，如“于程子之言心学者，则又删之，以为涉于高虚，是门人之附会”（《明儒学案》卷四十八《诸儒学案中二》）。应当承认，在心学盛行、理学式微的学术大环境下，崔铣能够站稳脚跟，不随波逐流，在严守学统的同时又不执泥成说，力求自得于心，无疑有着积极意义。

这一特征在易学领域亦有充分体现。《读易馀言》卷四有云：“朱子《本义》陈理平正，吴澄《纂言》为训明切，今多本之，采取众长，僭列管见，以为精思者之阶云尔。”依此观之，崔氏应对朱子易学推崇备至。可与此同时，他对朱学的某些观点多有不满，故其论

---

① 〔明〕崔铣：《士翼》卷一，《文渊阁四库全书》第714册，台湾商务印书馆1986年影印。以下凡引该书只注书名、卷数。

② 〔明〕崔铣：《松窗寤言》，载《明儒学案》卷四十八《诸儒学案中二》，中华书局1985年版，第1161页。

《易》之语又“与朱子《本义》颇有异同”（《四库全书总目》卷五《读易馀言》）。大体而言，约有三端。以下逐条论之。

（一）力辟象数之学

崔铣易学的突出特点是延续了王弼、程颐的义理路数，注重对《周易》义理思想的发挥，排斥汉代以来的象数内容。在他看来，两汉象数学与宋易的图书之说皆属易学别传，“陈抟所传图象皆衍术数，与《易》无干。诸儒卦变之说，亦支离无取”（《四库全书总目》卷五《读易馀言》），“好奇者求义于象，流为诡诞、飞伏、纳甲、五行、互体，以彼小术芜我圣典。……易有圣人之道四，今尚象者，亡其裁；尚占者，失其法；因夫子之赞明三圣之旨，以贞夫变，以正其履，传是者倡于王弼，备于程子，斯时之宜也，《易》之要也”（《读易馀言·自序》）。唯有发皇于王弼《周易注》、至程颐《易传》而体系完备的义理之学，方可称为易学正统。因此，崔氏《读易馀言》每以王弼、程颐二家为标尺裁夺诸家《易》注。“凡不解者，王氏、程子之言当也，以考诸家有准矣。”（《读易馀言》卷一）《四库全书简明目录》评价该书“大旨以程传为主，而兼采王弼、吴澄之说，不甚依附《本义》，论多切实”①。

不过，崔铣虽对历代象数学多有斥责，却对邵氏先天学抱有一定同情。他一面将邵雍易学归为异端：“邵子主数占，乱生而隐；程子主理，虽乱，命而禄。邵子学老子也，程子学孔子也”（《士翼》卷一），一面又多番称赞邵雍“精于易”。他曾说：“庄周曰《易》道阴阳，未知《易》也。《易》，陈人道以前民用，彖爻所象建侯、行师、利

① 〔清〕永瑢等：《四库全书简明目录》卷一，上海古籍出版社 1985 年版，第 22 页。

见、括囊之类，岂玄谈耶？”（《士翼》卷一）依此观之，崔铣有着强烈的儒学道统意识，反对将《周易》道家化、玄学化。可是，他极力称许王弼易学的价值，将其目为直承孔子，反而对其中的玄学意味视而不见，这未免有些耐人寻味。

（二）反对“本义”之说

我们知道，朱子从“《易》本卜筮之书”的文本性质判定出发，进而主张读《易》当“三圣分观”：“有天地自然之易，有伏羲之易，有文王、周公之易，有孔子之易。自伏羲以上，皆无文字，只有图画，最宜深玩，可见作易本源精微之意。文王以下，方有文字，即今之《周易》，然读者亦宜各就本文消息，不可便以孔子之说为文王之说也。”①对此，崔铣不能认同。尽管他并不反对《周易》确有卜筮之功用②，可他还是不能接受朱子将《周易》一书的根本性质归诸卜筮。他深信，《周易》的精义在于义理，唯有大道至理才是圣脉学统所在。“问曰：‘《易》专为卜而作，信乎？’答曰：‘圣人见天道人事之变，阳合阴化，其总一机，故作卦、系辞，设处身履运之方，无事玩辞，有动考占，趋吉辟凶，身安矣！遏恶充善，性尽矣！若曰专以卜也，不其陋与？”（《士翼》卷二）《周易》成书虽历经四圣之手，内中涵具的圣人之道却始终一贯。因此，“三圣分观”断属“支离”之说：“夫皇羲画卦、文王周公系辞、夫子作翼，一也。谓易道加详可尔，乃曰有羲易、有文易、有孔易，支矣哉”（《士翼》卷二）。客观地讲，崔铣此论虽非无的放矢，但其批判本身着实有失公允。显然，他并

---

① 〔宋〕朱熹：《周易本义·卷首九图》，见萧汉明：《〈周易本义〉导读》，齐鲁书社 2003 年版，第 78 页。标点有改动。

② 〔明〕朱大韶编《皇明名臣墓铭》载：崔铣“年十五讲太极，通《周易》，能筮”。由此可知，崔氏少年时已通卜筮之法。

未全然理解朱子之说的深意所在。事实上,对朱子而言,"三圣分观"只是"《易》本卜筮之书"这一文本性质判定的必然推论,他非但未曾否定,反而多次强调了三者之道的一贯性。如《朱子文集》卷十四《书伊川先生易传板本后》曰:"《易》之为书,更历三圣,而制作不同。若庖羲氏之象,文王之辞,皆依卜筮以为教,而其法则异。至孔子之赞,则又一以义理为教,而不专于卜筮也。是岂其故相反哉? ……而其道未尝不同也。"①依此观之,崔铣由"三圣分观"引申出朱子以伏羲、文王周公、孔子之义理各有殊别,纯属主观臆断,相去朱子之说不啻天渊。此外,朱子主张"三圣分观"继而直指图书、先天为伏羲易,想必也是极力排斥象数之学的崔铣反对此说的原因之一。

(三)重释理气关系

随着明代理学的发展,程朱后学愈发不满于朱子给定的理气关系。明初曹端、薛瑄、胡居仁等人对理气论的重新解释,终于在明中期演变为罗钦顺的"理气一物"说。与罗氏相类,崔铣亦主张理气一体,即理为气之条理。"'气即理乎?'曰:'然。''何以明之?''……理者气之条,善者气之德,岂伊二物哉?'问:'气有原乎?'曰:'有之。《易》曰:易有太极。《诗》曰:有物有则,夫极者易之翕,则者物之能,故曰纯粹精也。舍是而谈理气,支矣。'"(《士翼》)

相应地,崔铣对朱子的理气论思想诠释《周易》文句的做法亦多有指摘。如《周易本义》释"一阴一阳之谓道"曰:"阴阳迭运者,

① 〔宋〕朱熹:《朱文公文集》卷十四《书伊川先生易传板本后》,中华书局1936年《四库备要》本。

气也。其理则所谓道。”概言之,朱子以太极为天理,以两仪即阴阳为气。理为形而上者,气属形而下者。“卦爻阴阳,皆形而下者,其理则道也。”①崔铣对此不以为然。他批评道:“自宋以来,言太极者,谓阴阳之外别有一物立乎上以主张乎,是析道器表理,气愈烦而愈支,愈详而愈疏,夫自其合而言之太极也,自其分而言之仪也、象也、卦也。”(《读易馀言》卷四)“古无理气之名而道明,后有理气之辨而道晦。夫乾,阳也。坤,阴也。乾则静专而动直,坤则静翕而动辟,皆于生物验之,言其迭运曰道,言其妙用曰神,后人曰:‘所以一阳一阴者,道。’又曰:‘其理则所谓道。’又曰:‘太极,形而上之道;阴阳,形而下之器。’夫太极者,阴阳之全。阴阳者,太极之分。故以已判、未判言太极,不知太极者也,况岐而二哉?”(《士翼》卷二)此段文字虽未点出朱子之名,但内中提及的“后人”言论显然语出朱子。在崔铣看来,“太极”并非异于阴阳二气的另一物事,而是阴阳二气浑然一体的状态;所谓“理”,也不过是气之运行变化的条理而已。如此一来,“太极”与“理”便不再是朱学中支配主宰阴阳二气的形上实体。相应地,形而上下也必定不再分别对应理、气二者:“形著于上者,阴阳是也。迭运不已,以生万物,谓之道。形著于下者,舟车之类是也。尚象而成以生万民,谓之器。”(《读易馀言》卷四)在朱熹那里,“形而上者”是指超越具体形象、洁净空阔的天理,“形而下者”即已然落入形质、显现动静之相的气;对崔铣而言,“形而上者”则是指阴阳二气尚未凝结成物,一旦变作草木土石等具体器物,即为形而下者。

从理学发展史的角度审视,崔氏的理气观与后来明清之际的

---

① 〔宋〕朱熹:《周易本义》卷七《系辞上传》,见萧汉明:《〈周易本义〉导读》,齐鲁书社2003年版,第232页。

思想家颇有相同之处。正是出于这一原因，黄宗羲曾对崔铣予以高度评价：“至其言理气无缝合处，先生自有真得，不随朱子脚下转是也。”（《明儒学案》卷四十八《诸儒学案中二》）需要指出的是，这种有别于朱子的理气观虽然客观上表现出明显的气学取向，但其学术仍是朱学阵营内部发展的结果。诚如陈来先生所指出：“从哲学史的角度来看，罗钦顺与朱熹的理气观有很大差异，明显地从‘理学’向‘气学’发展。但从理学史的观点来看，决定一个思想家的学派属性，主要决定于他的心性论和功夫论……否则，我们就难以理解罗钦顺这一类思想家对朱学的明确认同，难以理解当时及后来学者视罗钦顺为‘朱学后劲’的普遍提法。”①

就易学而言，崔铣受《程氏易传》影响尤深。其特出之处在于对义理派正统性的维护及其对义理易学纯粹性的坚守。因此，他对朱子义理、象数并重的易学风格有所取舍，继而否定了“卜筮”本义、“三圣分观”等具体论点。即便他未能深入细致地对宋易图书、先天之说展开批评，其总体态度亦客观上表现出某种前瞻性，可以在一定程度上视为清初易学辨伪风潮的先声。然而，这既是他对易学史的贡献所在，亦是其思想的局限性使然。由于太过偏执义理之学，崔铣在力辟宋人河洛、先天诸说的同时，亦将两汉象数学一概排除在易学正统之外。这种深峻的门户意识，使他对历代象数学的丰硕成果一概置若罔闻，在某种程度上表现出学术胸襟的促狭，此其一过也；其《读易馀言》毫无理据地将《序卦》《文言》《杂卦》删除不录，且“删《说卦》广象八章，而别以蔡清之说增损之”，确有改经之嫌，此其又一过也。总之，相较明代别家，崔铣易学既有其独到识见，亦有未尽人意之处。

---

① 陈来：《宋明理学》，华东师范大学出版社 2003 年版，第 229 页。

第二章　心学易的繁盛

一、陈献章“江门之学”的易学注解

陈献章(1428—1500),字公甫,号石斋,广东新会白沙人,世称白沙先生,因新会地处江门,故其学称“江门之学”。正统十二年(1447)中举,次年参加会试,中乙榜入国子监读书。三年后又下第。二十七岁时从学吴与弼,半年后回家,闭门读书,不再有意科举。成化二年(1466),因钱溥劝他赴考以慰老母,于是复游太学,以《和杨龟山此日不再得》诗见知于国子监祭酒邢让,名声大显,朝中皆以为真儒复出。不料三年后复试再次下第。成化十八年(1482),因广东布政使彭韶、总督朱英极力推荐,被招至京师,旨命参加考试,可白沙称病未就,闻母病,上疏乞终养,授翰林院检讨,命母病痊愈后可赴职。此后屡荐不起,一直奉亲讲学,老于林下,卒年七十三。

陈献章是明代的重要思想家。他以“静坐”为学之起始,成就了一套“自得之学”。《明儒学案》曰:“有明之学,至白沙始入精微。……至阳明而后大。”(卷五《白沙学案上》)《明史·儒林传序》也承认“学术之分,则自陈献章、王守仁始”(《明史》卷二百八十二《儒林一》)。一般认为,陈献章是明代主流学术由理学向心学过渡过程中的关键人物。其思想见于今中华书局版《陈献章集》①。

(一)读书

《陈献章集》中谈论读书的内容较多。如"此心自太古,何必生唐虞?此道苟能明,何必多读书?"(卷四《赠羊长史,寄辽东贺黄门钦》)又如,"古称有志士,读书万卷破。如何百年内,能者无一个?"(卷四《景阳读书潮连,赋此助之》)陈献章不但认为读书对成就自身并非必要,甚至斥古书为糟粕:"古人弃糟粕,糟粕非真传。"(卷四《答张内翰廷祥书,括诗而成,呈胡希仁提学》)作为一个儒家学者,这似乎是大逆不道之言。传统观点也由此认为白沙只认直觉,不重读书。其实,问题未必那么简单。要对白沙这些言论作出合乎情理的解释,脱离白沙本人的性格气质及其所处的大时代境况,孤立地进行文本分析显然是不可能的。

我们知道,"任何哲学都是哲学家主体精神的产物,它始终是个体的境遇和经历的一种阐释,它要始终依据个人的主体性存在去吸纳与自己相适的普遍的人类精神"②。陈献章首先是个诗人。诗人追求的洒落气质与吴与弼所遵循的程朱一脉庄整严肃的气象显然不同。陈献章之所以返归白沙,显然有此因素。如其自己所说,"自得"之学确实是抛却典籍、转向静坐才得以成就的。那么,对于白沙本人而言,诸如"此道苟能明,何必多读书"之类看似反对

① 〔明〕陈献章:《陈献章集》,中华书局1987年版。以下凡引此书只注卷数、篇名。

② 苟小泉:《陈白沙哲学研究》,中华书局2009年版,第32页。

读书的言论首先是对自己亲身经历的概括和反思。再结合明初学术的大背景来看,自明初定朱学于一尊,士子们已成为“此亦一述朱,彼亦一述朱”的理学传声筒。当时甚至已到了“朱学后再无学问、朱学后再无真理的地步”①。由此,理学原本的生机和活力被现实桎梏,学术的开放性和思维的原创性也丧失殆尽;更重要的是,在相当一批士子看来,《六经》及朱子之书乃博求功名利禄的工具。“读书”与“做官”之间的紧密挂钩,也是陈献章之所以高呼“糟粕非真传”的原因之一。

综上,陈献章之所以反对读书,一方面与其性格气质不无干系,另一方面也是针对现实有感而发。但是,陈献章成就自我的个例并不意味着一定能推广到普遍层面;只因有功利效用就彻底否定读书更是因噎废食。无论如何,“束书不观”会引起极大的消极后果。所以,陈献章并不是不加分别地一概反对读书。准确地讲,他是给读书设置了一个前提:

> 《六经》,夫子之书也;学者徒诵其言而忘味,《六经》一糟粕耳,犹未免于玩物丧志。……学者苟不但求之书而求诸吾心,察于动静有无之机,致养其在我者,而勿以闻见乱之,去耳目支离之用,全虚圆不测之神,一开卷尽得之矣。非得之书也,得自我者也。盖以我而观书,随处得益;以书博我,则释卷而茫然。(卷一《道学传序》)

在白沙看来,学者要成就自身不能仅仅局限于“求之书”,关键在于“求之吾心”。只有致养“心”这一天所赋予我者,才是为学之根本。

① 苟小泉:《陈白沙哲学研究》,中华书局2009年版,第33页。

“以我观书”，即凭借书籍印证吾心，唯如此，典籍才有价值；如果不从吾心这一根本出发，企图完全依靠书册记载的知识外在地填充于我，就会“释卷而茫然”。也就是说，典籍的价值即在于它是验证吾心的外在凭借。因而，陈献章所谓“六经一糟粕”，只是针对将书这一触媒误认作根本依据即“徒诵其言而忘其味”的学者们说的。

由此我们可以理解以下两点：第一，陈白沙接续了象山心学的传统，“以我观书，随处得益”的说法与陆九渊“学苟知本，六经皆我注脚”的心学读书观虽表述有别，但实质相同；第二，“不但求之书而求之吾心”的方法强调将为学之方收摄在一人之心上，从而开启了明代理学向心学的转变。就此而言，说白沙上承象山、下启阳明的说法并不为过。

在对白沙的读书观有一全面了解之后，我们便可知晓，何以他一面说“六经一糟粕”，一面又在某些语境中大倡读书：“杜门后可取《大学》《西铭》熟读”（卷二《与贺克恭黄门》），“心不可用，书亦不可废”（卷一《寻乐斋记》）。除却《四书》及周、张、邵的著作之外，陈献章还几次提到读《易》：“天气稍凉，予读《易》白沙之东房。”（卷一《梦记》）“香烟袅入袖中蛇，读《易》山斋日未斜。领取乾坤分付意，扶留生耳木犀花。”（卷六《春中杂兴》）“何当坐我五峰前，共对梅花说《周易》。”（卷六《寄题五峰为叶木厚父作》）“韦编绝《周易》，锦囊韬虞弦。”（附录一《漫题》）依此观之，读《易》也应理解作“求之吾心”的辅助。

（二）静坐

陈献章曾这样谈起自己的成学经历：

仆才不逮人，年二十七始发愤从吴聘君学。其于古圣贤

> 垂训之书,盖无所不讲,然未知入处。比归白沙,杜门不出,专求所以用力之方。既无师友指引,惟日靠书册寻之,忘寝忘食,如是者亦累年,而卒未得焉。所谓未得,谓吾此心与此理未有凑泊吻合处也。于是舍彼之繁,求吾之约,惟在静坐,久之,然后见吾此心之体隐然呈露,常若有物。日用间种种应酬,随吾所欲,如马之御衔勒也。体认物理,稽诸圣训,各有头绪来历,如水之有源委也。于是涣然自信曰:"作圣之功,其在兹乎!"有学于仆者,辄教之静坐。(卷二《复赵提学佥宪一》)

无论是早年师从吴与弼之时,还是回到白沙村后最初的一段时间,陈献章的用力之方仍是大量阅读儒学经典,希求以研习圣贤之书为入路得以成圣成贤。然而,久年累月的读书并没有使自己"有得",于是便转向静坐。在持久的静坐中,陈献章获得了一种"吾心之体隐然呈露,常若有物"的体验。此后,他更感到人伦日用间的种种行为活动皆可随心所欲,圣贤之训、万物之理也都有了来历原委。按照这段记述,我们可以推知,陈献章是在累年"靠书册寻之"的为学路径并无所得之后才舍繁就简转向静坐的。在静坐之前的阶段中,他显然仍是沿着吴与弼传授的朱学之方用功的。而其所以"未得",并非因程朱所讲的"进学则在致知"不能指导现实生活的工夫实践。究其根本,乃是因其与后来"格竹子"的阳明相类,未能完全理解朱学"格物穷理"的涵义。"从实证的角度看,天地万物所呈现的,只是其象状;人所能经验到的,只是对具体象状的感觉。……如果所见者只是事物的象状,它对主体的道德修养有什么作用呢?理学家所需要、所受用的,是对这种经过伦理投射之后的东西的觉解。如草木蕃长,理学家从中看出的是'仁''生意'。物理对于理学家是外在的,经营外在的物理是'玩物丧志'。……少年王阳明格竹无所得，就是因为他那时还不理解，还不能受用这种觉解。”①其实，书册所载之训同竹子的内在之理一样，都是外在于人的。所谓“格物穷理”的工夫，其实是主体赋予外在对象以意义和价值的训练。比如看到旺盛生长的小草，便赋予其“生机”的意义；看到鱼儿游来游去，便赋予其“自得”的意义。按照这种理解，圣贤所言也好，竹子之理也罢，其与吾心的吻合，最终只能依靠主体自觉的、长时间的价值赋予训练之后才能达到。反观陈献章的“未得”，即“吾心与此理未有凑泊吻合处”，正是因为没有掌握“伦理的投射”②这种工夫训练造成的。

这种对朱子“格物穷理”论的不完全理解，导致了白沙静坐的为学转向。而静坐，又成为白沙创立江门之学的起始点。在此之后，白沙教学，往往引导人专心静坐：“天城列两仪，其中位太极。不悟名象生，焉知画前《易》？伏羲古已亡，图书久晦蚀。寄语山中人，妙契在端默。”（卷四《湖西八景，为罗修撰作·太极丸春》）既然伏羲已故、图书久晦，无从探求画前之易，则静坐便宜是探求大道的不二法门。

我们知道，佛道二教都特别提倡静坐修炼之法。在这一点上，陈献章确曾受到二者之影响：

> 半属虚空半属身，细缊一气似初春。仙家亦有调元手，屈子宁非具眼人？莫遣尘埃封面目，试看金石贯精神。些儿欲问天根处，亥子中间得最真。（卷五《夜坐》）

---

① 张学智：《明代哲学史》，北京大学出版社 2000 年版，第 43 页。
② 张学智：《明代哲学史》，北京大学出版社 2000 年版，第 43 页。

诗名《夜坐》,说明此诗是陈献章夜中静坐有感而成。亥时与子时之间,正值新旧之日交际,在此天根一阳初动时静心养神安坐,摒弃一切俗世欲念的杂扰,人之一身就会获得有如“细缊一气”“初春”般的精神力量。显然,陈献章借鉴吸收了道教的修养方法,且曾给予《周易参同契》极高的评价:“神仙不注《参同契》,火候功夫那得知?千古晦庵拈一语,可怜无及魏君时。”(卷六《读朱晦庵注参同契》)需要指出,陈献章此间谓朱熹不及魏伯阳,并非是要归于道教,而是主张道教的静坐调息之法相比朱子所言的“主敬”更利于学者在“静中养出端倪”。

除道教外,白沙的静坐亦与佛教尤其是禅学不无关联:“一片虚灵万象全,何思何虑峡山前。洪城内翰如相问,为说山人已遁禅。”(《陈献章集》诗文续补选《与林缉熙书》)可见,《易传》所云“何思何虑”在白沙处已被理解作对静坐时收敛心神意念状态的描绘。尽管诗中“遁禅”带着戏谑自嘲的口吻,但白沙之学受到禅学的影响确是事实。不过,宋明理学原本就是在吸取借鉴佛道二教思想资源的过程中形成的,所以,白沙受到佛道二教的影响,并不意味着改变其儒家的学术归属:

> 不著丝毫也可怜,何须息息数周天?禅家更说除生灭,黄老惟知养自然。肯与蜉蝣同幻化,只应龟鹤羡长年。吾儒自有中和在,谁会求之未发前?(卷五《夜坐》)

白沙的静坐并不取道教“数周天”的数息法,而在于“不著丝毫”,亦即自然而然。这种静坐既不指向佛家的超脱轮回,也不追求黄老的清静自然、道教的长生久视,而是归宗于儒家的“中和”。

更重要的是,自理学开山周敦颐在《太极图说》中提出“圣人定之以中正仁义而主静”以来，二程、罗从彦、李侗都十分重视静功。陈献章深契周敦颐《通书·圣学》所讲的“一”和“静”，所以十分推崇周子。其诗云：“拈一不拈二，乾坤一为主。一番拈动来，日出扶桑树。寂然都不拈，江河自流注。濂洛千载传，图书及宗祖。昭昭《圣学篇》，授我自然度。”（卷四《读张地曹偶拈之作》）我们知道，“道学前期的发展中‘静’的确是伊洛传统中的一个重要方面。但自李侗弟子朱熹开始，强调伊川更为注重的‘敬’，以‘主敬’取代‘主静’，明确贬抑静功”①。与此同时，静坐之方却被江西陆氏心学吸纳，并成为南宋心学的传统。在这一点上，陈献章的“江门之学”正是对象山心学的接续。

（三）工夫

静坐得到心体“隐然呈露，常若有物”的体验，促使陈献章在为学方法上转向了心学：“所谓虚明静一者为之主，徐取古人紧要文字读之，庶能有所契合，不为影响依附，以陷于徇外自欺之弊，此心学法门也。……《易》所谓‘复其见天地之心’乎！此理洞如，然非涵养至极，胸次澄彻，则必不能有见于一动一静之间。”（卷一《书自题大塘书屋诗后》）对他而言，于虚静之中养出“端倪”乃为学入路，企图从古人之说、圣贤之训中洞见本心只能落入徇外自欺。“静中养出端倪”的工夫也就是《复》卦所讲的“复其见天地之心”。可以说，心学家谈论工夫尽管在具体入路和着力偏重上有所差别，但最终都旨在复明人之本心。因而，心学家解《易》无一例外地重视“复其见天地之心”一句，因为它与心学工夫之间的连接实在太紧密了。在“静坐”方可“见心”的意义上，这种工夫又可以称之为“致

① 陈来：《宋明理学》，华东师范大学出版社 2003 年版，第 193 页。

虚立本”:“夫动,已形者也,形斯实矣。其未形者,虚而已。虚其本也,致虚之所以立本也。”(卷二《复张东白内翰》)

陈献章还曾援引《系辞》和《泰》卦谈论修养:

> 《易·上系》曰:“安土敦乎仁。”予曰:“寓于此,乐于此,身于此,聚精会神于此,而不容惑忽,是谓之曰‘君子安土敦乎仁也。’”比观《泰》之《序卦》曰:“履而泰,然后安。”又曰:“履得其所则舒泰,泰则安矣。”是泰而后可安也。夫泰,通也。泰然后安者,通于此,然后安于此也。然九二曰:“包荒,用冯河。”是何方泰而忧念即兴也。九三曰:“艰贞无咎。”则君子于是时愈益恐恐然如祸之至矣。是则君子之安于其所,岂直泰然而无所事哉?盖将兢兢业业,惟恐一息之或间,一念之或差,而不敢以自暇矣。……或曰:“君子不已劳乎?”应曰:“《乾》之《象》曰:‘天行健’,天之循环不息者,健而已。君子执虚如执盈,入虚如有人,未尝少懈者,刚而已。天岂劳哉?君子何为不暇乎?”(卷一《安土敦乎仁论》)

他相信,持久静坐使心体有所呈露之后,此心便会成为人之主宰。所以,君子时时保守此心而不懈怠,则不会因欲念时时纷扰而应接不暇,更不必如履薄冰般地刻意把捉此心,从而伤害内心的和乐。显然,白沙此说与象山“先立乎其大”相类,也吸收了伊川“有主则实”的思想。

一如象山并非“除了‘先立乎其大者’一句,全无伎俩”[①],应当

---

① 〔宋〕陆九渊:《陆九渊集》卷三十四《语录上》,中华书局1980年版,第400页。

引起注意的是，尽管静坐确实是陈献章的为学起点，但并不能由此导出他排斥其他工夫的结论。例如，陈献章同陆九渊一样，也讲求剥落障蔽、恢复本心，即“洗心”：“一洗天地长，政教还先王。再洗日月光，长令照四方。洗之又日新，百世终堂堂。”其弟子湛若水解释道：“洗，谓洗心也。……然洗心而以天地、日月、四方、百世、先王、政教言之者，何也？盖人之此心此性与天地万物浑然同体者也。故上下四方之宇，古往今来之宙，无非一体。故曰：‘与天地合其德，与日月合其明，与四时合其序，与鬼神合其吉凶，先天而天弗违，后天而奉天时。’”（附录一《白沙子古诗教解卷之下·梦作洗心诗》）陈献章还极为推崇象山的“易简功夫”：“今古相望日已赊，包羲已上孰名家？不识乾坤真易简，借人门户甚搏沙。”（卷六《次韵姜仁夫留别》）此间，“包羲已上孰名家”的说法显然与陆九渊鹅湖之会时欲言又止的“尧舜之前何书可读”①一语异曲同工。当然，推崇“易简”，着重发挥易之“易简”义，也是一切心学解《易》者的共性所在。

（四）元气

心学直接面向人的道德伦理，这就意味着心学话语必须在人伦的框架内才能得到充分解读。在道德伦理的意义上，以“心”为最高范畴，本来是心学相较理学的特胜处。但是，理学的“理”不单为人提供了终极的道德根基，同时也为宇宙大化的根源作出了解释。相较而言，“心”则没有宇宙本体论的功能。这就使得心学在面对客观世界终极存在的问题时，每每寻求其他范畴来进行解释。

① 〔宋〕陆九渊：《陆九渊集》卷三十六《年谱》“淳熙二年”条，中华书局1980年版，第491页。

在此问题上，古代哲学传统的气本论以及宋明以来的气学和理学都为其提供了可借鉴的思想资源。事实上，自陆九渊起，心学一直在使用“气”的范畴。陈献章曾言：

> 野马也，尘埃也，云也，是气也，而云以苏枯泽物为功。《易》曰“密云不雨，自我西郊”是也。……天地间一气而已，屈信相感，其变无穷。人自少而壮，自壮而老，其欢悲、得丧、出处、语默之变，亦若是而已，孰能久而不变哉？变之未形也，以为不变；既形也，而谓之变，非知变者也。夫变也者，日夜相代乎前，虽一息变也，况于冬夏乎？生于一息，成于冬夏者也。夫气上蒸为水，下注为潭。气，水之未变者也。一为云，一为潭，变之不一而成形也。其必有将然而未形者乎。默而识之，可与论《易》矣。（卷一《云潭记》）

白沙在此明确提出了“天地间一气而已”的总体宇宙观。作为万物本原的气，又可称为“元气”。元气贯通古往今来、上下四方，屈伸运动、周变不已：“元气塞天地，万古常周流。闽浙今洛阳，吾邦亦鲁邹。”（附录一《白沙子古诗教解卷之下·五日雨霰》）万物的成长覆灭、人的一切活动乃至生老病死都是气之运动变化的结果。“气”的变化虽然有未形、有形之差别，但未形并不等同于不变。如水、云、潭，皆不过是气变化运行的不同形态而已。陈献章强调，唯有明晓此理方可论《易》。由此可知，白沙论《易》主要还是从气本论的角度加以理解。

以上文字虽然透露出一息朴素实证科学的色彩，但其主要用意并不在此。理学“万物一气”的宇宙观最终都将落实为人性：

夫子太极也，而人有不具太极而生者乎？（卷一《程乡县儒学记》）

夫人之生，阴阳具焉。阳有余而阴不足，有余生骄，不足生吝。受气之始，偏则为害。有生之后，习气乘之，骄益骄，吝益吝。骄固可罪，吝亦可鄙，骄与吝一也。不骄不吝，庶矣乎！（卷一《大头虾说》）

可见，陈献章的性论并没有脱离朱学的既定框架：一方面，人人皆有太极禀赋于人而先天完足的"天命之性"；另一方面，禀气纯杂、后天习染都会对现实人性产生影响，也就是"气质之性"。天地间万物皆气，天人亦一气贯通："元气之在天地，犹其在人之身，盛则耳目聪明，四体常春。其在天地，则庶物咸亨，太和细缊。"（卷一《祭先师康斋墓文》）这样，元气论便最终达到了天人同道、一体无隔的结论。

（五）自得

在明初科举体制业已窒息了理学原有生机的大环境下，陈献章转向了"求之吾心"的心学路径，更由此达至了一种高迈的境界。白沙把它称作"自得"或"自然"：

终日乾乾，只是收拾此而已。此理干涉至大，无内外，无终始，无一处不到，无一息不运。会此则天地我立，万化我出，而宇宙在我矣。得此霸柄入手，更有何事？往古来今，四方上下，都是一齐穿纽，一齐收拾，随时随处，无不是这个充塞。色色信他本来，何用尔脚劳手攘？舞雩三三两两，正在勿忘勿助之间。曾点些儿活计，被孟子一口打并出来，便都是鸢飞鱼

> 跃。……会得，虽尧舜事业，只如一点浮云过目，安事推乎？此理包罗上下，贯彻终始，滚作一片，都无分别。（卷二《与林郡博》）

从对“自得”境界的描述中，我们可以看到白沙对曾点、孟子、明道、上蔡等人思想的大量吸取。“收拾此”，即时时凭借在我之充足价值资源、努力用工夫以成就自我境界，与象山“收拾精神，自作主宰”的涵义相类。概言之，“自得”是对“宇宙在我”即“大我”之境的描述：“示我阴阳阖辟机，春陵墨雨洒门扉。直从罔象前头见，人与乾坤一处归。”（卷六《题袁氏知归卷》）换言之，陈献章所说的“自得”之境其实是一种切实感受到宇宙与我融通为一而来的洒落和乐。这种境界与程朱“戒慎恐惧”所追求的庄整严肃明显不同。白沙认为，程朱“格物穷理”的为学路径讲究积累而成、可以言传；自己的自得之学以静坐为入处、又以反求内心为用力之方，不由积累而至，故不可言传：“大抵由积累而至者，可以言传也；不由积累而至者，不可以言传也。知者能知至无于至近，则无动而非神。藏而后发，明其几矣。形而斯存，道在我矣。”（卷二《复张东白内翰》）不由积累之学本就不可言传，因而文字著述都不能代表思想的全部内容，反会使学者胶着于文字而不得其意。将心滞泥一处更会伤害内心的和乐洒落，这与“自得”之学讲究的“自然”之方截然相悖。所以，白沙无意著述：“先生尝以道之显晦在人而不在言语也，遂绝意著述。故其诗曰：‘他年倘遂投闲计，只对青山不著书。’又曰：‘莫笑老佣无著述，真儒不是郑康成。’有劝之者，对曰：‘伏羲著述数画耳，况画前又有《易》乎。’”（附录二，张诩《白沙先生行状》）在他看来，伏羲作易区区几画卦爻，尚无文字而天下之理备具，正可说明道不在文辞言语之中。在另一处，他又化用《蒙》

卦彖辞,将此道理阐释得十分清楚:

> 《易》曰:"初筮告,再三渎。"渎则不告,此教者之事,夫岂有所隐哉?承示教,近作颇见意思。然不欲多作,恐其滞也。人与天地同体,四时以行,百物以生,若滞在一处,安能为造化之主耶?古之善学者,常令此心在无物处,便运用得转耳。学者以自然为宗,不可不著意理会。(卷二《与湛民泽》)

可见,陈献章绝意著述一方面与王弼"得意忘象"论及禅宗"顿悟"之说的影响有关,另一方面,正如《系辞》所云"书不尽言,言不尽意""述而不作"本来也是孔子以来的儒家传统。当然,白沙反对著书的目的在于"无滞",而"无滞"正是"自然"之学和"自得"之境的内在要求。

(六)其他

《易》本为卜筮之书。当思想家们不断融旧铸新、继往开来地阐明《易》之大道的同时,由易学引申出的术数之说也从未断绝。关于术数,陈献章曾言道:"大概以为术家之书,其说主于祸福,故不宜尽拘。尽拘则害理,圣人无是也。吾徒作事宜何所法守,听命于术家之说,而我无所可否焉?"(卷二《与邓胜之》)尽管白沙主张术数之说不可尽拘,但绝非一概否定之。他曾明确表达自己对术数的态度:

> 术家专取必于术,故其说泥;东莱专辟其术,故其说偏;不若程子谓神灵安则子孙盛,以土色草木占地之美恶,则既不遗乎地理,而又不眩乎吉凶,如此方为通论。至朱子师友之间,

论议尤多，大抵本程子之说，而又兼取术家所长地理，至是无余蕴矣。……愚以为，吉人得吉地，吉地获吉应，此常理也。若凶人得吉地，吉地获凶应，譬诸僭伪篡夺，虽得之，必失之。……以此推之，术家之说虽泥，然亦不可谓全无此理也。（卷三《与林友》）

在他看来，必取于术的术家与全废术数的东莱各有偏失，程朱二人则得其中道。在认同术数之说有其道理及应验处的同时，陈献章更强调“吉人得吉地”乃天之常理。纵使凶人得吉地，亦只是一时，日后必将失之。这就为术数之说的应验设置了一个德性前提。显然，这既是《易传》“君子以厚德载物”、横渠“《易》为君子谋”所凸显的易学德教传统的继承延续，也是对朱子兼象与义态度的认肯。因此，白沙文中还保留了两则亲占筮例（卷二《与谭有莲》、诗文续补选《与林缉熙书》第十九则）。从中可见，白沙断卦主要还是依靠《易》之卦爻辞及《小象》等传文甄断吉凶。

陈献章还非常重视《易传》“时”的哲学。他以易学开启的“时”之智慧，切实地指导现实生活中困难境遇下的抉择。如其所言：“《易》曰‘天地变化草木蕃’，时也。随时屈信，与道翱翔，固吾儒事也。”（卷一《题吴瑞卿采芳园记后》）“但须观今日事体所关轻重大小，酌以浅深之宜，随时屈信，与道消息。……孔子曰：‘知几，其神乎！’”（卷二《与张廷实主事》）

陈献章主张不立文字，但诗人的身份使他的诗作得以保存流传。其中，一部分诗曾化用《易》卦和某些易学范畴：如“南乎不可北，东乎不可西。自从孔孟来，君子恒处《睽》。”弟子湛若水解之曰：“此先生读《易》有感而作。言人之不相遇而相睽隔如南北东西之不相能，《睽》之象也。自孔孟以至今日，君臣上下不相会合，故常处《睽》卦也。其感慨深矣。”（附录一《白沙子古诗教解卷之下·读易偶成》）又如：“溪上梅花月一痕，乾坤到此见天根。谁道南枝独开早，一枝自有一乾坤。”（卷六《梅月，用庄定山韵》）“细论朝野事，九五正龙飞”（《陈献章诗文补选·出潞河》），等等。这说明，读《易》确实对陈献章的思想产生了一定影响。这种影响不仅体现在“江门之学”的建立上，也体现于诗歌创作等多个方面。

陈献章投入数十年生命情怀，体悟所得遂成江门之学。在明代前期“朱学一尊”的沉闷空气中，他对理学知识分子追求的精神境界予以高度重视。其学虽然源于自得、归于自得，但在很大程度上表现出对理学诸家的广泛吸收，尤其是呈现出明显的心学倾向。这一倾向使得白沙成为明代理学向心学转变的关键人物。就内容和影响而言，陈献章的学说确实在一定意义上可以称为上承陆九渊、下启王阳明。但是，我们又应看到，“江门之学”尚不具备严整的内在逻辑。心学只是其学问表现出的一种强烈倾向，并不可以简单地称之为心学体系。他曾说：“圣人之学，惟求尽性。性即理也，尽性至命。”（卷四《与民泽》）这充分说明，陈献章并没有明确提出“心即理”的心学基本命题，更谈不到心本论的证明。诗人的性格气质，使得白沙更为看重体验和境界，而建构理学体系的兴趣明显不足。他极为推崇邵雍追求的“和乐”，所谓“雪月风花还属我，不曾闲过邵尧夫”（卷六《答石阡太守祈致和》）就是。所以后来刘宗周评价他“识趣近濂溪而穷理不逮，学术类康节而受用太早”（《明儒学案·说师》），不可谓不中肯。

陈献章既没有解《易》专著，也没有专门的论《易》篇章。《陈献章集》所载与《易》有关的材料，大多是点到为止地借用《易》之文辞或易学内容的片段以解说其学。就此而言，《周易》确实曾对“江门之学”产生过影响，但这种影响又颇为有限。不过，这还是在一定程度上说明，明代主流学术在由理学转向心学的过程中，《周易》仍然发挥着不可忽视的作用。只是此种作用在陈献章处，既不如南宋杨简、王宗传那般明显，也不及其高足湛若水及后来的阳明弟子那样详尽。

二、湛若水的心学与易学

湛若水（1466—1560），初名露，字民泽，避远祖讳改名雨，后定名若水，字元明，广东增城人。因居增城县甘泉都，学者称甘泉先生。二十七岁中乡试，翌年会试下第后师事陈献章，其间提出“随处体认天理”之说，为白沙器重。陈献章临终前更将江门衣钵传承重任交予湛若水。白沙故去后，甘泉“足迹所至，必建书院以祀白沙”。年四十中进士，即授予翰林院庶吉士。正德中居母丧，嘉靖初复出，历任仕读，南京国子祭酒，南京吏部、礼部右侍郎，南京礼部、礼部、兵部尚书。七十五岁致仕居家讲学，九十岁犹游南岳，卒年九十五。

湛若水在任翰林院庶吉士期间，结识了当时在吏部讲学的王阳明，二人“一见定交”，即以共倡圣学为事。师承白沙，又与阳明为友，使得甘泉学术表现出明显的心学取向；另一方面，甘泉又对师说多有修正，与阳明之学亦有不同。正是湛、王二人的辩难往复与相互羽翼，推进了明代心学的发展。黄宗羲说：“王、湛两家，各立宗旨，湛氏门人，虽不及王氏之盛，然当时学于湛者，或卒业于王，学于王者，或卒业于湛，亦犹朱、陆之门下，递相出入也。其后源远流长，王氏之外，名湛氏学者，至今不绝，即未必仍其宗旨，而渊源不可没也。”（《明儒学案》卷三十七《甘泉学案一》）

湛若水勤于著述，主要著作有《春秋正传》《圣学格物通》《甘泉文集》等。在易学方面,他曾编有《修复古易经传训测》十卷,已佚。从现今流传的资料来看,湛若水的易学思想主要散见于《甘泉文集》和《圣学格物通》之中。

(一)易学通论及其心学定位

1. 通论《周易》经传

在明代心学创立阶段的思想家中,湛若水的易学修养相对较高。他编纂的《修复古易经传训测》十卷虽已亡佚,但序言得以留存。这篇颇有价值的序言,记录了湛氏整理《周易》经传的思路及其整体易学观。

(1)立象明理、理得象亡。

此文开宗明义指出:"夫《易》,圣人所以顺阴阳之道,明变化之理,而立天地人之极者也。其为文也,盖取诸日月,日月者,阴阳变易之大端也。变易即道也。"①湛氏有取汉人"日月为易"说②,认为《周易》是一部明阴阳变化、立天地人三极的书。这显然受到了程颐《易传》的影响。湛若水强调,圣人作易只是将此自然变化之理道出以示人,并无强加己意的额外增添:"圣人作易,全因天理之自然说出,示人代天立教耳,故因象明义,圣人之心无与焉。"(《文集》卷十三《金台答问》)既然如此,则《易》之卦爻象、卦爻辞无非都是显现、开示这一变化之理的符号和媒介。那么,应如何理解《易》之

① 〔明〕湛若水:《湛甘泉先生文集》卷十七《修复古易经传训测序》,《四库全书存目丛书》集部第56册,齐鲁书社1997年版。以下简称《文集》,凡引该书只注卷数、篇名。

② "日月为易"之说见于《易纬·乾坤凿度》、郑玄注、《说文》、《参同契》、《经典释文》等著作。刘大钧先生认为这一说法与《系辞》相符。参见刘大钧《周易概论》,齐鲁书社1988年版,第2~3页。

"意"(道、理)、"象"(卦爻)、"言"(卦爻辞、传文)三者之间的关系呢？他认为：

> 夫学《易》之要有三，一曰学卦画，二曰学彖辞，三曰学爻辞。夫是三者，三圣之奥也。伏羲之卦画，以象教者也；文王之彖辞、周公之爻辞，以言教者也。夫易之道莫深于象，而言次之；学易之要亦莫切于象，而言次之。《易》曰："书不尽言，言不尽意。"言外之意，惟于象焉尽之矣。(《文集》卷二十二《约言》)
>
> 其为书也，立象以明理，理得而象亡矣。……夫可见者，《易》之文；不可见者，易之道。故《易》为不可见者而立也，非为可见者而立也。非为可见者而立，故《易》不在乎多词明也。昔者伏羲作易，有卦画焉而已矣。……由羲、文之上，其说简；由孔子之下，其说长。其说简，所以待上士也；其说长，所以待下士也。世之降也，孔子之不得已也。(《文集》卷十七《修复古易经传训测序》)

关于言、象、意三者关系的讨论，远可溯至《系辞》，近则接续王弼。湛氏此间的"立象以明理，理得而象亡"与王弼的"尽意莫若象""得意而忘象"在基本观点上并无不同。二者都表达出这样的意思:《易》所蕴含的大道(意)，无不借助卦爻画(象)加以符示，卦爻画又都通过卦爻辞(言)来加以解说。故学《易》、研《易》、用《易》皆在于对《易》之大道有一透悟 ，而"象"和"言"只是寻求达"意"的必要途径。因而，"理得"自然"象亡"、"得意"必然"忘象"。如果我们突破《周易》本身，从认识论和逻辑学的角度审视这一命题就可发觉，"理得象亡""得意忘象"的观点蕴藏了这样的深意：卦爻辞因落入言诠，已然获得了相对固定的论域，故在外延上不能容纳卦爻象所能符示的一切内容；而卦爻象则属形下层面，不能在更高的意义上等同于易之道。也就是说："经验对象大于概念词谓，概念词谓不能包容经验对象的全部内容；内在本意（本体）又深于（超越于）经验对象，在经验对象范围内或层面上不能给出本意（本体）。"①

既然《易》之宏旨在于不可见的"易之道"，则文王、周公之卦爻辞、孔子之《十翼》都是针对下士而作，故学《易》之人用力当有一主次轻重之分：

> 是故善学易者，谓玩辞不如玩爻，玩爻不如玩六十四卦，玩六十四卦不如玩八卦，玩八卦不如玩四象，玩四象不如玩两仪，玩两仪不如玩太极。太极者，大道也。大道行，则吉凶悔吝亡，而廓然大公，易道在我，玩又不必言矣。是故太上玩道，其次玩画，其次玩辞。（《文集》卷十八《玩爻轩记》）

"玩道""玩画""玩辞"的渐次排列，显然是"意""象""言"三者重要性递减的直接要求。唯有清楚、透彻地明晓易之大道，才抓住了学《易》之根本，才是"易道在我"。否则，就是本末倒置："夫与未学伏羲卦画自然之象，而先读文王周公象爻之言；未究文王周公象爻之言，而先附益以孔子十传之文，舍本而求其末者，不亦异乎！"（《文集》卷二十二《约言》）

（2）解传明经、经传分离。

① 冯达文、郭齐勇主编：《新编中国哲学史》上册，人民出版社 2004 年版，第 277 页。

尽管“易之道”为本，但由于其“不可见”，学者所能直接面对的依旧是可见的《易》之书，这就意味着学《易》仍需从经传文本入手。对不能抛却经传而直造易理的下士来说，学经传之“言”是观“象”从而明“理”之不得已却又十分必要的手段。否则，湛若水重整《周易》经传便无必要。应当理解，甘泉特出强调易之道的终极地位，是为了将探求易道作为学《易》的统领和本旨，以此来否定拘执卦象与文辞的学易之法。事实上，他非但不否定《周易》经传的价值，而且对《易传》予以了高度评价：

> 自孔子之后又数千年，善治易者，吾独取费直焉。以孔子之十传，明羲、文、周公之经，然而易之道直未之知也。夫《易传》，孔子所以体天地之道，尽人物之理，穷变化之奥也。……由文王、周公之易以穷伏羲之易，由伏羲之易以穷身心之易，由身心之易以穷天地人物之易。是故十传作焉，广大悉备至矣。夫十传所以解经者也。（《文集》卷十七《修复古易经传训测序》）

甘泉认为，透过孔子之“十翼”，学者不但可上达周公、文王、伏羲三圣之易，更可穷极涵盖身心、人物、天地等一切至理的根本大道。甚至各卦的卦爻、卦德等细致内容都已囊括在《易传》之中。既然大传对古经的阐解已然充分，就没有必要再解经，解传足矣。间或微需补充，湛氏即在传文之下另附“测”，即“推测”之义：

> “然则子之必主解传而不解经者，何也?”“夫十传已解经矣，而又先窃取以为之解说，则又何取于十传乎？是犹床上之床，屋下之屋也。盖后人因汉儒分传附经之讹，而未知

古易一经十传之大体也。”“然则各卦之爻也、德也、才也，可以不释乎?”曰:“此三道者多见于孔子之传矣，其或有未及者，则于本传之下而附测焉，斯已矣。”(《文集》卷二十二《约言》)

甘泉之所以钟情西汉费氏易，乃因其有取于费直以“十翼”明经的治易路数。然而，湛氏一方面主张解传以明经，另一方面又主张经传分离，明确反对分传附经的做法。这一点又与费氏古文易的传统截然相反:

或有问于水曰:“子之于《易》，必取经自为经，而不以孔子传分附之者，何也?”曰:“所以全经也。当孔子作传之时，本自为十篇也。当羲、文、周公作经之时，未有传也。分传附经，汉儒支离附会之陋也。吁! 弊也久矣。”(《文集》卷二十二《约言》)

湛若水认为，将传文分拆附于经文之后起于汉人，这一做法既是对古经的附会，也使大传本身被迫支离。孔子作传之时，《易传》本是相对独立而完整的十篇，伏羲、文王、周公三圣作经之时亦未有传。所以，经传相分既恢复了大传的完整性，也使得古经得以上下通贯。也唯有经传分离，才能顺理成章地解传而不解经:“乃为出羲、文、周公之易，复为上、下经，而取孔子之翼，为后人所分附者，复合而为十传。读孔子之传，以明羲、文、周公之经晓然矣。”(《文集》卷十七《修复古易经传训测序》)

除却经传相分，湛若水还对旧本《周易》经传提出了一些看法:一是主张《易传》中多有错简。如湛氏认为《系辞上》“亢龙有悔”

以下辞句从文意及风格上推断应属《文言》;①二是认为《系辞》文字“重复而意不同,不过要深切著明以勉人之意”,不必将文辞一一区分归诸天道人道;②三是认为孔子作传之时,古经还尚未分为上下两篇。③ 诸如此类的观点,皆表明了甘泉对《周易》经传的特殊取向。但以平正公允的心态论之,这些观点虽不失据,却多有臆测之风,应属一家之言。

2.《易》说的心学定位

湛若水曾说:

> 夫经也者,径也,所由以入圣人之径也。或曰:警也,以警觉乎我也。傅说曰:“学于古训。”夫学,觉也,警觉之谓也。是故《六经》皆注我心者也,故能以觉吾心。……觉斯存之矣,是故能开聪明、扩良知。非《六经》能外益之聪明良知也,我自有

① 湛若水说:“其旧本多有错简,如重出‘亢龙有悔’以下十九条,乃《文言》之文,而错简散逸于《系辞》者,今亦因与厘正复归《文言》之后,则庶乎在上、下《系》不杂为全篇,在《文言》辞气为相类。又于十传之篇次,或为后人所讹者,稍加更定而著其义。夫然后《易》为全书也。”见《文集》卷十七《修复古易经传训测序》。值得注意的是,以今本《系辞》观之,我们无法确定湛氏所说“‘亢龙有悔’以下十九条”之确切所指,是否因湛氏当时所见《系辞》与今本尚有出入,有待考证。另,很多学者都曾以《系辞》“亢龙有悔”一段与《文言》完全相同为论据来论证自己的观点。如李镜池:《周易探源》,中华书局 2007 年版;刘大钧:《周易概论》,齐鲁书社 1988 年版;朱伯崑:《易学哲学史》(第一卷),昆仑出版社 2005 年版;郭沂:《〈易传〉成书与性质若干观点平议》,《齐鲁学刊》1998 年第 3 期。

② “《易·系辞》,重复而意不同,不过要深切著明以勉人之意。一一分属,及一一分天道人道,恐无意味。”见《文集》卷四《知新后语》。

③ “《杂卦》从上下经杂而置之,始《乾》终《夬》,自是夫子之易,乾学也。”见卷二十三《语录》。“上下经之分,非始于夫子。而夫子十传《序卦》未尝及之。其亦备《易》中之一义耳。”见《文集》卷二十三《语录》。

之,彼但能开之、扩之而已也。……故曰:“《六经》,觉我者也。”(《文集》卷十八《广德州儒学新建尊经阁记》)

《五经》皆发于心者也,故能以养心。……故《五经》之道,圣人之心之精也。今舍圣人精一之心,而惟言语之记诵焉,犹之舍天地生物之元气,而惟其查滓以实腹,其可以养生乎哉?……昔者伏羲出而画卦,其时易始肇而且未备也,而何有乎书?……夫数圣人者之道无二也,而谓数圣人必待《五经》备而后可以为圣学乎哉?(《文集》卷十八《五经馆记》)

训“经”为“径”,本于《释名》。湛氏之意,是以经为学者修贤入圣的途径。又将“经”训解为“警”,则经之作用即在于使“心”有所警觉。在此基础上,甘泉明确指出:“《六经》皆注我心者也。”概言之,儒家经典系统之所以被尊奉为“经”,即在于其对“心”的注解阐释作用。经发于圣人之心,是圣人“心之精”,研习之则能“觉吾心”“养心”。这样一来,湛若水便将《六经》的性质作用与心学彰明的“心”连接起来。值得注意的是,在赋予《六经》以心学意义的同时,湛若水又强调了两点:第一,《六经》既然发于圣人之心,则“心”相较于经无疑更具逻辑和价值上的优先性。由此可以得出,求诸经不如求诸心,欲为圣学不必待经而后成。如若舍弃“觉吾心”这一宏旨,也就意味着颠倒次序、本末倒置,只能沦为拘于文字记诵的口耳之学。只有“知圣人之经之精以养心,可以与治经矣”(《文集》卷十八《五经馆记》)。第二,《六经》“注解吾心”“开聪明、扩良知”,并不是外在地填充于我,而是使我之本有得以开扩。这种开扩是“觉我”,而非“益我”。显见,这两点思想既表现出甘泉对孟子“非自外铄,我固有之”的继承,又延续了象山、白沙的心学传统。

在这一解经视野的观照下,“圣人作《易》”也必然被赋予心学的阐发：

> 易道非他也，即人心之天理也。①
>
> 圣人之作《易》原于心也。……《易》不作，则圣人之心无以达诸天下。(《格物通》卷一《审几上》)

前文已言，《周易》文辞与卦画皆应视为达到“易之道”的途径和媒介，此处甘泉又明确以“心之理”来界定“易道”，也就意味着无论《易》之言辞、还是《易》之卦象，本旨皆在于发明解说人心之理。概言之，湛氏是先通过言、象、意之辨对“意”和《易》之道予以绝对认肯和突出，然后再将《易》之道收摄于人心之上，从而明确赋予《周易》以心学意义。

如果把“《六经》皆注我心”视为总前提，那么，每一经的价值又各有其不同侧重。关于《易》，湛若水曾指出：

> 《易》以注吾心之时也。……故学于《易》而心之时以觉，是能尊《易》矣。(《文集》卷十八《广德州儒学新建尊经阁记》)

就“理一”而言，经经皆指向“心”；就“分殊”而论，《易》特言“心”之“时”。因而，学《易》之目的即在于凭借易之道、《易》之理来寻求“心之时”的觉解。如其所言：

① 〔明〕湛若水：《格物通》卷一《审几上》，《文渊阁四库全书》第716册，台湾商务印书馆1986年影印。以下凡引该书只注书名、卷数、卷名。

著卦是易理之形见者也，在卦在心，皆是一理，因卦以感通其理，理见而心邪秽去矣。此即所谓易简之学。观象玩辞，观变玩占，即学《易》以感通此心之理，与“洗心退藏于密”一事。（《文集》卷八《新泉问辨录》）

既然《易》之价值在于注我心之时，学《易》便成为“觉”我心之时的必要手段。《易》之书借六十四卦之象而明理，学《易》之人亦须用象辞变占四学来涤除邪思杂念、感通心中之理。所谓“易简”之学，即学者借此《易》卦之象，在一己身心上切实体认此理以成就德性。唯有让学《易》与养心息息相关，《易》的价值才得以发挥，即“《易》在我矣”。单纯地探求词句文义的通达连贯，对人没有任何益处：“但求其义之通，无益于学《易》也。观此便须有求人受善自益之学。”（《文集》卷十三《金台答问》）这也是湛氏推崇“太上玩道，其次玩画，其次玩辞”之学《易》法的根本缘由。在“道”与“心之理”同一的意义上理解，“玩道”也就等同于“觉吾心之理”。可见，甘泉乃在心学的框架内赋予学《易》以工夫论的价值：

周冲问：“学《易》如何是功夫要约处？”“体认天理，终日乾乾，便是学《易》。一部《易》只说圣人以此洗心退藏于密，圣人以此斋戒神明其德，夫更有何事？（《文集》卷八《新泉问辨录》）

细究起来，作为学《易》根本指向的“觉吾心之时”又可分为“体认天理”和“洗心藏密”两个向度。其中，“洗心藏密”强调“洗心”，侧重消极的“剥落”；“体认天理”强调“体认”，侧重积极的“扩充”。应当指出，对《系辞》“洗心藏密”一句予以重视，是上本陆九渊下至王门后学的一贯传统,湛氏更直指其为学《易》之根本目的。至于对“体认天理”给予特出强调,则是湛氏心学独具特色之处。

3. 对象数之学的批判

湛若水对象数学的批判,是以“理”“数”之辨为基点展开的:

> 天地间只是一个理,纵他死生荣辱得丧之数不齐,而吾之理未不一也。……所遭之数不齐,而吾行道之心一也,又何必论数?圣人知天命,必不如此。(《文集》卷十《问疑录》)

湛氏此论针对的,是象数学派往往把人在无穷流变的时空环境及与其他人物的对待关系中所经历的不同境遇归因于“数”的做法。甘泉认为,在不齐的数之上,宇宙天地自有一个不变的常理在;相应地,在起伏的际遇中,人也应持守葆有一颗不变的行道之心。只要此心不失,顺逆尊卑、荣辱得失,便能泰然处之;同样,既然宇宙天理流行常在,又何必论变化之数?因而,甘泉在评价康节易学时说:“能不动矣。以其知数而定也,谓之定则可,谓之知道则不可。知道者,不假数而定。”(《文集》卷三《雍语》)依他之见,把人生的起伏得失归结为“数”,固然能使心有所定,却缺乏对大道的了悟,无异于舍本逐末。此处,我们既可以看到甘泉《易》说对程氏义理易“重理轻数”特点的借鉴保留,也可看到湛氏心学对周子“孔颜乐处”以及程朱理学的继承吸收。

这种“重理轻数”的取向,决定了湛氏易学总是在不齐的“数”上强调“理一”。当有学者以“道—天地—阴阳刚柔—八卦”的创生序列来解释《系辞》“太极—两仪—四象—八卦”一段时,甘泉明确表示了反对。他认为,天地、阴阳、道皆一物,不能理解作道生天地、天地再生阴阳刚柔这般二物前后相继的生成关系。《系辞》此段只是就卦画产生而论。就形上而言，太极之理未尝不一；就形下而论，至上的理又通过八卦产生由微而著地显现出来。①

应当说，湛氏易学之所以如此强调“理一”，一方面与其“随处体认天理”的为学宗旨密切相关；同时亦不可否认，甘泉学术确实曾受到程朱理学相当程度的影响。不过，这并不妨碍湛氏学术总体上倾向于心学。心学的思想取向，在根本上决定了“理”和“数”都不能使人囿于有限，相反，人应成为“理”和“数”的能动主宰：

> 先师尝云：天地间一气而已矣，一极而已矣。理安在哉？数又安在哉？……是故圣人以一为宰，以数之流行为用。以几之遇为理数合一之功。因时消息，人与天地浑然相安于道而无怨尤畔援之念。盖理数不二，而宰之存乎人也。（《文集》卷二十三《语录》）

在甘泉的理论中，“理”即气之中正，“数”则反映气之流行变化，二者不过是气的不同状态而已，皆非终极意义上的实在。以此来观照人生，则“理”“数”都不能作为限制人的客观因素，故人当积极主动地理解之、主宰之。这就要求人们不但要护佑一颗不变的行道之心（“理”），把一己之富贵显达或颠沛造次等一切境遇都视作人

---

① 问曰：“‘易有太极’一章，夫子之至言也。推而要之，《周易》尽在是矣。然而读者诵言忘味，容有溺而弗察，混而无别，吾恐仲尼赞易之初意不明于天下后世也。仲尼曰‘太极生两仪’，非道生天地乎？两仪生四象，非有天地即有阴阳刚柔乎？四象生八卦，非阴阳之往来、刚柔之错综，斯八卦之所由出乎？”答云：“若如此生，是有二物相生也，道一而已矣。天地、阴阳、道，一物也，岂有如此相生之理？此一段只说卦画之生，由一而分为二，二分为四，四分为八而八卦成矣。一是太极。要之，理由微而著也。”见《文集》卷七《答王德征易问》。

生经历中的常态（“数”）；更要把这一要求贯彻于当下每一心性活动的初始之时（“以几之遇为理数合一之功”），如此因时消息、相时而动，人无论何时何地皆能摒除一切怨天尤人的私心杂念，从而达至与道浑然一体的境界。于是，“理”“数”便合一不二，而人为主宰。

以此为前提，甘泉对象数易学多有批评。他既不取为朱子所保留的汉易卦变说：“《易》卦变旧说有以一卦自二三卦来者。朱枫林因晦翁惟十辟卦与《彖传》合。十辟卦者……其亦因卦画已成而推言之。文公知非作《易》本旨，而又每引入卦解。何也？吾于《古易测》俱所未取。”（《文集》卷二十三《语录》）也对邵雍《皇极经世》、蔡元定父子的先天之学等两宋象数易深表怀疑：“自邵蔡有数之学出而后天下又多一岐矣。蔡依九六二五而邵之元会运世因于六十四卦，是非有无不可知，置之不讲可也。天之历数在而躬。”（《文集》卷二十三《语录》）在甘泉看来，这些象数内容都是正统易学之外的别说歧途，是非真伪无从判定，故应搁置不讲①。究其根本，《易》道在于人之身心，借用《论语》之言，即“天之历数在尔躬”。

在所有象数易学中，甘泉批评最多的是广泛流传于两宋并对后世产生重大影响的图书之学：

> 天地间物皆具奇偶象数，而图书又象数之显然者也。圣人因其象数之显然而至理寓焉，故一见而感触，遂画一奇为

① 必须强调，从留存下来的资料来看，湛若水并未尽废一切象数。如《格物通》卷八十一《饬百工》第一则即以《萃》卦三至五互体巽来解《萃》卦《象》文；《湛甘泉先生文集》卷二十三《语录》又以《损》《益》两卦为《泰》《否》卦变而来。可见，湛氏对象数之学亦有所取。

> -，-者阳也；一偶为- -，- -者阴也。因而重之，又重之，三画以成八卦，卦以成易。伊川见卖兔者曰："此兔亦可以画卦。"知易者也。盖兔首尾皆奇，四足画偶，奇偶即具阴阳，亦可画卦，非止图书也。学者宜体易理以有诸己而已矣。故图书者，圣人画卦之刍狗也。后儒未能体易理，汲汲焉理会图书，分析配合，是求之圣人画卦之刍狗也，岂不误哉！伊川诘尧夫："知易数为知天？知易理为知天？"今图书，易数之类也，故周、程只是学易，未曾理会图书，可知矣。且若以兔画卦，亦将何以分析配合乎？况伏羲河图出于千载之上，不必待洛书而乃著。大禹洛书出于千载之下，不必追征于河图而后明。又况未见图书以前，未有一画，古之圣神何以明道也？故圣人之学，求以明其道而已；欲明其道，求诸吾心而已，不必纷纷之支离也。（《文集》卷二十九《岳游纪行略》）

甘泉虽不反对圣人依图书画卦的旧说，但同时强调图书并非作《易》之必要根据。他认为，河图洛书易于表现奇偶象数，故圣人一见感通，遂以成易。非但图书，天地间的一切存在皆具奇偶象数，有奇偶即有阴阳，得阴阳便可画爻，继而重爻为卦、由卦成《易》。故图书原本只是圣人画卦的"刍狗"，奇偶阴阳才是内在的易理。然河洛之学一出，周子、二程等理学大儒虽未理会，许多学者却由是误入歧途，只知在图书上牵缠附会，不知在体会易理上加以实功。并且，伏羲之河图与大禹之洛书年代相距甚久，彼此互待互显之说显然是后人附会。甘泉甚至由此质疑河图洛书的真伪："圆图方图出，其初画成只是横图耳，余皆后人添上。"（《文集》卷九《新泉问辨续录》）况且，图书卦画未作之前，古圣先贤之大道早已生生不息、心心相传，绝非图书未作所能影响。所以欲求圣学，也不必非赖图书卦画而后可，唯在于明达圣人之道；欲达此道，又不必纷纷落入支离，究其本只在“求之吾心”而已。由此可见，湛氏对图书之学的批判以心学为基本立场，最终仍复归于心学主旨。另外，甘泉此间“未见图书以前，未有一画，古之圣神何以明道”的反诘不仅与象山“尧舜之前，何书可读”的辩难有异曲同工之处，同时亦显然受到了其师白沙“此心自太古，何必生唐虞？此道苟能明，何必多读书”①的影响。

《易》本为卜筮之书，《系辞上》更直指“占”为“圣人之道”。在如何看待占卜的问题上，湛若水亦有自己的理解：“人谋者，谋诸人，验其理之同然者也；鬼谋者，谋诸蓍，龟验其理之自然者也。盖人心之理，即易也；易之理，即吾心也。”（《格物通》卷五《谋虑上》）可见，心之理与易之理的同一，是占筮得以可能的前提。“古者占吉凶于无心，求吾心天然之本心也。以圣人之心犹恐未尽合于天然，故用占卜以验之。而今乃但以一己之知见自为是而不之察，欲与鬼神合其吉凶，难矣。”（《文集》卷二十三《语录》）甘泉认为，古人占卦并不旨在临事预知吉凶祸福，而是求得天然本心的辅助手段。这样一来，占卜之学也被赋予了心学色彩。应当说，王守仁在此问题上的论述与湛若水颇有相近之处，且相较而言更为深刻②。

① 〔明〕陈献章：《陈献章集》卷四《赠羊长史，寄辽东贺黄门钦》，中华书局 1987 年版，第 294 页。

② 王守仁云：“卜筮是理，理亦是卜筮。天下之理孰有大于卜筮者乎？只为后世将卜筮专主在占卦上看了，所以看得卜筮似小艺。不知今之师友问答，博学、审问、慎思、明辨、笃行之类，皆是卜筮。卜筮者，不过求决狐疑，神明吾心而已。《易》是问诸天人，有疑自信不及，故以《易》问天；谓人心尚有所涉，惟天不容伪耳。”见《王阳明全集》卷三《传习录下》，上海古籍出版社 1992 年版，第 102 页。

4. 重“时位”的解易路数

在圣人“假卦画以作易，继心之时为《易经》”（《文集》卷十六《古易经传或问》）的前提下，大到《易》之全书、小至每一卦爻，都旨在注解发明吾心之“时”。与心之时相对应，湛氏在解《易》路数上亦特别重视每一卦爻所值的“时位”：

> 《易》，随时位者也。如《大畜》六四得位，六五居中，而在艮体，故能自梏，自豮而有喜庆，不必以阳制阴为说。（《文集》卷二十三《语录》）
>
> 或谓：“读一部《华严经》，不如看一《艮》卦。《艮》卦上下敌应，不相与，于六十四卦中能自率性为最善。然否？”曰：“乾坤而下，何莫而非率性也？此论在《艮》之时位。《艮》阳在上，为上之主，犹知止定静而各得所自安。《华严》千言万语只以性法真空妙悟为秘密，而不知止者，斯亦荡然无着矣。”（《文集》卷二十三《语录》）

以上两例中，湛氏以《大畜》六四当位、六五居中来解爻辞及《象》传，以《艮》上九阳爻居上位来解《艮》止之义，俱是着眼于爻的时位。他更进一步，认为《周易》卦爻皆在于“时”，“时”即“道”：“道全在时字上，时即道也。《易》六十四卦、三百八十四爻，全是时上。”（《文集》卷十四《书问》）我们知道，古往今来的许多易学家都高度重视《易》所开启的“时”之智慧。甘泉如此突出“时”的地位和重要性，不单单在于继承王弼、程颐义理易学的重“时”传统；更重要的原因是，从《周易》时的哲学中可以阐发出湛氏心学“随处体认天理”的核心内容。依甘泉的理论，人无论是在茫茫天地之间、与他人他物的对待关系中确立价值、挺立自我，还是在当下的经验生活、现实人生之中确保每一行为意念都符合道德法则以培铸造就德性，其根基都在人之一心。心必然要随人所在之时间、所处之空间、所对待之事物的变化而变化。唯如是，人才能保证在任何时空环境下的每一心理及行为活动都合乎道德原则。至于“位”，甘泉其实最为看重的是“中正”与否。这更与甘泉以“中正”作为其“合一之学”的核心概念关联紧密。因而，如同《易》之卦爻因时位不同而义亦有异，随时随位变易，则道在其中：“一部《易》，只在时与位耳，随时随位即道也。”（《文集》卷九《新泉问辨续录》）随时随位而变的体《易》之道，也就等同于因时位而动的心学工夫。这一工夫，就是湛氏心学“随处体认天理”的宗旨。

可见，在湛若水的思想体系中，心学与易学互诠互显，彼此连接且融通为一：

> 心之体即是易体，心之几即是爻变。故用《易》全在九六，而学问之功全在几之变处。非变，无功也。（《文集》卷二十三《语录》）

《易》之书即心之注，易之道即心之理，卦爻之“时位”即吾心之“时”，故易体与心之体同。“随时随位即道”，又同于“随处体认天理”。《易》卦之变，始于九六；体认天理，原于吾心。《易》九六爻变之象，即对应人心变化之“几”。“几”为心之初动处。“初心”本是天理自然呈露之时，但一念慎与不慎，善恶由此判分。体认之功，务须在每一“几”之变处，力加分辨整治之功，以确保初心不失、习心不染，人心方能于事事物物上合此天理。因而，就“经”的价值而言，是“《易》以注吾心之时”；就体《易》之道而言，是“随时随位即道”；就心学工夫而言，是“随处体认天理”；就卦爻之象而言，是

“用《易》全在九六”。此四者,在甘泉心学与易学通而为一的视域下,其实一也。

总之,“心之体即是易体,心之几即是爻变”明确概括了心易之间彼此融通、合一不二的关系。这一命题为湛若水以心解《易》、以《易》明心的全部《易》说奠定了坚实的立论基础,理应视作其心学易的思想总纲。

(二)“合一之学”体系中的易学思想

1. 气本原论:“天地万物一气也”

尽管在理学派别上归于心学,但湛若水并不取道陆、王直接以心撑开体系进而统摄全局的学术路径,而是选取“气”这一范畴作为整个体系的根基和生长点。“甘泉哲学体系的每一个概念和命题,都有气的思想作为其基础。”①应当说,湛若水的这一思路,与明前期朱学发展以“理气之辨”为入路的做法有类似之处。同时,以气作为“哲学体系的逻辑起点”②,既体现了中国哲学气本论传统的延续,也反映出其师陈献章元气论思想的影响。

甘泉认为,“气”是横贯宇宙的终极实在。从本原论的角度讲,天地间万事万物皆由二气交感化生蕴育,故根本上都是由气构成的:“天地之与万物,一气也。故天地之气相感,则太和絪缊,而化育成矣。”③这显然受到了《易·系辞下》和张载《正蒙》的直接影

---

① 乔清举:《湛若水哲学思想研究》,台湾文津出版社 1993 年版,第 23 页。

② 乔清举:《湛若水哲学思想研究》,台湾文津出版社 1993 年版,第 23 页。。

③ 〔明〕湛若水:《格物通》卷七《感应上》,影印文渊阁《四库全书》第 716 册,台湾商务印书馆 1986 年版,第 65 页。

响。湛若水结合五行说，对天地万物生成覆灭的过程进行了描述：

> 天地之初也至虚，虚，无有也。无则微，微化则著，著化则形，形化则实，实化则大。故水为先，火次之，木次之，金次之，土次之。天地之终也至塞。塞者，有也。有则大，大变而实，实变而形，形变而著，著变而微。故土为先，金次之，木次之，火次之，水次之。微则无矣，而有生焉。有无相生，其天地之终始乎！（《文集》卷二《新论》）

甘泉认为，天地万物的生成覆灭，只是气在不同形态之间变化而已。所谓“有”“无”，并不是绝对的存有或虚空，而是对气之有形、无形状态的指称。不论气呈现何种状态，其始终作为宇宙本原而常存，它既不被创生，亦未被消灭。在这个意义上，“有无”也可以称作“虚实”；有无皆气，亦即“虚实同原”：“今之学者只怕说着一虚字。张子曰：‘虚者，仁之原。’先师白沙先生与予《题小圆图屋诗》有云：‘至虚元受道。’又语予云：‘虚实二字可往来。看虚中有实，实中有虚。’予谓：‘太虚中都是实。充塞流行只是虚实同原。’”（《文集》卷二十三《语录》）需要注意的是，万物化生是气从无形状态由微而著地变作有形状态，故此过程中的五行顺序与《洪范》次序相同；万物的消亡过程则是气从有形著变而微地复归无形，故五行顺序与《洪范》相逆。湛氏此说，当与《太极图说》“阳变阴合，而生水火木金土”的思想有关。如果我们把气结为万物的“从无到有”叫做“顺”、把万物复归于气的“从有到无”看作“逆”的话，我们更可以看到湛氏气本论对王畿良知造化顺逆之说的影响。总之，宇宙间万事万物的造化始终，皆是这一有无顺逆过程的表现：

> 问:“数往者顺,知来者逆。当以何说为是?”曰:“朱枫林之说亦只就图粗言之耳。其言圆图自乾一至震四,自巽五至坤八,皆自南而北、自上而下,为顺。方图自乾一之八卦,至坤八之八卦,皆自北而南,自下而上,为逆。逆数者,谓画卦自下而上也。盖天地之运不顺不行,天地之交不逆不生。顺而行所以生物,逆而生所以自生。夫易之极,数知来,皆生数也。于言语图象外得之。”(《文集》卷二十三《语录》)

“数往者顺,知来者逆”出自《说卦》,在易学史上,郑玄、虞翻、邵雍、朱熹等人都曾对“顺”“逆”之义提出过不同看法。元末明初的朱升认为,“顺”“逆”是就先天方圆合一图而言的。在圆图中,乾一至震四、巽五至坤八,皆按由南至北、自上而下的次序排列,故为顺;方图则自北向南、自下而上,故称逆。当有学者向湛若水提出应以何说为是时,甘泉表示,就图言顺逆的说法只是“粗言之耳”。显然,其批评对象不仅包括朱升,实已将邵雍、朱熹等人涵盖在内。在他看来,顺逆之义并不局限于“言语图象”,而应从天地生物的角度来理解。“顺”是气到万物的“从无到有”,“逆”是万物到气的“从有到无”。这一过程循环往复、周而复始,天地万物从无到有、从有到无、再从无到有……万物复归于气即预示着气将聚结成为新的事物,覆灭乃生成的一个环节。无限次的有无相生、顺逆相继构成的动态链条,蕴含着宇宙大化不息、万物生生不已的无穷生意。以发展的动态眼光审视,无论是“顺而行”还是“逆而生”,展现出来的都是一派盎然生机。《周易》六十四卦终于《未济》,其深层意蕴正在于此:“未济则未穷也,未穷则有生生之义。是故六十四卦以终焉。其深矣!”(《文集》卷二十二《约言》)

在《答王德征易问》中,湛若水对气之阴阳动静的问题亦进行了解说：

问曰："皆阴阳也，惟有阴阳，故有屈伸、有升降、有进退、有相因而无相违焉，非判然物也。"答云："一气充塞流行于天地，故有屈伸、升降、进退相乘也。元非二物。"

问曰："审如是，阳则主夫动也，阴则主夫静也。谓阳而生动可也，奈何言动而生阳也？谓阴而生静可也，奈何言静而生阴也？"答云："只可言动而为阳，未可言动而生阳，又安可言阳而生动乎？只可言静而为阴，未可言静而生阴，又安可言阴而生静乎？盖阳与动、阴与静本是一物，不可言生。于此见濂溪未如孔子《易传》。"

问曰："阴阳犹体也，动静犹用也，闻体立而用行矣，未闻用先于体者也。"答云："阴阳动静岂可将来分体用？"（《文集》卷七《答王德征易问》）

以上答语中的"元非二物""本是一物"，均是甘泉"合一之学"中的典型表述。在湛若水看来，气虽有阴阳之分，但阴阳并非判然二物，而是统一于一气流行之中；动静亦不独立于阴阳之外，动与阳、阴与静彼此之间并不存在生成关系。进一步说，动静只是阴阳的内在属性和特征，故也不可将其视作体用之别。概言之，阴阳合一不二，阳与动、阴与静亦合一不二。如此，甘泉一方面通过阳与动、阴与静的合一，将动静归为气之阴阳，从而对明前期朱学争论的"理气动静"问题进行了回应；另一方面，甘泉正是以阴阳合一为前提过渡到理气合一的学说。

2. 理（道）气合一："气之中正为理（道）"

在湛若水的学说中，"道"这一范畴经常在两种含义下使用：其一是与理同义，其二是指依理处事应物的过程，即由体达用的过程①。依前一种用法，理气关系可以直接换作道气关系。甘泉以为，天地万物皆为一气化生，故舍气便无道，道与气实合一不二：

> 有理即有气矣，却倒说了。《易》"一阴一阳之谓道"，即气即道，气之中正者即道，道气非二也。疑周子之说良是，盖阴阳动静运行于天地之间，无有止息，又岂待生？（《文集》卷十一《问疑续录》）

气既是宇宙的永恒实存，阴阳动静运行不息不止，动静只是阴阳的属性和状态，所以湛若水并不同意周敦颐"动而生阳、静而生阴"的说法。"道"或"理"也并非在逻辑和时间上先于气，而是指称气之"中正"的范畴。气之中正，也就是阴阳得中：

> 《易》曰："一阴一阳之谓道。"道也者，阴阳之中也。"形而上者谓之道，形而下者谓之器"，器即气也，气有形，故曰"形而下"。及其适中焉即道也，夫中何形矣？故曰"形而上"。上下一体也，以气理相对而言之，是二体也。（《文集》卷二《新论》）

甘泉所理解的"一阴一阳"，是与两阴一阳、一阴两阳区别而言的。相较于两阴一阳、一阴两阳代表的阴阳偏盛，"一阴一阳"描绘的恰是阴阳适中的状态。阴阳适中，便是气得中正；气之中正即道，故

---

① 乔清举：《湛若水哲学思想研究》，台湾文津出版社 1993 年版，第 33 页。

“一阴一阳之谓道”。气是万物的共同本质,故“器即气”。阴阳之气可以通过聚为万物(“器”)而有形,阴阳适中的中正状态(“道”)却无形。所谓“形而上下”,即对道器(理气)这种无形与有形状态的区分。但另一方面,“道器同一形字,故《易》不离形而言道,《大学》不离物而言理。”(《文集》卷九《新泉问辨续录》)因而,形而上下是合一的,道器、理气亦是合一的。

以“理”为“气之中正”为标准,甘泉还对周敦颐的《太极图》以及朱陆围绕此图引起的“无极而太极”之争发表了意见:

> 盖太极者,乃至极之理,此理初何形象?濂溪不得已而画之一圈,亦已多矣。《图说》曰:“无极而太极。”太极者,至理也;无极者,以言其无穷尽也。道体本无穷尽也,故曰:“太极本无极也。”何等易见!而朱子以为太极之上不可无无极,陆则以为不宜于太极之上加无极,皆未之察耳,而争辩互动数百言,可乎?太极者,至理浑然未分之时也,今所传古《太极图》则于未分之时而强加之以黑白,惑矣。夫太极未形,一理浑然,黑白何分,阴阳何判?其此图有分有判者,此乃“二仪图”也,非“太极图”也。盖后儒好事者为之,伪称古图也。(《文集》卷二十九《岳游纪行略》)

把“太极”认作“至理”,这一点与朱学并无不同。但在以“气之中正”训“理”的前提下,“太极”就被理解为气之阴阳合一、中正无偏;至于“无极”,则成为“无穷尽”之意。所谓“无穷尽”,一方面是指作为万物本原的气在宇宙时空中永恒无限;另一方面,又指气之中正无偏亦是天地造化顺逆不已的常态。这样,周子的“无极而太极”就与湛氏的“理气合一”说联系起来。并且,太极之理既是气之阴阳适中、相融未分的状态，又是不可见的“形而上”者，则号称古图的“阴阳鱼”太阳图必属托伪之作，当名之“二仪图”为宜。

3. 心气合一：“气之精灵中正处即心”

我们知道，心学的特胜处在于指认“心”为道德伦理的终极来源，继而以“心”直接统领一切修养工夫和道德实践。然而，由于“心”终究是偏重价值的主观性范畴，故心学需要为宇宙万物提供生成和存在的客观根源时，往往要借助气本论的参与。象山、白沙、阳明都是如此。从总体上看，象山和阳明论气较少。这并不是二人刻意回避宇宙实存的根源问题，而是其学术侧重点并不在此。湛若水则与陆、王不同。意图在本体论、心性论、工夫论等诸多层面上整体融合理学与心学、集二者之长的特定取向，促使他必须对朱学本体论论域中的理气问题予以正面回答。但湛若水在根本上又是个心学论者。由此便产生了如下问题：在以“气”为天地万物提供了宇宙论说明后，如何继续将这一逻辑思路推演到“心”上来？“心气合一”论便是对此问题的回答。

“气”与“心”的合一，本质上是天道与人道的贯通。气本论则为这一贯通提供了理论支点。正是从天人一气贯通中，湛若水引申出“心”的范畴：

夫圣人之学，心学也。如何谓心学？万事万物莫非心也。《记》曰：“人者，天地之心。”人如何谓天地之心？人与天地同一气，人之一呼一吸，与天地之气相通为一气，便见是天地人合一处。……何以言之？人者，天地之心也。天地与人同一气，气之精灵中正处即心，故天地无心，人即其心。（《文集》卷二十《泗州两学讲章》）

从涵纳天人的大宇宙视野观之，天地人物一气同构、相连一体组成了生生不息的宇宙整体。在这个整体中，人的一呼一吸都与天地之气相感相通。并且，人所禀受的气是“气之精灵中正”者。这个“气之精灵中正”者，就是所谓的“心”。此即湛若水的“心气合一”论。要理解“心气合一”说的内涵，我们应注意以下几点：第一，“精灵中正”是对“气”的限定。宇宙万物虽同由一气化生，但有精灵中正之气，亦有非精灵、不中正之气。后者构成了其他事物，前者则为人所独得。由于“精灵中正”之气不曾被万物禀得而独为人所禀受，所以“天地无心，人即其心”；第二，“精灵”和“中正”是应加区分的两个概念。“精灵”强调能动性，“中正”强调价值性。一方面，以“气之精灵”来规定“心”，便可以用“气”的能动性来解释人心的知觉思虑功能。在这一点上，湛若水受到了先秦稷下道家的“精气说”以及朱熹“所觉者，心之理也；能觉者，气之灵也”的论断的影响。① 另一方面，以“气之中正”来规定“心”，则天道中正所蕴含的一切价值便可通过天人一气落实展开为人心的道德伦理，从而使“心之中正”亦获得气本论的根基支撑；第三，从“心气合一”出发，“天人合一”就不仅是本原论层面的天人同气，也包括心性论意义上的同心同德：“天人一也。在天则为元亨利贞之四德，在人则为仁义礼智之四德。天即人，人即天也。”（《格物通》卷二十六《进德业一》）这便要求人的学思问辨、体认践履等一切工夫皆应以合于天道为目标，否则就是“违天”：“‘天行健，君子以自强不息。’健也者，宇宙之气也；宇宙之气，人之气也。是故可以配天。配天也者，不息之谓也。学而若存焉，若亡焉，违天也甚矣！”（《文集》卷三《雍语》）第四，甘泉所理解的“圣人”或“大人”，是上达天道、与天

① 朱伯崑：《易学哲学史》第三卷，昆仑出版社 2005 年版，第 234 页。

同一之人:"何谓大人?这个大人,即《易》'大人者,与天地合其德'的大人。"(《文集》卷二十《泗州两学讲章》)既然"天人合一"是一切学问的宗旨,合于天道的工夫又在人之一心,所以"万事万物莫非心也",圣人之学无非"心学"。应当理解,甘泉所讲的"心学",是"心气合一"前提下即气即心的心学,实质上是天人之间同气同心、天人之道上下通贯的合一之学。

从"心气合一"的角度出发,甘泉否定了理学"道心""人心"的二分:

> 人心道心,只是一心。先儒谓出乎天理之正者道心,则是;谓发于形气之私者人心,则恐未然。凡谓之心,皆指具于形气者言,惟得其正则道心也。又谓虽上智不能无人心,虽下愚不能无道心。又谓道心常为一身之主,人心每听命焉。是有二心相役,此处不能无疑。(《文集》卷四《知新后语》)

甘泉表示,不能认为发于形气的心只是"人心"。但凡是心,都以气为基础。心若得气之中正,便能合于天道,即"道心"。以"理气"作为区分心的尺度,既没有认识到心气的合一,也没有认识到理气的合一。在心气合一论的视角下,道心、人心同"具于形气",乃合一的一心。

"气之精灵中正处为心"是甘泉心气合一说的核心命题。就气而论心,心具于形气,心气便合一不二。在甘泉的学说体系中,"心气合一"说具有相当重要的地位。以"心气合一"论证"天人合一",甘泉实现了天道与人道的贯通。正是以这一贯通为中介,理气论得以过渡到心性论,天道的"理气合一"得以落实为人道的"性气合一"。并且,"气之中正为理"的理气合一说,通过"气之精灵中正处为心"的心气合一转换,亦为甘泉进一步提出"心性合一""心理合一”奠定了基础。可见,“心气合一”论实为甘泉思想体系由气学转向心学的关节点。

4. 性气合一:“气得中正即性”

甘泉是从“道”“器”关系入手来论“性”的:

> 吾观于大《易》,而知道器之不可以二。二也,爻之阴阳刚柔,器也;得其中焉,道也。器譬则气也,道譬则性也。气得其中正焉,理也,性也。是故性气一体。(《文集》卷一《樵语》)

此处甘泉又以《易》之意、象来论道、器。在甘泉看来,爻“象”之阴阳刚柔符示的都是具体事物(“器”),易之“道”则是爻得中正内在蕴含的“意”或称“理”。这样,意象关系便与道器关系对应起来,《易》之书“立象明理、理不离象”的特征,也就有了“道器合一”的意义。其实,不仅《易》可言道器、天可言道器,人亦可言道器。具体而论,气是人的物质构成(“器”),性则是人的本质属性(“道”)。“器譬则气也,道譬则性也”即讲性气与道器之间的此种对应。这种对应,使得从“道器合一”中可以逻辑地推导出“性气合一”的结论。并且,在理气论的层面上,“道器合一”与“理气合一”同义;于是,我们便可对“性气合一”作如下理解:在“心气合一”的命题业已贯通天人的前提下,天道的理下贯于人道即落实为人之性。在天是“气之中正为理”,在人则是“气得中正为性”。所以,理气合一,性气亦合一。“可以说,性气关系乃是理气关系在人的复制。全部理气关系命题,都可以同时看作性气关系的命题。”①理气、性气的

① 乔清举:《湛若水哲学思想研究》,台湾文津出版社 1993 年版,第 54 页。

合一，都是道器合一的表现。

由此可见，甘泉论性明显不同于陆、王"心即理"的路数，而是直接继承了程朱"性即理"的思想。但是，甘泉又对程朱性论的理气不合一进行了批评："古之言性者，未有以理气对言之者也。以理气对言之也者，自宋儒始也，是犹二端也。夫天地之生物也，犹父母之生子也，一气而已矣，何别理附之有？……中也者，和也。人也者，得气之中和者也。圣也者，极其中和之至者也。阴阳合德，刚柔适中，理也，天之性也。夫人之喜怒，气也；其中节焉，理也。"（《文集》卷二《新论》）从这段话中，我们可以更明显地看出甘泉论性的逻辑思路。"阴阳合德，刚柔适中"本是气之中正，气之中正的理经"性即理"被转换为天之性，这一天之性又因天人一气而下贯于人，成为人之性。我们可以将这一思路概括为"气之中正→理→天之性→人之性"的逻辑推演，而"气得中正为性"则是这一推理链条的首尾两端。可见，甘泉之所以明确反对以理学的理气不合一来论性，原因即在于，唯有作为整个推理前提的理气合一成立，才能通过这一逻辑链条得到性气合一的结论。

"性气合一""理气合一""性即理"三个命题的相互连接，使得甘泉哲学中性、理、气三个范畴之间紧密相连、圆融合一：

> 天地间只是一个性，气即性也，性即理也，更无三者相对。《易》曰："一阴一阳之谓道。"孟子曰："形色，天性也。"《诗》曰："天生蒸民，有物有则。"孔子在川上曰："逝者如斯夫。"《中庸》："鸢飞鱼跃。"皆是此意，舍气何处寻得道来？故曰："乾坤毁则无以见易。"盖气与道为体者也，得其中正即是性、即是理、即是道。（《文集》卷八《新泉问辨录》）

此段文字中，甘泉征引了《周易》《孟子》《诗经》《论语》《中庸》中的一系列经典文句来论证理、性、气三者之间的合一关系。从这些论证中，我们可以很明显地体会出甘泉在儒家经典与自我学说之间展开相互诠释的方式。甘泉的解读，是以《易》的“一阴一阳”言气、“之谓道”言理；以《孟子》的“形色”言气、“天性也”言性；以《诗》的“有物”言气、“有则”言理；以《论语》的“逝者”言气、“如斯”（不舍昼夜）言理；以《中庸》的“鸢飞鱼跃”言气、“上下察也”言性。如此，甘泉便赋予了上述文句以理气合一和性气合一论的意味。反过来说，这些被赋予了新义的文句又进而为甘泉的理气合一、性气合一说提供了儒家经典文献上的论据。

既然“气得中正为性”，则“知性”“养性”的工夫就应以“中正”为目标。“《易》卦既成，人体之得其中正者即道，而不中不正者非道。人之得中正爻者为吉，不中正者为凶。避凶趋吉，成天下之亹亹而大业生矣。”（《文集》卷七《答王德征易问》）由对《系辞上》“八卦定吉凶，吉凶生大业”的解释可见，甘泉是以中正与否来论吉凶的。所谓“避凶趋吉”，即指人伦日用的每一当下行为都应力求达于中正、持守中正。这不仅是道德实践的人道要求，也是合乎天道的表现。如是，“性气合一”说就不单具有心性论层面的本体意义，同时也具有明显的工夫论指向。

5. 心性合一：“性为心之生理”

前文已言，甘泉是以气来规定心和性的。一方面，“气之精灵中正处为心”“气得中正即性”都强调了“气之中正”，故二者必然是合一的；但另一方面，甘泉并不由此认为心性完全同一，更与陆、王以心代性、讲心不讲性的思路明显不同。在《心性图说》中，湛若水对心性之间的关系进行了说明：

> 性者，天地万物一体者也；浑然宇宙，其气同也；心也者，体天地万物而不遗者也。性也者，心之生理也，心性非二也。譬之谷焉，具生意而未发，未发故浑然而不可见。（《文集》卷二十一《心性图说》）

甘泉认为，“性”即“心之生理”。借用伊川的谷种喻来表述，心性之间的关系就有如“谷种”与“谷种的生意”一样。此一比喻突出了两点：第一，性是“生理”。以“生理”来规定“性”，显然是受到了《系辞下》“天地之大德曰生”以及理学以“生意”说“仁”的影响。第二，性在心中。如同谷种的生意寓于谷种之内，性亦不在心外：“心也者，与人俱生者也；性也者，与心俱生者也。人生则心生，心生则性生。”（《文集》卷二十一《孔门传授心法论》）这两点加在一起，就是“性为心之生理”的涵义。甘泉还经常以字诂作为这一观点的论据：“圣人言性乃心之生理，故性之为字，从心从生。”（《文集》卷九《金台答问》）

“性为心之生理”的命题表明，“性是心中最本质的部分，心性之间有必然的联系”①。此即“心性合一”论。不过，这一命题亦同时表明心与性并不是等同的概念。要理解二者之间的差别，就要从气的根源处细加分疏。我们知道，性气合一是理气合一落实于人道的结果。因而，“气得中正”的性在本质上是“气之中正”的理在人身上的复制。而“气之中正”只是气的属性，并不能独立于物质的气而存在。心则不同。所谓“气之精灵中正处为心”，一方面说明心是由气构成的，亦是气的有形状态。在这一点上，心与万物

① 乔清举：《湛若水哲学思想研究》，台湾文津出版社1993年版，第62页。

并无不同。另一方面,唯独构成心的气是精灵、中正的气,正是气的精灵中正性质使心成为万物中之最有价值者。在这一点上,心与万物又不同。概言之,“性”在根本上源于气的中正属性,“心”则是由精灵中正之气构成的实体。这就是心与性之所以不同的根源。但是,“性”作为气的中正属性必然依附于“心”这一中正之气构成的实体;“心”作为中正之气构成的实体也必然表现出“性”的中正属性。这就是心与性之所以又合一的根源。总之,在甘泉的理论中,心与性是一对既合一又不同的范畴。这种“既合一又不同”不但可以描述心性之间的关系,也适用于理气、心气、性气等一系列范畴之间。

由以上分析可见,“心性合一”的关键点在于二者皆是“中正”的。正如“中正”是“中正物”的本质一样,性乃心最本质的部分。然而,“性为心之生理”的心性合一说并未将“中正”予以明确突出,而是进一步以“生理”说性。于是便产生了如下问题:“中正”与“生理”显然有别,甘泉兼取二者来规定“性”,这是否可以理解为甘泉对“性”的看法前后不一?答案是否定的。我们多次强调,“气得中正为性”是“气之中正为理”在人道上的落实。这一落实之所以能够在理论上成立,是因为甘泉认同并采用了程朱“性即理”的思想作为逻辑前提。但是,“‘性即理’对于性的规定是形式的,湛若水所谓性则自内容着眼”①。换言之,用原本规定“理”的“中正”来规定“性”,则“中正”只具有形式上的意义,“生理”才是湛若水赋予“性”的内容。“性为心之生理”的命题说明,“湛若水论述的重点在性的内容而不在形式。陈献章诗意地悟得的天地间的活泼生意是湛若水性论的主要来源。他在性论上可以说综合了程朱陆

① 张学智:《明代哲学史》,北京大学出版社2000年版,第60页。

王：以形式的'性即理'装进了心学的内容"①。换言之，"性"的形式规定和内容规定之间并不矛盾，"中正"和"生理"亦是相互协调的。

6. 心理合一："心得中正为天理"

既然甘泉承认"性即理"，那么，"心性合一"便可以直接换作"心理合一"，二者在根本上是相通的。甘泉将其区分为两个不同的命题，则是因为二者提出的角度不尽相同："心性合一"侧重于心的内部结构，是未发时本然的合一；"心理合一"则呈现于心与万物发生联系的过程中，是心性活动已发的合一：

> 盖心与事应，然后天理见焉。天理非在外也，特因事之来，随感而应耳。故事物之来，体之者心也，心得中正则天理矣。……宇宙内无一事一物合是人少得底。(《文集》卷七《答聂文蔚侍御》)

可见，"心理合一"是指人心在道德认知和实践情境下遇事所表现出的"中正"反应。每当人遇到经验中的某事，心的能动性总是驱使心随即展开心性活动与此事进行感应，而这种感应如果能够不偏不倚、恰得中正，便是中正之理呈现于心。这便是甘泉的"心理合一"论。

心何以能遇事而中正？换言之，心理合一的可能性何在？这就又要回到甘泉的理气合一说和心气合一说。我们知道，理即气之中正，"气之精灵中正处为心"则强调了宇宙间精灵中正之气唯独被人所禀得。也就是说，"理"之全部皆为人心涵具，天理皆不外

① 张学智：《明代哲学史》，北京大学出版社2000年版，第60页。

乎人心。因而,即便是心处于未发状态,天理也全在人心之中。可以说,心与理本来就是合一的。甘泉经常用“心之本体,天理也”来指称这种本然意义上的心理合一。如其解《咸》卦九四爻辞“贞吉”时取“贞”为“正”义,并以此论心:“九四,心也。心也者,无感不通者也。以阳明居正,故为贞吉。贞者,心之本体,天理也。”(《格物通》卷十八《正心上》)又如把《同人》解为人之同心同理:“中正者,不偏倚也。……心之本体,所谓天理。是心也,人人之所同有也。心同则志同,而无不感通矣。”(《格物通》卷十八《正心上》)可见,这种未发状态下的“心理合一”,是人通过心气合一直接获得的。此时的“理”,其实就是未发之“性”;本然意义上的“心理合一”,其实也就是“心性合一”:“天理只是心之生理。如彼谷种,仁则其生之性,仁即是天理也。心与天理何尝有二?”(《文集》卷十一《问疑续录》)正是这种心与理本然的合一,使心在接事应物时的中正反应成为可能。或者说,未发时的心性合一为已发时的心理合一提供了根据。

甘泉的心理合一说,可以理解为对程朱、陆王心理关系论的调和。一方面,心学取向使甘泉不能同意程朱物中有理的看法。他把伊川《易传》解《彖·艮》时所说的“在物为理,处物为义”修改为“在心为理,处物为义”(《文集》卷八《新泉问辨录》)。“在心为理”的说法强调了理在心中,针对的正是理学由于主张理在物中而导致的心理不合一;另一方面,甘泉的“心理合一”又不同于象山、阳明的“心即理”。甘泉虽然承认心涵具了理之全体,但理在逻辑上首先是客观意义的气之中正。这就明显有别于阳明完全以心或良知的主观范畴来规定理的做法。象山虽然承认客观意义上的理,但象山的“心即理”侧重于人之理与天之理的同一。甘泉的“心理合一”,则强调心在接物应事时呈现出的中正反应。这一点又与象山明显不同。

事实上，甘泉对理学、心学皆有所弃，又皆有所取。这使得其心理合一说表现出不落两边的中道意味：一方面，理虽不在物中，但理也不离于物。因为唯有在心事、心物发生感应的语境下才得以言心理合一；另一方面，理虽不离物而在，却也不能说理在物中。因为理在根本上仍是心的中正反应，只是这种反应必须要以心与事物相接为条件。概言之，心理合一的“心”是与物交接融通的“心”，心理合一的“理”是在心又不离于物的“理”。由此，甘泉得出了“物我一体，理无内外”的结论：

> 盖物我一体，理无内外，“万物皆备于我”之说尽之矣。然谓之“在物为理”则不可，此理毕竟在心，通贯乎万物万事。(《文集》卷八《新泉问辨录》)

“物我一体”，换成甘泉哲学惯用的方式加以表述，就是“心物合一”。正是凭借这一命题，甘泉确立了心的本体地位。

7. 心物合一：“心体物而不遗”

如果我们把“天地万物一气”看作甘泉讨论气、物关系的结论，那么气本论在某种程度上亦可以称之为“气物合一”。但这并不意味着，“心气合一”可以通过“气物合一”直接转换为“心物合一”。原因在于，“心气合一”的“气”是有限定的，唯独“精灵中正”之气方能与心合一；可当甘泉说“天地万物一气”的时候，“气”的外延则包括了宇宙间一切气在内，无论这些气是以有形或无形的状态存在、具有或不具有精灵中正的性质。因而，以心气合一和气物合一为前提、以心物合一为结论的三段论，在逻辑上犯了“四概念”的错误。事实上，在甘泉的理论体系中，“心物合一”是从“天地无心，人即其心”的命题中直接阐发出来的。人为天地之心，则“心”就不单纯是人认知思虑的器官或一身之主宰，更是天地万物的本体：

> 人心与天地万物为体，心体物而不遗，认得心体广大，则物不能外矣。(《文集》卷七《与阳明鸿胪》)

“心”不但是人之心，亦是天地万物之心。以宇宙为一整体的视野观之，天地万物皆在心的统摄之下，皆不能外于心。故“心”不但是人之主宰，亦是天地万物之本体，即“心体物而不遗”。此“体”，即是本体之义。显然，湛若水的“心物合一”在本质上是一种“大心”说。这一“大心”说，既体现出对陈献章“天地我立、万化我出、宇宙在我”的直接继承，也体现出孟子、横渠、明道、象山等人的间接影响。

湛若水还曾画《心性图》阐明此“心”，并作《心性图说》解说之：

> 心也者，体天地万物而不遗者也。……何以小圈？曰：心无所不贯也。何以大圈？曰：心无所不包也。包与贯实非二也。故心也者，包乎天地万物之外而贯乎天地万物之中者也。中外非二也。天地无内外，心亦无内外，极言之耳矣。故谓内为本心，而外天地万事以为心者，小之为心也甚矣。(《文集》卷二十一《心性图说》)

在《心性图说》中，甘泉又把“体物而不遗”的“体”分为“包”和“贯”：“包”如上所述，即“心包万物”的大心说，《心性图》外围的大圈与此对应。正是从“大心说”出发，甘泉批评阳明“小之为心也甚矣”;“贯”则是就《心性图》内部的三个小圈而言的。“上圈中,心的状态为始敬,敬则精专,此时的心为未发状态,心中固有之性(中正之道)自然呈现,此时是本然的心与性一。中圈中,心与万物发生感应,未发状态被打破,变为已发状态,性表现为情。但因有敬支持其中,情表现为已发之和,性的生意具体化为四端之情。下圈中,心的状态为终敬,并且因为有了中圈已发之情的参与,此时体验到的是天地万物皆心物合一体,皆经过主体境界的投射和观照。”①甘泉通过《心性图》的三个小圈,对人之心性活动达于万物的过程进行了描绘。“贯”,是指“心”贯穿于这一活动的全部过程当中。这样一来,心既容纳了天地万物,又贯穿于全部心性活动而达于万物。“心包天地万物之外重在境界意义,则心贯乎天地万物之中重在伦理意义。”②“包”与“贯”加在一起,就是湛若水“心体物而不遗”的全部内涵。可见,“心体物而不遗”的“心”,“是认识形态的心和境界形态的心二相归一的;所谓心物合一体,亦可看作认识和境界合一的派生物”③。

总之,甘泉通过“心体物而不遗”的心物合一论,将心提升到天地万物本体的地位。心本论的确立,标志着甘泉心学的成熟。相对于白沙只是表现出强烈的心学取向而并未建立严格意义上的心本论,甘泉无疑是更进了一步。

(三)工夫论的易学诠释

理学工夫论总是以本体论和心性论为基础的。力求以心学融

① 张学智:《明代哲学史》,北京大学出版社2000年版,第62页。
② 张学智:《明代哲学史》,北京大学出版社2000年版,第62页。
③ 张学智:《明代哲学史》,北京大学出版社2000年版,第59页。

通理学的甘泉,在工夫论上也势必要兼容两家。本体论和心性论的“合一之学”,决定了“随处体认天理”亦显现出鲜明的合一特征。大体而言,约有如下五端:

(1)内外合一。

甘泉与阳明曾在“内”与“外”的问题上展开论辩。阳明的观点,是从其“心外无物”“心物无理”的心本论出发,主张将一切工夫都收摄于人心之内。依此标准审视,甘泉的“随处体认天理”与程朱的求理于事事物物无异,皆偏于外。对此,甘泉不以为然:

> 人心与天地万物为体,心体物而不遗,认得心体广大,则物不能外矣。故格物非在外也,格之致之之心又非在外也,于物若以为心意之著见,恐不免有外物之病。(《文集》卷七《与阳明鸿胪》)

甘泉的这一看法是以“心物合一”为基础的。对甘泉而言,本体意义上的心是“心体物而不遗”的“心”。因而,万物并不像阳明所理解的那样在心之外,而是已然包含在心的范围之内。概言之,“心物合一”的物因其与心合一,故不能外于心。究其根本,二人的争论是由对本体意义上的心所作的理解和规定不同引发的。这一心本论上的不同,导致了二人的工夫取径亦不同:阳明强调一切工夫皆应在心上用,因为“心外无理”;甘泉力主在接事应物中“随处体认天理”,从而达至“心理合一”。阳明认为甘泉求理于事事物物是落于“外”,甘泉认为阳明是将事物排斥在外,即偏于“内”。

我们抛开阳明与甘泉的争论,单就甘泉所理解的“内”“外”来谈其“内外合一”。要理解“内外合一”,就必然要涉及甘泉的“心事合一”论。所谓“心事合一”,首先是指在本体层面上,心对所接所应之事具有主导和支配意义；其次是指在工夫方法上，尽心治心与接事应事二者不可偏废。“心事合一”在本体和工夫层面上的涵义虽有不同，但彼此间亦是紧密连接的。而道学之所以不明，正是析内外、本末、心事为二的支离之弊所致：

> 岐内外本末心事而二之也，是故支离之弊生。是内而非外也，重心而略事也，犹然不悟，反谓立本，误矣。千百年来，道学不明，非此之故乎？故学者必内外、本末、心事之合一也，乃为孔孟之正脉。（《文集》卷五《二业合一训》）

从“心”对“事”的主导和支配作用来看，心为“本”、事为“末”，故“心事合一”即“本末合一”；从在“内”之心与在“外”之事的相感相通来看，“心事合一”又可称为“内外合一”。甘泉强调，工夫必心事、本末、内外合一方可，否则便是支离。也就是说，“随处体认”的对象不应仅限于人的身心之理，亦须涵盖事事物物乃至家国天下之理。显见，甘泉的这一思想既是对程朱“格物致知”“即物穷理”的工夫以及陆、王“发明本心”“致其良知”宗旨的兼收并蓄，同时也是对二者的双向批判：

> 夫所谓支离者，二之之谓也，非徒逐外而忘内，谓之支离也；是内而非外者，亦谓之支离也，过犹不及耳。必体用一原，显微无间，一以贯之，斯可以免也夫。（《文集》卷五《二业合一训》）

一方面，甘泉毕竟是心学论者，唯有“心”才能拥有“体”的至高地位；另一方面，“心事合一”论所突出的心对事的主导和支配作用说明,“事”乃心之“用”。因而,工夫论“心事”“本末”“内外”的合一关系,也就是伊川易学所讲的“体用一源,显微无间”。

(2)动静合一。

明代以降,南宋心学的主静传统又得陈献章之接续。作为白沙弟子,甘泉不可能不受到其师“静中养出端倪”之说的影响:

> 《易》曰:“夫乾,其静也专,其动也直,是以大生焉;夫坤,其静也翕,其动也辟,是以广生焉。”解之者曰:“不专一则不能直遂,不翕聚则不能发散。”故专一翕聚以为发生遂成之本,天地之道然也。五行二气藏于冬也,故春得之以为生,夏得之以为长,秋得之以为成。故闭藏者,所以为生长收成之本,四时之运然也。夫天地四时且然,而况于圣人乎!……圣人之所以为圣人,万物之所以为生遂,在收敛精神而已耳。夫精神者,敛之则全,用之则散。(《文集》卷十九《劝收敛精神疏》)

甘泉此间引用《系辞》文句及程明道“不专一不能直遂,不翕聚不能发散”的注解,无非是要强调“收敛精神”的重要性。甘泉的“收敛精神”,显然是对象山心学“收拾精神,自作主宰”的继承。并且,甘泉更用《周易》为“收敛精神”提供了一个气本原论的根据:心学工夫强调的“收敛”,源于乾坤之静表现出的“专”和“翕”。因而,天道“专一翕聚”静的一面下贯于人道,即对应“收敛精神”的静时工夫。

然而,甘泉的工夫论虽有继承心学主静传统的部分,但他更为强调的乃不偏动静、贯通动静,即“动静合一”的工夫:

> “一阴一阳之谓道”,而偏阴、偏阳者非道也。动静合一之

谓神,而偏动偏静者非神也。……偏动者,求知于水、于动、于乐,而不知其已陷于一偏之动;偏静者,求仁于山、于静、于寿,而不知已陷于一偏之静。此便是"仁者见之谓之仁,知者见之谓之知",与"百姓日用不知"者同,而"君子之道鲜矣"。(《文集》卷二十《天华精舍讲章》)

此处,甘泉再次借用了《系辞》"一阴一阳之谓道"的易学命题。与对"气之中正为理"的诠释不同,这里的"阴阳"并不指二气流行,而是指阴阳之气内在具有的动静属性;"一阴一阳"亦不再解作阴阳之气的中正状态,而应理解为动静相贯的合一无偏。"动静合一"论所强调的,是工夫不能只限于"静",否则就要沦为禅学;并且,相较心的收敛,动时之功更为重要:

古之论学未有以静坐为言者,而程氏言之,非其定论,乃欲补小学之缺,急时弊也。后之儒者,遂以静坐求之,过矣。古之论学未有以静为言者,以静为言者皆禅也。故孔门之教,皆欲事上求仁,动时著力,何者?静不可以致力,才致力即已非静矣。……故《易》曰:"复其见天地之心乎!"《复》也者,一阳动也。非复则天地之心不可得而见矣。天地之心不可得而见,则天理或几乎息矣。(《文集》卷七《答余督学》)

《复》卦一阳初动,正符示"复其见天地之心"的心学宗旨必须通过动时工夫方能达至。当然,"以静为言者皆禅也"的说法并不是对静时工夫的一概否定,而是希望以此扭转此前心学主静太甚、抑制动功的偏失。

"动静合一"与"内外合一"亦紧密相连。静时操存涵养直指人心,是在体上用功;动时的体认穷索侧重于事,是就用上着力。因而,“动静合一”与“心事合一”、“内外合一”相类,都是“体用一源”。

(3)知行合一。

甘泉亦有“知行合一”论:“内外合一,谓之至道;知行合一,谓之至学。”(《文集》卷十《问疑录》)需要说明的是,甘泉关于知行的全部讨论都是在“体认天理”的工夫论域内进行的。这就使得甘泉在知行观上虽表现出与阳明相近的一面,但在对“知”“行”概念的界定上二人有所不同。甘泉所说的“知”是指“认知天理”,“行”是指“达于天理”。其“知行合一”论的实质,乃“认知天理”与“达于天理”二者的互促交进:

> 知固贯始终、通乎行,但《易》所谓“知至至之”,而必曰“可与几”,是专主知,知之在先,故曰“可与几”。所谓“知终终之”,而必曰“可与存义”,是主行,行之在后,故曰“可与存义”,此所谓始终条理也。所以圣人之学,知最重。吾所谓通乎行而知者,圣学之始终是也。但后又云:“空知,禅也。”又曰:“学问思辨,开其知也;笃行,恒其知也。”则所知者天理而非空知矣,空知乃知觉之知,不可不察也。如以常知常觉即道,则《中庸》但云“聪明圣知”足矣,而又云“达天德者何”耶?天德者,天理也;聪明圣知,圣人知觉之神也,亦必须达天德,佛学原欠此一节。(《文集》卷八《新泉问辨录》)
>
> 《易》曰:“知至至之,知终终之。”始终只是一知,而行在其中,故吾有“天包乎地,知通乎行”之说,其所谓知,亦有先后浅深。……即知即行,知之浅者,如知物可食乃食也;行至知至,知之深者,如食物乃知味也。若不论其先后浅深,而各执其一

说,则所谓先知后行者,更无食后隽永之味。(《文集》卷九《新泉问辨续录》)

湛若水把《乾·文言》的"知至至之,可与言几也;知终终之,可与存义也"理解为知行的合一关系。不过,他虽承认"知先行后"的逻辑顺序,却并不主张将"先知后行"作为工夫的展开次第。原因在于,不以达于天理为目标的认知,只能获得不包含任何具体内容的"空知"。若如此,心学便与佛学无异。唯有在切实的工夫实践中力求达至天理,才能对天理有一透彻深刻的体悟认知。所以,甘泉一方面要求"认知天理"的"知"不能脱略"达于天理"的"行",一方面又强调在"达于天理"的"行"中才能真切地获得"认知天理"之"知"。这就是甘泉"知行合一"论的涵义。需要说明的是,类似于"动静合一"相对重视动时工夫一样,在"合一"的"知""行"二者中,甘泉更偏重"知"。这一点,我们可以从甘泉"知最重""通乎行而知""行至知至,知之深者"的反复强调中看出。我们不妨把甘泉的"知行合一"论概括为"知若离行,便为'空知';行中获知,方为'深知'"。此结论的两方面都落脚于"知",已然表明了甘泉的侧重。

(4)敬义合一。

自"道学"初创起,主静就成了早期理学工夫论的重要传统。这一思想由周敦颐率先提出,并为二程继承,进而在程门弟子杨时开启的道南学派处获得了重要发展。然而,二程在保留静功的同时,更为突出"敬"。正是这一突出,使道学发展至朱熹,"静"的地位终被取代,"敬"则得以上升并由此占据"理学"工夫论的核心地位。与此同时,"静"的方法又被心学吸收。并且,在南宋陆九渊、杨简至明代陈献章的心学传续中,"静坐"一直被认作为学入门之方。不难理解,这是由理学与心学在工夫上的不同导致的:理学主张在事事物物上“穷理”“致知”，必然要依靠“格物”“即物”的主体活动，故不能限于“静”，而要提倡贯通动静之“敬”；心学则认为人之本心自足，故一切工夫皆在于涤除本心障蔽，所以主张用静功以使心体圆满呈现。概言之，正是理学与心学的这种差别，致使“敬”和“静”的矛盾终于在南宋理学的发展中凸显出来。

如前所述，湛若水的合一之学是对理学与心学双重借鉴与修正的结果。从根本上说，甘泉判摄融通二者的核心和焦点在于“心理合一”。而“随处体认天理”的工夫，恰恰又是以“心理合一”为全部根据和生长点的。这就使“随处体认天理”与两家工夫论各有其相同的一面：“心理合一”强调理不在物中而在心中，故随处体认“天理”实质上就是随处体认“心之中正”。依此观之，这一工夫应归于心学；另一方面，“心理合一”又强调中正之理须在心与事物相感的境况下方能呈现，故“随处体认”又必然要以接事应物为条件。就此来看，这一工夫又与理学相近。更重要的是，在“接事应物”上同于理学，决定了甘泉的“随处体认天理”必然与理学一样在心性工夫上强调主“敬”：

> 乾乾，健而不息之意，敬也。终日而敬，体天理也，至夕而惕若，则敬之不息也。敬也者，存吾心天理之本体也。一息有间，则天理灭矣。（《格物通》卷九《儆戒一》）

在甘泉看来，《乾》九三爻辞的“君子终日乾乾，夕惕若”，正是对为学用功持敬不已状态的描绘。把“敬”解为“存吾心之天理”，则“敬”亦被收摄于“随处体认天理”的宗旨之下。

《坤·文言》云：“君子敬以直内，义以方外。”以此为本，理学论“敬”，往往要涉及“义”。将“敬义夹持”作为工夫修养的方法，原本出自二程。在明代前期的理学发展中，这一方法又被薛瑄、吴与弼、胡居仁等人再次强调。甘泉亦论及“敬”与“义”的关系问题。不过，与上述诸家主张的“夹持”有所不同，甘泉主张的是“敬义合一”：

> “敬以直内，义以方外”两句，只是一段功夫。在心为敬，应事为义，合内外之道也。当敬直时，义涵于敬；当义方时，敬行乎义，原非二物。后面“敬义立而德不孤”，“立”字即敬义合一也，“夹持”，义亦如此，非谓惟习敬而义举之也。习只便是如此，持养即随处体认天理。(《文集》卷八《新泉问辨录》)
>
> 故善学者，必令动静一于敬，敬立而动静混矣。此合内外之道也。(《文集》卷七《答余督学》)
>
> 敬以直内，义以方外，如人有两足，不可偏废，而义方之力尤切。敬如人持刀，义如人杀贼，才到手便分生死胜负。若不杀贼，刀为无用。(《文集》卷四《知新后语》)

以上三段引文，甘泉分别从“内外合一”(“心事合一”)、“动静合一”、“知行合一”的角度解释了“敬义合一”。由此，我们可以非常明晰地看到“敬义夹持”与“敬义合一”的区别。需要指出的是，甘泉对“敬”和“义”的理解与理学家并无根本不同：“敬以直内”的“敬”，皆是对心性本体的操存涵养；“义以方外”的“义”，都是在接事应物中达于天理。概言之，“敬”指向“心”，“义”指向“理”。然而，理学的心与理并不是直接合一的，这就意味着理学必然要把“敬”和“义”作为两种工夫并提，即所谓“夹持”。“合一”则不同。一方面，根据“心之中正为理”的“心理合一”论，人于接事应物中求得的“天理”只是心之中正；另一方面，根据“心包万物、心贯万物”

的“心物合一”说,事事物物都在心的管辖包摄之内。因而,指向理的“义”与指向心的“敬”也必然是合一的。对甘泉而言,体认涵养本体之中正(“敬”),要通过接事应物的心性活动(“义”)来实现;心事相感中天理的获得(“义”),实质上是对心之本体已发为中正的认知体悟(“敬”)。并且,“敬义合一”与工夫论的其他合一之间亦关系密切:“在心为敬”“应事为义”,故“心事合一”中蕴藏着“敬义合一”;“敬以直内”“义以方外”,故“内外合一”中包含着“敬义合一”;“敬”侧重于“认知天理”,“义”侧重于“达于天理”,故“知行合一”中体现着“敬义合一”;“敬”“义”皆是“体认天理”,而“体认天理”贯乎动静,故“动静合一”中贯穿着“敬义合一”。

(5)先天后天合一。

“先天”“后天”成为理学中的重要概念,始于邵雍易学。一般而言,学者多以伏羲八卦为先天易、文王八卦为后天易。湛若水却不同意这一说法:“水火木金在乾兑离震为阳、在坤艮坎巽为阴,为先天。然否?”先生曰:“此以八卦由微而著言五行生成之次,原本始也,而变化之为用自在其中。若以伏羲卦为先天,文王卦为后天,乃亦世儒沿袭之说。先天后天之义,原不在此。”(《文集》卷二十三《语录》)在甘泉看来,伏羲卦由乾一至坤八排列仅是为了标明八卦由微而著的生成次序。将伏羲八卦、文王八卦分别认作先天易与后天易,只是儒者前后相袭的旧说,并不足信。那么,“先天”“后天”应作何理解?甘泉言道:

> 夫知几而不行者,“乾知大始”,先天之学也;祇悔而改过者,“坤作成物”,后天之学也。先天者,圣人之学也;后天者,贤人之学也。(《格物通》卷一《审几上》)
>
> 纯一不已,文王与天为一也,先天之学也。君子法之以自

强不息，穷理尽性以至于命，后天之学也。先天者，成象之谓；后天者，效法之谓。《中庸》曰："自诚明，谓之性；自明诚，谓之教。"其致一也。（《文集》卷二《新论》）

显见，甘泉是从工夫论的角度来理解"先天""后天"的。所谓"先天之学"，是指人的心性活动皆能依照顺应本体，从而时时在在表现为中正；"后天之学"，则是人力求在每一心性活动中及时检视省察自我，并切实加以"随处体认天理"之功，从而消除人欲对天理的遮蔽，恢复本体中正。前者因心性能完全顺应本体自然，故称"先天"；后者是心性已发并落实展开为经验活动时的工夫，故称"后天"。前者是直达本体的"即本体便是功夫"，是未发的"心性合一"直接落实为已发的"心理合一"；后者则是就用上着力的"用功夫以复本体"，是以"随处体认天理"恢复到"心理合一"的工夫。这就意味着，"先天之学"只能适用于上根之人，"后天之学"则适用于中下根器。因而，"先天""后天"又可分别称为"圣人之学"和"贤人之学"。此处，甘泉又将二者与《中庸》所讲的"诚""明"相联系。在他看来，先天之学即"自诚明"，后天之学则是"自明诚"。《中庸》"诚则明矣，明则诚矣"一句已然点出了"诚""明"之间的合一关系，所以"先天""后天"亦必然合一。所谓"先天后天合一"，不仅是指二者作为不同的进学之路皆应被肯认；更重要的是，"随处体认天理"的工夫之所以可能，究其根本是因为"心性合一"原本就是心的内部结构。或者说，"先天之学"为"后天之学"提供了本体上的根据。这就决定了二者最终都将以达至"心理合一"为归宿。所以，甘泉才用"其致一也"来表述先天后天的这种合一关系。

湛氏又把"先天之学"称为"乾知大始"，后天之学称为"坤作成物"。先天后天合一，即乾坤互见：

> 或谓:“坤之敬义,不如乾之自强不息。何如?”曰:“无非敬义也。乾则知至而行至,坤则致知而守之于行耳。至如程子所言,乾道坤道,亦互见者也。”(《文集》卷二十三《语录》)
>
> 视听言动之感于物也,如迅雷然。非天下之明健,其孰能勿之? 故曰“乾道”。主敬行恕之于物也,如平地然。惟培养可以至之矣,故曰“坤道”。然而乾与坤非二理也。(《文集》卷三《雍语》)

“先天之学”和“后天之学”在阳明弟子王畿处得到了更为详尽的论述。王畿把“天根月窟”的易学概念与“先天之学”的心学工夫联系起来。简言之,《复》卦“一阳初生”为天根,象征人心一念萌动之初皆为良知自然所发,故纯粹至善;《姤》卦“一阴初生”为月窟,代表当念头已然发生时还须用良知“知是知非”的功能时时确保当下此一落入经验世界的念头不被外界环境和后天习染所干扰。当有学者就龙溪此说问及甘泉意见时,甘泉表示:

> “才觉是《复》,才觉便翕聚得住不致流散是《姤》。知《复》不知《姤》,则根不固;知《姤》不知《复》,则机不员。如何?”曰:“《姤》《复》无端,闲往闲来,既知此意,惟有知几存义是正当也。然而知《姤》即知《复》矣。颜子之博约似之,谓从虚静闲裕中转也。圣学自颜子诸贤而下,如子张、由、夏辈终是从资质上依傍打衬做去,而不知研几。先天之学,故不与于知德。”(《文集》卷二十三《语录》)

此段答语表明以下几点:第一,甘泉对《复》《姤》两卦的理解与龙溪并不相同。要之,甘泉是以“一阳初动”的《复》卦为先天之学、

“一阴初动”的《姤》卦为后天之学；第二，甘泉认为孔门弟子子张、仲由、子夏等人皆取道先天之学，颜子则有取于后天之学；第三，先天后天合一，故“知《姤》即知《复》”；第四，甘泉褒颜子而贬子张等人，说明甘泉虽主二者合一，但更为赞赏后天之学的工夫进路。

综上，甘泉的工夫论具有内外合一、动静合一、知行合一、敬义合一、先天后天合一等一系列合一特征。不过，在诸多的合一中，甘泉更为强调“外”“动”“知”“敬”“后天”的一面。也就是说，每个“合一”皆有其侧重。如果我们要寻找这些侧重背后的原因，就要将甘泉学术与陆、王代表的主流心学加以对比。我们知道，陆、王心学认为本心或良知作为人人皆有的道德价值资源，不但是先天的，而且是充足的。因而，陆、王的工夫论更为强调内心的呵护（“内”）、静时的涵养（“静”）和道德的实行（“行”）。问题在于，随着阳明心学发展为龙溪的“先天正心之学”（“先天”），心学脱略工夫的危险终于得以暴露并开始转为现实。这显然触动了甘泉。应当说，甘泉对心学之弊是确有所见的。面对这种情况，甘泉积极地尝试用会合理学的办法来使心学得其中道。所以，甘泉一方面通过建立本体论和心性论层面的“合一之学”来融通两家，另一方面又将理学工夫论提供的“外”“动”“知”“后天”等方面补充于心学工夫原本主张的“内”“静”“行”“先天”当中，甚至不惜用主“敬”来取代其师白沙的主“静”以补心学之弊、纠心学之偏。总而言之，无论是本体论和心性论的“合一之学”，还是工夫论的诸多“合一”特征，甘泉的最终目的都在于集心学与理学两长。因此，可以这样理解：甘泉哲学中的所有“合一”命题，都是以一个至高而根本的“合一”为旨归的。这就是理学与心学的“合一”。

由上文可见，在展开工夫论的具体论述时，湛若水曾多次援引

《周易》之说。不仅如此,他还曾化用易学资源来解释其工夫论的概念与命题。

第一,“随处体认天理”。在“心之体即是易体”的易学总纲下,《周易》被认作“注吾心之时”的经典。因而,它必然包含着“随处体认天理”的内容:

> “天行健,君子以自强不息。”“君子终日乾乾,夕惕若。”“昊天曰明,及尔出王,昊天曰旦,及尔游衍。”圣人若是切切然者何也?其天理流行不息乎!天人一也,我心少懈,则天理息矣。(《文集》卷三《雍语》)
>
> 拟议皆在心,即所谓体认天理也,而后言动者,言动由中出也,久则熟而变化,即圣人矣。(《文集》卷八《新泉问辨录》)
>
> 知至即是闻道,闻道自贯彻人我、古今、幽明,便能知死而不亡。《易》所谓“通乎昼夜之道而知”。(《文集》卷九《新泉问辨续录》)
>
> 天者,天命赋予之本然中正而信也。人之心不中则不正,不正则不信,皆违天也。是故至中而信,则天理流行,故利而贞正,则人道尽矣。尽人道以复乎天道者也。(《格物通》卷十八《正心上》)

可见,甘泉对《乾》卦《大象》和九三爻辞、《系辞上》“拟议以成其变化”和“通乎昼夜之道而知”以及《中孚》卦《彖传》,都是从“体认天理”“造道”的角度进行解读的。在甘泉看来,《周易》的“言”和“象”最终皆指向易道,而“易之道”即“心之理”。所以,“随处体认天理”的工夫其实也就是“随时随位即道”的易学思想在心学话语系统下的另一种表述。

第二,“初心”“几”“煎销习心”。甘泉认为,但凡人心遇事应物时萌动的最初一念,都是纯善无恶的。以《孟子》“乍见孺子将入于井”为例,人在“乍见”时本能地发生“怵惕恻隐”,这种良心的最初发现,即“初心”。对应在易学上,《复》卦初九一阳初动,正是“初心”之象。相应地,“复其见天地之心”则是指人应在每一意念初动处持守涵养此一“初心”,进而将之扩充于每一心事、心物相感相应之时。基于此,甘泉又解《蒙》卦曰:“君子于蒙之初,初心未远,天理著见,天理未凿,何以育之?果于行而已。果者,阳刚之决也。君子于心之所存所发而行之果决,则可涵养其德性,扩充其良知良能之德,而进于圣矣。”(《格物通》卷二十六《进德业一》)显然,甘泉是以“初心”言初生之“蒙稚”,从而赋予了《蒙》卦以心学工夫的意义。

在《系辞》中,“几”的本义是事物变化的微妙苗头,理学自周敦颐处起将之视为心性活动的最初萌发。甘泉接续了周子的这一思想。人之最初一念无有不善,因而“几”亦至善无恶。换言之,“几”就是“初心”。但由于存在不中正之气对人心中正之气的杂扰,人并不能在现实中时时在在持守初心,于是便产生了许多不善。这种因后天习气遮蔽而失掉原本最初至善的心,称为“习心”。于是,心学工夫就不能仅仅局限于涵养扩充初心,还要在心性活动之初谨慎省察,以防戕害初心、转为习心:“观变玩占,亦是以当下忽然所感接者,便为造化之初,生吉凶而成大业。故君子慎动慎其初也。”(《文集》卷二十三《语录》)在“初心”与“几”同义的前提下,《周易》的“见几而作”也就应理解为对人心每一念头都及时加以检视反省的工夫:

> 《易》曰:“君子见几而作,不俟终日。”见一念之善几则存之,见一念之恶则去之。去存皆作也。见之真而守之至,何俟终日?俟终日,则不力矣。(《文集》卷二十二《约言》)

问题在于,现实中的人既未必能持守住一念之几的善,也未必能及时警醒并克制住产生的恶。那么,当“初心”已然转化为“习心”,即涵养初心为时已晚、“见几而作”于事无补之时,工夫应当如何展开呢?甘泉的回答是“煎销习心”。所谓“煎销习心”,即用工夫抹去习气对本心的遮蔽、消除人欲对天理的掩盖,从而使人心恢复本然中正即“心理合一”的状态。甘泉曾用《节》卦来说明人欲与天理此消彼长的关系:“节也者,阴阳之相推也。寒极则节之以暑,为春为夏。暑极则节之以寒,为秋为冬。……体天地之节者,圣人也。人有无穷之欲,圣人有一定之节。”(《格物通》卷八十八《省国费一》)“节也者,消长变化之机,以致乎中者也。知变化之机,则知未济之极必当有变。济其未济以济时艰。”(《文集》卷二十二《约言》)对甘泉而言,工夫论的“煎销习心”,就是《系辞》所谓的“洗心藏密”:“体认天理,终日乾乾,便是学《易》。一部《易》只说圣人以此洗心退藏于密。”(《文集》卷八《新泉问辨录》)

第三,“思”。由“气之精灵中正处为心”的命题可知,气的“中正”状态决定了心之本体即天理,其“精灵”性质则赋予了人心知觉思虑的功能。甘泉承认“思”为心之必然,但是,思之不善可能使心之本体埋没:

> 善学者如悬鉴焉,明其体矣,物至而照焉,不迁以就之。如迁就焉,本体亡矣。《易》曰“憧憧往来,朋从尔思”,迁也。夫善思者如井,井不迁而泉至。故思不出其位,善思者夫!

(《文集》卷一《樵语》)

与物交接时，心若能自然而然地展开知觉思虑便得中正，天理自会朗现，亦即表现为“心理合一”。这样的“思”，才是“善思”，亦即《艮》卦《大象》所讲的“思不出其位”：

> 求艮止之道，不越于思焉而已。尔思无邪，而后能止出位之思，邪思即不止矣。位者，所处之时、之地、之事也，所思或非其时、非其地、非其事，是出位也；或滞于时、滞于地、滞于事，亦出位也。必无在而无不在，勿助勿忘，然后能中思，是之谓思不出位。夫思者，心之本体也。思不出位，则吾心之本体正，而天理见矣。夫思者，圣功之本也，可不慎乎？(《格物通》卷十八《正心上》)

以上引文有三点值得注意：第一，“思不出其位”是指思虑的内容必须符合心与事物相感相应的具体情境。这一提法，与“随处体认天理”强调的“随处”一致。第二，“不出位之思”要求心既不能在与事物相感时抛离事物的时空情境(“忘”)，又不能在此感应完成后仍滞于此情境不放(“助”)。唯“勿忘勿助”，方为思之中道。第三，将“位”解释为心事、心物相感的具体时空情境，并强调心性活动要符合这一当下情境，这显然与甘泉重“时位”的解《易》路数相契合。

然而，《易》不仅讲“思不出其位”，还讲“何思何虑”。思既为心之必然，“何思何虑”又当作何解？甘泉说：

> 《易》所谓“天下何思何虑”，乃言心之本体也；孟子“心之

官则思，思则得之”，与《书》“思曰睿，睿作圣”，《大学》“安而后能虑”，乃言心之应用也。本体者，其寂然者也；应用者，乃其感通者也。寂有感，感有寂，安得就其一路而遂各执以为言，岂通论耶？心如明镜，镜之明定如心之体，何思何虑也；镜之光能照，物来而照之，如心之用，物感而应，其思虑生，所谓“思则得之”“思而睿作圣”“安而能虑”也。当其未照时，能照之光自在，静中动也；当其照时，而其本体自如，动中静也。(《文集》卷十三《金台答问》)

甘泉此间又将心分为体用。所谓“心之官则思”，是指心之感事应物必然要展开知觉思虑之“用”。但另一方面，心事、心物相感又是顺应心“体”自然发生的，毫无计度造作存乎其间，即“何思何虑”。也就是说，心与事物相感表现为“感”“动”的同时，心之本体丝毫未变，仍是“寂”“静”的。可见，心虽可判为体用，但二者本是同一心性活动的两个层面。“体用一源”，“寂感”“动静”亦合一。

第四，易简。自南宋陆九渊倡导“易简工夫”起，“易简”就成了心学的一贯特色。及至明代心学，阳明与其弟子龙溪亦曾论及“易简”。在这一点上，甘泉与其他心学家并无二致。他认为，身心意物乃至家国天下都是“随处体认”的对象，只要加以实功，心之中正本体便随时随处可得。这正是“随处体认天理”之“易简”所在：“吾之体认天理，易知简能，不求直截而未尝不直截也。”(《文集》卷二十三《语录》)“学要知条贯，便是易简。……但能随处体认，始知大公顺应，皆是中正本体，一以贯之矣。”(《文集》卷七《答谢与规》)

“易简”出自《系辞上》，其本义是乾坤创生天地万物的平易、简约。甘泉在解释“易则易知，简则易从，易知则有亲，易从则有功”

一句时借用此义，并将“易简”视作天地人三才共有之德：

> 乾易坤简者，造化之理。人得造化之理以生，所谓天理也。天理自然，无所矫强，故谓之易；天理流行，不事安排，故谓之简。易则明白可见，故易知。易知则日见切近，故有亲，而可久矣。非贤人之德乎？简则行所无事，故易于从事。易从则日见积累，故有功而可大矣。非贤人之业乎？……易简之德，天地人一之者也。（《格物通》卷二十六《进德业一》）

天理自然流行，毫无勉强造作存乎其间。乾坤易简，正体现出天地造化之理的这一特征。因而，人对天理的“随处体认”工夫必定也是“易简”的。

我们看到，陈献章、湛若水师徒曾吸收借鉴易学资源来论述其心学思想。这充分说明，作为儒家原始经典的《易》，在此时期主流学术由理学向心学转变的过程中仍发挥着重要作用。湛氏心学易的影响集中表现为如下三点：第一，甘泉对《周易》经传有一宏观系统的理解。其心学易的总体思路是先将《周易》赋予整体的心学定位，然后在“心之体即是易体”的总纲下，一面以心学思想重释《周易》文句，一面又以重释的《周易》文句来解说心学。这一思路，为后来的心学解《易》者提供了范本；第二，心学易在解《易》方法上固然属于义理派，但甘泉在主张搁置象数的同时，并没有真正彻底地否弃象数。从易学史的角度看，这既是对南宋陆九渊的继承，亦是与此后心学易的共通之处；第三，甘泉大量援引《周易》经传，尤其是《系辞》和《文言》以注解其心学。这些援引和注解又为心学易的进一步发展提供了可借鉴的资源。尽管《修复古易经传训测》一书今已亡佚，但从《湛甘泉先生文集》和《圣学格物通》中留存的资料来看,湛氏易学内容丰富、思想成熟。相较白沙和阳明,其易学成就无疑更高。

然而,由于"合一之学"乃会通理学与心学的产物,因而在易学上,湛若水仍然受到程颐的巨大影响,他多次引用程氏《易传》即明证。这足以说明,湛若水的心学易虽然颇具开创性,但还未能从程颐理学易的笼罩中全然走出。于是,全面突破理学易而建立全新的心学易,就成了心学易学进一步发展的目标。

三、王守仁的易学观

王守仁(1472—1529),字伯安,祖籍浙江余姚,青年时随父迁至山阴越城。因曾在会稽山阳明洞筑室讲学,自号阳明子,故世称阳明先生,谥号文成。青年阳明热心于钻研兵法与操练骑射,也有过一段泛滥辞章与释氏之学的经历。弘治十二年(1499)举进士,历仕工部、刑部,弘治十七年(1504)改兵部主事。三十四岁因反对宦官刘瑾把持朝权被贬为贵州龙场驿驿丞。复起庐陵知县、吏部主事、都查院左佥都御史,后因平定闽、赣、粤交界的农民起义以及正德十四年(1519)的朱宸濠之乱而升都察院右副都御史兼巡抚江西,封新建伯,官至南京兵部尚书。晚年提督两广,成功平息少数民族起义后,病归死于江西南安。王守仁的主要著作是《传习录》与《大学问》。后人将其思想材料汇编为《阳明全书》三十七卷,今有上海古籍出版社《王阳明全集》①传世。

---

① 〔明〕王守仁:《王阳明全集》,上海古籍出版社 1992 年版。以下凡引该书只注卷数、篇名。

(一)《周易》与阳明心学的关系:“始”与“源”的反思

学界一般把阳明被贬时的“龙场悟道”视作促使阳明反思并创立心学的起始点。从留存资料来看,在被贬龙场之前,阳明至少在两次生死攸关的经历中与《易》发生了接触。一次是正德元年(1506),阳明因谏忤旨下狱期间“相与讲《易》于桎梏之间者弥月,盖昼夜不怠,忘其身之为拘囚也”(卷二十二《送别省吾林都宪序》),并作有《读易》诗:“囚居亦何事?省愆惧安饱。瞑坐玩羲易,洗心见微奥。乃知先天翁,画画有至教。包蒙戒为寇,童牿事宜早;蹇蹇匪为节,虩虩未违道。《遁》四获我心,《蛊》上庸自保。俯仰天地间,触目俱浩浩。箪瓢有余乐,此意良匪矫。幽哉阳明麓,可以忘吾老。”(卷十九《读易》)另一次是赴龙场之前,在武夷山遇铁柱宫道士为其卜筮得《明夷》卦后决定赴龙场驿(卷三十三《年谱一》)。而自龙场大悟后,阳明“始知圣人之道,吾性自足,向之求理于事物者误也。乃以默记《五经》之言证之,莫不吻合,因著《五经臆说》”(卷三十三《年谱一》)。这一时期所作的《五经臆说》虽然只保留下来十三条,但从其对《恒》《遁》《晋》三卦的阐发,大略窥见一斑。如“《恒》之为卦,上震为雷,下巽为风,雷动风行,簸扬奋厉,翕张而交作,若天下之至变也。而所以为风为雷者,则有一定而不可易之理,是乃天下之至《恒》也。君子体夫雷风为《恒》之象,则虽酬酢万变,妙用无方,而其所立,必有卓然而不可易之体,是乃体常尽变。非天地之至恒,其孰能与于此?”(卷二十六《五经臆说十三条》)又如《晋》卦:“日之出地,日自出也,天无与焉。君子之明明德,自明之也,人无所与焉。自昭也者,自去其私欲之蔽而已。”(卷二十六《五经臆说十三条》)尽管《五经臆说》尚未突破伊川《易传》的思路,但其中已有一些可以视作心学发萌之际的言论。至少这些《易》说与阳明心学的思想精神不相抵触是没有问题的。

由于阳明心学的形成确立可以上溯至“龙场悟道”，而“龙场悟道”又与“玩易”联系紧密，故李贽《阳明先生道学钞序》曾言：“先生之书为足继夫子之后，盖逆知其从读《易》来也。”（卷四十一《阳明先生道学钞序》）今亦有学者评价此言“道出阳明学问之大本大源”，并认为“阳明之学问气象，可谓悟于《易》亦终于《易》，其一生传道说法……若以易道观之，则浑然一体，圆融无碍”①。对此，我们不敢轻易苟同。尽管《周易》的思想资源确实在“龙场悟道”前后对阳明产生了相当大的影响，但并不能因此上升到《易》便是阳明学术“大本大源”的结论。因为评价一个思想家学术的根本源流所在，应当就其一生学问圆熟定论之后，综观其整体学术精神内核的承接和由来方能判定，而不能只选取促成启发其学术开始产生的时间截点进行静态分析。概言之，“始”并不意味着“源”：前者强调的只是时间先后，后者凸显的则是逻辑关联。在这一点上，《五经臆说》中的易学材料只留下三条从侧面提供了证据。假想阳明学术圆熟之后，当初所作的《易》说都能在思维高度上等同于其心学、在精神内核上完概其主旨的话，它们就不会被阳明本人付之一炬了。归根结底，阳明心学乃从朱学中转出。总之，我们既不能因《易》与龙场悟道是心学创立之“始”就断定《易》为阳明心学之“源”，也不能因《全集》中论《易》之语相对贫乏就忽略《易》对其产生的影响。这才是理性客观的态度。

---

① 温海明：《王阳明易学略论》，载《周易研究》1998年第3期。

(二)《易》之书:“志吾心之阴阳消息者”

在“圣人作易”的问题上,阳明曾说:

伏羲作易,神农、黄帝、尧、舜用易,至于文王演卦于羑里,周公又演爻于居东。二圣人比之用易者似有间矣。孔子则又不同。其壮年之志,只是东周,故梦亦周公。尝曰:“文王既没,文不在兹乎?”自许自志,亦只二圣人而已。(卷三十二《传习录拾遗》)

阳明不仅承认《易》为伏羲、文王、周公、孔子四圣所作,甚至把神农、黄帝、尧、舜也纳入到易学道统中来。因为易不仅是记“包犧氏之史”的书,更是上古圣贤代代相传、息息相通之道。从伏羲作易、神农、黄帝、尧、舜用易,到文王演卦、周公演爻,再到孔子玩《易》,标明的正是《易》所蕴含的圣人之道一脉相传、未曾间断。因而,任何满怀儒家道统担当意识的知识分子必然都要“好古以求之”,即对《易》书及易道有所通晓、发明、传承。

阳明曾将《六经》与心连为一体:

经,常道也。其在于天谓之命,其赋于人谓之性,其主于身谓之心。心也,性也,命也,一也。通人物,达四海,塞天地,亘古今,无有乎弗具,无有乎弗同,无有乎或变者也。……是常道也,以言其阴阳消息之行焉,则谓之《易》……《六经》者非他,吾心之常道也。故《易》也者,志吾心之阴阳消息者也……君子之于《六经》也,求之吾心之阴阳消息而时行焉,所以尊《易》也……故《六经》者,吾心之记籍也,而《六经》之实则具于吾心……而世之学者,不知求《六经》之实于吾心,而徒考索于影响之间,牵制于文义之末,硁硁然以为是《六经》矣。(卷七《稽山书院尊经阁记》)

《六经》皆“经”,“经”即“常道”。此充塞天地贯通古今的常道必落实下贯于人,即为人之心、性、命。《六经》之旨就是人心之常道,所谓“《六经》之实具于吾心”。在此意义上,《六经》可以看作是记载吾心的典籍。其中,《易》专言“吾心之阴阳消息”,所以,君子若要探求本心的阴阳消息进而相时而动,就要尊《易》、研《易》,对《易》之书有一透悟、有一觉解。这样一来,阳明就为《周易》一书定立了心学的基调。

(三)易之道:“良知即是易”

在经历了一生传道授业的讲学论道以及政治危机的百劫千难后,阳明晚年对自家学术进行了反思。他在早年“心即理”与“知行合一”说的基础上提出了“良知”说,并作为其晚年论学的“大头脑”。“良知”范畴虽与“心”有所区别,但二者同属道德本体层面。既然“心即理”的“理”与易道相通,则“良知”与易亦必然无隔:

良知即是易,其为道也屡迁,变动不居,周流六虚,上下无常,刚柔相易,不可为典要,惟变所适。此知如何捉摸得?见得透时便是圣人。(卷三《传习录下》)

易道也好,良知也罢,都是贯古今、通四海、达天人的终极之理。二者在内涵上必然是同质的。良知同易一样,在“体”的层面上,自然有其不变之道、不易之理;但就“用”而言,都是“不可为典要,惟变所适”的。因而，无论是致良知还是用易，都没有一个固定僵化的规矩在。人若希求成圣成贤，只能以良知为标准，“不可为典要，惟变所适”地时时内省、监察自我，并趋时因境作出合乎良知的道德行为。以儒学的传统而言，这就是《中庸》所讲的“时中”；以易学的传统而言，这就是《周易》“时”的智慧及程颐所讲的“随时变易以从道”。所以阳明说：“中只是天理，只是易，随时变易，如何执得？须是因时制宜，难预先定一个规矩在。如后世儒者要将道理一一说得无罅漏，立定个格式，此正是执一。”（卷一《传习录上》）只有见得此理，并时时在在“致吾心之良知”，方可入大人之境，即“见得透时便是圣人”。阳明认为，《文言·乾》九五爻“与天地合其德，与日月合其明，与四时合其序，与鬼神合其吉凶，先天而天弗违，后天而奉天时”的“大人”就是达至此天地之境者。

阳明还把良知与阴阳之气相关联：“夫良知一也，以其妙用而言谓之神，以其流行而言谓之气，以其凝聚而言谓之精，安可以形象方所求哉？真阴之精，即真阳之气之母；真阳之气，即真阴之精之父；阴根阳，阳根阴，亦非有二也。”（卷二《传习录中》）这样一来，“气”只是良知流行的表现形式而已，所以气才如良知一样难以迹求。及至阳明高足王畿处，这些思想又得到了进一步发挥。

（四）心学一元论的易学思维：“体用一源”

尽管从学派传承的角度上说，我们通常以“程朱”并称，但相较朱子学理气不一不异、无隔无碍的圆相论，阳明及其后学似乎才是伊川易学“体用一源，显微无间”的根本贯彻者。

1. 即动即静

阳明谈及“未发已发”时，曾有一段精辟论述：

"未发之中"即良知也,无前后内外而浑然一体者也。有事无事,可以言动静,而良知无分于有事无事也。寂然感通,可以言动静,而良知无分于寂然感通也。动静者所遇之时,心之本体固无分于动静也。(卷二《传习录中》)

阳明认为,人是否面临现实世界中的事可以用"动静"指称,心体无事的"寂然"以及临事的"感通"亦可以有"动静"之别,但并不能因此说"良知"本身有动静之分。人在面对现实世界中每一具体行为活动时,良知固然随即发挥"知善知恶"之功驱使人们"为善去恶",但作为心体的良知不曾有丝毫变更,即未尝"动";当心体未曾落入经验世界的种种对待时,心体在用的层面上虽然可以说是"静",但其随时判定是非并引导人们作出道德行为的功能并未丧失,而是转化为一种准备随时外发的内在趋向。就体而言之,又未曾静。这就是所谓的"动中有静,静中有动","动而无动,静而无静"。良知本来就是无动静、无寂感、无所谓未发已发的。从"体用一源"的角度来看,也可以说良知是贯通动静、寂感、未发已发的。

基于这种动静观,阳明对周子《太极图说》的"太极动而生阳,静而生阴"一句进行了解释。他认为,"动而生阳,静而生阴"并非指太极"先动后静"的动静次序,更不是"动后生阳,静后生阴"的时间观念。此种理解的不当之处在于它把阴阳动静割裂开来,析为两截。所谓太极之动,是指其生成阴阳的不息妙用;太极之静,则是这一生生活动之中的必然不变之体。从表现上来说,前者是"显",后者是"微"。"动静一理",正是"体用一源,显微无间"。

2. 简易不易

我们知道,多数心学家都提倡"体用不二""易简直截"的工夫论。因而,他们自然也着重发挥“易”的“简易”之义。

> 圣人教人,只怕人不简易,他说的皆是简易之规。(卷三《传习录下》)
>
> 工夫只是简易真切,愈真切愈简易,愈简易愈真切。(卷三十二《传习录拾遗》)

“简易”并不等于没有定本,甚至脱略工夫。既然人心已具备成圣成贤最为充足的价值资源,只要时时保持心体良知的湛然洁净,任其自然流行发用,就不必寻求外在的填充。这就是心学所讲的“简易”之义。然而,“简易”的工夫要有一个“不易”的本体作为前提:

> 问:“良知一而已:文王作彖,周公系爻,孔子赞《易》,何以各自看理不同?”先生曰:“圣人何能拘得死格?大要出于良知同,便各为说何害?……汝辈只要去培养良知。良知同,更不妨有异处。汝辈若不肯用功,连笋也不曾抽得,何处去论枝节?”(卷三《传习录下》)

这个不易的本体就是良知。只要保持本体不失,工夫就不必泥于具体繁杂的机械条框。但若不肯力行致知之功,一切都无从谈起,更谈不到“简易”了。因而,在阳明那里,“简易”与“不易”乃合一的:前者言工夫,后者言本体;“不易”是“简易”的理论根据,“简易”是“不易”的实践要求。本体和工夫相连一体才是为学成贤之道。所以阳明说:“此道至简至易的,亦至精至微的。”(卷三《传习录下》)

3. 知行合一

阳明晚年以良知说为论学主干,但他非但未曾废弃早年的"知行合一"说,反而将"良知"与"致良知"纳入到知行关系中来。良知虽是人人皆具的本体,可经验世界的人由于种种利欲诱惑,随时都有遮蔽本心的危险,故良知也是非致不存:

> 孟子云:"是非之心,知也。""是非之心,人皆有之。"即所谓良知也。孰无是良知乎?但不能致之耳。《易》谓:"知至,至之。"知至者,知也;至之者,致知也。此知行之所以一也。近世格物致知之说,只一知字尚未有下落,若致字工夫,全不曾道著矣。此知行之所以二也。(卷五《与陆原静》)

阳明认为,《易传》的"知至,至之"一语恰点示出"良知"与"致良知"的知行合一关系。此前的种种格物致知之说,都只强调了"知"的一面,并未强调"致"之必要性即"行"的一面,所以都是将知行割裂为二。需要指出的是,尽管阳明所讲的知行二者并非体用关系,但我们仍可体味到,知行不离不异、一时并在的合一之论显然受到了"体用一源,显微无间"之易学思维的影响。

(五)《易》与心学修养:"洗心而退藏于密"

《易》之书既是古今圣贤传心之典籍,三才之道、天人之理备具,易之道也与天理良知相同,则"神明本心"的心学修养必然与学《易》、研《易》密不可分:"是故君子洗心而退藏于密,斋戒以神明其德也。盖昔者夫子尝韦编三绝焉。呜呼!假我数十年以学《易》,其亦可以无大过已夫!"(卷二十三《玩易窝记》)总体而言,在阳明心学的思想体系内,心学修养工夫的全部旨归只在于复其本心，保持心体良知的湛然肃然，不被浸染遮蔽。《易传》“何思何虑”正是此意：

> 《系》言何思何虑，是言所思所虑只是天理，更无别思别虑耳，非谓无思无虑也。心之本体即是天理，有何可思虑得？学者用功，虽千思万虑，只是要复他本体，不是以私意去安排思索出来。若安排思索，便是自私用智矣。学者之敝，大率非沈空守寂，则安排思索。（卷二《传习录中》）

天理良知是心体之本然，一切修养工夫都是为了复还这一本体。为学之人既不能毫无思虑，也不能完全任随意念把外在的一切都作为思虑的对象。“无思无虑”意味着沉沦于释氏空寂之学，而“以私意去安排思索出来”则是以“天理”外在于心而向外求理。这样一方面会因其“刻意为之”的将迎妨碍良知的自然流行，另一方面，更会因思虑无所定本、意念纷扰而戕害本心，使得工夫无从展开。因而，唯有时时以“天理”为思虑对象而省察一己之所想所行，才能“神明其心”。阳明将《中庸》与《易》相贯，把这一工夫主旨表述为：“‘戒慎恐惧’便是修道的工夫，‘中和’便是复其性之本体，如《易》所谓‘穷理尽性以至于命’，中和位育便是尽性至命。”（卷一《传习录上》）

（六）象数之学：“神明吾心而已”

心学家的解易路数必定会取道义理，但多数学者并未因此废弃象数之学。同样，阳明也接续了《系辞上》以“辞象变占”为圣人之道的传统。《易》中天地人三才之道皆备，故君子“玩易”即领悟体会三才之道的必要途径。“观象玩辞”能够领悟道体，“观变玩占”则是此道之用。“知行合一”“体用一源”，故“辞象变占”其实为一。

这样一来，“占”也获得了圣学的合法性。不过，应当理解，这一合法性的赋予并不是将圣人之学下降为常人卜筮求卦的技艺，而是以一个更高的视野来看待占卜：

> 卜筮是理，理亦是卜筮。天下之理孰有大于卜筮者乎？只为后世将卜筮专主在占卦上看了，所以看得卜筮似小艺。不知今之师友问答，博学、审问、慎思、明辨、笃行之类，皆是卜筮，卜筮者，不过求决狐疑，神明吾心而已。（卷三《传习录下》）

所谓“卜筮”，应理解为包括一切以解决疑惑、明悟本心为目标的活动。在这个意义上，“卜筮”的唯一指向就在于“明理”，其实也就是工夫。所以，一切工夫诸如“师友问答，博学、审问、慎思、明辨、笃行”之类就都在卜筮的范围之内。当然，在阳明看来，传统意义上的“占”和“卜”，也是为了“求决狐疑，神明吾心”，所以也属于他所讲的“卜筮”：“蓍固是易，龟亦是易。”（卷一《传习录上》）卜筮即工夫之所以必要，乃因人不自信其本心。人的一切行为若能顺应本心，则天人无间、人与天同。

那么，圣人作《易》的根据又是什么？阳明在《河出图洛出书圣人则之》一文中说：

> 天地显自然之数，圣人法之以作经焉。甚矣！经不徒作也。天地不显自然之数，则圣人何由而法之以作经哉？《大传》言卜筮而推原圣人作《易》之由，其意盖谓《易》之用也不

外乎卜筮，而《易》之作也则法乎图书。（卷二十二《河出图洛出书圣人则之》）

阳明显然受到了宋易图书之学的影响。他认为，河图、洛书是天地显现的自然之数，圣人效法图书而作《易》。他还接受了“天降河图、地呈洛书”“龙马负图、神龟载书”“河图出于伏羲之时、洛书出于大禹之时”“河图为体、洛书为用”等一系列传统观点。在此基础上，伏羲以图画卦，“虚五与十者，太极也；积二十之奇，而合二十之偶，以一二三四而为六七八九，则仪象之体立矣；析四方之合以为乾、坤、坎、离，补四隅之空以为兑、震、巽、艮，则八卦之位定矣”。大禹则以书叙九畴，“实其中五者，皇极也；一五行而二五事，三八政而四五纪，第于前者，有序而不乱也；六三德而七稽疑，八庶征而九福极，列于后者，有条而不紊也。”（卷二十二《河出图洛出书圣人则之》）尽管河图与洛书别为体用，但“体用一源”，故图书亦一。显然，阳明的图书之说，受到了朱子《易学启蒙》的极大影响。

总体而言，阳明在易学方面的论述相对较少。据现今流传的文献资料来看，他并没有对《易》卦进行过专门的解释。除却《五经臆说》留下的《恒》《遁》《晋》三卦，阳明只援引过一次《谦》卦。（卷二十四《书陈世杰卷》）其《易》说虽不乏创见，但仍未彻底摆脱程朱的解《易》路数。可我们也不能因此否定其价值。首先，阳明的心学《易》说中有一些独具特色的全新创造，如对“卜筮”内涵的重新规定。这些创造进一步提升了易学的学术品位，并为后人留下了可以再诠释和再创造的资源和空间。其次，阳明注重义理、不废象数的特点使其弟子门人在阐发义理的同时，也在一定程度上保留了宋代以来的象数学成果，从而避免了如同王弼《周易注》问世所导致的汉代象数学灭亡的消极后果再次发生。第三，阳明心学《易》说的核心在于建立"心""良知"与《周易》文句的学理关联。此后,王畿等心学家沿着阳明开启的这一路向走得更远。由是,阳明"心学易"开始成为与程朱"理学易"并存的另一重要易学派别。

四、王畿心学与易学的融通互释

王畿(1498—1583),字汝中,别号龙溪,浙中王学的代表人物。世居浙江山阴,为王阳明同郡宗人。嘉靖五年(1526)通过会试,因主政者不尚心学,罢试而归。嘉靖七年(1528)赴廷试途中闻阳明逝世噩耗,急往奔丧,再次罢试。直至嘉靖十一年(1532)进士,授南京职方主事,不久因病告归。病愈后升兵部武选郎中,因得罪时相,疏乞致仕,最终以伪学之名被黜。此后"林下四十余年,无日不讲学。自两都及吴、楚、闽、越、江、浙皆有讲舍,莫不以先生为宗盟。年八十,犹周流不倦"(《明儒学案》卷十二《浙中王门学案》)。卒年八十六。

王畿少年颇负才名,不喜理学。尽管受学于阳明较晚,但颖悟天性和高伟辩才为同门所不及,因而很快受到了阳明的高度赏识。当时,四方学者有志于从学阳明者愈多,"文成不能遍指授,则嘱公与钱公等高等弟子分教之"①。王畿也因此被称为"教授师"。

王畿的思想材料被汇编为《龙溪王先生全集》。在易学方面,他曾著有专解六十四卦《大象》的《大象义述》。此外,《全集》中还保存了多条谈《易》语录及《先天后天解义》、《河图洛书解义》、《易与天地准一章大旨》、《艮止精一之旨》、《天根月窟说》、《易测授张

① 〔明〕徐阶:《龙溪王先生传》,见〔明〕王畿:《王畿集》,凤凰出版社2007年版。以下凡引该书只注卷数及篇名。

叔学》、《图书先后天跋语》、《学易说》、《藏密轩说》、《太极亭记》等论《易》篇章。

(一)"良知即易"的易道总论

1."良知为气之灵"

在对《周易》的根本看法上,王畿继承了阳明"良知即易"的论点,并作出了全面解释和重要发挥。《易与天地准一章大旨》一文开篇即言:

> 天地间一气而已。易者,日月之象,阴阳往来之体,随时变易,道存其中矣。其气之灵,谓之良知,虚明寂照,无前后内外,浑然一体者也。所以准天地而弥纶之者,必有本以出之,非徒法象相示而已也。易者,阴阳而已,幽明生死鬼神皆阴阳之变,天地之道也。知者,良知也。(卷八《易与天地准一章大旨》)

依他之见,气是充塞天地、构成万象的基本元素,阴阳二气往来消息,背后必有其所以然之道,即"易道"。"易道"就是良知。显然,这一"良知即易"的观点唯有在"心气为一"的前提下方能成立。对此,《全集》中多有论说。如:"良知者,心之灵气,万物一体之根。"(卷十三《赠宪伯太谷朱使君平寇序》)"良知者,天地之灵气,原与万物同体。"(卷十三《太平杜氏重修家谱序》)这种"心气为一"说通过将良知定义为"气之灵",进而赋予了良知对阴阳二气的主宰地位。这样一来,"良知"就不仅仅是人人生而皆有的道德实践赖以展开的根据,更是宇宙的终极创造性根源。"夫天,积气耳;地,积形耳;千圣,过影耳。气有时而散,形有时而消,影有时而灭，皆若未究其义。予所信者，此心一念之灵明耳。一念灵明，从混沌立根基，专而直，翕而辟，从此生天生地、生人生万物，是谓大生广生、生生未尝息也。”（卷七《龙南山居会语》）因此，作为阴阳二气主宰的良知也就与宇宙生生不息的“易道”等同，也就是“良知即易”。

2.“乾知”即“良知”

基于“良知即易”说，王畿把《系辞上》“知幽明之故”“知死生之说”“知鬼神之情状”的“知”全部训为“良知”。如此一来，易学与心学便得以连接，“良知即易”说也获得了经典文献上的支撑。他曾这样解释“通乎昼夜之道而知”：

> 千古圣学，只一知字尽之。知是贯彻天地万物之灵气。吾人日间，欲念恍惚，或至牿亡，夜间杂气纷扰，或至昏沉，便是不能通乎昼夜，便与天地不相似，便与万物不相涉。时时致良知，朝乾夕惕，不为欲念所扰、昏气所乘，贞明不息，方是通乎昼夜之道而知。通乎昼夜，自能通乎天地万物，自能范围曲成。存此谓之存神，见此谓之见易。（卷一《三山丽泽录》）

“通乎昼夜之道而知”的“知”即良知。良知既然是贯通天地万物的灵气，便无时无处不在。人若不舍昼夜、时时处处呵护之，使其不受杂气欲念的纷扰，也就能与天地相似、万物相涉，进而“通乎天地万物”。存此良知即“存神”，见此良知就是“见易”。

《系辞》“乾知太始，坤作成物”一语历来受到易学家的重视。王畿对此亦进行了良知学的解说：

《易》曰“乾知大始”，乾知即良知，乃混沌初开第一窍，为万物之始，不与万物作对，故谓之独。以其自知，故谓之独知。乾知者，刚健中正纯粹精也。七德不备，不可以语良知。中和位育皆从此出。统天之学，“首出庶物，万国咸宁”者也。（卷六《致知议略》）

王畿对朱子之说不以为然，而有取汉唐注疏，将“乾知”之“知”训解为“知见”“知觉”。与汉唐“阳气始生万物”的说法相类，“乾知太始”，即易道良知是宇宙万象的终极根源，“混沌初开第一窍”。在逻辑上先于万物而不与万物对待的意义上，良知又称为“独知”。至于“坤作成物”，则是指顺从良知成就万物。

王畿的这一解释引起了聂豹的不满。聂豹沿用朱熹《本义》“知，犹主也。乾主始物，而坤作成之”的注解进行了反驳。他认为朱子这一注解“于经旨本明白”，良知也不是万物之始的“统天之学”：“《彖》曰：‘大哉乾元，万物资始，乃统天’，是以‘统天’赞‘乾元’，非赞‘乾’也。”（卷六《致知议辩》）在《致知议辩》中，王畿又对聂豹的诘难予以回答：“‘乾知大始’，大始之知混沌初开之窍，万物所资以始。知之为义本明，不须更训‘主’字。下文证之曰：‘乾以易知’，以‘易知’为易主可乎？此是统天之学，赞元即所以赞乾，非二义也。”（卷六《致知议辩》）

3. 以身心论阴阳

论《易》不仅仅要阐发易道，还要讨论《易》之书。对多数易学家而言，《周易》如何形成，如何从易道推衍出卦画，是不能回避的问题。对此，王畿也有自己独特的看法。他说：

昔者伏羲氏之作易也，首列乾坤，以发天地之秘。乾，阳

> 物也;坤,阴物也。坎离者,乾坤二用,阴阳之变也。四象以下六十卦,阴阳所变之节也、周天之度也。故曰:“易以道阴阳。”仰观俯察,类万物之情,近取而得之,不越乎身心两字而已。心即乾之阳也,身即坤之阴也。心中之神,身中之气,即坎离之交也。神气之往来,即六十卦周天之法象也。(卷十五《易测授张叔学》)

伏羲作易以《乾》《坤》二卦为首,即在于突出《乾》《坤》所代表的纯阳纯阴乃《周易》卦象之根本。《坎》《离》则代表阴阳之变、乾坤之用。其余六十卦皆由此四卦变化发展而成。这一思想无疑来源于邵雍易学的先天四正卦说。在此基础上,王畿又进一步加以阐发。他认为,伏羲作易时“仰观俯察,类万物之情”所“近取而得之”的根本依据在于人之身心。因为乾坤坎离在人之身心中皆有对应:心即乾阳,身为坤阴,而“心中之神”“身中之气”则是坎离相交的结果。有身心之间“神气往来”的交互作用,才有六十四卦的变易。所以,为学之道在于人之身心,即“身心之外无学矣”。

既然作为“一念之微”的良知是所以阴阳的易道,能够“范围天地、发育万物”,人的心身神气又是乾坤坎离的显现,则良知必定是心身神气的主宰。“良知之主宰,即所谓神;良知之流行,即所谓气。”在王畿看来,伏羲、文王、周公、孔子作《易》目的皆在于阐明良知,而真正将易道明白透彻地揭示出来的则是倡导良知学说的王阳明。如此一来,良知既是《周易》形成的根源所在,也是《周易》意在阐明的大道宏旨。在集中表达王畿总体易学观的《易与天地准一章大旨》的最后,他总结道:

大哉！易也，斯其至类。明道云：只穷理，便尽性以至于命，一也，分为三事则支。易，心易也。以易为书则泥，是皆未明于大易之过也。善学者，能于一念入微求之，得其所谓虚明寂照一体之机。易不在书而在于我，可以卧见羲皇，神游周孔之大庭，大丈夫尚友之志也。（卷八《易与天地准一章大旨》）

“易，心易也”是王畿易学思想的高度概括。“心易”，也就是“良知易”，以良知作为易道的根本。既然天地阴阳变易之道不外乎人之一心，所以“易不在书而在于我”。在这一点上，王畿与杨简类似。杨简在《己易》开篇即云：“易者，己也，非有他也。以易为书，不以易为己，不可也。以易为天地之变化，不以易为己之变化，不可也。”①应当指出，杨简所言的“己”是指切实地与天地人物息息相通、相连一体的“大我”，与陆九渊“宇宙内事乃己分内事，己分内事乃宇宙内事”②一语所彰显的意义相同。与陆九渊、杨简突出人应在高度的宇宙视野中定立自我有所不同，王畿此间乃意在指明学《易》之人不应被《易》书文辞拘限，而应于“一念之微”处用功，善于时时在在保其良知不受后天习染的干扰遮蔽，继而达至“易与天地准”，也就是“良知与天地准”“心与天地准”的境界高度。

（二）“体用一源”的良知诠释

《明儒学案》曾对阳明心学给予高度评价。然而，确切地说，良知“即知即行，即心即物，即动即静，即体即用，即工夫即本体，即下

---

① 〔宋〕杨简：《慈湖先生遗书》卷七《己易》，《文渊阁四库全书》第 1156 册，台湾商务印书馆 1986 年影印。

② 〔宋〕陆九渊：《陆九渊集》卷三十六《年谱》，中华书局 1980 年版，第 483 页。

即上”(《明儒学案·师说》)的品格在更大程度上是经过王畿手笔才得以充分彰显出来的。

1.“有”与“无”

在对良知的各种具体诠释中,无论阳明还是龙溪,最予突出的无疑是“有”与“无”的合一。王畿在《艮止精一之旨》一文中对此有过专门讨论:

> “心之良知是为圣”,知是知非而实无是无非。知是知非者,应用之迹;无是无非者,良知之体也。譬之明镜之照物,镜体本空,而妍媸自辨。妍媸者,照之用也,以照为明,奚啻千里!夫万物生于无而显于有,目无色,然后能辨五色;耳无声,然后能辨五声;口无味,然后能辨五味;鼻无臭,然后能辨五臭;良知无知,然后能知是非。无者,圣学之宗也。(卷八《艮止精一之旨》)

阳明有良知“知是知非”与“无是无非”的说法。“无是无非”描述的是良知不黏滞于某一特定是非即“无”的品格,而对良知具有“知是知非”即当下判定是非道德的“有”的能力丝毫没有否定。与阳明四句教“知善知恶是良知”偏重于“有”不同,王畿特别注重开显良知“无执不滞”即“无”的品格,且把“无”提高到“圣学之宗”的地位。这种对“无”的高扬不能纯粹归结为龙溪的偏好,其背后有着充分的学理依据。以《易》言之,就是“良知惟无物,始能尽万物之变。无中生有,不以迹求,是乃天职之自然,造化之灵体,故曰变动不居,周流六虚,不可为典要,惟变所适,易即良知也”(卷九《答季彭山龙镜书》)。尽管王畿肯定良知的“有无合一”,但他还是更加偏爱“无”的解释向度。乃至在相当多的语境下,王畿直接以“无”

来指称良知。

在“良知即易”的统摄下，王畿在《太极亭记》中又对周子《太极图说》进行了独特的解说：

> 夫千古圣人之学，心学也。太极者，心之极也。有无相生，动静相承。自无极而太极，而阴阳五行，而万物，自无而向于有，所谓顺也。由万物而五行阴阳，而太极，而无极，自有而归于无，所谓逆也。一顺一逆，造化生成之机也。（卷十七《太极亭记》）

此文开宗明义地提出“太极”为“心之极”。这一观点乃王畿首创。既然“易为心易”，那么良知作为心之根本极则，自然与“太极”同。在“无极而太极”的问题上，王畿沿袭了陆氏兄弟“自无极而为太极”的看法，但与陆氏不同，王畿以“无极太极”之辩为端绪提出了一个全新的“顺逆造化”说。在他看来，“无极”是指“无是无非”，即良知之“无”；“太极”则强调心之本体，即良知之“有”。由良知到万物是“从无到有”，万物回归良知的过程即“从有还无”；所谓“顺”“逆”，是就周子《太极图》从上至下、从下至上的读图顺序而言的。前者为“顺”，后者为“逆”；在宇宙生成图式的意义上说，由易道良知到万物生成是“造”，万物终究回归于良知本体的过程为“化”。此生成复归、一顺一逆的造化过程正是良知发生作用的方式：“良知是造化之精灵。吾人当以造化为学。造者，自无而显于有；化者，自有而归于无。不造则化之源息，不化则造之机滞。吾之精灵，生天生地生万物，而天地万物复归于无。无时无造，无时不化，未尝有一息之停。”（卷四《东游会语》）这一观点显然建立在“良知为气之灵”的基础上。以此为据，王畿又对汉学和佛学进行了批评。他认为,汉儒"一切执为典要",而不知良知才是仁义道德、法度典章背后的根本,即不知"太极本无极",佛家则落入相反一边,以一切仁义法度为虚幻,"一切归于寂灭",同样也是对良知本体未有正确认识,即不知"无极而太极"。二者的区别在于,汉儒是没有认识到良知"无执不滞"之"无";佛家则根本否定了良知作为本质存在之"有"。无论是对"无"的抛弃,还是对"有"的否定,根本上都是对良知缺乏清醒明晰的认知与觉察。只有同时把握到良知心体"有无合一"的品格,不落两边,才能"窥心极之全"。

2."体"与"用"、"寂"与"感"

在以"体用一源"的易学思维论说良知的道路上,王畿比阳明走得更远。他关于"体""用"与"寂""感"不一不异的论述都是这一思维方式的集中表现。

先说"体""用"。在"有"的向度上,良知可以分析为两种存在方式:"既是本体意义上的存有,即超越于经验现象之上的本质存在,又是经验现象之中的具体表现。或者说既具先验的本体属性,又体现为经验的感性知觉。前者强调良知的先天性,后者侧重良知的后天性。"①在后一种意义上,良知在当下经验中的具体表现又称为"见在良知":

> 先师提出良知二字,正指见在而言。见在良知与圣人未尝不同,所不同者,能致与不能致耳。且如昭昭之天与广大之天原无差别,但限于所见,故有小大之殊。若谓见在良知与圣人不同,便有污染,便须修证,方能入圣。良知即是主宰,即是

① 彭国翔:《良知学的展开》,生活·读书·新知三联书店2005年版,第72页。

> 流行。（卷四《与狮泉刘子问答》）

王畿曾多次借用阳明“昭昭之天”的比喻来描述见在良知的概念。相对于作为本体的良知，“见在良知”乃良知本体在面对当下经验时的自然运用。也就是说，良知本体是“体”，见在良知是“用”。但另一方面，正如“昭昭之天”与“广大之天”并无不同，只是人之所见有大小之别一样，众人面临经验世界的杂染纷扰时，未必能时时“知是知非”，但被遮蔽的良知并未从根本上丧失。所以，见在良知与作为本体的良知仍然是统一的。良知无二，二者在实质上并无二致。概言之，一方面，良知本体与见在良知是良知在先验与经验层面上的不同表现形式；另一方面，尽管存在体用分别，二者在本质上又是同一的。

与“体”“用”类似，王畿也经常用“寂”“感”来描述良知：

> 寂然不动者，先天之体，感而遂通者，后天之用。寂而感，即体而用行焉；感而寂，即用而体存焉。（卷十五《易测授张叔学》）

王畿言“寂”“感”往往与“体”“用”相联。以“寂”言“体”、以“感”言“用”的表述与其说是体现了两对概念的相互交叉，毋宁说是表达同一对象时的两种不同侧重。相较“体”“用”，“寂”侧重于人心未与物对时“寂然不动”的存在状态；相应地，“感”则是面临经验对象分判时的当下状态。王畿同样强调即寂即感：“即明而虚存焉，虚而明也；即感而寂存焉，寂而感也。即知是知非而虚寂行乎其间，即体即用，无知而无不知，合内外之道也。”（卷十六《别曾见台漫语摘略》）据此，王畿批评了程颐“随时变易以从道”的易学观点："寂然不动者，易之体；感而遂通者，易之用；所谓画前之易也。释者谓随时变易以从道，只说得一半，语感而遗寂，语用而遗体，知进而不知退，非藏密旨也。易即是道，若欲从之，是犹二也，二则支矣。"（卷十七《藏密轩说》）"良知即易"，良知就是易道，除良知之外别无道可从。在他看来，"随时变易以从道"只强调了"感"和"用"，却忽略了"寂"和"体"。"从"即意味着支离，是析体用为二的表现。

总之，无论是"有与无"，还是"体与用""寂与感"，作为王畿对良知学说的详细展开与发挥，都贯穿着"体用一源，显微无间"的思路，这显然是易学提供的精神资源。

（三）"先天易学"的心学建构

在易学史上，"先天""后天"的易学体系始自邵雍①。王畿沿用了这一区分，并借重释邵雍先天之学的相关内容为其"四无论"以及先天工夫论提供了易学解释。

1. 河图洛书

宋代图书之学流行开来之后，关于河洛的研究已然成为理学各派的共同课题。在此背景之下，王畿也对河图洛书进行了讨论：

> 《易》曰："河出图，洛出书，圣人则之。"是图书皆可以画卦也。天地之间，不过一阴一阳、五行而已。阴阳之变，不可胜穷。阴阳之纯，则为乾坤，阴阳之杂，则为六子。若曰某点为

---

① 特别指出，此处之所以言"'先天''后天'的易学体系始自邵雍"，原因在于以"先天"指称"伏羲易"，并非邵雍首创。此前干宝、陈抟皆有此说。参看朱伯崑：《易学哲学史》第二卷，昆仑出版社 2005 年版，第 129 页。

奇画、为某卦，某点为偶画、为某卦，一一比而则之，则几于泥矣。五行有气有质，皆藉于土。天一生水，水之气也，一得五而为六，水之质始成，以至地五生土，土之气也，五得五而为十，土之质始成。五行者，阴阳之变化也。至于洛书所陈九畴，皆帝王治天下之大经大法。每畴之首，不过以数起之，与所叙之畴绝无关涉。（卷八《河图洛书解义》）

他主张，对图书的研究不应当局限于黑白点数的奇偶，并据此比附八卦。事实上，河图洛书皆可以画卦。天地间之根本者仍在阴阳五行。纯阳纯阴，即乾坤两卦。其余六子卦，都是阴阳相互交杂而生。王畿又以生成之数论五行，并认为五行在根本上不过是阴阳的变化。至于洛书所列九畴，都是阐述治国方略的外王学，每畴起首处的数与其内容毫无关系，只是一个序号而已。这显然是对主张“河图为八卦之原、洛书为《洪范》之原”的朱熹、蔡元定等人的批评。尤有进者，王畿又将“顺逆”的“造化”之义赋予河图洛书：

造化之机，一顺一逆而已。河图为顺，洛书为逆。顺为生机，逆为杀机。顺而不逆，则无以成化育之功。河图左旋，洛书右转，天水违行之象。故曰：“易，逆数也。”其用逆而其机则顺也。不翕聚则不能发散。杀者所以为生也。……后儒不原古人画卦叙畴之本旨，不明顺逆之机，纷纷泥于方位象数之说，牵补附会，无益于学，其亦陋矣。（卷五《南游会纪》）

图书顺逆之说并非王畿首创。南宋程大昌曾在《易原》中以顺逆之说对刘牧图书之学进行过重要的解说和发挥。王畿此处以顺逆言图书，兴趣显然不在单纯的象数学上，其真正意图是令图书之学与

“无极而太极”的良知造化生成说相互关联。依他之见，只有围绕良知这一中心展开的诠释才能合乎图书乃至《易》之本义。因此，他对象数学家进行了批评，认为只胶着于象数而于良知造化顺逆之根本道理无所明晓，于学无益，粗薄鄙陋。

2. 先天后天

王畿对邵雍易学的吸纳改造，首先是从“先天之学”与“后天之学”的区分开始的：

> 或问：“伏羲八卦、文王八卦，布列方位迥然不同，何取于义而云尔也?”先生曰：“此造化自然之法象，非人力之所能为，后儒特未之深察耳。夫伏羲八卦，乾南坤北，离东坎西，谓之四正，震兑巽艮则居于四隅，此存体之位，先天之学也。文王八卦，离南坎北，震东兑西，谓之四正，乾坤艮巽，则居于四隅，此入用之位，后天之学也。”(卷八《先天后天解义》)

邵雍之学创立后，很多学者皆以先天后天分主体用。王畿亦赞同此说。他认为，伏羲八卦为存体之位，是先天之学；文王八卦为入用之位，是后天之学。前者为体，后者为用。他接着说：

> 先后一揆，体用一原，先天所以涵后天之用，后天所以阐先天之体。在伏羲非有待于文王，在文王非有加于伏羲也。(卷八《先天后天解义》)

所谓“先天所以涵后天之用，后天所以阐先天之体”，即对二者体用一源、不一不异的描述。进而，王畿对先天八卦方位图与后天八卦方位图之间的互变进行了说明。“先天八卦方位图，上下左右四正卦相交，则变其体；四隅之卦不相交，则易其位。如乾下交于坤，得坤卦之中爻，则为离之卦象；坤上交于乾，得其中爻则为坎卦象。离卦西交于坎，离火主炎上，其上爻变为阴爻，则为震。坎东交于离，坎水主润下，其下爻变为阳爻，则为兑。这样，先天四正卦变为后天四正卦。此即'交者变其卦体'。又离居乾位，上交之坤，逐乾于西南，坎居坤位而下交之乾，则逐坤于西北。坤既居巽卦之位，巽则不得不移置于东南；乾既居艮卦之位，艮则不得不移置于东北。这样，先天四隅卦则变为后天四隅卦。此即'不交者易其方位'。"①尽管这种方位变化的解释极为牵强，但王畿此处所要表达的意思仍然不难体会：先天方位蕴涵着后天方位，后天方位是先天方位的显现。并且，八卦及其方位变化，都是易的自然生成推演，原本就客观存在，并不有待于圣人的作为。先天、后天亦非用以表达时间先后的概念，而是表达二者体用关系的称谓。此即"先后一揆，体用一原"。

3. 天根月窟

王畿对先天大圆图的解释特别突出了"天根""月窟"之义。其《天根月窟说》一文言道：

> 此是尧夫一生受用底本，所谓窃弄造化也。天地之间，一阴一阳而已矣。乾，阳物也；坤，阴物也。阳主动，阴主静。坤逢震为天根，所谓复也；乾遇巽为月窟，所谓姤也。震为长子，巽为长女；长子代父，长女代母。乾坤，先天也，自一阳之复而临而泰而大壮而夬以至于乾，自一阴之姤而遁而否而观而剥以至于坤，由后天以返于先天，奉天时也。根主发生，鼓万物

① 朱伯崑：《易学哲学史》第三卷，昆仑出版社2005年版，第270页。

之出机，窟主闭藏，鼓万物之入机，阳往阴来之义也。（卷八《天根月窟说》）

六十四卦圆图及天根月窟说实质上是一种卦气理论。其本来用意一则是表明阴阳此消彼长的过程，一则用来对应年复一年的节气更替。而王畿此间在重申宇宙万象皆本自阴阳二气这一观点的基础上，重新解读了天根月窟说。他认为，天根月窟说阐发的是造化生成及复归之大道，此正是邵雍一生受用之根本所在。在六十四卦圆图中，地雷《复》卦位于天根，天风《姤》卦位于月窟。《复》下体震，《姤》下卦巽。在六子卦的意义上，震为长子，巽为长女。“长子代父，长女代母”即说以震、巽代行父母《乾》《坤》之能。乾居正南，坤居正北，分别为纯阳纯阴，是阴阳未相交杂的先天之卦。从天根《复》卦一阳初生经《临》《泰》《大壮》《夬》而至纯阳之《乾》，从月窟《姤》卦一阴初生经《遁》《否》《观》《剥》而至纯阴之《坤》，皆“由后天以返于先天”，从天根、月窟之一阳一阴回归于先天之位。并且，这一过程并非经历一次生成复归就结束，而是由天根《复》一阳生回归先天纯阳之《乾》，再经月窟《姤》一阴生复归先天纯阴之《坤》，然后再以天根一阳生开始新的循环往复。如此一来，先天学的六十四卦圆图，其中已涵有后天流行。这与王畿言先天八卦与后天八卦时提出的“先天所以涵后天之用，后天所以阐先天之体”的观点深度契合。同时，天根主发生，月窟主闭藏。此一出一入，究其根本仍是阴阳二气不断往来、循环不已的表现。这又符合良知造化顺逆之说。不过，王畿对天根月窟的解说在两点上违背了邵雍本意。一是邵子“乾遇巽时观月窟，地逢雷处看天根”的诗句，原本是指就先天八卦圆图即小圆图而言的。乾、巽之间乃一阴初生处，即月窟；坤、震之间是一阳初生处，为天根，并不是像王畿所理解的那样,“坤逢震”即“所谓复也”,“乾遇巽”即“所谓姤也”。就先天六十四卦大圆图而言,坤复之间为天根、乾姤之间为月窟,并非《复》《姤》两卦即天根月窟。

无论如何,按照王畿的理解,邵子的天根月窟说及六十四卦圆图均不过是良知顺逆造化的表现形式,这一思想最终还是要回归到良知这一根本范畴上来:

> 古之人仰观俯察,类万物之情,而近取诸身,造化非外也。一念初萌,洪濛始判,粹然至善,谓之复。复者,阳之动也。当念摄持,翕聚保合,不动于妄,谓之姤。姤者,阴之静也。一动一静之间,天地人之至妙者也。夫一阴一阳之谓道,继之者善即谓之复,成之者性即谓之姤。复与姤,人人所同具,百姓特日用而不知耳。颜子择乎中庸,有不善未尝不知、未尝复行,无祗于悔,所谓复也。能择而守,拳拳服膺而弗失,所谓姤也。复者阳乘阴也,姤者阴遇阳也。知复而不知姤,则孤阳易荡而藏不密;知姤而不知复,则独阴易滞而应不神;知复知姤,乾坤互用、动静不失其时,圣学之脉也。(卷八《天根月窟说》)

与宋元之际俞琰的《易外别传》将天根月窟与人之身心关联的做法类似,在将先天学收摄于良知之后,王畿又赋予其以人心变化的心学意义。良知人心本有,依此内在的价值资源,人一念萌动之初皆良知自然发现,故纯粹至善。对应在易学上,即天根“一阳初生”之《复》;当念头已然发生,还要用良知“知是知非”的功能时时确保当下此一落人经验世界的念头能够不被外界环境和后天习染所干扰,即“不动于妄”。对应于易学,则是月窟“一阴初生”之《姤》。前者用天根,后者用月窟,当与阳动阴静之说有关。一念初萌时是顺应本心良知而动；当念头已然发生时，则需收敛克制，保持警惕而不妄动，即静。借用《系辞》之文，前者是“继之者善”，后者是“成之者性”。在王畿看来，这就是邵雍“一动一静之间，天地人之至妙者也”所表达的意思。他又强调，二者相互依存、不可偏废：“知复而不知姤，则孤阳易荡而藏不密；知姤而不知复，则独阴易滞而应不神。”意思是说，“复姤相因，即阴阳依存，即乾坤互用，动静相含，阳动阴静，不容分割。人心也是这样，心动而不流于荡，心静又不流于滞”①。

（四）“迁善改过”的工夫旨归

王畿论学《易》之目的时曾说：“学《易》之道，迁善改过而已矣。”（卷十七《学易说》）在他看来，人心先天本有的良知常被后天习气遮蔽，故不免有过。学《易》之目的即在于确保人在日用常行之间不被外界习气熏染而失却本心。保持心体湛然洁净，就是“迁善”；涤除后天欲念习气，即“改过”。把学《易》目的确定为“改过迁善”，也就等同于说《易》的教化作用集中体现在工夫论上。通过注解《系辞》和《大象》相关的文句，王畿证明了这一心学观点，同时也完成了其工夫论的易学诠释。以下选取几例略加解说。

1. 对《系辞》文句的解释

（1）“何思何虑”

王畿认为，《易传》所讲的“何思何虑”并不是说不思不虑，而是指思虑“出于自然”。“夫何思何虑，非不思不虑也。所思所虑一出于自然，而未尝有别思别虑，我何容心焉？”（卷三《答南明汪子问》）所谓“直心以动，出于自然”，是指人的意识活动完全顺应心体

① 朱伯崑：《易学哲学史》第三卷，昆仑出版社2005年版，第273页。

良知本能而发,在服从顺应本心而毫不掺杂后天人为计度的意义上说,这种意识活动“未尝有所思虑”。所谓“何思何虑”,正是对这种出于自然本心而发即“终日思虑,而未尝有所思虑”的描述,而与“不思不虑”完全不同。

同时,这种“何思何虑”与王畿所讲的“初念”或“本念”颇有相通处:“‘思虑未起’,乃邵子先天心法,即吾儒‘何思何虑’之旨,非对已起而言也。思是心之职,不思便是失职,虑,思之审也。未起云者,终日思虑而未尝有所思虑……《易》大象曰‘君子思不出其位’,不出位之思,即未起思虑……予谓,此等处正好默识。若不转念,一切运谋设法,皆是良知之妙用,皆未尝有所起,所谓百虑一致也。才有一毫纳交要誉恶声之心,即为转念,方是起了。”(卷十六《书见罗卷兼赠思默》)可见,“不出其位之思”即“良知之妙用”,是意识活动完全顺应良知的自然发出,也就是“思虑未起”。相反,如果有一丝一毫的拟议思忖、将迎固必,就是偏离本心,即“思虑已起”。用王畿的说法,一旦“转念”便是“思虑已起”,只有“初念”才是“思虑未起”,也就是“何思何虑”。

(2)“几”

王畿在阳明思想的基础上,进一步发展了“几”这一概念的内涵:

> 周子云:“诚神几,曰圣人。”良知者,自然之觉,微而显,隐而见,所谓几也。良知之实体为诚,良知之妙用为神,几则通乎体用,而寂感一贯,故曰“有无之间者,几也”。有与无,正指诚与神而言。此是千圣从入之中道,过之则堕于无,不及则滞于有。(卷六《致知议辩》)

王畿此处仍然沿用了濂溪“诚”“神”的范畴以界定“几”。“有与无，正指诚与神而言。”也就是说，“诚”言良知之体，“神”指良知之用，“几”则是贯通良知体用的“有无之间者”，亦即良知心体端倪的显露。相比阳明将“几”定义为“良知的最初萌发”之侧重于“用”，王畿更为强调即体即用、即寂即感，即“有无之间者”。

由此可知，王畿沿用了阳明对“几”的定义，而“良知的最初萌发”在龙溪心学中又被表述为“最初一念”，那么，“几”的概念内涵便等同于“初念”；在几“通乎体用，而寂感一贯”的意义上，“几”又等同于“见在良知”。因而，“初念”与“见在良知”必然相通。当然，无论理解为“见在良知”还是“初念”，“几”这一范畴所面对的始终是“知几、庶几、审几”的工夫：

> 动而未形，有无之间，几之微也。动而未形，发而未尝发也，有无之间不可以致诘。此几无前后、无内外，圣人知几，贤人庶几，学者审几，故曰：“几者，动之微，吉凶之先见者也。”知几，故纯吉而无凶；庶几，故恒吉而寡凶；审几，故趋吉而避凶。过之则为忘几，不及则为失几。忘与失，所趋虽异，其为不足以成务，均也。（卷六《致知议略》）

(3)“洗心藏密”

《系辞》的“洗心藏密”一句在易学史上曾有过多种不同疏解。心学家尤其擅长发挥此句以阐明心学。如陆九渊曾将“洗心藏密”解释为涤除心中妄念、复归本心即理的“密微之地”。王畿与聂豹亦曾围绕“洗心藏密”展开过辩论，其论争焦点在于“致知”是否“当先养性”。聂豹认为，“圣人体易之功，则归重于洗心藏密之一语。洗心藏密所以神明其德也，而后神明之用随感而应”（卷六《致知议辩》)。意为先展开“洗心藏密”的修养工夫,然后方有“神明之用”,即“致其良知”。王畿则认为,良知即对性体的自觉,二者属于同一层次,因此绝不能说“养性”较“致知”具有优先性。“神明”与“神知”“乾知”“良知”乃同义语,“神明其德”并不有待于“洗心藏密”,故此二句所言实则为一。在他看来,聂豹“先养性、后致知”“先神明其德、后神明之用”的先后区分是析体用为二,也是析良知与性体为二。所谓“洗心藏密”“神明其德”,其实就是保持“良知洁洁净净”,使之不受到欲念的杂染纠缠,“常是湛然的”,“常是肃然的”。

2. 对《大象》文句的解释

王畿对《大象》表现出特别的偏好,其《大象义述》即专门解释六十四卦《大象》文句的专著。朱伯崑先生说:“其所以重视《大象》文,因此文突出地体现了以儒家伦理观念解释卦辞的义理,便于发挥其心学观点。”①此语颇有见地。

王畿解《乾》卦曰:

> 乾,天德也。天地灵气,结而为心。无欲者,心之本体,即所谓乾也。……圣德之运,通乎昼夜,终身不息。尧舜兢业,文王缉熙,孔子不厌不倦,同乎天也。贤人以下,不能以无欲,非强以矫之,则不能胜,故曰自胜者强,所欲不必沉溺。意有所向,便是欲,寡之又寡,以至于无。人以天定,君子之强,以法天也。……乾之为卦……位虽有六,不过出处两端而已。内体主处,外体主出。……六者,君子终身经历之时也。知处而不知出,此心固也;知出而不知处,此心放也;皆所谓意必

① 朱伯崑:《易学哲学史》第三卷,昆仑出版社2005年版,第250页。

> 也。……明乎此而已,君子之学也。故曰君子以此洗心,退藏于密。密之时义,大矣哉!(《大象义述》)

与《大象》取“天”之象不同,王畿以“天德”言《乾》。“天地灵气,结而为心”即“良知为气之灵”的心气一体易道论。乾作为天德,即不受欲念纷扰、习气遮蔽的本体良知。尧舜、文王、孔子等圣人之所以同乎天,就在于能兢兢业业、不厌不倦地保护良知。中下根器则由于先天气秉相较驳杂,不能无欲,所以才要“强以矫之”,时时对治每一念,使欲念“寡之又寡,以至于无”,方能效法天德。这种涤除欲念的工夫即《大象》“君子以自强不息”的涵义。接下来,王畿又以上下二体及爻位说进一步解说《乾》卦之义。在他看来,六爻之位不过是“出处两端”,下体为处,上体为出。只知处而不知出,心就固执僵化;只知出而不知处,心则放纵走作,二者都是“意必”的表现。君子当处出得兼,方能使良知畅贯有无体用。总之,《乾》卦所言的“天德”,开宗明义地点出了君子之学在于力行涤除意念、保护良知的“洗心藏密”工夫。

王畿对《蒙》卦的阐发也别具一格:

> 夫纯一未发之谓蒙,蒙者,圣之基也。防未萌之欲,弗使牿于外诱,保未发之中,弗使骛于异趋,贞之养之,自然可入于圣,此果行育德之功,学之脉也。……孟子善用《易》,其曰:“大人者,不失其赤子之心者也。”赤子之心,即所谓蒙。良知良能,人所固有。大人之所为大人,无所不知,无所不能,惟不失其固有之良而已,非有所加也。师云:“圣人到位天地、育万物,只从未发中养来。”其旨微矣。(《大象义述》)

《蒙》卦的最初涵义是指事物始生之“蒙稚”。后世学者又从《象传》“山下有险，险而止，蒙”中引申出“蒙昧”“困蒙”的涵义。但王畿不取此说。他以“山下出泉”之象为依据，将《蒙》解为静而清的水之源。落实在人心上，则是“赤子之心”。人生之初先天具备的良知，是人人得以成圣成贤的内在根基和价值资源。“大人”之所以能成就自我，不在于从人心之外获得填充，而在于保任此赤子之心，不丧失固有的良知良能。这就是“君子以果行育德”的涵义。王畿由此认为，孟子主张“不失其赤子之心”，正是善用《易》的表现。

《系辞下》曰：“《复》，德之本也。”心学家往往对《复》卦给予高度重视，因为《复》与心学“复本心之善”的工夫之间的关系实在太密切了。此前，陆九渊曾将《复》卦解为“复见天地之心”、杨简解为“不起意”。王畿则认为：

> 阳始于下，动而未发，复之象也。先王观复之象，安静以养之，顺天道也。夫贯动静，彻终始，无一息之或已者，天地生物之心也。……气机隐伏，人不可得见，迨至复时，静而方动，动而未发，天地生物之心也。……生理本不息。有息焉者，人欲间之耳。日夜之所息，保护爱养，平旦清明之气，不为旦昼之所牿亡，君子复性之功也。（《大象义述》）

《复》一阳初生，始动于下，静而方动，动而未发。此一阳初动之“天根”《复》卦即“天地生物之心”。天地生物之心下贯于人，即为人之本心。此心原本生生不息，常寂常感，但由于人欲时常掺杂其中，故此心偶尔会被蒙蔽窒息。所以君子应当养平旦清明之气，在日用常行间不被人欲所桎梏，使本心得以完满呈现。王畿还有“圣人无复”说。圣人本心未曾蒙蔽，故时时能彰显，所以“无复”。至于圣人以下，则因其资质气秉各不相同，工夫各有深浅难易差别。此即《复》六爻意在揭示的内容。“按程颐于《易传》中释上六爻辞‘迷复，凶’说：‘以阴柔居复之终，终迷不复者也’，以‘迷复’为迷而不复，故凶。王氏不取程氏义，以‘迷复’为‘欲求复而失其所主’，其目的在于将六爻之辞皆纳于心学的复性说之中。以初爻为颜回的修养境界，程氏《易传》已有此说，但王氏则以良知之初念释之，同样表现了心学的特征。”①

总之，王畿对《系辞》《大象》文句以及《易》卦各爻的解释，皆指向“迁善改过”这一学《易》之根本目的。其之所以解《易》，显然是为其“先天正心之学”“一念工夫”的工夫论张本。

综上可见，王畿延续了阳明的解《易》思路，进一步建立了易学与心学之间的沟通连接，以达到二者互诠互显之目的。如果我们将王畿易学思想与阳明《易》说的内容进行一番比较的话，便不难发现，王畿易学在很大程度上是对其师《易》说的进一步展开与补充。比如，师徒二人的易学都曾对“良知即易”、“体用一源”、《太极图说》、河图洛书、“洗心藏密”等内容展开过详细讨论。相较阳明，王畿易学无疑是更加细致化、精巧化了。这种细致化、精巧化集中地体现于以下几点：第一，王畿的《大象义述》，标志着阳明心学一脉解《易》专著的问世，继而开启了此后王门弟子以专书解《易》的先河；第二，相比《王阳明全集》中点到为止的易学阐发，王畿对其师提出且有待进一步论证的易学问题进行了更为深入的探讨，作出了更加细微的论证；第三，王畿易学的建立完成，有着大量融通佛道二教思想资源的理论背景。这既为宋明以来三教对话互

① 朱伯崑：《易学哲学史》第三卷，昆仑出版社2005年版，第253页。

动的大环境作出了回应，同时也为易学建构提供了更宽阔的视野；第四，王畿还提出了一些新的心学易话题，为心学易的继续发展完善提供了资源。

但是，王畿的心学易也有其局限性。虽然其易学论述相较其他心学家更为丰富，但其易学建构在多数情况下都是不厌其烦地采取同一个策略，即把易学的概念命题收摄在"良知"这一心学根本范畴之上，然后再将易学问题转化为良知学的说明、论述。这就使得王畿易学的粗疏和单一暴露出来。尤其是在良知概念与易学范畴建立连接时，内中的牵强附会和独断色彩十分明显。所以，如何进一步建立心学与易学之间的有机连接和合理互释，就成了心学易进一步发展的目标。

五、黄绾的"艮止"之学

黄绾（1477—1551），字宗贤、叔贤，号久庵、石龙，浙江台州黄岩县人。出身于世代官宦家庭，官至南京礼部尚书兼翰林学士，嘉靖二十年（1541）以年老辞官归家，卒年七十五。青年时从学于谢铎，后师事阳明。著述数百卷，但大部分都在嘉靖三十一年（1552）因"海寇残燬"而佚失。现存著作主要是《明道编》和《石龙集》两书。其中，《明道编》为研究黄绾哲学思想的主要材料。其子黄承德《明道编跋》曾云：《久庵日录》凡八卷、《习业录》四卷，"共为十二卷，总名为《明道编》"。弟子林文相则称"《日录》凡六卷，门人所记凡四卷"，①共计十卷。中华书局1959年刊印的《明道编》仅

① 〔明〕黄绾：《明道编·跋》，中华书局1959年版。以下凡引该书只注卷数。

存六卷，其余皆散佚。在易学方面，黄绾早年所著《易经原古》亦佚，仅存序文一篇，《明儒学案》有录。

在《易经原古序》中，黄绾即曾化用《彖·艮》之文言道："惟艮其止，止于其所，时止而止，时行而行，以观万象，以进观天健，以进观地厚。又观辞变象占，以进观天崇，以进观地卑，然后动静可不失其时，其道可光明矣"，并"执此以往，以履忧患"（《明儒学案》卷十三《浙中王门学案三》）。此间，黄绾对"艮止"之旨的较早提揭，正是其晚年"艮止"之说的理论发蒙。及至晚年，为学更加精进切实。为了纠正宋明诸儒流于空疏支离之偏失，黄绾依据《周易》及《大学》之义明确提出了别具一格的"艮止"说。黄宗羲曾云："先生立艮止为学的。"（《明儒学案》卷十三《浙中王门学案三》）概言之，"艮止"乃黄绾为学立教之宗旨，也是其易学思想之特色所在。

（一）"体用俱全"的"艮止"之旨

黄绾晚年对阳明后学深感不满，曾对其流弊予以痛斥。正是为了"救正"阳明后学之失，黄绾以"斯道自任"，力倡"艮止"之说。"艮止"强调"学与思"的"实地功夫"，并以此为"圣圣相传"之道统。在他看来，"艮止之旨"于孟子之后失传，由是致使"功利之说兴""禅定之学起"。宋明诸儒谈性命、说道德，亦未窥见"艮止之旨"，不是流于"支离"的"下乘禅"，便是流于"空虚"的"上乘禅"。

1."艮止"即心体

黄绾认为，"艮止"之旨乃圣学相传道脉所在。"圣人传心之学，始于伏羲八卦之艮。"由伏羲而文王而孔子，"皆在止其止而矣"。"'止'字之义，本于《易》之艮。艮之义，原于伏羲、文王而发于孔子。”(《明道编》卷一)据《易传》八卦自然之象,艮为山。前有高山阻挡,不可再进,故卦德为止。《彖传》曰:“艮其止,止其所也。”基于此,黄绾认为,事物达到其所当止之地即须静止。能获见“止”之所在,便得“圣学之本”,“知止其所”。此“止”虽然“不获其身”,无形无体、无声无臭,但非“泛而无所”。“非言无也”,而是实实在在的“有”。“止”有其所,其所便是“心”。

黄绾进一步指出:“内艮之止,心也;外艮之止,背也。”“内艮之一阳,不啻如粟之微,止于心窍之内;由是外艮之一阳,盎于背而洋溢。”(《明道编》卷一)此处,黄绾以“心”释“止”,认为所止之所即心中之窍,以内艮之止为心,并以此止存于心窍之内。“以知止之止指心体。”“‘艮其止,止其所也。’言止非泛止,止必有所。所即心中之窍,一阳如粟,所止之处,即所谓天理之根,阴阳之门,五性皆备于此,故曰:‘成性存存,道义之门。’故谓之为气机,又谓之为魂魄之合,又谓之为帝衷之降,又谓之为天命之性,又谓之为神,又谓之为仁,皆在此所也。……盖艮言天地之心,一也,不可有二,二则非心矣。合内外而言之,故谓外艮之背,由于内艮之盎,艮止于内而不动,乃性之真也。”(《明道编》卷一)在此,黄绾明确以“心体”为“止”,以“止”阐说性和本体,亦即“天理之根,阴阳之门”,五性皆备于此,所谓“气机”“魂魄之合”“帝衷之降”“天命之性”“神”“仁”等凡此种种皆不出于“此所”。“此所”即“止”之所在,就是“心”。于是他说“止指心体”“盖艮言天地人之心”,“知止”便可把握住绝对的心体,做到“定”“静”“安”,从而达到“存心”。

黄绾相信,如果以止存心,则心自然得以安顿而不妄动。能“存心”,则“体立”而“用行”。所谓“心之用行”,就是说在把握住心之本体之后,再向外发露行用,这样便能“行止皆当”,从而使心

“常静而常明”。如其所云:“云‘安’者,盖以人心之动,惟‘安’为难,得其‘安’,则得心之体矣,故曰‘安而后能虑,虑而后能得。’不安而动,皆妄动也。故曰‘憧憧往来,朋从而思’,此极言妄动之非,所以去道之远也。能不妄动,故曰:‘时止则止,时行则行,动静不失其时,其道光明。’此千古圣学之的也。”(《明道编》卷三)人心之动静,惟“安”为难。如果使心得以获“安”,那么就能够得心之体。“艮”之德性在于“止”,安顿此“止”,关键在于人们要知止,“知其止之所”,得其所“安”,这样才能明晓心体,达到“时止则止,时行则行,动静不失其时,其道光明”的千古圣学之的,进而得以体立而用行。

2. 藉体以发用

在黄绾看来,人心不安则妄动,若此则去道愈远。相反,针对人心之妄动而安之,就会得到和把握心之体,使之不妄动。这也就是要通过体验,悟知心体的绝对性,达到把握绝对的心体,由此“存心”而“立体”,之后则藉体发用而“用行”,从而使行止皆当,适其自然中道。黄绾说:“盖思是工夫,乃心之用,与心之体不同,体是心之静,用是心之动。若欲合动静而一之,则体用不分,工夫莫措矣,道其可明乎!今但当曰,戒谨恐惧,乃此心不忘,由是用则有思,而思亦不忘,此之谓慎思之学。”(《明道编》卷一)以人心之思为工夫,是心之发用。而心之体则不同于此,心以静为体,心之体“无思无为,寂然不动”;用是心之动,是“感则通,通则为”,也就是“有思有为有事”。因而,思是工夫,是心之发用;体是心之静,体用不可混为一谈。否则,以心之动静合一,就会导致“体用不分,工夫莫措矣”,“道”也就不能够得以昌明。照黄绾的解释,“止”有体有用,有本有末,如此才能“经理世务”。如果只承认心性之体而否认心性之发用,势必会陷入禅学空虚之弊。

止之体本于天，天生万物，各有其止，其动静有则，出入有时，自然如此，莫之或使。以此为止之体，人的心则与自然的天道之止相与为一，随其止而有起伏，无过无不及。因而，把握了此止，也就把握了天道的运行节律，将此止之道施于一切事物，使一切事合于其止，此即止之用。黄绾感慨："盖圣人于事非不思，但较众人为省力耳。有为正圣人所以经世，岂可言无哉！"（《明道编》卷一）是以只有认识、把握止，才能成就施之于事的基础。世间一切学问，皆归结为"止其止"。学问思辨工夫，皆应着眼在"止其止"的有为之用上，"有为正圣人所以经世"。因而黄绾说："然夫子言各有为而发，岂可概引以为无思无为之证？且凡圣人之言，必有体用，岂可混体用为一哉？其误甚矣。"（《明道编》卷三）

黄绾还以自家之学与杨简之学相较，认为二者为学之初并无异，而是同根于自心之明。"我之学与慈湖之学初无异。慈湖曰：'人心自善，人心自灵，人心自明。人心即道，人心即神。人皆有恻隐之心，恻隐即仁；皆有羞恶之心，羞恶即义；皆有恭敬之心，恭敬即礼；皆有是非之心，是非即知。愚夫愚妇与圣人皆同，圣人非有余，愚夫愚妇非不足。'我亦云然。"（《明道编》卷一）于黄绾而言，心是为学的根基，也是他与杨简治学得以立足的基石和共通处。他们都认为人心自善、自灵、自明，以人心即道、即神，以心作为本自具足"仁义礼智"四德的至善之本体。这可以说是就其为学之体而发论的。在言及他与杨简为学之异时，黄绾说："我则曰：'知止而后有定，定而后能静，静而后能安。'其定、静、安皆本于止，止在于心而有其所，故万物万事皆从我止而不可乱。慈湖则随其所至而止，止于泛而无所，故万物万事皆有其自止而不可约。故慈湖辩孔子'止其所'之言，则曰：'止得其所者，言不失其本，止非果有其所也'。"（《明道编》卷一）显然，尽管黄绾与杨简立足于共同的本体,但在发用上,二人所持观点迥异。黄绾以“止”为定、静、安之所本,在于心而有其所,因而万物万事皆从心止而不可乱,有体有用,藉体发用,体用兼备。相反,杨简则随其所至而止,泯用归体,以体消用,结果势必会导致止于泛而无所,使得万物万事皆有其自止而不可约,最终只是任性妄为,或陷于支离,或陷于空疏,使得“止非果有其所”。据此,黄绾批评了禅学及禅化之儒“言体而不及用”的心性之学:“予尝曰:三教之言性皆同,而作用不同。今之为禅学者,欲并作用而同之,所以施之修身、齐家、治国、平天下则泥。”(《明道编》卷一)三教言体并无差池,其功用则大不类同。“儒、佛、老为教,皆由性起;性无二道,故吾圣人与佛老之言性皆同,至于作用则有大不同者。”(《明道编》卷一)因而,“言其性之同、其用之不同”(《明道编》卷一),也就是说,有无工夫和方法之用是区分黄绾与杨简之学以和禅学及禅化之儒的标志。由此,黄绾得以进一步开示“艮止”之“气理兼备,体用俱全”。

3. 体用俱全

黄绾认为,“艮止”有体有用。“此所以明伏羲艮卦之义,兼体用而言也。曰:‘艮,止也’,言其体之止也;又曰:‘时止则止’,言其用之止也;‘时行则行’,言其用之行也;‘动静不失其时’,言其用之动静不失其时也;‘其道光明’,因动静不失其时而得其道光明也。”(《明道编》卷一)“文王缉熙敬止者,此指止之体而言也。其体既立,由是施于君臣、父子、国人之间,无不各得所止,此指止之用而言也。”(《明道编》卷一)伏羲艮卦兼体用而言,“艮,止也”言其体之止,“时止则止”“时行则行”“动静不失其时”则是就其用而发追;“文王缉熙敬止”之“止”为“止之体”,“由是施于君臣、父子、国人之间,无不各得所止”则是“止之用”。学必知止，为学即在于知止。反之，不知止则荡而无归。是以万物皆有其止，则大化流行自然各循其则、各得其所而终不紊乱。人们如果能够“于此而能存之，于此而能思之”，则道自然“在是矣”（《明道编》卷一）。

黄绾相信，此“止”不仅是“圣学之本”“气理兼备”，而且“体用俱全”。他说：“孔子曰：‘艮其止，止其所也。’止知其所，则气理兼备，体用俱全，圣学之本在此矣。知其本则知所存心，故大学曰：‘知止而后定，定而后能静，静而后能安。’知其本而能安，则体立而气顺，气顺而心之用行。”（《明道编》卷一）黄绾据其“艮止”之学，反复开示知其本则知所存心，知止则能心定，心定则静，静而能安。由是“体立而气顺，气顺而心之用行”。知止，则心之体立。静而能安，则心之用显。故知止是知自然律则、定心体顺逆的根本。换言之，人心是天地万物的凝聚处，天地万物的原则皆具于心中，心能止于当止之地，“当无事之时而不思”，“遇有事之时而思”，“当思当不思皆得其时”。如此，则“其止当止，其行当行，行止皆当”。在黄绾看来，天人合一，即止于心中当止之所，亦即止于天地万物的根本原则。所以，“艮止”之旨统贯天人。“止知其所，则气理兼备，体用俱全，圣学之本在此矣。”

（二）“《易》之微言，莫要于‘艮止’”的道统论

黄绾还曾以伪古文《尚书·大禹谟》的“十六字心传”来疏解“艮止”之旨。他说：“盖自伏羲以来，以‘艮止’启存心之法，至尧以‘允执厥中’示由道之要，至舜、禹以‘人心道心’‘危微精一’‘安止几康’明‘允执厥中’之要，至汤、文、武以‘钦止艮背’明‘建中绥极’之要，其实皆‘艮止’也。苟得其要，虽在数千载之下，可见数千载之上。今予生数千载之下，窃尝妄意欲窥当时君臣功业之大，道

德之盛,每恨不获生逢其时。"①古之建功树德者皆有其学,其学源于其心,知其学则其心可得而知。在他看来,自伏羲以来,诸圣皆以"艮止"为存心之法门,至尧则以"允执厥中"作为入道之要,舜、禹又以"人心道心""危微精一""安止几康"阐明"允执厥中"之义,至汤、文、武更以"钦止艮背"明"建中绥极"之旨。凡此种种,皆不过是对"艮止"之旨的说明、诠释或注脚。"圣学之要,在于知止",尧舜授受、历代儒者所尊奉的,莫过于"人心惟危,道心惟微,惟精惟一,允执厥中"的十六字心传。而"允执厥中""精一",皆为"艮止"之意,"艮止"即"执中"。因而,"艮止"可以囊括一切工夫。伏羲、尧舜、孔子所代代相传的,不过是"艮止"之旨。"文王之学,实原于伏羲;而孔子之学,又原于文王,皆在止其止而已矣。"(《明道编》卷一)据此,他对宋儒道统之说给予了否定:"盖宋儒之学,自是宋儒之传,原非尧舜之传;尧舜之传,至孟子而绝,在今则无传矣。"(《明道编》卷一)这一观点在当时无疑极为大胆。不过,黄绾颇为自信地说:"此言予极知僭妄,但属尧舜禹汤文武周公孔孟道脉所在,故敢言之。"(《明道编》卷二)客观地讲,这只不过是其继往开来自任圣学道统的一种道白。

可惜孟子之后,圣学道脉"艮止"之旨没而无传,伏羲、尧、舜所相传者亦渐以湮沦,从而致使功利之说兴、禅定之学起。"伏羲、尧、舜之道,与孔子之传,历千古而人莫能会,岂非以异端之故耶?异端莫甚于禅学,自禅学兴,而圣人之道日为所乱惑,近理而失真。"(《明道编》卷二)因此,"有道者切深忧之",黄绾亦"恐圣人之道日晦,故恒思有以辩之"(《明道编》卷一)。值此程朱陆王后学

---

① 〔明〕黄绾:《书经原古序》,载《明儒学案》卷十三《浙中王门学案三》,中华书局1985年版,第283页。

日益禅学化之际，面对圣学道脉渐趋衰败的颓局，黄绾痛心疾首，认为“禅学之盛，将为天下国家之害”，故不得不“于其根本所在”而深明之。他说：“予言宋儒及今日朋友禅学之弊，实非得已，盖因年来禅学之盛，将为天下国家之害，尝痛辩之，皆援先儒为据，皆以朋友讲习为难言，故于其根本所在，不得不深明之，世有君子，必知予之不得已也。”(《明道编》卷一)据此，黄绾每以接续“艮止”道统为己任，他说：“苟得其要，虽在数千载之下，可见数千载之上。今予生数千载之下，窃尝妄意欲窥当时君臣功业之大，道德之盛，每恨不获生逢其时。”其门人林文相亦在《明道编序》中说：“端绪简易，旨归明白，有以继绝学于千载之下，而上接孔孟之真传。”(《明道编》卷一)黄绾自称“艮止”之旨出于《周易》和《大学》，其“艮止”之学，乃合二书之精髓而成亦即“《易》之微言，莫要于‘艮止’”。“伏羲、尧、舜以艮止、执中之学相传。伏羲之学具于《易》，尧、舜之学具于《书》。《易》之微言，莫要于‘艮止’。《书》之要旨，莫大于‘执中’。自是圣圣相承，率由是道。”(《明道编》卷一)既然儒家圣圣相传的道统即艮止，则承续此道统，唯有以艮止存心，以执中为志，以思为学，事事思个天理是当，时止时行，无终食之间违仁，一切行为皆止于当止之地，从而使得“艮止执中之正脉”相续不断。如其所云：“予以艮止存心，以执中为志，以思为学，时止时行，无终食之间违仁，兢兢业业，无一言敢妄，一行敢苟。”(《明道编》卷一)

(三)“收拾精神”的修养工夫

黄绾以“艮止”作为天人的根本法则，目的就是要“收拾精神，归缩在腔子内”，从而反对各种形式的流荡无存。“若求其要，常知收拾精神、归缩在腔子内，此孔子所谓‘成性存存，道义之门’是也。此予所谓‘艮知其止，以存其心’是也。”他进一步解释说："稍起妄念，即思究破。若放散乱，便成荒失，渐堕肆戾，气质无由变化，乃谓气质素禀得如此。然不知只当初收拾精神、归缩在腔子内，日用随物变迁，益纵而益乱，益乱而益远故也。常知收拾精神、归缩在腔子内，即《大学》所谓'知止而后有定，定而后能静，静而后能安'，文王所谓'艮其背，不获其身；行其庭，不见其人，无咎'是也。此言其性之体如此。孔子所谓'艮其止，止其所也'，所谓'无思无为，寂然不动'是也。若言其用，《大学》所谓'安而后能虑，虑而后能得'，此孔子所谓'成性存存，道义之门'是也。此予所谓'艮知其止，以存其心'是也。即此存存，谓之有乎？谓之无乎？以视无极、无欲、无心、无情之云如何？此儒、释之所以分也。"（《明道编》卷三）概言之，"困知勉行之工"旨在"知止"，其要即"收拾精神、归缩在腔子内"，从而"成性""存心"。如果不知收拾精神、归缩在腔子内，就会散乱荒失而渐堕肆戾，使得气质无由变化，最终导致"日用随物变迁，益纵而益乱，益乱而益远故也"。（《明道编》卷三）

据此，黄绾对朱子及阳明后学的禅学化倾向进行了严厉批评。他说："若禅，感而无感，故无思；通而无通，故无为。若儒，则犹云'无思无为'，此乃王衍之徒，清虚所以亡晋；达摩以来，禅宗之所以乱学也。"（《明道编》卷三）孔子训诫弟子皆重德行，"考自古圣人，凡涉天下之故，曾有何事是无思而成、无为而已者！"（《明道编》卷一）然而，"今之君子，有谓仙、释与圣学同者，传于人则多放肆无拘检。或问其故，予曰：无他，只为见其本来无物，顿悟上乘之旨，有以放其心而不知收。不思仙释为学之初，全在持戒，苟持戒不严，则有不可胜言之弊矣，况圣学乎？"（《明道编》卷一）凡圣学传人兼取佛道者，皆因"放其心而不知收"。"不知收"，其实就是不知"收拾精神"；所谓"持戒"，即要"归缩在腔子内"。黄绾强调，"圣学"

必须有思有为有事，以艮止存心，收拾精神而无肆志妄行。我们不难看出，这种艮止工夫显然吸纳了程朱理学“涵养须用敬”的修养工夫，其所针对的正是阳明后学流于空疏的禅学化倾向。他晚年更是痛斥周、程、朱、陆为禅，甚而想要把他们从圣学道统中驱逐出去。这在当时无疑是振聋发聩之言。

正由于此，黄绾一生极重实学。“他所记平日对性理之学的理解、体会，反肤廓鲁莽，无大发明。他的其他著作，也大多是关于实学的。……可以说，黄绾是个长于实学而疏于性理的人。他一生大半事业在宦途，没有王阳明那样多的纯理论的发挥。”尽管阳明弟子的身份决定了黄绾仍然未能越出王学以心为本的理论框架，但其学问主旨“艮止在纠正王门流弊上，自有不可掩之光彩”①。

六、季本的“四同”与“龙惕”易学

季本（1485—1563），字明德，号彭山，浙江会稽人。正德十二年（1517）进士，后逢阳明升南京鸿胪寺卿，造门而师事之，由是获闻良知之说，更欲舍弃仕途一意向学。阳明以书劝之，乃随例叙选。任建宁府推官时逢朱宸濠之乱，季本据守分水关，遏其入闽之路。几经升迁谪贬后知长沙府，又因锄击豪强过当而罢归。解职还乡后讲学不辍。年七十九卒。

季本广览博求，上自经书，下逮星历、度数、地理、兵农之学，亦必究极精微。阳明居越时曾寄书诫之曰：“凡看经书，要在致吾之良知，取其有益于学而已。则千经万典，颠倒纵横，皆为我之所用。

① 张学智：《明代哲学史》，北京大学出版社2000年版，第155页。

一涉拘执比拟，则反为其缚。”①著有《易学四同》《诗说解颐》《春秋私考》《四书私存》《说理会编》《读礼疑图》《孔孟事迹图谱》《庙制考义》《乐律纂要》《律吕别书》《蓍法别传》等十余种、一百二十余卷。其中，讨论性理的作品主要是晚年著就的《说理会编》，黄宗羲《明儒学案》即全以此书为之立案。季本不尚空谈，极力反对阳明后学中纯任自然的高明一路；注重实行践履，曾实地考察黄河故道，穷索海运旧迹，考证三代春秋列国之疆土川原等。其易学著作主要有《易学四同》八卷②及《易学四同别录》四卷。③

（一）易学四同

在《周易》作者的问题上，季本大体沿袭了汉人“伏羲画卦、文王彖辞、周公爻辞、孔子传文”的圣人作《易》说：“象者，伏羲所画卦体之象也。彖者，文王所系一卦之辞也。爻者，周公所系六爻之辞也。孔子为之传以释其义。释彖义者谓之《彖传》，以一卦之大旨言也；释象义者谓之《象传》，以卦全体之不变者言也；释爻义者谓之《爻传》，以卦各爻之变者言也。此三传者皆孔子之手笔，深得羲文周公之意，非若讲师之所传，或有失真者也。”（《易学四同》卷三）值得注意的是，季本认为，“十翼”之中只有《彖传》《大象》《小象》为孔子所作，其余篇目皆出于后世经师之手。至于书名，亦必为后人所附：“今之《易》书列于前则伏羲之手笔也，而岂可尽以周

① 〔明〕王守仁：《王阳明全集》卷六《答季明德》，上海古籍出版社 1992 年版，第 214 页。

② 〔明〕季本：《易学四同》，《续修四库全书》第 6 册，上海古籍出版社 2002 年版。以下凡引该书只注书名、卷数。

③ 〔明〕季本：《易学四同别录》，《续修四库全书》第 6 册，上海古籍出版社 2002 年版。以下凡引该书只注书名、卷数。

名哉？文王周公又不可自名其书为周，而诸传之中言易者多矣，亦无一以周称者。故周易之名亦后人之所加也。”(《易学四同》卷一)显然，季本的这些观点受到了唐宋之际的“疑经惑传”思潮如欧阳修《易童子问》等著作的影响，而与当时居于官学的朱子之说大相径庭。不仅如此，季本从宋明儒学的“道统”说出发，极力反对朱子将天地之易、伏羲之易、文王周公之易、孔子之易截然分观的论断：

> 伏羲之易岂外于天地自然之理哉！伏羲不能外天地之理以为易，则文王亦岂能外伏羲之易以有言哉！文王不能外伏羲之易以有言，则周公亦岂能外文王之说以尽变哉！三圣之易，其揆一也。孔子又岂能别立一意而为之传哉！(《易学四同别录·序》)

季本认为，《周易》虽历经三圣之手最终成书，但伏羲、文王周公、孔子之道乃同条共贯、一脉相承的。四者为法为时有异，其道其理却无二致。“易者，阴阳相变易也。易即道也。道不出于阴阳变易之外，所谓‘一阴一阳之谓道’也。”(《易学四同·序》)具体而言，三圣同以“阴阳变易”为道，皆在揭示描绘“天地之易”，故不单伏羲、文王周公、孔子之易前后通贯，且与天地之易亦一体无隔，此即季本所谓“易学四同”之旨。

由此出发，他对邵雍、朱熹易学的先天后天之说进行了批评。“易画于伏羲，演于文王，系于孔子，传之天下万世，惟此一易而已。未闻有先天后天之分也。”(《易学四同别录》卷一)在“易学四同”的视野下观之，邵雍、朱熹以伏羲易为前天、文王易为后天的做法，无疑有悖于圣人易教。他曾这样评论邵氏易学：“诸子之中，惟邵子之数不离乎象，而于阴阳消长之义多所发明，庶几于易道能露萌芽。然亦以数自成一家，卒不能尽羲文周孔之意，而义理之学何由而不杂哉?”(《易学四同别录》卷二)可见，季本尊崇的乃《周易》的义理之学，而非象数派的解《易》路数。“善学易者，当求易理而不必专求于易数也。求数而不求易理，则自眩其能而不知进退之几。”(《易学四同别录》卷四)因此，季本往往立足于心学义理来诠释《易》卦。

(二)千圣一心

《易学四同·序》中的如下文字，集中表达了季本对《周易》一书的基本观点，不妨视为其心学易的思想总纲：

> 易，心学也。随时变易，归于中道，故谓之易。夫心之动静，阴阳而已矣。阴阳往来，其变无穷，道之所以流行而不已也。往者，事之化。来者，几之微事。既化不可得而知矣。所可知者，惟其几耳。知几而中在是矣。故易以知来为要，圣人以此洗心，退藏于密。知以藏往，神以知来，无他学也。于是忧民之迷于吉凶也，而为之设卜筮，以前民用，将与共立于无过之地。此岂有所强哉？不过，因其心之同，不待外求者而开明之，使不昧于吉凶之几，即其一念之觉而得补过以复于无咎。此伏羲作易之本意也。(《易学四同·序》)

季本认为，《易》之阴阳符示心之动静，阴阳流行不已实则只是人心变化无穷。但人心无论如何变易，始终有良知主宰使其合乎中道。因此，他把程颐《易传》的“随时变易以从道”一语修改为“随时变易，归于中道”。若要确保心之所发不违中道，就要时时检省一念之“几”。为说明此意,季本又作诗曰:“两画刚柔意若何? 只须心上看中和。自从四圣分门后,惹得人间异论多。”(《易学四同别录·跋》)他相信,“心上看中和”一语足以概括伏羲、文王周公、孔子之易的共同宗旨,即“千圣一心”。然而,春秋战国以降,易道不明,经师儒生不知以刚柔变易之道开发人心,往往杂立象名、因缘断事,甚或径以旁求字义、推测物情为易。即便是影响巨大的朱子易学,仍与圣人易道终有间隔。其四易分观的主张足以说明,朱子未能觉察到易道的心学特质,即“非千圣一心之学矣”。

从学术史的角度审视,季本的“千圣一心”说显然与陆九渊“千百世之上至千百世之下,有圣人出焉,此心此理,亦莫不同也”①的说法如出一辙;至于“易,心学也”的表述,亦与杨简“易者,己也”②、王畿“易,心易也”③的论断渊源极深。对此,四库馆臣已有洞察:《易学四同》“大旨乃主于发明杨简之《易》”(《四库全书总目》卷七《易学四同》)。事实上,季本基于“易,心学也”的解《易》理路确实与杨简颇为相类。同时,他更将其师阳明的“心即理”及“良知即易”诸说涵纳其中,进而从心理无二的角度诠释《易》义。

依季本之见,《周易》所讲的辞象变占皆在于人之一心:“象与变皆吾心体,心体之象即其辞也,心体之变即其占也。因其动静而观之吉凶见焉,何待假辞以为占哉?”(《易学四同别录》卷三)相应地,“吉凶悔吝”等占辞即与人心之几紧密相连:

---

① 〔宋〕陆九渊:《陆九渊集》卷三十六《年谱》,中华书局1980年版,第483页。

② 〔宋〕杨简:《慈湖遗书》卷七《己易》,《文渊阁四库全书》第1156册,台湾商务印书馆1986年影印。

③ 〔明〕王畿:《王畿集》卷八《易与天地准一章大旨》,凤凰出版社2007年版,第183页。

> 占事知来,知来之占全在几上,而几之可验者吉凶悔吝而已。为善则吉,吉者心之安处也;为不善则凶,凶者心之不安处也。自凶而趋吉则悔,悔者心有所悟而必欲改也;自吉而向凶则吝,吝者心有所羞而不欲为也。此皆天命之本然,而良知之所不能自已者,故四者在心,皆谓之德。圣人以神道设教,特指此以示人,欲其知本心之明,不从外得也。(《易学四同别录》卷三)

概言之,“吉凶悔吝以心言”(《易学四同》卷五),圣人画卦,全在心上见得此理。也就是说,《周易》一书,是对人心各种情状的全方位描绘。由此出发,他对《周易》六十四卦进行了详细解说。如其解《坤》卦六五爻辞曰:“元吉者,良心发而心体安之谓也。”解《需》卦彖辞曰:“《易》中凡言‘孚’者,皆阳刚真切之心也。”(《易学四同》卷一)解《蒙》卦彖辞“匪我求童蒙,童蒙求我。初筮告,再三渎,渎则不告。利贞”曰:“童者,赤子之心也。赤子之心犹未开明,故曰童蒙。”“初者,初欲求明之心,纯一未杂之诚也。再三则动其初心,私虑纷扰而杂矣”“所谓亨者,唯以开明其诚心而已。”(《易学四同》卷一)这一思路在注解《复》卦时更是彰显得淋漓尽致:“动而顺者,顺天理之动而行之,则刚常为主,无所害之,而其德如朋来之盛矣。天行者,天道自然之运,言七日来复,其势不可遏也。”(《易学四同》卷三)“初九,天理之动,本心之仁也。复之所以为复,正在于此不远者,不远于心也。复而有失,则本心间断,故谓之远。由未复前观之,然后有复。其复在心,故谓之不远之复也。……六二以内体柔顺中正之善下比初阳,是能养天理之微,复之休美者也。……以六居三,不中不正,又在震体,躁动而频失者也。但初阳在下已能自复,而三为阳位,虽失而天理未亡，其复亦频者也。……五柔顺得中，厚养初阳而有成功者也。故有敦复之象。天理复全，无慕乎外，故无悔也。……盖当复之时，无终迷之理，以见天理之未尝亡而物极必反也。”(《易学四同》卷一)

季本诠解《易传》时同样注重阐发心学之旨。比如，他曾颇具创造性地将八卦卦德解释为“心之八德”：“盖伏羲之画，因奇偶交互而为八卦，是状人心之八德也。纯阳不为阴挠则健德也，故谓之乾。纯阴不敢挠阳则顺德也，故谓之坤。一阳起于重阴之下主于进者也，有警寐发生之意焉，故谓之震。震，德之动也。一阴伏于重阳之下主于退者也，有委曲收敛之意焉，故谓之巽。巽，德之入也。阳再生而一阴未尽，情相系恋，有和悦之意焉，故谓之兑。兑，德之说也。阴再敛而一阳未消，体常贞明，有定静之意焉，故谓之艮。艮，德之止也。阳在阴中，为阴所掩，惕然不安，有危惧之意焉，故谓之坎。坎，德之险陷者也。阴在阳中，为阳畅美，赫然宣著，有开明之意焉，故谓之离。离，德之华丽者也。此皆刚柔交错，本之于乾坤，而乾坤不过奇偶二画而已。奇偶二画，心体分合之象也。岂待观于外象之尘而拟之以成卦哉？但此心之理通于天地雷风水火山泽之神者，犹可取也。其余动植之物，如牛马豕羊之类，偶有合于卦之性情形体者，则但假象以明之，庶几足以见意，非谓卦义约于此象也。”(《易学四同》卷六)

(三)龙惕之旨

季本所处的时代，正是王畿等人所代表的心学高明一路日渐兴盛的时代。为了扭转学者们蹈空涉虚的普遍倾向，其心学特以“龙惕”二字作为讲学宗旨。他说：

> 夫心之为龙也，言乎其惕也。龙起则惊，惊则惕，惕则天理初萌，未杂于欲之象。盖即《中庸》戒惧不睹、恐惧不闻之几也，是谓良知。此非主健何以能之？故《易》曰“乾以易知”。乾之知自能知，无待于外，何难之有，所谓自然也。自然以乾知为主，岂复有流于欲者哉？此龙惕书之本旨也。①

“龙惕”之“龙”，即《周易》乾卦诸爻之“龙”。“龙阳物而能变化者也”，其潜、见、跃至飞、亢，宛若人心之变化流行，神妙莫测；“惕”则源于九三爻辞“君子终日乾乾，夕惕若”。季本解之曰：“乾乾即惕也。乾之所以为乾，唯惕然不安而已。乾而又乾，终一日而夕犹惕然。所谓自强不息者如此。九三应事之地，处位不中，苟少忽焉，则危道矣。故乾乾因时而惕，必能无咎也。”“盖其心惕然，则得无咎。”（《易学四同》卷一）亦即心有主宰而常惺惺。在他看来，“龙所体现的精神，最好地表达了他的学术宗旨；以龙喻心体最为恰当。龙有两个最主要的精神，一是变化，二是警惕；变化则不拘执，警惕则不放荡。变化中时时不废警惕，警惕中处处不碍变化。警惕表示心有主宰，变化表示心应用无方。”概言之，“季本的‘龙惕’，变化即流行，警惕即主宰……它们是一物之不可分的两个方面”②。

在此基础上，季本对心如明镜的比喻进行了批评：“圣人以龙言心而不言镜，盖心如明镜之说，本于释氏，照自外来，无所裁制者也。而龙则乾乾不息之诚，理自内出，变化在心者也。予力主此说，而同辈尚多未然。然此理发于孔子居敬而行简是也。敬则惕

---

① 〔明〕季本：《季彭山先生文集·送杨君序》，《北京图书馆古籍珍本丛刊》第106册，书目文献出版社1988年版。

② 张学智：《明代哲学史》，北京大学出版社2000年版，第156页。

然有警，乾道也；简则自然无为，坤道也。苟任自然而不以敬为主，则志不帅气，而随气自动，虽无所为，不亦太简乎？孟子又分别甚明，彼长而我长之，非有长于我也，犹彼白而我白之，从其白于外也，此即言镜之义也。行吾敬，故谓之内也，此即言龙之义也。告子仁内义外之说，正由不知此耳。”（《明儒学案》卷十三《浙中王门学案三》）此间，季本辨析了儒、释两家心学的差异所在。他认为，佛家的心如明镜说更多强调照自外来，而未强调心的能动主宰之义；儒家以龙喻心则彰显出乾乾不息之诚，其理发自居静行简之内，既惕然警觉又自然无为，变化全由心所宰制。倘若只任自然而不以敬为主宰，必将志不帅气。心随气而动，只能陷入流荡而无所归依。如其所云：“圣门所谓道者，自人率性而言，以刚健而主宰乎气化者也，故其发也，至精不杂，谓之中节，若不就主宰上说道，则浮沉升降，自去自来，乃气之动耳，犬牛与人全无所异。佛老之学于义不精，随气所动，惟任自然而不知其非者矣。”（《明儒学案》卷十三《浙中王门学案三》）

显然，季本的“龙惕”之旨是针对王畿“即本体便是工夫”的“先天正心之学”而发。依他之见，王畿心学纯任自然而不言主宰的高明一路，实与禅学无异。因而，有必要以“龙惕”二字再次突出心的主宰之义。他指出，伏羲、尧舜及至夏商周三代易学皆以乾之主宰为工夫：

> 功夫当以乾为主宰，则周不能改乎商，商不能改乎夏，夏不能改乎尧舜，尧舜不能改乎伏羲者也。学而非乾将以何者为主宰乎？（《易学四同》卷一）

“功夫当以乾为主宰”无疑是“龙惕”说在工夫论层面的必然推论。

具言之,平日居敬以保持心之常惕常警,从而使志帅气而动,此即季本工夫论的要义所在。在对《易》卦的具体解释上,季本亦曾发挥“龙惕”之旨。如其言《讼》卦九二爻辞云:“九二阳刚中正,有孚而能窒惕者也。”(《易学四同》卷一)

(四)阳主阴从

季本还曾借用阴阳学说来论证其心学重主宰轻自然的倾向。在他看来,阳对应“主宰”,阴对应“流行”。“阳为主时主宰显而流行隐,阴为主时流行显而主宰隐。虽有阴阳阴显之不同,而无主宰流行之或失。……季本的龙惕,突出的是主宰义。”如此一来,《易传》所云“乾知太始,坤作成物”,“即是说,流行永远是主宰管辖下的流行。他说:‘夫坤,自然者也,然以承乾为德。则主乎坤者,乾也’”①。为了论证这一思想,季本又从阳主生、阴主杀的角度对二者关系进行了界定:“夫阴阳者造化之本,不能相无而消长有常,亦非人所能损益也。然阳主生、阴主杀,则其类有淑慝之分焉。故圣人作《易》不能相无者,既以健顺仁义之属明之而无所偏主。至于消长之际淑慝之分,则未尝不致扶阳抑阴之意焉。盖所以赞化育而参天地者深矣。”(《易学四同》卷一)季本指出,阴阳虽然一时并在、不可或缺,二者在价值上却有高下之别。依他之见,阳主阴从、以阳统阴实为千古不易之理。因而,他对《易》卦的注解亦每每贯穿着此一原则。具言之,约有如下数端:

第一,阳为阴主。如其将《益》卦“损上益下”解作《否》卦初四互易,即损上体九四之阳益下体初六之阴,从而刚为柔主(《易学四同》卷四);将《谦》卦九三《小象》“万民服者”解作九三一阳

---

① 张学智:《明代哲学史》,北京大学出版社2000年版,第156~157页。

为其余五阴之主(《易学四同》卷三)。

第二,阴从阳为正。季本解《姤》卦初六曰:“阴以从阳为正。初六牵于九二,为其所制,则得正矣,故曰贞吉。若不从阳而即有所往,则必至见凶。”(《易学四同》卷二)解《坤》卦初六《小象》曰:“阴以从阳为正,阳既往而阴无所系则蹢躅而不可制矣。”(《易学四同》卷三)

第三,得正为吉,反之则凶。《蒙》卦九二阳得中正,三、四、五三阴爻皆从阳,故爻辞称“纳妇吉”(《易学四同》卷一)。《屯》卦六三失位,又与二四两阴爻相比,远离初五两阳,故曰“即鹿无虞”(《易学四同》卷一)。

由上可见,季本在注解《易》卦时,往往结合爻位、卦主、卦变等象数体例来判定阴阳爻之间的相互关系。这种立足于《易》象的解经方法,使其《易》注往往能持之有故、言之成理。然而,他并不严格遵守《易传》发明的“承”例来界定“刚为主”“阴从阳”的做法,虽然增强了注经的灵活性,却同时也失之于太过随意。

总而言之,“季本的学术,同黄绾一样,旨在发挥阳明早年主宰常定的思想,反对龙溪为首的高明虚阔一路以流行为本体,中无主宰的趋向。这个意思为后来的刘宗周大力阐扬。季本的学术,对于遏制阳明学向狂荡的方向发展,使之返回实地,是有一定的导向作用的。”①在易学上,季本亦有一定建树。他极力反对朱子的四易分观,倡导“易学四同”;又以心学思想注解《周易》经传,为心学易的发展做出了贡献。当然,对季本易学有所指摘者不乏其人。如黄宗羲曰:“《易学四同》谓四圣皆同也,朱、邵分为羲皇之易、文周之易、孔子之易,先生正之,是也。但辞变象占,一切不言,则过矣。

① 张学智:《明代哲学史》,北京大学出版社2000年版,第159页。

至《大传》则以为秦、汉而下学者之言,祖欧阳氏之说也。”(《明儒学案》卷十三《浙中王门学案三》)杨时乔曰:“其书于《易》中性命之理、辞象变占不言,一切以心为言。盖其任心为说,凡致行承心知,直行不事防检践履。盖心易之流而放焉者也。”张云章曰:“盖慈湖心易之流而以程朱为支离牵强者,学者审诸。”①尽管如此,在明代语录之学极盛的局面之下,季本能潜心经学、埋头书册实属不易,尤其是他对朱子《周易本义》卷首九图的考辨多有前人未发之论,如指后天图非文王所作,且对先天方位图抱有怀疑态度。这些观点在一定意义上正是清初易学辨伪风潮的先声。

七、通于四书五经的罗汝芳易学

罗汝芳(1515—1588),字惟德,号近溪,江西南城人,泰州王学重要代表人物。历任太湖知县、刑部山东司主事、宁国府知府、东昌府知府、云南道巡察副使、云南右参政。因讲学与张居正结怨,万历五年(1577)被弹劾,勒令致仕。此后仍四处讲学,卒年七十四。

罗汝芳十五岁学举业,读薛瑄《读书录》有得,于是闭关于临田寺,置水镜于几上,对之默坐,力求使心似水镜般清明静止,“久之而病心火”,后读《传习录》方才转好。二十六岁偶过僧寺,见张榜称能救心火者,以为名医,访之,乃颜山农讲学于此。罗汝芳听之良久,大喜,曰“此真能救我心火”。次日五鼓,即拜称弟子。三十四岁时,听闻其弟子胡宗正精于易学,于是反拜胡氏学《易》。罗汝

① 〔清〕朱彝尊:《经义考》卷五十三,中华书局 1936 年版《四库备要》本。

芳的传世著作为《近溪子集》。

（一）画前之旨

罗汝芳学《易》于胡宗正①一事，后人在罗氏传记、年谱中多有记述。其中，尤以曹胤儒《罗近溪师行实》所载最为详尽：

> 宗正乃言曰："易之为《易》，原自伏羲泄天地造化精蕴于图画中，可以神会，而不可以言语尽者。宜屏书册，潜居静虑，乃可通耳。"师如其言，经旬不辍。宗正忽谓师曰："若知伏羲当日平空白地着一画耶？"师曰："不知也。"宗正曰："不知则当思矣。"次日，宗正又问曰："若知伏羲当日凭空白地一画未了，又著二画耶？"师曰："不知也。"宗正曰："不知则当熟思矣。"师时略为剖析，宗正默不应，徐曰："障缘愈添，则本真益昧。"如是坐至三月，而师之《易》学，恍进于未画之前，且通之于《学》《庸》《论》《孟》诸书，沛如也。②

胡宗正指出，易之精髓既不在象数图书、卦爻符号，又不在卦爻辞义、文字训诂，只能神会，不可言传。他对罗汝芳的易学传授，仅是以略加点拨的方式促使其自我致思穷索而得悟。从"最初一画"的提问来看，胡宗正颇重"画前"之旨。"障缘愈添，则本真益昧"，更透露出胡氏是以画前易为"本真"，故主张放下典籍破除障蔽、静中

---

① 旧说误以胡宗正为胡清虚，二者实非一人。参见彭国翔：《王龙溪与佛道二教的因缘》，载《中国哲学史》2001 年第 4 期；《王畿与道教——阳明学者对道教内丹学的融摄》，载《中国文哲研究集刊》第 21 期。

② 〔明〕曹胤儒：《罗近溪师行实》，《罗汝芳集》附录，凤凰出版社 2007 年版。以下凡引《罗汝芳集》只注书名及卷数。

思虑直达“本真”。这一思想对罗汝芳影响至深：

“盖‘易有太极’，是夫子赞《易》之辞，非易之外又有个太极悬在空中也。即如周子云‘无极而太极’，又以赞太极之辞，亦非太极之外又有个无极悬在空中也。”曰：“易之外固非别有太极矣，然易何以便谓之太极也耶？”罗子曰：“窃意，此是吾夫子极深之见、极妙之语也。盖自伏羲、文、周三圣立画显象之后，世之学者观看，便谓太虚中实实有乾坤并陈，又实实有八卦分列。其支离琐碎，宁不重为斯道病耶？故夫子慨然指曰：此易之卦象，完全只太极之所生化。盖谓卦象虽多，均成个混沌东西也。若人于此参透，则六十四卦原无卦，三百八十四爻原无爻，而当初伏羲仰观俯察、近取远求，只是一点落纸而已。此落纸的一点，却真是黑董董而实明亮亮，真是圆陀陀而实光烁烁也。要之，伏羲自无画而化有画，自一画而化千画，夫子将千画而化一画，又将有画而化无画也已。”（《近溪子集》卷礼）

此乃罗汝芳学《易》于胡宗正的得悟之语。依他之见，伏羲、文王、周公设卦系辞，目的皆在符示太极的创生大化。从未有一画到六十四卦、三百八十四爻齐备，是太极生化之功的全然展现；而《易》之六十四卦、三百八十四爻，究其本根又在未着一画处。此未着一画处，即有即无，虽混沌却不妄。可惜三圣之后，学者胶着于卦爻，以为乾坤六十四卦皆是实存，全然不目易之原旨，因而孔子才拈出“易有太极”一句，使人明彻唯有归于画前方能寻得易之本真。

罗汝芳从学于胡宗正，不单使其“易学恍进于未画之前”，更得以将《易》“通之于《学》《庸》《论》《孟》诸书”，亦即五经四书彻然贯通：

后养病家居，因究心《书》《易》，至尧舜二《典》、乾坤二卦，间有悟处，乃通身汗浃，始知天生孔孟，为万世人定魂魄、立性命，从之则生，违之则死也。（《近溪子集》卷御）

降古圣神，序之以六十四卦，分之以三百八十四爻，演之以《系辞》十翼，布之以《洪范》九畴，至于极力显著，则又是《中庸》此书。（《近溪子续集》卷乾）

先儒谓《易》为五经祖，则《书》之政事、《诗》之性情、《礼》之大本、《春秋》之大义，言言皆自伏羲画中衍出，非《易》自为《易》，各经自为各经。总之，皆自身心意知，通之天下国家。（《盱江罗近溪先生全集·语录》）

四书五经通而为一，是罗汝芳跟从胡宗正学《易》获得的重要结论。这一结论不单是我们理解罗汝芳易学的前提，也是我们全面把握其心学思想的关键。

（二）仁即生生

因乎五经四书相互敞开、彼此融通，罗汝芳解读某一儒家经典时便常常与其他典籍合观。也就是说，他并不注重各部经书之间的分别与界限，而是着力开掘儒家经典“一以贯之”的精蕴。“一切经书皆必归会孔孟，孔孟之言皆必归会孝弟。”（《近溪子集》卷乐）儒学之旨不外乎“仁”，追本溯源，“仁”又源于“生生”：

孔门宗旨，止要求仁，究其所自，原得之《易》，又只统之以“生生”一言。夫不止曰“生”，而必曰“生生”，“生生”云者，生

则恶可已也。(《近溪子续集》卷坤)

他强调,“仁”是贯穿在一切儒学经典中的核心思想和内在精髓。这一思想精髓是孔子从《周易》的“生生”中体悟出来的。我们知道,“仁”作为一种人文精神,原本是对人与人之间真实情感的凝练;而人对他人的情感,无疑又是从生而皆有、无一丝虚伪造作存乎其间的孝顺父母、尊敬兄长等自然情感中引申推及出来的。所以,“孝悌”为“仁之本”,正缘于父母生命赐予的“生”与孝悌之“仁”紧密关联。据此,罗汝芳便将《易》之“生生”与孔孟之“仁”融会贯通。其晚年的“孝悌慈”宗旨,亦是对此见的推进延伸。

父母赋予生命与子女孝父悌兄,固然是“生”“仁”相通最为亲切的展示。若以宏大的整体宇宙视野观之,更可觉悟到“天地之心”的“生生”乃作为宇宙法则的“大德”之“仁”:

孔子云:“仁者人也。”夫仁,天地之生德也,天地之大德曰“生”,生生而无尽曰“仁”,而人则天地之心也。夫天地亦大矣,然天地之大,大于生;而大德之生,生于心。生生之心,心于人也。(《盱坛直诠》)

此段文字中,罗汝芳打通经典阐述己意的诠释方式表现得格外明显。在这种诠释下,《易传》的“天地之大德曰生”、《礼记》的“人者,天地之心也”、《中庸》的“仁者,人也”都为“生”与“仁”的相互诠显提供了经典支撑。从天地创生万有、造化万物中流露出的无穷生机生意,最好地体现了大德之仁作为宇宙法则亘古通今、处处俱在的品格。因而“在他看来,孔子所谓仁,孟子所谓性善,《中庸》所谓天命之性,《大学》所谓明德亲民,《周易》之‘生生不已’就可包括无余。生生之仁统摄宇宙，世间的一切，都是生生之仁的体现”①。

罗近溪思想中“生”与“仁”的贯通，显然又与从学于胡宗正的经历有着重要关联。在谈及学《易》经历时，他说：

> 其时孔孟一段精神，似觉浑融在中，一切宗旨、一切工夫，横穿直贯，处处自相凑合。但有《易经》一书，却贯串不来，时又天幸，楚中一友来从某改举业，他谈《易经》，与诸家甚是不同……某复以师事之，闭户三月，亦几亡生，方蒙见许。反而求之，又不外前时孝弟之良，究极本原而已。从此，一切经书皆必归会孔孟，孔孟之言皆必归会孝弟，以之而学，学果不厌；以之而教，教果不倦；以之而仁，仁果万物一体、而万世一心也已。(《近溪子集》卷乐)

由此可见，未能将《周易》与孔孟精神相贯是罗汝芳拜师学《易》的起因。这一起因，已然预设了其用力方向和最终目标。因此，认识到《易》之宗旨“不外前时孝弟之良，究极本原而已”既是其学成的收获，也是其原本的期望。在胡宗正穷索易之本真的点醒下，罗汝芳经由熟思静虑最终觉悟到的不过是他预期获得的内容而已。由是推断，所谓“画前易”之本真，大抵就是“生生”一旨。以“生生”融汇孔孟，则《易》可“通之于《学》《庸》《论》《孟》诸书，沛如也”。

既然天地大德之“生”亘古不息，永恒地创生运化着包括人在内的世间万物，故宇宙间时时在在皆“仁”之显现。顺循此一识见，便可达至“万物一体”之境：

---

① 张学智：《明代哲学史》，北京大学出版社2000年版，第257页。

> 圣门之求仁也，曰“一以贯之”。一也者，兼天地万物，而我其浑融合德者也；贯也者，通天地万物，而我其运用周流者也。……天地万物也，我也，莫非生也，莫非生则莫非仁也。夫知天地万物之以生而仁乎我也，则我之生于其生，仁于其仁也，斯不容已矣。（《盱坛直诠》）

我们知道，“万物一体”是宋明理学的传统之一。此前，横渠、明道、阳明、心斋都颇重此一境界，明道、上蔡更有“以生言仁”之说。故宋儒中，近溪首推明道。罗汝芳基于“生”“仁”相贯的万物一体论与大程颇多相类①，其他思想亦对明道多有所取。不过，与大程“更多地强调个人的感受体验”②不同，罗汝芳还为其“万物一体”思想提供了气本论的说明：

> 实一元之气，浑沦磅礴，浩渺无垠焉尔。是气也，名之为天则天矣，天固乾之所以始乎坤者也；名之为地则地矣，地固坤之所以成乎乾者也；名之为我则我矣，我固天地之所以成始而成终者也。夫合天地万物，而知其为一气也，又合天地万物，而知其为一我也。（《近溪罗先生一贯编》）

此是以乾坤二卦论天地人物一气化生。《周易》以乾坤为首，罗汝芳尤重此二卦之义。

① 关于二人“万物一体”思想的同异之辨，可参看周群《论近溪对明道“一体论”的远祧与变异》，载《福建论坛（人文社会科学版）》2008年第1期。

② 陈来：《宋明理学》，华东师范大学出版社2003年版，第64页。

(三)日月为易

在对《周易》书名的训释上,罗汝芳吸取了汉人的“日月为易”说,并予以新解:

> 明字与易字,皆用日月二字为之。明以日月相并,正显阴阳之体;而易以日月相函,却显阴阳流行之用也。故天以日月,时时尽卦爻,而人莫知;圣人以卦爻,时时象日月,而人莫测。卦爻者,日月运行于天上之度数也。十一月中,日在地之极下处,月在天之最上处,冬至一复,则日从地而渐上,月从天而渐下,日上一百八十遭,而五月中,则阳不得一百八十爻耶?其时月在地之极下处,日在天之最上处,夏至一姤,则月从地而渐上,日从天而渐下,日上一百八十遭,而又十一月中,则阴不得一百八十爻耶?(《近溪罗先生一贯编》)

他认为,“易”“明”两字皆由日月构成,故“易”字需与“明”字互参。日月即阴阳,则“明”之左右结构,代表阴阳并具之“体”;“易”之上下结构,象征阴阳流行之“用”。以《复》《姤》两卦言之,《复》符示日上月下即阳气渐息始于十一月中气冬至之时;《姤》符示月上日下即阴气渐息始于五月中气夏至之时。自十一月冬至到次年五月夏至为阳息阴消、五月夏至到十一月冬至为阴息阳消,各历一百八十天;以一爻一日计,五月夏至时阳得一百八十爻,十一月冬至时阴得一百八十爻。由此可证,天之日月运行与《易》之阴阳卦爻一一对应,《易》的阴阳消息亦是对天之日月往来的拟照。

他又进一步以日月之义论乾坤二卦:

> 此只看一“易”字，则即得“乾”“坤”二字之意矣。盖“易”是日月相函而成，且日居上而月居下。函月而居上，则尊而善于统矣，尊统乎阴，则阳非专阳，而阳不足以名之也；函阳而居下，则卑而善于从矣，卑从乎阳，则阴非独阴，而阴亦不足以名之也。故曰：“天尊地卑，乾坤定矣；卑高以陈，贵贱位矣。”……统而从，从而统，则日月虽两体而合一体，阴阳虽二用而成一用，造化自此而可成，鬼神自此而可行矣。（《近溪子集》卷礼）

可见，乾坤二卦亦应从“易”字象征的日月相函、阴阳流行中寻求理解。“易”字日上月下，根据居上为尊、处下为卑的原则，“易”本有阳贵阴贱、乾尊坤卑之义。然而，日月相函、阴阳流行本为天道，故二者虽有贵贱之分，却不分立隔绝，而是以尊统卑、卑从尊的方式交感互通着。所以，纯阳之乾与纯阴之坤既体现着天尊地卑的宇宙秩序，又彼此为一，相涵互摄。

罗汝芳指出，邵子“天根月窟”说的深意正在于乾坤互涵、阴阳相摄：

> 尧夫先生一生学问，得之《易经》，而其学问根源，则见之《复》《姤》，故曰：“一动一静之间，天地人之至妙至妙者也。”……后人粗心浮气，把动便看做《复》，把静便看做《姤》，把动静之间便看做《复》《姤》之际有个地方、时候相似。却不思乾遇巽时，地逢雷处，乾为巽所自出，坤为震所由生，所谓阴阳互为其根，而两不相离者也。大抵学《易》，先须乾坤二卦识得明尽。盖乾以始坤，坤以终乾，乾之始处，未尝无坤，坤之终时，未必非乾，二者原合体而成者也。（《近溪子集》卷射）

罗汝芳反对以动静解《复》《姤》、把“一动一静之间”视为《复》《姤》之际。依他之见，邵子之意是《姤》《复》上体乾、坤各出自其下体巽、震，从而以阴巽生阳乾、阳震生阴坤体现出阴阳相摄不离。因此，在阴阳互涵的意义上看，乾统坤、坤从乾，乾为坤之始，坤为乾之终，二者不必分疏而论，言乾则坤已在其内，指坤则乾亦存其中。“大抵学《易》，先须乾坤二卦识得明尽。”理解乾坤是明悟《易经》的前提，理解乾坤之要又在领会二者交互涵摄之旨。

尽管罗汝芳对邵氏易学颇为推崇，但从他对“乾遇巽”“地逢雷”的解释来看，其说与邵雍原意并不相符。同王畿类似，他所在意的只不过是如何用先天易学来阐释自己的思想。除天根月窟外，罗汝芳还曾谈及卦气：

> 或曰：“何卦气、岁功之数不同？岂岁功之外又有卦气耶？”罗子曰：“乾坤主体，坎离主用，然统总只显出一个阳之纯处、知之明处，则前四卦之二十四爻，皆当主体，而流行化生，亦止三百六十爻，正所谓三百六十日也。”（《近溪罗先生一贯编》）

乾坤坎离四卦每爻各主一节共二十四节、余六十卦每爻各主一日计三百六十日的卦气说，本于宋代先天六十四卦圆图。二十四节为体，流行化生三百六十日，隐含着六十卦皆本自乾坤坎离四卦的结论。又据“乾坤为体、坎离为用”，则各卦皆由乾坤二卦所生，此更可说明乾坤的地位之重。

(四)心易互诠

于罗汝芳而言,五经四书的彻底打通为易学与心学的相互诠解提供了学理基础和具体方法。既然"一切经书归会孔孟",则理应以易言心、以心解易。他将《孟子》的"良知良能"与《周易》的"易知简能"互训就是一例:

> 知者,吾心之体,属之乾,故"乾以易知"。能者,心知之用,属之坤,故"坤以简能"。乾足统坤,言乾而坤自在其中;知足该能,言知则能自在其中。如下文:'孩提知爱其亲,知敬其兄',既说知爱亲、知敬兄,则能爱亲、能敬兄,不待言矣。(《近溪子集》卷射)

在罗汝芳看来,《系辞》"乾以易知,坤以简能"一句中的"知"和"能",即《孟子》所讲的"良知""良能"。良知为心之本体,良能为良知发用,二者的体用关系正如同乾坤二卦的尊卑统从,故《系辞》以知属乾、以能属坤;另一方面,由于乾坤相互涵摄,言乾自有坤在,相应地,言良知则良能亦被包举其中,故心学只言良知即可。

良知学发展至泰州一脉,学者言本体时多有新论。其中,罗汝芳尤为强调"赤子之心":

> 此"知能"二字,本是《易经》精髓,然晦昧不显,将千百年于兹矣。古今惟是孔、孟两人,默默打得个照面,如曰不虑而知,其知何等易也。然赤子孩提,孰知之哉?天则知之尔;不学而能,其能何等简也,然赤子孩提,孰能之哉?天则能之尔。(《近溪子续集》卷坤)

罗汝芳对“赤子之心”的提示，典型地反映出其涵化融通五经四书的能力。由于“赤子之心”与仁、孝悌、性善、本心、大人、天命之性等儒学范畴紧密关联，故其特将此四字从《孟子》中点出。所谓“赤子之心”，既表现作呱呱坠地即知爱母，又体现为不虑而知、不学而能。就《易》而言，一方面，生而爱母体现了“生”与“仁”的通而为一；另一方面，不虑而知、不学而能的“知能”，即乾坤的“易知”“简能”。由此可见，“赤子之心其实就是良知良能，亦即‘孩提良知’。这表明近溪是用赤子之心这一描述性概念，来指实孟子的本心、阳明的良知”①。如同良知即使被蒙蔽亦不曾失却一样，幼童长为成人，赤子之心亦从未丧失。《易》云“百姓日用而不知”，即指现实中的人往往不曾觉察自我怀具着一颗同于赤子的心。然一旦觉悟，便可发现良知原本时时完备、在在俱足：“天下之人，只为无圣贤经传唤醒，便各各昏睡，虽在大道之中，而忘其为道，所以谓‘百姓日用而不知’。及至知之，则许多道妙、许大快乐，却即是相对立谈之身，即在相对立谈之顷，现成完备，而无欠无余。”（《近溪子集》卷御）

与阳明“心即性”的心性浑一不同，罗汝芳除以“赤子”论“心”外，亦对“性”有所讨论。近溪论性，仍本于融通经书的一贯诠释思路。在解《中庸》首句“天命之谓性”时，他说：

盖伏羲当年亦尽将造化着力窥觑，所谓‘仰以观天，俯以察地，远求诸物，近取诸身’。……浑作个圆团团、光灿灿的东西，描不成，写不就，不觉信手秃点一点，元也无名、也无字，后来却只得叫他做乾画，叫他做太极也，此便是性命的根源。

---

① 吴震：《泰州学派研究》，中国人民大学出版社2009年版，第343页。

(《近溪子集》卷射)

不悉心理会画前之旨,就无法将性命在源头处看个分明。在卦爻皆本于浑沌不妄之太极、太极运化展开六十四卦、三百八十四爻的意义上,太极符示着“生生”之源。因而,是太极在创生天地万象、宇宙万有的过程中赋予了人之性命。太极为性之源,即“天命之谓性”。在“生生”与“仁”贯通的视域下,人与万物的造化既是“生生”的成果,又是“仁”的呈现。所以罗汝芳认为,谈“性”不可“生”“仁”相分:

学者读书,多心粗气浮,未曾详细理会,往往于圣贤语意,不觉错过。即如告子此人,孟子极为敬爱,谓“能先我不动心”。夫不动心,是何等难事!况又先于孟子也耶!想其见性之学与孟子未达一间,止语意尚少圆融,而非公都诸子之所概论也。今且道“生之”为言,在古先谓太上,其德好生:“天地之大德曰生”“生生之谓易”,而乾则“大生”、坤则“广生”、“人之生也直”,生则何嫌于言哉?至孟子自道则曰:“日夜所息,雨露之养,岂无萌蘖之生?”“乐则生矣,生则恶可已”,是皆以生言性也。嗜则期易牙,美则期子都,为人心之所同然。“目之于色,口之于味,性也有命焉”,是亦以食色言性也。岂生之为言,在古则可道,在今则不可道耶?生与食色,在己则可以语性,在人则不可以语性耶?要之,食色一句不差,而差在仁义分内外,故辩亦止辩其义外,而未辩其谓食色也。若夫“生之”一言,则又告子最为透悟处,孟子心亦喜之,而犹恐其未彻也。(《近溪子集》卷乐)

在“生”“仁”相贯的前提下，罗汝芳消解了告子“生之谓性”与孟子“恻隐之心，仁之端也”的紧张对立。经过他的重新诠释，告子“生之谓性”的“生”即等同于《易》之“生生”，孟子所谓“目之于色，口之于味，性也有命焉”亦与告子“食色，性也”无甚差别。如此一来，孟子便成了告子性论的支持者。应当注意的是，将“生之谓性”的“生”转义为“生生”，尚不有违于孔门精神；而罗汝芳直接认肯“食色”为性，却在理学诸家中较为罕见。之所以如此，或许是因为他看到了“食”和“色”既是生而皆有的先天本能，又是维持和传衍生命的必要手段。在关乎“生”的意义上，“食色”与“仁”一起构成了“性”的内容。显然，罗汝芳的“生之谓性”不仅受到了明道思想的影响，同时也是泰州学派重身传统的接续，但更多是其心学特殊旨趣的显现：“重视生机的近溪，不像宋儒那样以天命之性为相对于气质之性的东西，而是以天命之性为虚气之合，即当作与气质浑一的存在。……如果不这样看，那就会失去生机之感通而陷于玄虚。”①

(五)“复”的工夫

前文已言，在罗汝芳看来，学《易》须先明乾坤大义。要之，乾统坤从、相涵互摄，故《易》统于乾卦：“盖《易》之卦，虽六十有四，而统之则独在乾坤，乾坤虽云并列，而先之则又在于乾。”(《近溪子续集》卷坤)在五经四书融通的视域下，“乾以易知”的“知”即“良知”与“赤子之心”。《易》以乾为首，正对应心学以“良知”“赤子之心”为本。所以，罗汝芳多以乾坤二卦和生生之旨论心性。当然，

---

① ［日］冈田武彦：《王阳明与明末儒学》，上海古籍出版社2000年版，第179页。

也有以乾坤论工夫之时。如“自然却是工夫之最先处,而工夫却是自然之以后处,次第既已颠倒,道蕴何能完全?故某尝云:为学必须通《易》,通《易》必在乾坤,若乾坤不知合一,而能学问有成者,万万无是理矣。”(《近溪子集》卷乐)此即以乾坤合一言自然与工夫之关系。

不过,一如此前心学易的传统,罗汝芳更多地是以复卦论工夫:“《易经》一书,只一复卦,便了却天地间无限的造化;颜子一生,只一‘庶几’,便了却圣神无限的功夫。”(《近溪子集》卷数)心学以本心良知为人人皆有、不可泯灭,以去除障蔽、复还本体为工夫,故心学易皆从“复还本体”的角度诠释复卦,近溪亦如是:

> 谓之复者,正以原日已是如此,而今始见得如此,便天地不在天地而在吾心,所以又说:“复以自知。”“自知”云者,知得自家原日的心也。(《近溪子集》卷射)

“原日的心”即“赤子之心”。赤子之心生而皆有,成人之后亦未丧失。所以,工夫之要便在于体察到与生俱来的赤子之心而今犹在。在他看来,《系辞》三陈九卦的“复以自知”,即旨在点示“复还本体”的工夫不过是让百姓“自知”其原本“日用而不知”的赤子之心而已。这样的工夫,显然是以良知现成为基础的。在赤子之心时时俱在、良知现成完足的前提下,罗汝芳并不以事事物物上为善去恶或归寂主静中涤除障蔽为工夫大要,他强调由自知而达本体的觉悟。有如一阳初动即纯阳之始,一旦觉悟便浑然皆是:

> 数往者顺,知来者逆,是故易逆数也。然则圣人性反之

觉,又不总是大《易》之逆知也耶?(《近溪子续集》卷坤)

复之为卦,学者只一悟透,则此身自内及外,浑是一团圣体,即天地冬至阳回,顽石枯枝,更无一物不是春了。(《近溪子续集》卷坤)

罗汝芳解复卦的独到之处在于,他从五经四书的互训出发对《论语》的“克己复礼”予以新的阐释:

曰:“‘克去己私’,汉儒皆作此训,今遽不从,何也?”罗子曰:“亦知其训有自,但本文‘由己’之‘己’,亦克己‘己’字也,如何得做‘由己私’?《大学》‘克明德,克明峻德’,亦克己‘克’字也,如何作得做‘去明德’‘去峻德’耶?况克字正解,只是作胜、作能,未尝作去。今细玩《易》谓‘中行独复’‘复以自知’,浑然是己之能与胜处,难说《论语》所言,不与《易经》相通也!”(《近溪子集》卷礼)

观《大学》文辞可知“克”应作“能”,而非“去”义;“己”也非“己私”,否则“为仁由己”便言不成义。从《易经》“复以自知”“中行独复”明示出的人之昂然主体性和充足能动性来看,“克己”绝非“去私欲”之义。所谓“克己复礼”,应解为“能够发挥自己的能力,以达到复礼的目标。”①显然,此一训释是以《论语》与《易经》相通为前提的。若究其源,《论语》“克己复礼”之“复”亦本于《易经》:“复本诸《易》,则训释亦必取诸《易》也。”(《近溪子集》卷礼)

---

①　吴震:《罗近溪的经典诠释及其思想史意义——就“克己复礼”的诠释而谈》,载《复旦学报》2006 年第 5 期。

顺着复卦为“复”的思路理解，孔子的“克己复礼为仁”无疑点明了复卦与仁、礼二者的紧密联系。罗汝芳指出，孔子一生最重“仁”“礼”二字，“仁是归重在《易》，礼则归重在《春秋》”（《近溪子续集》卷坤）。宏观地看，“仁是归重在《易》”可以通过“生”“仁”相贯获得理解；具体而论，又以复卦对“仁”的开示最为生动典型：

> 《易》所以求仁也。盖非易无以见天地之仁，故曰：“生生之谓易”，而非复无以见天地之易，故又曰：“复其见天地之心。”（《近溪子集》卷礼）

在复卦的工夫意义上，“复”的核心即在于自觉“赤子之心”。赤子之心与生俱来的孝父爱母是仁，而赤子之仁性又源于天地大德生生之仁的天命。所以，《彖传》“复其见天地之心”一语最好地概括了复卦“仁”的内蕴。因为“天地之心”，既是现实人生当下觉悟到的赤子之心，更是由此接通上达的宇宙法则和天地之德。至于复卦与礼，罗汝芳言道：

> 《礼》曰：“天地之节文。”而又曰：“礼时为大，顺次之。”夫复则天，天则时，时则顺而理，顺而理则动容周旋，四体不言而默中帝则，节而自成乎文矣。复在乎己也，夫安得不动之而为礼也耶？是以孔孟立教，每以仁礼并言。盖仁以根礼，礼以显仁。（《近溪子集》卷射）

人一旦复其赤子之心，则良知时时见在、处处显用，自然便会趋时而作、依理而行，在不思不虑间契合天地之文、自然之则。所以，“仁”“礼”皆在复卦之中，二者亦可互诠互显。

(六)“时”的义理

罗汝芳不仅继承了易学重“时”的传统,更将“时”涵化于工夫之中:

> 易也者,变通以趋时者也。六十四卦,圣人示人习时之大纲,三百八十四爻,则其节次也。……其初则观天之时,以通吾心之时;其既则以吾心之时,而希天之时;及其终而纯且熟也,则天之时即吾之时,吾之时即天之时。……善学《易经》者,先明乾之一卦;善学论语者,先《时习》一章。(《近溪子集》卷数)

《易经》“所谓‘时的哲学’,乃是以一种特殊的‘时’的智慧和视野,观照、理解乃至回应大宇宙和现实社会人生的哲学。此所云‘时’,不可简单理解为时空之时”,而“是一个在实然世界基础上,着重指涉价值世界的范畴;简言之,它指涉着人所值的特定时空下,大宇宙和社会人生中各相关因素互动消长的总体格局与情状,及在此总体格局与情状下的事事物物”①。以此观之,“变通以趋时”即指人应在宇宙、社会、人生的当下格局中定位自我,从而使一己行为全然契合于“时”。这便要求人对当下所处之“时”有一清醒认知,继而见几而作、相时而动。这样,“时”就具有了工夫意义。罗汝芳更将“习时”二字相连,以凸显“时”的工夫之义。在他看来,《周易》六十四卦、三百八十四爻,皆圣人对“习时”之功的展示。因生熟不同,此一工夫又分三层渐进:最初着眼于知时而后行,宛如深

① 王新春:《〈周易〉时的哲学发微》,载《孔子研究》2001 年第 6 期。

渊薄冰；其次则致力于行以合时，仍有自我提撕之意；待工夫纯熟之后，便可在不思不虑中与“时”自然契合。

基于对“时”的这一理解，罗汝芳重释了《论语》首章的“学而时习之”：

> 圣人之学，工夫与本体，原合一而相成也。时时习之，于工夫似觉紧切，而轻重疾徐，终不若因时之为恰好。盖因时，则是工夫合本体，而本体做工夫，当下即可言悦，更不必再俟习熟而后乐也。（《近溪子集》卷射）

依他之见，“学而时习之”的“时”字并非指“每时每刻”，而应理解作“因时”“相时”之义。二者之不同在于，“因时”是良知自然完备，工夫只在当下顺适、肯认本体；“每时每刻”则未免过于把捉，而不知“即本体便是工夫”。

显然，罗汝芳对“时”的理解同样是在五经四书融通为一的视域下获得的。一方面，他以《周易》“时的哲学”观照《论语》而阐论工夫；另一方面，他又以心学工夫诠解《易》之“时”义。他更将“时”与“复”相联：“复而引之纯也，则为时；时而动之天矣，则为复。时，其复之所由成；而复，其时之所自来也欤！”（《近溪子集》卷礼）概言之，在罗汝芳的心学易思想中，“时”“复”二字皆言工夫。“复”必由“时”而成，唯“时”方可达“复”。二者亦是相互融通的。

以上就是罗汝芳易学的主要内容。《一贯编》中的如下文字，颇具概括性地提示出其易学思想的内在逻辑，实可视为近溪易学之总纲：

> 易以乾为体，乾以复为用。夫乾纯粹以精，而天地人之性

之至善至善者也。……夫子五十学《易》,继乾坤资始资生,而昌言曰“大德曰生”,又曰“生生之谓易”。夫子以易为学,以学为教,易则生生,生生则日新,日新则学不厌,学不厌则教不倦,不厌不倦则其德曰仁。夫唯仁,斯其人曰圣乎!故夫子示天下万世求仁之旨,必曰:“仁者人也,亲亲为大。”……要之,孩提知爱,少长知敬,未学而嫁知养子,是人人能仁者也。人人能仁,是乾乎乾而机自不息,性乎性而生恶可已。所谓万物皆备,我可人,人可天,不越一己而天地人物一以贯。故己能己焉,是谓“中行独复”,中行独复,惟颜氏之子庶几。夫子所以语之曰“克己复礼”,又曰“一日克己复礼,天下归仁”。信哉,复其见天地之心矣乎!(《近溪罗先生一贯编》)

罗汝芳在延续此前心学家以心解《易》、以《易》论心传统的基础上有所发展。其心学易的总思路,是先以太极生生为画前本旨,进而以乾坤相涵论心性,最后再以复卦统言工夫。其最具特色之处在于,他将此前学《易》悟得的“五经四书通而为一”作为诠释总原则,始终贯穿在“生生(本旨)——乾坤(心性)——复卦(工夫)”的理路演进之中。显然,罗汝芳不同于程朱理学注重分疏辨析的路数,而与明道、阳明善于收摄统合的风格相类。如果说阳明学因从朱学中流转而出,故意图以心学融通《大学》“三纲八目”的话,罗汝芳已远不止此。他意在达成的,是一个建立在彻底打通、彼此开放的儒家五经四书基础上的一体圆融之学。正是这一背景,使其言《易》多与其他经典相联,其易学亦因此而呈现出不拘一格的浑融气象。

从现今留存的资料来看,罗汝芳多有论《易》之语。然而,其中绝大部分不外乎“生生”“乾坤”“复”三义。至于易学的其他内容,皆被舍略不谈。因其易学论述着眼于阐发宏观意义的儒家精蕴，所以罗汝芳虽言卦，却不以明象训辞为的；虽论《易》，然不以解《易》为归。这足以证明，罗汝芳的心学易在很大程度上仍是“心”有余而“易”不足。

八、“以象明理”的唐鹤征易学

唐鹤征（1538—1619），字元卿，号凝庵，江苏武进人。隆庆五年（1571）进士，授礼部主事，历任工部郎、尚宝司丞、光禄寺少卿、太常寺少卿、南京太常等职。因屡次上书陈事，受人妒忌，托病归里。后讲学于无锡东林书院。卒年八十二。

唐鹤征治学兴趣广泛，于九流百家、天文地理、稗官野史，无不涉猎。尝云：“幸而天假之灵，因先世之遗绪，玩古圣之微言，颇窥要眇。每有所得，辄自幸曰：‘籍令媚世苟谐，不过公卿，安忍以此易彼也！’特其用志，凝神绝利，收功尚有待焉。”①由是可知，唐鹤征学术受其父唐顺之影响较深。《唐氏丛刊·唐荆川公弟子考》亦将唐鹤征列入其中，可证二人既为父子又为师徒。唐顺之，字应德，号荆川，明朝抗倭英雄。黄宗羲谓唐顺之为学“得之龙溪者为多，故言于龙溪只少一拜”（《明儒学案》卷二十六《南中王门学案二》）。因而，唐鹤征可视为阳明三传弟子，《明儒学案》亦将其归入南中王门，但其学术旨趣实与王学多有出入。著有《桃溪劄记》一卷、《皇明辅世编》六卷、《宪世编》六卷、《太常遗著常州府志人物志》一卷、《太常遗著》三卷、《武进县志》八卷、《重修常州府志》二

① 〔明〕晏文辉修、〔明〕唐鹤征纂：〔万历〕《武进县志》，《南京图书馆藏稀见方志丛刊》第63册，国家图书馆出版社2012年版。

十卷、《南游记》三卷、《元卿三稿》三卷等。其易学著作有《周易象义》四卷及《周易合义》二卷。

（一）“乾元生三子”

唐鹤征首先探讨了天地人物的终极来源问题。在他看来，上至广袤之天，中至芸芸众生，下至苍茫大地乃至纷繁多姿之万事万物，无一不是由“乾元”所生：

> 乾元所生三子，曰天、曰人、曰地。人何以先于地也？地，坤道也，承天时行，不得先天也。故后则得主，先则迷矣。人却可先可后者，故曰“御天”，故曰“先天而天弗违，后天而奉天时”。世人皆谓天能生人，不知生人者却是统天之乾元耳。人生于乾元，天地亦生于乾元，故并称之曰三才。①

天地人三才皆为“乾元”所生，即所谓“乾元生三子”。关于“乾”“元”二字之义，唐氏释之曰：“乾者健也，太极动而生阳，其性本动，两卦相承，纯阳用事，有周流循环运无停机之象。其健至矣，故曰乾。何以言健也？以元亨利贞言也。元者，生机也。生机之畅达为亨，生机之充足为利，生机之正而且固为贞。盖阳主发生，六画纯阳，则生机饶裕，生生不已，人得之为人，物得之为物。”②概言之，“元”指生机，“乾”则是对此一生机至刚至健、永无穷尽的形容。据此，他对“亨利贞”三字亦作出了解释：“亨”即生机畅达，“利”指生

---

① 〔清〕唐鹤征：《周易象义》卷一《乾》，《四库全书存目丛书》经部第10册，齐鲁书社1997年版。以下凡引该书只注卷数、卦名。

② 〔明〕唐鹤征：《桃溪劄记》，载《明儒学案》卷二十六《南中王门学案二》，中华书局1985年版，第605页。下引此篇不另出注。

机充足,“贞”言生机正固。换言之,“元”“亨”“利”“贞”虽合称四德,但后三者皆由“生机”发越而出,故“元”乃四德之本。

那么,作为天地人三才共同根源的“乾元”应当如何理解?它是否与朱子所言的“天理”类似?还是更加接近阳明所讲的“良知”?对此,唐鹤征进一步予以解说:

> 盈天地间一气而已,生生不已,皆此也。乾元也,太极也,太和也,皆气之别名也。自其分阴分阳,千变万化,条理精详,卒不可乱,故谓之理。非气外别有理也。自其条理之不可乱,若有宰之者,故谓之帝。生之为天,则谓之命,以乾坤之所由不毁言也。生之为人,则谓之性,以吾心舍此生机言也。天率是命而运,则谓之天道,人率是性而行,则谓之人道,惜道路之道以名之也。人以为斯理斯道性斯命,极天下之至灵,非气之所能为,不知舍气则无有此灵矣。(《桃溪劄记》)

唐鹤征明确主张,“乾元”就是“气”。同样,“太极”“太和”亦不过是气之别名而已。宇宙万象皆为气所运化生成,故乾元生机无时无处不在。依此观之,所谓“乾元生三子”,其实就是指天地人一气化生。这一思想,无疑是对张载易学的直接继承。唐氏对此亦直言不讳:“盈天地之间,只有一气,惟横渠先生知之。故其言曰:‘太和所谓道。’又曰:‘知虚空即气,则有无、隐显、神化、性命通一无二。’顾聚散出入,形不形能推本所从来,则深于《易》者也。”(《桃溪劄记》)

在此基础上,他又重新解释了“天理”的涵义。依他之见,“理”与“乾元”之气密不可分,实为一物。太极未分之初只是一气,而乾元之气生化天地人物的过程始终有条不紊、遵循一定之规,即“万物由气而生必自无而有，自无而有必先受气于阳，而后受形于阴。……故可以相有而不可以相无，可以相合而不可以相离者，彼其先后始终之序，皆自然而然，非有勉强矫揉也”（卷一《坤》）。所谓“理”，就是指乾元之气流行化育天地人物过程中所展现出来的律则。可见，唐鹤征对“天理”范畴的理解显然受到了此前罗钦顺、王廷相、崔铣等人“理气一物”说的巨大影响。

总之，唐鹤征凭借“乾元生三子”说搭建了其理学思想的基本框架。正是由于“乾元”“三才”皆本自易学，他才格外重视对《周易》一书的诠释阐发。如其所云：“惟《易》标出一个‘乾元’来统天，见天之生生有个本来。其余经书，只说到天地之化育而已，盖自有天地而乾元不可见矣。然学者不见乾元，总是无头学问。”（《桃溪劄记》）

（二）“心之灵即性”

唐鹤征论心可谓别具一格。他说：“心不过五脏之心，舍五脏之外，安得有心？”（《桃溪劄记》）这显然是将“心”认作为物质性的生理器官，而与阳明心学中作为道德终极来源的“心”极为不同。“身者心之郛廓也。身之屈伸，纤悉听命于心者，艮其身则心必止于郛廓之内，而无复放而外驰矣。”（卷四《艮》）身如外城，心在身内。身之动静，听命于心。心之所以对身具有支配作用，是因为心的功能在于思维，即“心之官本思”（卷三《咸》），这一说法直接来源于孟子。唐鹤征相信，人的一切行为都受心的思维功能支配。因而，心与行实为一体两面：“心与行非有二也。自其浑沦谓之心，自其运旋谓之行。惟其心之生生不已，故其行之运旋不息。”（卷二《复》）心运思不已，故行永无停机。心之功若有止息，行亦势必中断。一方面，有了心的支配，才有了人的行为；另一方面，唯有在人的具体行为中,心之功能方得显现。概言之,唐鹤征的“心”相当于思维和意志,“行”则是心之功能生生不已的彰显。显然,这一思想又带有阳明“知行合一”论的深刻印记。正是由于心的思维功能永无休止,人世间的一切行为皆由心所支配,“心”才居于绝对的地位:“吾之心量,本无边际,亦无渗漏。惟宽以居之,则大无不包;惟仁以行之,则细无不密。囊括宇宙,统体民物之道,尽在于是。”(卷一《乾》)

“性”则直接来源于“乾元之气”。在具体说明乾元之气与人物之性的关系时,唐鹤征又多次沿用了朱子“理一分殊”的思路加以解释:

> 须知我之性,全体是乾元,生天生地生人生物无不是这性。人物之性,有一毫不尽天地之化育,有一毫参赞不来,即是吾性之纤毫欠缺矣,则知尽人物,赞化育之不容已也。(《桃溪劄记》)
>
> 知天地之间,只有一气,则知乾元之生生,皆是此气。知乾元之生生皆此气,而后可言性矣。乾元之条理,虽无不清,人之受气于乾元,犹其取水于海也。海水有咸有淡,或取其一勺,未必咸淡之兼取,未必咸淡之适中也。间有取其咸淡之交而适中,则尽得乾元之条理,而为圣为贤无疑也。固谓之性,或取其咸,或取其淡,则刚柔强弱昏明万有不同矣,皆不可不谓之性也。凡可以学而矫之者,其气皆未其偏。至于下愚不移,斯偏之极矣。全以其困,而终不能学也。孔子谓之相近,亦自中人言之耳,上智下愚不与也。然要之下愚而下,则为禽兽为草木。乾元生生之机,则无不在也,他不能同,好生恶死之心同也,盖以乾元之气无非生也。(《桃溪劄记》)

毋庸置疑,当唐氏说人性得乾元之全体故而人人皆有生而俱足的价值资源时,实与朱子太极之理落实于人而成的"天命之性"相似;而他把朱子"随器取量"的比喻化作"海水有咸有淡,或取其一勺",从而以人之受气有"刚柔强弱昏明"之别来解释现实人性的种种差异,亦与朱子所说的"气质之性"相似。值得注意的是,对朱子而言,"天命"是"理一","气质"是"分殊",前者源于天理,后者则是理气共同作用的结果。然而,在唐鹤征已然将朱子的"理气不离不杂"修改为"理气一物"的前提下,直接套用"理一分殊"说来规定人性的做法在逻辑上并不有效。张载论性虽然也有"湛一"与"气质"之说,但其立论根据在于对"太虚之气"与"气"有所区别。而唐鹤征始终未能对"乾元之气"与"气"加以明确判分,因此,他对人性本然层面的至善无恶与现实层面的善恶有别所作的解释并不能成立。

关于心与性的关系,唐鹤征指出:

> 此方寸之虚,实与太虚同体。故凡太虚之所包涵,吾心无不备焉。是心之灵,即性也。《诗》《书》言心不言性,言性不言心,非偏也,举心而性在其中,举性而心在其中矣。盖舍心则性无所于宅,舍性则心安得而灵哉?(《桃溪劄记》)

可见,"心"是容纳"性"的方所,"性"是"心"所以灵妙的根据所在。我们知道,对唐氏而言,"性"直接源于"乾元",它是"乾元之气"的本质特性及功能在人心之中的落实下贯。因而,尽管唐鹤征"凡太虚之所包涵,吾心无不备焉"的说法与阳明的"心外无物"颇为相类,但其学理基础并不相同。后者意在强调道德的主体性原则,前者则可归结为一个气本论的命题,即天地间一切气化之物的本质都包含在我的心中，这个本质就是“性”。乾元生三子、生万物，故性的内涵就是“生生”。“心中之生则性也。盖完完全全是一个乾元托体于此。”（《桃溪劄记》）这一思想，与湛若水“性者，心之生理”的观点亦有相通之处。由是可知，《中庸》《易传》所讲的“尽性”，其实就是指“不失生机”：“人见《中庸》递言尽己性、尽人性、尽物性、赞化育、参天地，似是尽己性外别有尽人物之性，而尽人物之性外仍有参赞之功。不知尽人物之性乃所以自尽其性，而尽人物之性即所以参赞化育。盖缘吾人除却生人生物别无己性，天地除却生人生物别无化育。故至诚尽得人物之性，方是自尽其性，即是赞化育矣。何谓尽人性、尽物性？俾各不失其生机而已。故曰：‘各正性命，保合太和，乃利贞。’圣人于尽人物之性，以自尽其性，未尝时刻放过。”（《桃溪劄记》）

同其他心学家一样，唐鹤征的心性论亦成为其解说《易》卦的重要思想资源。如其解《乾》卦《文言》曰：“一阳初萌，在人为性真乍见。”（卷一《乾》）《乾》卦初九一阳初萌，在天是“乾元”者善之始，在人是本性之乍现。他特别强调，此一性真“必其于事亲从兄、事上接下、日常所周旋，一启口，一举足，无非信谨。苟以一毫有为之心入之，悉邪也，悉非诚也。又从而闲之以存其诚，俾所信所谨者悉根于天命之正，则一言一行无非乾元所流矣。以之善世，何伐之有？盖此心此理本资始以来所各足者，非分我之所有以益之故也。”（卷一《乾》）可见，唐鹤征认为，乾元之性唯有在人伦日用中切实践履方能完满呈现，断无可能“一悟本体，便是工夫”。他曾严厉批评道：“盖凡为乾元之所资始，则莫非吾性之所兼该。其大非是空大，实实填满，无有纤微空隙，方是真大。故既曰‘洋洋乎！发育万物，峻极于天’，又曰‘优优乎大哉，礼仪三百，威仪三千’。观优优，盖充足而且有余，其大斯无一毫亏欠耳。不然，少有亏欠处，便是大体不全矣。始知学人见地，尚有到处行，愿真难得满，圣贤一生兢兢业业，履薄临深，皆只为此。彼谓一悟便了百当，真圣门中第一罪案也。”（《桃溪劄记》）唐鹤征又以坎卦为心之象。坎一阳在二阴之间，犹如一灵明在血肉之中。刚内柔外，故外有险陷。君子惟刚而得中，故险能陷君子之身而不能陷君子之心。由是“彼其心自有不与身而俱困者，其求通之机与能通之妙，全在于此”（卷二《坎》）。又如，唐氏解《咸》卦曰：“咸而曰感者，感必无心而后得感之正也。”（卷三《咸》）解《复》卦曰：“故圣学之求见吾心者，亦必在莫见莫显之际。颜子之所谓得一善得此也，孟子之所谓乍见孺子见此也。若欲于未发前观之，徒索之茫茫探之冥冥耳。恐无由见也。非此一见，曷由修道？是故以见为要，则见天地之心，正所以自见其心也。”（卷二《复》）总之，《周易象义》多有以心解易之处。

（三）“以象明理”

与明代理学家极为不同的一点是，唐鹤征不仅多有义理阐发，而且注重以象解《易》。在他看来，伏羲画卦以象天地万物，文王、周公系辞是对伏羲卦画的解说，孔子作“十翼”又进一步阐发了伏羲之象、文王周公之辞。四圣作《易》皆本于象，故唯有知象才能明理。倘若单论易象不讲义理，势必将陷入穿凿附会，但若只讲义理不及易象，亦会失之于空洞浮泛。因此，唐氏始终以“以象明理”作为解《易》的根本原则。在《周易象义·纯白斋读易法》中，他曾多次强调“论《易》须象与理合，象与爻合”，且引唐荆川之言曰：“《易》之为书，以象证理之书也。”由此可知，唐鹤征此说源于其父唐顺之。

前文已言，在唐氏的学说中，“理”是指乾元之气所生万事万象呈现出来的条理秩序，“以象明理”的“理”即此义，如其所云：“盈天地一气耳。自其分阴分阳，根阴根阳，纷纭矸乱，而尊卑上下条理秩然而不可乱，理之名斯立矣。”（卷一《坤》）至于唐氏解《易》所取之卦象、爻象，更是极为丰富。以下分别论之：

其一，卦象。同象数注经派学者一样，唐鹤征对《说卦》之象的运用极为熟练。更重要的是，在《说卦》取象不能满足解经需要时，他不仅会广泛吸收此前象数学发明的各种义例，而且每每根据《说卦》之象引申出其他“逸象”。如其解《屯》卦初九“磐桓”曰：“震木，桓象。”（卷一《屯》）《屯》下体震五行属木，故有“桓”象。此为八宫五行说。解《小畜》上九“月几望”曰：“巽本为月初生魄之象。乾日在下，巽月在上，上下相对，故有月几望象。”（卷一《小畜》）《小畜》上体巽，似十六日之月相生魄，下体乾有日象。乾日在下而巽月在上，上下二体相对，故称“月几望”。此为月体纳甲说。解《屯》卦象辞“利建侯”曰：“震为长子，又帝出之位，侯象。”（卷一《屯》）《说卦》曰：“帝出乎震”，则震有“帝”之逸象。又据“父母六子说”，震为长子。由“帝”“长子”复可引出“侯”之逸象。解《讼》卦《大象》“天与水违行”时曰“天左旋而水东注”，故有“违行”之象（卷一《讼》）。此是由天文地理知识而得出逸象。

需要特别指出的是，唐氏解《易》尤重互体。他说：“互卦最有关系”（《纯白斋读易法》），并引《系辞》“杂物撰德，辨是与非，则非中爻不备”及“二与四同功，三与五同功”等文句来证明互体说乃《周易》经传所本有。“互者，中四爻之所为。”（卷二《噬嗑》）即把别卦二、三、四三爻视为一经卦，三、四、五三爻视为另一经卦。由是，任一别卦除上下两体之外，又可得出两个互体经卦。唐氏认为，这两个互体经卦既有全助本卦者，又有全害本卦者，亦有一卦助本卦、一卦害本卦者，是以互卦与本卦关联甚密。例如，《噬嗑》下震上离，动而明，互见艮、坎。两互卦皆害本卦。互艮为止，伤震之动。又《说卦》曰："震为足"，故初九爻辞称"灭趾"。互坎水，克离火。又《说卦》曰："坎为耳"，故上九爻辞称"灭耳"。又如，其解《师》卦上六爻辞"开国承家，小人勿用"、《小象传》"必乱邦也"时称，《师》上体坤土，二三四互震，震有侯之逸象，故曰"开国"。上体坤既为邦，三四五又互坤而致上体正坤毁灭，故有"乱邦"象。然上体为正坤，正坤见则互坤灭，故又称"勿用"（卷一《师》）。解《蒙》初六"用说桎梏"时云，蒙下体坎为"穿木"，加之二三四互出震足、上体艮手，故有"桎梏"之象（卷一《蒙》）。《讼》二三四互离，《说卦》："离为大腹"，故上九言"鞶带"（卷一《讼》）。《泰》卦二三四互兑、三四五互震，震方位正东，即在左，兑方位正西，即在右，故《泰》卦《大象》称"以左右民"（卷二《泰》）。且外互震与内互兑合为《归妹》，故六五爻辞云"帝乙归妹"（卷二《泰》）。值得注意的是，最后一例中的互见归妹，实为泰卦二至五的五画连互。依此观之，唐鹤征虽未明言别卦互体，但在其注经过程中实已暗用此例。

其二，爻象。唐鹤征曾对六爻之位的象征意义予以明确界定。他说："凡画卦皆从下上，故一爻谓之初。阳数极于九，故阳爻称九。初为地，二则地之兼爻；三为人，四则人之兼爻；五为天，上则天之兼爻。以六爻分，五为君位，二应之为臣位，三为远臣，四为近臣。初在二之下，为庶民。上在五之上，为退居。"显见，唐氏此论是在完整吸纳《易传》的"三才说"及部分改造京氏易"爵位说"的基础上提出的。然而，在具体解经过程中，唐鹤征并未墨守这一规定，而是根据经文内容多有发挥，从而对各爻象义予以不同解读。如解乾卦初九曰："初在地下，潜象。阳能变化，龙象。一阳虽萌，犹在重渊之下，未可生物。"解九二曰："二为地之兼爻，田象。"解九五曰："五为天位，以龙德居之，有飞而在天之象。"（卷一《乾》）解坤初六曰："初在下，为足为地。足履地，有履象。"（卷一《坤》）此外，唐氏亦根据六爻所处之位取象。如以《噬嗑》上爻为"首"（卷二《噬嗑》），以《贲》卦初爻为"趾"（卷二《贲》），以《剥》卦初爻为"床足"（卷二《剥》）等等。同时，爻象更与互卦紧密相连。如其解《蛊》卦上九"不事王侯，高尚其事"曰："五为王，四互震为侯，上止其上，有不事象。居艮山之上，有以高为尚象。其事即以高尚为事也。"（卷二《蛊》）《蛊》卦六五为王，三四五互震为侯，上体艮为止，有"上止其上"之义，故称"不事王侯"。又，艮为山，可引申出"高"之逸象，故云"高尚为事"。再如，其解《屯》卦六三"惟入于林中"曰："三当震木艮山之交，有林象。"（卷一《屯》）《屯》下体震，震为木。三四五互艮，艮为山。六三居震之上、艮之下，是为山下之木，故称"林"。

综上可见，尽管《明儒学案》将唐鹤征归为南中王门传人，但其思想学说与阳明心学实有较大出入。为了纠正王学末流之偏，他继承并发展了张载、湛若水、罗钦顺、崔铣等人的学说，以"乾元""太极""理"为气之别名，由此从心学中跨步而出，进而成为气一元论的倡导者。唐鹤征的心性论更是发前人所未发，黄宗羲称其为"从来言心性者所不及"（《明儒学案》卷二十六《南中王门学案二》），并在明清儒学发展史上起到了继往开来的作用。

其易学识见亦颇有独到之处。在"以象明理"的解《易》原则下，他一面极其娴熟地运用卦象、爻象来注解经文，一面独出心裁地以"乾元生三子""心之灵即性"等命题会通理学、心学与易学。这一做法，使其对易象的发挥圆融无碍的同时，亦于易理阐释上深得意趣。尤为难得的是，在义理易学大行其道之时，《周易象义》对象数易学的传布与发展做出了极大贡献。

当然，唐鹤征的易学也不能尽如人意。《四库提要》曰："虽自出新解而于经义亦足相发。至于阳极而亢、阴极而战，乾坤二上爻，其义相近。而唐鹤征解乾之上爻以反本还元、归根复命为说，已涉道家之旨。于坤之上爻谓龙战为惧而战栗，以过时退居，故称野，以贬损自伤，故称血，则穿凿而不当理矣。"（《跋》）必须承认，唐氏《易》注确实对道家思想多有汲取。如其解《乾》卦《文言》曰："夫功成、名遂、身退，老氏言之。"（卷一《乾》）解《艮》卦彖辞曰："庄生丧偶丧我一段议论，大体于此。大块一节，形容时行时止之意甚妙，以见其丧偶丧我，亦适当无感之一时而已，非感应之通道也。"（卷四《艮》）不仅如此，他在解《易》过程中亦间或以佛理比附易理。如其解《咸》卦九四曰："惟其往来，则其心之所思，各以类相从而起。即佛氏所谓攀缘心也。因此及彼，曾无止息，往来益甚。盖思则以心求索，必非无心之感矣。"（卷三《咸》）解《艮》卦彖辞曰："艮止之止，亦非以一于不行为止也。惟吾之真止不迁而已。真止之不迁，在我之起念不起念，不在行止也。我而起念，则求静之心即非止也。"（卷四《艮》）不难察觉，此段文字中不单有程颢"定性"之旨，更有僧肇"物不迁论"之义。然而，作为今天的研习者，我们绝不能像四库馆臣一样基于个人学术立场对其儒学品性不纯大加指责，而应看到唐氏会通易佛的尝试对此后佛学易的兴起所起到的引领示范作用。

第三章　会通理学与心学的义理易学

一、高攀龙的“易简”易学

高攀龙(1562—1626),初字云从,后字存之,别号景逸,江苏无锡人,东林学派的创始人之一。万历十七年(1589)中进士,万历二十年(1592)谒选京师,授行人司行人。翌年上《君相同心惜才远佞以臻至治疏》,因“语侵阁臣”,谪广东揭阳典史,后假差而归,家居不仕近三十年。熹宗天启改元(1621),诏起光禄寺丞。天启四年(1624)又授刑部侍郎,官至左都御史。又因反对宦官魏忠贤遭阉党迫害,削职为民。天启六年(1626)遭织监李实诬劾,阉党崔呈秀下令缉捕高攀龙等七人。获悉缇骑即将到来,乃遗表云:“臣虽削夺,旧为大臣,大臣受辱则辱国。谨北向叩头,从屈平之遗则。”(《明史》卷二百四十三《高攀龙传》)遂投湖而死,终年六十五。崇祯初,赠太子少保,兵部尚书,谥忠宪。

高攀龙二十五岁时受江右罗懋忠和顾宪成的影响,开始潜心程朱学说。万历三十二年(1604),与顾宪成等人重建东林书院,在此著书讲学、研读经史,抨击王学末流空疏支离、引儒入禅的学风,提倡经邦济世的务实之学,成为“一时儒者之宗”(《明史》卷二百四十三《高攀龙传》)。其学虽本于程朱,但又不拘执门户之见,而是力图和会理学与心学。一生著述甚多，有《东林讲义札记》《周易易简说》《周易孔义》《毛诗集注》《春秋集注》《四子要书》《古本大学》《困学记》等二十余种，后被门人陈龙正汇编为《高子遗书》。此外，还作有《朱子节要》和《张子正蒙注》。其中，《周易易简说》和《周易孔义》二书是其易学代表作。

（一）义理主旨

在《周易孔义·自序》中，高攀龙指出，读经必以传注为入路，“经非注则无门入。注非经，则从门入者，注也，非经也”。而在六经当中，唯有《周易》为孔子亲注，则《易传》十篇亦应以经视之。“惟《易》注自夫子，故即注即经。”这就意味着，研究《周易》须以孔子“十翼”为准，“字绎而句味之，经不难读也”①。“夫《五经》注于后儒，《易》注于夫子，说《易》者明夫子之言而明《易》矣。”②就此而言，六经之中应属《周易》最易研读。

关于《周易》一书的文本性质，高攀龙赞同朱子之说：“《易》者，卜筮之谓也。卜筮者，占之谓也。”但他在注解《易》卦时，更为注重义理阐发。《周易易简说》之大旨，即在于“其知易知，其能简能，易简而天下之理得矣”。（《周易易简说·原序》）依此观之，其《易》注又流露出明显的心学意味。我们知道，程朱理学与陆王心学虽同属儒家义理之学，其学术理路却颇为不同。高攀龙本于程朱又出入陆王的为学道路，使他每每在二者之间谋求会合折中：“朱子曰：‘致知格物，只是一事。格物以理言也，致知以心言也。’由此观之，可见物之格即知之至，而心与理一矣。今人说着物，便

---

① 〔明〕高攀龙：《高子遗书》卷九《周易孔义序》，《文渊阁四库全书》第1292册，台湾商务印书馆1986年影印。

② 〔明〕高攀龙：《周易易简说·原序》，《四库易类丛书》第28册，上海古籍出版社1990年版。以下凡引该书只注卷数。

以为外物,不知不穷其理,物是外物,物穷其理,理即是心。”(《明儒学案》卷五十八《东林学案一》)“太极者,理之极至处也。其在人心湛然无欲即其体也。先儒云心即太极,此语须善会。无欲之心乃真心,真心斯太极矣。心莫难于无欲,故人莫难于立极,若但见其无形无方无际而已,是见也。”①“存养此心纯熟,至精微纯一之地,则即心即性,不必言合。”(《明儒学案》卷五十八《东林学案一》)显见,在高攀龙看来,心、性、理三者在本体意义上并无不同。所谓格物致知,其实就是穷人心天然自有之理,亦即尽己之性。同样,其易学亦表现出以理解《易》与以心解《易》的双重倾向。

一方面,高攀龙沿袭了程颐、朱熹释“易”为“理”的做法:“易是一定不易之至理。随时变易者,正变易以从其不易者也。”(《周易易简说》卷二)天人一体,人之性命源于天理落实下贯。故《周易》所讲的不易之理,即是通贯天地人三才的大道:“易以顺性命之理,在天为阴阳,在地为刚柔,在人为仁义,易之六画,天地人之道也。易以顺天地人之道而已矣。”(《周易易简说》卷三)“夫易,阴阳而已矣。一阴一阳之谓道也。一阴一阳相继而不已者,善之流行也。一阴一阳生物而成形者,性之各正也。”(《周易易简说》卷三)在“易”即“天理”的视野下,“易”横贯宇宙、普天匝地、遍在于一切人物之中。世界万有、人间万象,随时随地皆“易”的展现。“易无之而非是,识其无之而非是,无之而不可见易也。”(《周易易简说·原序》)据此,他解《周易》随卦曰:“随者,随时也。随时者,从道也。刚来而下柔,其心下矣。心下则能随时以从道。元亨利贞,天道也。动以天,岂有不说者乎?天下所以随之。凡随时者,必元亨利贞乃无咎也。”(《周易易简说》卷一)显见,高攀龙此语是

---

① 〔明〕高攀龙:《高子遗书》卷十二《书悟易篇》,《文渊阁四库全书》第1292册,台湾商务印书馆1986年影印。

对程颐“随时变易以从道”之说的继承与发挥。“随”即随时，“道”即天理。此道此理，广大悉备，无所不具。易即三才之道，故与天地相准：“圣人作易，与天地相准，天地之道，大无不包者，充周而无外。细无不入者，密察而不遗，圣人准则之而弥纶其道也。”（《周易易简说》卷三）

另一方面，晚明心学高度昌盛的局面，又使高攀龙受到心学的强烈影响。在主张理心不二的高攀龙看来，“易”即“理”实可顺理成章地推出“易”即“心”的结论。因此，他又明确指认“易”为“吾之心也”（《周易易简说·原序》）。

> 天下有非易之心，而无非心之易。是故贵于学。学也者，知非易则非心，非心则非易也。易则吉，非易则凶悔吝。（《周易易简说·原序》）

需要指出的是，高攀龙理解的“心”与阳明学有所不同。对他来说，与天理同一的“心”首先是天道层面的天地生物之心：“刚反而复，复则亨矣。出者刚之长，入者刚之反，出入无疾，一阳动而顺也。朋来无咎，五阴顺而来也。六反为一，七日来复也。天行，原其始也。刚长，要其终也。天地生物之心，无一息间断，于复而见矣。”（《周易易简说》卷一）此天地之心禀赋于人，则为人之本心：“圣人之德业尽之于易矣。……万物统体一天地，知礼自成一天地，人心之易与天地之易始配合无间，故曰人心即易而未易言也。”（《周易易简说》卷三）因此，人的一切工夫便在于呵护本心使其不失，祛除后天习染以恢复本体，此正是复卦之义：“休则复矣，复则仁矣，二近初，故取象于下，仁实圣人之示心法也。”（《周易易简说》卷一）在注解其他《易》卦时，高攀龙亦多有以心言易之举。如其解坎卦曰：“坎而又坎，重险之象，有孚维心乃亨，有孚如水之不失其信，维心如水之行而不息，如是则行有尚矣。此济险之道，刀锯鼎镬在前，贞心不易，处之泰然。”（《周易易简说》卷一）解坤卦曰：“人心真明乃黄离也。故曰：得中道加意焉，非黄离矣。”（《周易易简说》卷一）解咸卦曰：“四当心位，四非能贞者，故以憧憧为戒，憧从心从童，蒙昧不明也。人心一憧憧，而朋类纷然从之，往来无休，其害可知。若复于未感之先，则贞矣。贞则光大矣。咸六爻无全吉者，人心易动而难贞也。”（《周易易简说》卷一）凡此种种，皆意在点示“善学易者，观天地则知吾心，人心之静而正者，即远不御者也”（《周易易简说》卷三）。

（二）注经象例

同其他义理派学者一样，高攀龙易学虽表现出明显的义理倾向，但在注释《周易》经传时并未废弃象数。大体而言，其注经象例主要来自于《易传》和王弼、程颐等人。

首先，高攀龙善于运用《易传》发明的爻位说来解说卦义。一般而言，“当位”合乎正道，故吉；“不当位”则因违背常则而凶或不利。如其遁卦九五爻注云：“九五正当位而应，与时行者，所以为嘉，所以为贞而吉。”（《周易易简说》卷二）注震卦六三爻则曰：“三不当位，至于苏苏自失。能反其所震者，修省于行己，则无眚也。”（《周易易简说》卷二）然而，并非所有当位之爻皆可言吉、不当位之爻必定为凶。如其解兑卦九五爻称：“九五，阳刚中正，以孚信待人，而密比阴柔，若为所说，乃为所剥矣。五之有厉，为位正当也。”（《周易易简说》卷二）又如解丰卦九四爻云：“四不当位，丰蔀见斗，皆四之为，惟遇初夷主，则吉也。”（《周易易简说》卷二）可见，在很多情况下，爻之吉凶悔吝需要视具体情况而定，不可一概而论。至于“中”，则可分为三类。一是九五、六二当位得中即“中正”，此为至吉至善之理想情势，如需卦、渐卦：“需之所以有孚光亨贞吉者，以九五之得位而正中也。刚健能需，不陷于险，涉川之道，孰加焉？”（《周易易简说》卷一）“六二中正，渐磐而安，饮食衎衎而吉，其吉岂无所为？非素饱也，故居位而安舒。自适者，皆素饱而失其衎衎之义者也。”（《周易易简说》卷二）二是六五、九二失位居中即中而不正，仍可吉而无咎，如师卦：“五阴之众，一阳能左右之，使归于正，所谓师贞，刚中而应，行险而顺。所谓丈人虽毒天下，而民悦从，故吉而无害，义而无咎也。”（《周易易简说》卷一）三是初六、六三、九四、上九既不当位又不居中即“不中正”，则灾凶必至，故卦逢此爻常以爻辞和《象传》诫之。如其颐卦六三注曰：“不中正而处动极，拂颐之贞矣。一失道而十年无攸利，口之于人可畏哉。”（《周易易简说》卷一）夬卦九四注曰：“九四位不中正，欲止则不能。违阳而居之，不安欲往，则不能决。上而行之不进，计无若引，众阳之进，可以亡已之悔，而闻言不信也。大臣不能与众正，同心而暱，阴邪自累者，每如此。”（《周易易简说》卷二）

其次，高攀龙解《易》非常注重“时”义。他说：“《易》之序，有其时，有其位，不可乱也”（《周易易简说》卷三），以此告诫人要相时动静、审时度势，不可逆时逆势而行。“或者，从时也。圣人仕止久速，惟其时也。”“圣人乘之乾，惕而已，因时而惕者，无时不惕也。”“顺时而隐，非贤者不能。”“观我生，顺时而进退也。”（《周易易简说》卷一）如其解坤卦六三曰：“含章可贞，非不发也，以时发也，不居其成功。”（《周易易简说》卷一）注解卦上六曰：“云射隼、云高墉之上、云获之，成器而动，待时而发，故出而有获，圣人解悖之用如此。”（《周易易简说》卷二）

最后，他对京房发明并被王弼等人继承的卦主说亦多有采用。如其所言：“凡卦皆有主爻，而一卦之吉凶系之矣。”（《周易易简说》卷一）高攀龙确定卦主的一种情形是根据少者为尊、众者为卑的原则，将五阴一阳之卦的阳爻或五阳一阴之卦的阴爻视为卦主。这其实就是清人李光地所概括的“主卦之主”。如比之六二：“比卦五阴，皆主比五，而比之为道，则在守正。”（《周易易简说》卷一）又如大有六五：“六五之孚于二者，有天然之信，发人之志意，有天然之威，不由于戒备，非大明应天之主，何由与于斯乎？此所以大有也。”（《周易易简说》卷一）另一种情形是不论爻位高下及其德义如何，只要该卦卦义因之而起即为卦主，亦即李光地所说的“成卦之主”。此类卦可能以一爻为主，也可能由其中二爻共同主之。如讼之九二、九五：“凡讼之成，皆以险健，故上刚下险而为讼。二五成卦之主。”（《周易易简说》卷一）损之六三、上九：“损以三上为成卦之主，刚上为益上，柔下为损下，故曰：‘损下益上，其道上行。’”益之初九、六四：“益以初四为成卦之主，刚下为益下，柔上为损上，故曰：‘损上益下，自上下下。’”（《周易易简说》卷二）此外，高攀龙还经常以某卦六二、九五即中正之爻为卦主。如释乾卦云：“九五飞龙，则首出庶物，万国以之咸宁者也。然则圣人首飞龙乎？非也。大中至正，位乎天德，为一卦之主也。”（《周易易简说》卷一）释观卦云：“九五卦主也，故曰大观在上。”（《周易易简说》卷一）当然，同其他有取卦主说的易学家一样，高攀龙所指认的卦主并非都能遵循以上原则，甚至注解部分《易》卦时根本未曾论及该卦主爻。

高攀龙作为东林书院的学术领袖之一，影响很大。在《明儒学案》中，黄宗羲曾对其予以高度评价：“东林之学，泾阳导其源，景逸始入细。”（卷五十九《东林学案二》）“今日之学者，大概以高（攀龙）、刘（宗周）二先生，并称为大儒，可以无疑矣。”（卷六十二《蕺山学案》）东林学人对高攀龙更是推崇备至：“隆、万以来，则有顾泾阳先生于邑之东南，辟道南精舍，以鼓舞善类、讲明正学，士蒸蒸向往，几与白鹿、紫阳鼎力宇内。维时与泾阳先生相左右，继先生为盟主而集其成，高先生存之也。"①史书亦赞其曰："初，海内学者率宗王守仁，攀龙心非之。与顾宪成同讲学东林书院，以静为主。操履笃实，粹然一出于正，为一时儒者之宗。海内士大夫识与不识，称赞高、顾无异词。"（《明史》卷二百四十三《高攀龙传》）

在易学上，高攀龙依据《易传》"乾以易知，坤以简能，易则易知，简则易从"的思想，力倡以"易简"释《易》，故其"诠解《易》义，每条不过数言"（《四库全书总目》卷五《周易易简说》），并由此著作《周易易简说》。这确实是对易学"易简"精神的运用与发展。他所倡导的言《易》当本于孔子《易传》的治学方向，的确比远离经传文本肆意发挥的解经路数平实得多。诚如四库馆臣所言："攀龙之学，出入朱、陆之间，故以扎实可靠心言《易》。"在思想内容上，高攀龙解《易》既立足于程朱理学，又不拒斥阳明心学。虽以心言易，然"非如杨简、王宗传等引《易》以归心学，引心学以归禅学，务屏弃象数，离绝事物，遁于恍惚窅冥，以为不传之秘也"，故"不得谓以心言《易》为攀龙之失"（《四库全书总目》卷五《周易易简说》）。这一评价也从侧面反映出其易学兼收并蓄、不执一端的恢宏风格，或许这正是高攀龙对易学"不可为典要，唯变所适"精神的深刻契会。

二、苏濬的"生生"易学

苏濬（1542—1599），字君禹，号紫溪，福建晋江人。万历元年（1573）参加乡试，中解元，历官南京刑部主事、工部给事、陕西参议、广西按察副使、广西参政等。为官清正廉洁，晚迁贵州按察使，称病不赴，居家钻研理学。卒后，与蔡清、陈琛一并奉祀于泉州府

① 〔明〕叶茂才：《景逸高先生行状》，《高子遗书》附录，《文渊阁四库全书》第1292册，台湾商务印书馆1986年影印。

专祠。

苏濬是明代后期的理学家，亦精于易学，著有《易经儿说》和《周易生生篇》。前者是其早期著作，本为子侄辈讲授易学而作，即“专为科举之学而设”①，故基本继承了程朱易学成说。后者又称《周易冥冥篇》，属于晚期著作，其中不乏自得之语。总体而言，苏濬谈易注重人事而忽略象数，属于典型的义理派。

（一）圣人洗心而作《易》

《周易》是如何被创作出来的呢？《易传》有云：“昔者圣人之作《易》也，幽赞于神明而生蓍，参天两地而倚数，观变于阴阳而立卦，发挥于刚柔而生爻。”这是从蓍、数、卦、爻四个基本部分来说明大《易》的产生，即蓍、数、卦、爻具有神明、天地、阴阳、刚柔等客观的天道基础，圣人在幽赞、参两、观变、发挥这些天道现象的基础上，创制了大《易》。苏濬继承了《易传》的这一观念，并有了进一步的发挥：

> 圣人一心通乎神明之德而成位天地之中，阴阳合德而刚柔成性，是故易之蓍、数、卦、爻所由作焉。生蓍当以生爻之例推之，乃制用之法所由生也。蓍本是神物，而圣心之斋戒神明与之相为流通，故明以前乎民用而阴以助乎神工，是蓍之所由生也。天圆地方本有自然之数，而圣人之心化而裁之，参乎天而为奇，两乎地而为偶，此七、八、九、六之数所由起也。因蓍可以求卦，而卦非因蓍而立也。宇宙间本自有阴阳之变，而圣人之心有以达观其深者，故以阳卦而象阳之动，以阴卦而象阴

---

① 〔明〕苏濬：《易经儿说·跋》，《四库全书存目丛书》经部第13册，齐鲁书社1997年版。以下凡引该书只注书名及卷数。

之静，此卦之所由立也。因蓍可以求爻，而爻非因蓍而生也。宇宙间本自有刚柔之质，而圣人从而发挥之，刚而未始不用乎柔，柔而未始不用乎刚，时物相杂，爻之所以生也。无圣人之幽赞而以言蓍，非蓍也；无圣人之参两而以言数，非数也；无圣人之观变发挥而以言卦言爻，非卦非爻也。①

苏浚的发挥主要是强调圣人之心在作《易》过程中的根本作用。他认为，有了“圣心之斋戒神明”与蓍草“相为流通”，才有了关于蓍的“制用之法”；有了圣人之心“化”“裁”天地圆方之数，才有了“七八九六”；有了圣人之心“达观”宇宙阴阳之变，才有了八卦、六十四卦；有了圣人对宇宙刚柔之质的发挥，才有了六爻。可见，没有圣人的主观能动作用，就没有《易》书形式的蓍、数、卦、爻。显然，苏浚比《易传》更加突出了圣人之心这一大《易》成书的主观性因素：“圣人一心通乎神明之德而成位天地之中，阴阳合德而刚柔成性，是故易之蓍、数、卦、爻所由作焉。”这是说，圣人通过修养心性，体证天地之道，通达阴阳刚柔，与天地参，才有了《易》的创作。概言之，就是圣人“洗心”而作《易》。“惟其有洗心之《易》，是以有蓍、卦、爻之《易》也。”（《生生篇·系辞上传》）洗心作《易》具有丰富的蕴涵。苏浚说：“圣人作《易》，本之一心，原于造化。”（《易经儿说》卷七上）“本之一心”突出了修养心性的重要性，这是作《易》的主观要求；“原于造化”突出了天地万物的重要性，这是作《易》的客观因素。苏浚又说：“圣人一心退藏于密而渊渊乎。其渊者是何等深！惟发之于《易》，则将吾心至深之理穷之以至其极。是《易》也，乃圣人所以极深而使天下不疑于其深也。圣人一心独见独闻，惺

① 〔明〕苏浚：《生生篇·说卦》，《续修四库全书》第10册，上海古籍出版社2002年版，以下凡引该书只注书名及篇名。

惺不昧，是之谓‘几’，惟发之于《易》，则将吾心几微之理发挥出来。是《易》也，乃圣人之所以研几而使天下不昧于其几也。是几也、深也，即神也。”（《生生篇·系辞上传》）可见，洗心的过程就是圣人在一心“退藏于密”“独见独闻，惺惺不昧”的境界下，体究人心之理，体证天地之理，并发之于《周易》的过程，这一过程既是心性修养的过程，也是体证天地之道的过程，还是创作《周易》的过程。因为《周易》蕴含了天地之道、人事之务，蕴含了圣人洗心之理，所以《周易》是圣人之经，“不可不尚”。总而言之，因为圣人洗心而作《易》，所以圣人之心实乃《周易》的来源之一。

圣人洗心而作《易》的思想具有重要的易学史意义。我们知道，南宋杨简虽已开辟以心解易之风，但其易学更多倾向于在心学的视域下阐发《周易》的心学意义，“古圣作《易》凡以开吾心之明而已”①。然而，圣人如何发明本心而作《易》的问题并没有予以正面回答。不过，这恰恰是心学易的基础性问题。原因在于，如果《周易》不是圣人发明本心而作，《周易》又何以蕴含心学的道理？后人又如何能在心学的视域下合法地解读《周易》？可见，心学易的发展必然要求对此问题加以解决。苏浚通过对圣人洗心作《易》的论述，说明圣人洗心的过程亦即体证天地之道、发而为《易》书的过程，证明了天地之道、圣人之心、《周易》的同一性。这一结论，自然能够推出《周易》既蕴含天地万物的种种道理，也蕴含圣人之心的种种道理，即《周易》是天地之道与圣人之心的成功结合。这就为后世注经者以心论《易》提供了合法诠释的前提。因此，苏浚对圣人洗心作《易》的相关论述，不但是对杨简易学的发展，也是对心学易学的重要贡献。

---

① 〔宋〕杨简：《慈湖遗书》卷七《己易》，《文渊阁四库全书》第1156册，台湾商务印书馆1986年影印。

（二）学《易》当学圣人之心

《周易》既然是圣人洗心并考察天地之道而作，则后世儒者研习《周易》，自然一则要体究其中所蕴含的关于天地万物的种种道理，一则要仔细体悟圣人之心。不过，对苏浚而言，《周易》之道虽涵纳天人，但终究“只为人事而作”。因此，他更加注重体悟圣人之心。如其所云：“伏羲，先天也；文、周、孔子，后天也。时为之也。故《易》者，四圣人之时也。时可易，心不可易。故学《易》者，学四圣人之心也。……时有动静，心无动静；时有始终，心无始终。孔子曰‘五十以学《易》’，又曰‘五十而知天命’，识学《易》之为知命，庶可见圣人之心矣。”（《生生篇·论易》）这是从时和心的角度来考察《周易》。依他之见，“时”固然变动不居，但贯穿在人事之中的天道天理始终如一，体证了天道天理的圣人之心亦始终如一。因此，学《易》的关键即在于学习《周易》所蕴含的圣人之心。那么，如何学习圣人之心呢？这就需要从本体、工夫、境界三个方面加以认知体证。

1. 溯源圣人之心的本体：圣人心即是道

在苏浚看来，人心体现了天地之心，它是天道本体在人生命之中的呈现：“天地之情可见，非见之于天地也，见之于吾心也。人心之呼吸喘息与造化之阖辟往来相为流通，复而见天地之心，天地之心在吾人之心也。正大而见天地之情，天地之情在吾人之情也，岂必观之天地而后见耶？”（《生生篇·下经一·大壮》）“人之良心即天地之心，天地之心即吾人之心。”（《生生篇·一经二·复》）天地之心与天地之情不是与人隔绝的独立存在，而是体现在人心人情之中。人之良心发用，就是天地之心的作用。人心即天心、天心即人心，天人贯通，即体现在此心对天道本体的完满呈现。

那么，天道本体的内涵是什么？苏浚认为，这就是《易传》所讲的“生生”。他说:“《彖传》以天道明《乾》义,盖谓大矣哉其乾之元乎! 何以见其大也? 盖天以生物为心,元者乃其生生之意所肇端也。生理一动,而万物之始其性者资之;生气一呈,而万物之始其形者资之。盖无一物不有其始,亦无一物不始于元矣。”(《易经·儿说》卷一)“何谓元? 即生生之谓也。天以是生生之气始物,而物物各具一天。人得天生生之理以生,而吾心浑然一个天。”(《生生篇·上经一·乾》)作为天地人物共同本体的天道之所以能发挥作用,就在于“元”,就在于“生生”。而“生生”从逻辑上又可分为“生生之气”和“生生之理”,“生生之气”能资万物与人之形,“生生之理”能资万物与人之性。正是因为“生生之气”和“生生之理”的作用,天道本体才蕴含于人物之中,万物才“各具一天”,人心才“浑然一个天”。正是天地的生生不息、大生广生,造就了万物的共同繁荣,决定了人性的大公至善。因此,圣人之心的本体即天道,亦即乾元生生。这也是苏浚将其易学著作定名为《周易生生篇》的原因所在。

2. 体证圣人之心的工夫:以道洗心

圣人之本心即乾元生生,后世学者又当如何在当下生命中呈现生生本体,从而与圣人之心同一呢? 这就需要一定的修养工夫。在苏浚看来,工夫至为切要者就是“以道洗心”。他说:

> “圣人以此洗心”句是《易》书大本领。非以《易》洗心也,以道洗心也。人心一息离道便是污秽一般,圣人心即是道、道即是心,空空洞洞更无一物留之于中,灵灵莹莹,更无一物障之于外,汤之所谓“日新”,曾子之所谓“江汉以濯”是也。想像“洗心”二字,恍然如见羲、文、周公之心入于太一而不为虚,通乎万象而不为远,一部《易》俱从此发挥出来矣。(《生生篇·系辞上传》)

心之本体原本即道，呈现了本体的心本来灵灵莹莹、无物不知、自由无碍。所以，修养工夫就是要“以道洗心”。苏浚又说：“乾元、坤元，只是一个生生之心，而人得之以生。此时也，一真为主，物感未交，正有孚之本体也。人惟求此真心，而常、永、贞、固以守之，则表里始终浑然如一，而匪孚之悔可亡矣。”（《生生篇·下经二·萃》）他再次强调，人心本体就是天道生生之心，儒者只需发明保持这个真心，自然可与天道合一。而发明、保持真心的关键，一方面需要消解私欲，另一方面需要时时儆省。消解私欲是为了呈现天理，“人身只一个天理常惺惺法则，天理灵莹，不然则人欲障蔽”（《生生篇·下经二·丰》）。奋然儆省是为了确保天理流行，“人心一念之动，奋然儆省，此正是天理流行境界，何所不亨哉！”（《生生篇·下经二·震》）总之，在当下一心中保持心念符合天道天理的自觉状态就是工夫，就是“以道洗心”，这也正是在当下生命中呈现天道本体的简易方法。

3. 达致圣人之心的境界：天人合一

人心本体是天地生生之心，儒者通过道德修养在生命中呈现天地生生之心，从而达到天人合一的最高境界。在此境界中，人心既虚灵不昧又无所不通。苏浚说：

> “虚”字是人所得于天之本体，能受者正其虚明之妙无所不通者也。今夫天之轻清也而能照，水之静深也而能纳，虚故也。钟鼎之器实以豆区，仓箱之藏实以布粟，则满而不能受，不虚故也，而况于心乎！君子之虚，只是全得此心本体，不以目见，不以耳闻，不以意想，不以事胺，不知我之异于物，不知物之异于我，此心浑然如赤子之心一般，故无见而能受天下之见，无闻而能受天下之闻，无思而能受天下之思，无为而能受天下之为，视天下之物惟我，视我为天下之物，而其无物无我

> 者自若也。尧之无名，虚也。舜之无为，虚也。孔之无意、必、固、我，虚也。颜之屡空，虚也。故自九官四岳至于深山野人，何所不受？自门墙之请事至孺子之咏歌，何所不受？兹其感通之至妙乎！（《生生篇·下经一·咸》）

这是认为，“虚”来源于天道本体。唯有“虚”，人才能不局限于特定的目见、耳闻、意想、事情，才能够尽受天下之见、天下之闻、天下之思、天下之为，才能够无物无我、物我一如。一言以蔽之，人心虚灵不昧所以无所不知，人心无所不通所以能够成就大业。在无所不知、无所不通的状态下，私欲消解，大公无私，天理流行，最终达致“天与我一、地与我一、万物与我一”的天人合一之境。

（三）理学本体与心学工夫

由上可见，苏浚易学明显表现出调和理学与心学的意图。这一点，首先表现在他对理学和心学基本观念的双重继承上。在苏浚的视野中，生生之乾元是天道本体，其内涵就是生生之气与生生之理。这种以理气诠释生生的观念显然受到了程朱理学理气观的影响。在理气二者中，理的本体地位是毋庸置疑的，所以苏浚说：“天位于上，只是此理。地位于下，只是此理。人位于中，只是此理。”（《生生篇·系辞上传》）“人得天生生之理以生，而吾心浑然一个天。”（《生生篇·上经一·乾》）他明确以“生生之理”作为天道与人心的贯通处，人心之所以“浑然一个天”，乃因人心具有“生生之理”。这无疑是对理本体地位的彰显；但另一方面，苏浚也非常重视心在人之生命存在中的重要意义。他说：“试观人之一心，湛然其未波，澄然其未滓，莹莹然其毕照，生生乎其恶可已！兹其人性之真体，千古之渊源乎！”（《生生篇·下经二·井》）这是把

“人之一心”当作人性的本原。“生者,人之神明所得以生者也。人而不失其本心,则我生。人而失其本心,则我死。”(《生生篇·上经二·观》)此语更进一步,直接把本心是否呈现这一价值问题等同于人之生死,表明了苏浚强烈的心学意识。问题在于,他既承认天理的本体地位,又重视心在人之生命存在中的重要地位,那么,二者的关系如何调和?

事实上,苏浚采取了这样的思路:一方面,天理是天道本体的重要内容,但它不是纯粹客观自在的,而是呈现于人心之中为人心所涵具的;另一方面,人心之所以重要,需要发明本心,也正因为人心涵具了天道天理,故能当下呈现此天道天理。简言之,就是“天人之理尽于太极,太极之理具于圣人之洗心”(《生生篇·系辞上传》)。关键在于,“太极之理运于未有天地之先,而行于既有天地之后”(《生生篇·系辞上传》),所以,这种涵具并非天理本无而由人心所发,而是天理本来如此,它赋予人心而由人心所涵具。因此,要发明本心、消解人欲,人之当下一心,天理自然流行。在这个意义上,苏浚表达了诸如“人心即理”“人之一心浑然天理,此理原是自家固有之物,剥尽复生,如偶失而复还于我也”等命题。这些命题毫无疑问突出了人心的重要性,它们具有强烈的心学色彩,几乎把人心抬高到了与天理相同的地位。然而,就苏浚易学的整体架构而言,占据本体地位的仍然是天理,它并不以人心为终极来源。正因人心只是涵具天理,而非天理源自人心,所以苏浚虽然主张以发明本心达至天人合一,却从未明确赞同诸如人心生天生地、心外无物、心外无理等命题。这充分说明,苏浚调和理学与心学的方法其实是在本体论上宗程朱,而在工夫论上取道阳明。

从理学发展史的角度审视,苏浚的理论探索有着重要意义。我们知道,在明末理学与心学相互攻讦的局面下,出现了调和折中二者的趋势。由于理学和心学的差异更多表现为对本体及工夫的认识不同,而在根本价值信念和儒学天人之学的理论形态上并无二致,所以,折中二者其实只是对两种本体论和工夫论的理论调和。例如,高攀龙一面赞成阳明学的心本论,主张“天下岂有心外之物哉”,“理者,心也”,一面又有取程朱格物穷理的工夫,“圣学正脉,只以穷理为先,不穷理便有破绽”①。这种“在功夫上宗程朱,在本体上宗阳明”②的进路代表了当时一部分儒者的共同主张。苏浚则采取人心涵具天理这一思路,既承认天理的本体地位,又突出发明本心的重要性。相较高攀龙,他在一定程度上表现出“在本体上宗程朱,在功夫上宗阳明”的不同思路。二者虽然运思进路有所不同,但都指向理学与心学的调和与融通。

(四)“虚”与“冥冥”之本义

由于苏浚易学着重强调人心虚灵不昧、一真常照、无所不通的特征,其《周易生生篇》亦称《周易冥冥篇》,故许多儒者认为苏浚之学已沦为佛老之说。四库馆臣论《周易冥冥篇》曾云:“大旨主王弼虚无之说,一切归之于心学。……其训‘潜龙勿用’,以为心之寂然不动。训‘大明终始’,以为心之灵明不昧。而于《系辞》之末,以《易》主忘言为归宿。观其以‘冥冥’名书,则其说之遁于二氏,不问可知矣。”(《四库全书总目》卷八《周易冥冥篇》)“浚《周易冥冥篇》,恍惚支离,颇涉异学。”(《四库全书总目》卷八《易经儿说》)因此,《四库全书》并未收录《周易生生篇》及《易经儿说》,苏浚言《易》“颇涉异学”“虚无”“全入禅”之说自此亦被盖棺论定。

---

① 〔明〕高攀龙:《高子遗书》,《文渊阁四库全书》第1292册,台湾商务印书馆1986年影印,第366、479、411页。

② 张学智:《明代哲学史》,北京大学出版社2000年版,第420页。

然而,时至今日,我们有必要对这一结论加以反思。事实上,判断中国古代思想家的学派归属,应当着眼于其理论体系及价值诉求。一般地说,佛家的本体是空,道家的本体是无,儒家的本体是天道;就价值而言,佛老倾向出世,儒家则以入世济民、实现王道为旨归。在这一点上,苏浚以乾元生生为本体所宣扬的儒家文化价值理想,实与理学诸家无甚区别。依此观之,苏浚的学说当归为儒家无疑。四库馆臣之所以断定苏浚易学"颇涉异学""全入禅",是因其仅观《周易生生篇》概念语词之表象,而未能深究其本义所致。

首先,四库馆臣所举"训'潜龙勿用',以为心之寂然不动。训'大明终始',以为心之灵明不昧。而于《系辞》之末,以《易》主忘言为归宿"等例证都是以心解《易》的表现,实与王弼虚无之说无甚关联。苏浚所讲的"虚",是指圣人之心虚灵不昧的状态。圣人无欲,故能依天理之本然认知万事万物,继而无所不知、无所不通。如其所云:"君子贵静而不可有欲静之心,君子不动而不可有恶动之心,譬彼太虚澄然无形而天下之物举毕照焉,必如是而后谓之善感也,故程子曰圣人'廓然而大公,物来而顺应'。噫!尽之矣!"(《生生篇·下经一·咸》)这显然是用太虚澄然毕照万物的比喻来说明圣人"廓然而大公,物来而顺应"的境界。由此可证,苏浚所谓的"虚",绝非王弼哲学中与"有"相对的"无"。

至于《周易冥冥篇》的"冥冥"之义,亦与禅学无涉。需要指出,该书正文言及"冥冥"二字仅有一见:"何谓'幽明之故'?天之文,有升而显,有沉而晦。地之理,有旸谷,有幽都。此幽明也。而其故,则易之阴阳为之也。观之者以吾心观之也,察之者以吾心察之也。吾心之中,其冥冥者,一天地之幽。其昭昭者,一天地之明。时时观察,念念观察。知吾心之幽明而天地之幽明其故可睹矣。"(《生生篇·系辞上传》)显见,此间所云"冥冥"亦是对人心状态的

描绘。更重要的是,该书《自序》已然透露出“冥冥”二字之本义:

> 余少而学《易》,今皤然白首矣。时而蒐罗综及百家,岐之中又有岐焉。时而钻研,穆焉以思,九天九渊莫知其倪,然后知《易》之冥冥也。入粤西以来,案牍甚稀,每诘朝焚香一炷,读韦编数帙,偶有所触,援笔而书,未几辄复削去,又复书,又复削去,又复书,如是者再且三焉。亡何而橐中之牍满矣。一日读“生生之谓易”,不觉废书,叹曰:“嗟夫,孰知冥冥者之为生生哉!”然余知其生生而不知其所以生生,则终于冥冥而已。(《生生篇·序》)

苏浚所要表达的意思,是知天道之“生生”而不知其“所以生生”,故将“生生”称为“冥冥”。由此可见,“冥冥”仅是对天道难知的慨叹,并未涵具佛学所讲的空寂之义。恰恰相反,他在《周易生生篇》中曾经明确表达对佛老之说的反对:“苟知有静而不知有动,弃人伦遗世故,守其清虚之说,而欲置其身于无何有之乡者……君子以为末矣。”(《生生篇·下经一·咸》)这足以证明,苏浚解《易》“颇涉异学”的论断颇有商榷余地。

当然,无论是在经学史上还是在理学史上,苏浚的学说均未获得高度推崇。原因固然与其入禅涉虚的不当评价有关,但公允地讲,他也确实未能构建一个严整有机的思想体系。即便如此,苏浚易学仍有其学术价值。一方面,他以圣人洗心而作《易》的命题,证明了天地之道、圣人之心与《周易》一书的同一性,进而解决了以心释《易》的理论前提,推动了明代心学易思潮的发展;另一方面,他通过“在本体上宗程朱,在功夫上宗阳明”的学术思路调和理学与心学的尝试,也在一定程度上推动了明代理学的发展。此外,苏浚对天道生生本体的阐述也对此后学者产生了影响。例如,清代著名易学家胡煦曾云:“乾以一元统天而资万物之始,人以仁心立本而达天下之道,合天人、贯内外,均此生气耳。”①胡氏以“生气”为天人之本的说法虽与苏浚不尽相同,但其乾元主生的观念可能受到了《周易生生篇》的某种影响。

三、钱一本的“像象”易学

钱一本(1546—1617),晚明东林八君子之一,字国端②,江苏武进人,学者称启新先生。隆庆四年(1570)举于乡,神宗万历十一年(1583)进士,始为庐陵令,建王文成祠,并祠邹文庄诸公。万历十四年(1586)复任螺川,受教于王塘南先生时槐、陈蒙山先生嘉谟③,始知读《易》。素喜讲学,任内重修白鹭洲书院,“每政暇即临学宫,集诸士展籍叙讲”④,复以手著讲义授之,后诸生刻为《时雨

---

① 〔清〕胡煦:《周易函书》卷十六《篝灯约旨十》,中华书局 2008 年版,第 1129 页。

② 钱一本的表字,古代文献中有两种不同的说法:《明史·钱一本传》称:“钱一本,字国瑞”,《东林列传》卷二十二《钱一本传》、《四库全书总目提要》并同。《明儒言行录》卷九引邹元标所撰钱一本墓志铭则云:“钱一本,字国端”,《明儒学案》《荟蕞编》等书从之。今人李雄飞先生撰文指出,“本”和“一”都有起始、本源之意,而“端”有始意,“瑞”字则与本始意无关,因此钱一本表字当为“国端”而非“国瑞”。《四库全书存目丛书》据中国科学院图书馆藏明万历四十一年刻本影印钱氏《像抄》,是书前有万历四十一年春孟之吉毗陵钱一本自序,序末镌有一本私印“国端”。据此,一本表字当为“国端”无疑。

③ 陈嘉谟,字世显,号蒙山,庐陵人。少时师事刘两峰,间以其说告王塘南,王塘南亦往师之。王塘南即王时槐,字子植,号塘南,吉之安福人。弱冠师事刘两峰,为阳明二传弟子,其学以透性为宗,以研几为要。《明儒学案》认为钱一本之学“得于王塘南者居多”,则钱一本为阳明三传弟子。然观钱一本与王塘南的往来书信可知,两人之间实互为师友。

④ 〔明〕王时槐:《友庆堂合稿》卷三,《四库全书存目丛书》集部第 114 册,齐鲁书社 1997 年版,第 224 页。

楼讲义》。万历十七年(1589)召为福建道御史,后巡按广西,因上疏“争国本”而落职为民。自此返乡,杜门究心学问,不复轻出。尝曰:“此关已闭,自矢终身不开”,“故一时朝野共仰,如泰山乔岳。”①万历四十一年(1613),高攀龙、吴桂森迎钱一本至东林书院讲《易》,匝月始竟。作《丽泽堂即事诗》,“示学者闭关之义”②。“嗣后,东林有会则迎启新先生于上座”③。后党祸起,谣诼不断,仍以“不见是而无闷,不见知而不悔,正吾辈得力处”④为念,往来讲习不辍。卒年七十二,天启二年(1622)追赠太仆寺少卿。

钱一本精研六经,于濂、洛、关、闽诸书无不披究,尤邃于《易》。尝自言:“手《易》而读之,出入必于是,寝食必于是,积之凡二十余年。”姚希孟撰墓表称其:“于《易》自田何而下,亡所不披晰。”(《明儒言行录》卷九“钱一本”条)撰有《像象管见》九卷,阐发像象义旨、性命精微之理;《像抄》⑤六卷,推衍图书之学,表达对朱熹易图的意见;又有《像续抄》二卷、《四圣一心录》六卷、《范衍》十卷等易学著述。另有《黾记》《四不如类抄》《经正堂会语》《源编》《汇编》

① 〔明〕吴桂森:《真儒一脉》,《四库全书存目丛书》子部第15册,齐鲁书社1995年版,第421页。

② 〔明〕钱一本:《癸丑至日丽泽堂即事》,《无锡文库》第2辑,凤凰出版社2011年版。

③ 〔明〕邹期桢:《吴觐华先生墓志铭》,《无锡文库》第2辑,凤凰出版社2011年版。

④ 〔清〕沈佳:《明儒言行录》卷九“钱一本”条,《文渊阁四库全书》第458册,台湾商务印务馆1986年影印。

⑤ 郭彧先生认为,“清代四库馆臣纂修《四库全书》时,误将钱一本的《像钞》一书作胡居仁书著录,而成《易像钞》十八卷,其前五卷所列三十二图及所引诸家之说即为《像钞》两卷的内容”;“是书引‘胡叔心’语录一条,则无胡居仁于己作书中自注名字之理”;语录后所注蔡虚斋、章本清、杨止庵、顾叔时等人“皆在胡居仁之后,无胡居仁著书引身后人语之理”。见《易图讲座》,华夏出版社2007年版,第180页。

《邸抄》①等著作。

(一)“即辞即象”,“知象为像”

关于钱一本《像象管见》之“像象”二字,《四库全书总目》曾释义曰:“象者,天道;像其象者,尽人合天之道也。”(卷五《像象管见》)然揆之于书,可知此论不确。钱氏曰:“形而下者谓之器,易之蕴,道之器也,意之象也。”②此间明确将“象”归为形而下之“器”,而四库馆臣却将“象”视为“天道”,断非一本原意。事实上,“像象”即以“象”明“像”之谓也。如其所云:

> 易何以谓之象?天下万物,虽至赜而不可胜穷,然无一之有可厌而恶。凡有一物,必有一个形容可拟,必有一个物宜可象,都是道理中合有底事,自合理会。(《像象管见》卷五)

钱一本基于《系辞》“易者象也,象也者像也”的说法,主张《周易》的本质在于象,也即卦象、爻象。伏羲未作卦画之时,天地间只是各种事物。万物纷纭杂陈,但阴性之物有阴性事物的特质,阳性事物有阳性事物的特质,两大类事物又各有其适切定位。在这种纷纭杂陈中,圣人看到了不可“厌而恶”的一面,故拟其形容,象其物宜。所谓的“象”,即圣人对万事万象及其运动变化加以抽象加工、分群聚类的结果。它首先是对自然界中阴阳两大类事物的形容和拟象;既是拟象,则所拟象之事物必实有其物、实有其事。因此,他无法认同来知德《易经集注》“曰像者,乃事理之仿佛近似,可

① 日本学者小野和子考证此书即《万历邸钞》一书,见[日]小野和子:《明季党社考》第三章,上海古籍出版社 2006 年版。

② 〔明〕钱一本:《像象管见》卷五,《文渊阁四库全书》第 33 册,台湾商务印书馆 1986 年影印。以下凡引此书只注卷数。

以想象者也，非真有实事也，非真有实理也”①的说法。

那么，什么是“像”呢？钱一本认为，“像”其实就是“象”背后蕴含的“意”。“像”是“象”之所以为象者，“像”必表出为“象”，“象”是“像”的表现。我们知道，明代官方推尊的朱子易学认为，伏羲“偶然见得一便是阳，二便是阴，从而画放在那里”“大概只是说个阴阳，因阴阳之消长，却有些子理在其中”。也就是说，伏羲画卦纯属偶然，并未自觉到所画卦爻之象与天地自然之理相契。及至文王、周公、孔子，更是“不顾元初圣人画卦之意，只认各人自说一副当道理”②。因而，朱子主张三圣分观、经传分离。对此，钱一本不以为然。他深信，伏羲画卦时必有一“立乎其中与行乎其中”的圣人之意在：“皇羲立象尽意，不待有辞。文周系辞明象，即辞即象。”（《例略》）“易本羲画，文王错综序之以成天地之至文，是谓易兴于中古。子曰：‘文王既没，文不在兹乎？’盖伏羲以是授之文王，而孔子以是得与于斯文者也。”（《序测》）伏羲立“象”之时，“意”已包蕴在卦爻象中。文王、周公观象系辞、孔子作《易传》，皆本于伏羲之象，并以语言文字阐发其中的义理。文王、周公之卦爻辞是为了明示伏羲之易的象与意，孔子《传》文亦复如是。因而，四圣之易中确有一贯之道，亦即圣人之意。此圣人之“意”即“像”：

> 易者，象也，易尽在画也。象也者，像也，则以为仿佛近似矣。惟以像为理之近似，但有其仿佛之谓，而翼后之易遂亡。以人不成像，则立乎其中与行乎其中之意，悉虚也。（《题辞》）
>
> 易者，象也；象也者，像也。象谓皇牺卦画之象，象又谓之

---

① 〔明〕来知德：《周易集注·原序》，《文渊阁四库全书》第32册，台湾商务印书馆1986年影印。

② 〔宋〕黎靖德：《朱子语类》卷六十六，中华书局1986年版，第1623、1630页。

像。人兼天地为才全,象皆备于人。一画有缺,即不成其为人,即不像其为象,象在人,人成像也。皇牺立象尽意,不待有辞。文周系辞明象,即辞即象。后世得辞遗象,非其辞;得象失像,非其象。夫惟由辞得象,而后无虚悬说理之病;知象为像,而后有神明默成之学。或曰:象者,乃事理之仿佛近似,可以想象,而非真有实事。或又曰:易无此事,无此理,惟有此象。此与言象遗理,言理遗像,仿佛其象而仍不知其所以为像之弊并同。(《例略》)

"象"的本质在于"像",也就是象中蕴含的圣人之意。而圣人之意即在于"天地万物之理",故此"像"在天为天道,落实于人则为"性命之理"。"圣人作易,立卦生爻,凡天地、雷风、水火、山泽,卦卦爻爻之象,无有不从人分,以发挥立人之道,故不惟曰象而又特谓之像也。"(卷一)天人通贯无间,则"象"所涵摄的"像",既是天道天理,又是人之所以为人的应然之则。所以,钱一本特别强调人能"成像",即"由形而下之器达形而上之道"(卷七)。例如,"像乾者,由文系乾之辞,明羲重乾之象,便知此始万物之元德,生万物之亨德,遂万物之利德,成万物之贞德。天得之为天而像在天,人得之为人而像在人"(卷一)。圣人之意表现在乾卦上,即元、亨、利、贞四德。人若不能成乾之像,则圣人之意便为虚意,其所旨在开显的理义也不能落实于个体生命之中,进而天人两途,人道应然之则亦无从确立。惟人能"成像",即真切笃实地将圣人之意所彰明的理义,在自己的生命中实现出来,方能居尽天理、动合天道。

概言之,所谓"像象",即指人应透过《周易》卦爻了悟到"象"所蕴含的圣人之意即"像"。由此出发,钱一本对此前历代易学皆有批评。他认为,汉代经师只在象上立家当,囿于象的世界而不能自拔,殊不知《易》"象"本为明"像"而设。宋儒虽注重阐发圣人之意，却又陷入另外一边，大多希求直造义理而不知由“象”知“像”，故其所言义理往往疏落无据。

（二）“夫《易》，圣人义命之奥也”

在“象以明像”的易学定位下，钱一本自然不能赞同朱熹“《易》本卜筮之书”的判定：

> 易之蓍数，卦爻所由作焉。（卷七）
>
> 蓍数卦爻之易，非圣人理义至命之易，蓍数卦爻之占，非圣人以易教人，教人占易之学也。（卷七）
>
> 以卜筮言易，谓莫尚于易占，能占易者，然后可言卜、可言筮，是之谓圣人之道之卜筮。初非如后世京、焦、管、郭之卜筮，卜其所卜，筮其所筮，而流于谶纬术数之小技也。（《例略》）
>
> 无圣人之幽赞而以言蓍，非蓍也；无圣人之参两而以言数，非数也；无圣人之观变发挥而以言卦言爻，非卦非爻也。蓍生于神明，数倚于天地，卦立于阴阳，爻生于刚柔。（卷七）
>
> 但玩一卦，但占一爻，参两之义，天地万物之理，尽具于其中。（《例略》）

按照钱一本的理解，“神明”即“天地万物之理”，“参两”即阴阳奇偶之数。他承认六十四卦来源于蓍数，但蓍草不过是圣人探赜索隐，了悟到天地之理、阴阳消息之后，用于推演模拟阴阳变化的工具。圣人画卦定爻的过程虽与筮数密不可分，但其宗旨终究是为了开示天人之道。不可否认，易道本身就包含了辞、变、象、占四个方面，故以卜筮言《易》亦无可厚非。可是，西汉焦延寿、京房等人仅仅把易学局限在筮占层面，无论是卦气值日还是八宫世应，实质上都是规规于预测祸福而昏然不晓义理，这样的易学只能称为“蓍数卦爻之易”。“以利害为祸福，不以义理为祸福，皆淫巫瞽史之卜筮而已矣。”（卷五）对他们而言，利害即祸福，祸福即吉凶。其流弊有二：一是“为帝为王者，委天道于气数之适然，而不知恐惧修省；为子为弟者，委人道于命分之当然，而不修孝弟忠信”①，举国皆委天道人道于气数命分，德性修养之工夫和德性之践履便被架空。一是以福为吉为利而趋之，以祸为凶为害而避之，则行险侥幸，无所不至矣。钱一本则认为，吉凶固然能招致祸福，但祸福并不等同于吉凶。“如其顺理心安，则福故吉，祸亦吉；理不顺心不安，则祸固凶，福亦凶。”（《范衍》卷十）换言之，祸福吉凶的衡量标准不在于利害而在于理义，真正的趋吉避凶应当是“以顺理为趋吉，去其逆理为避凶”（《范衍》卷十）。这才是圣人的“理义至命之易”。

基于此，钱一本又提出了“以道义配吉凶”的“占易”说来对治“蓍数卦爻之易”。所谓“占易”，是指学者筮得某卦时，通过玩味卦爻之“象”进而透见到“像”即天地万物之理、阴阳刚柔之变，从而到对圣人之意的了悟。从体用的角度言之，蓍数卦爻，形而下之器也；天地万物之理，形而上之道也。“占易”，就是从蓍数卦爻之用的形下层面上达形而上之义理。唯有如此，蓍数卦爻所承载的圣人之意才不会被架空，才能开显为学《易》者人生日用之间的实理实事，作为圣人之道的卜筮方能不沦为术数小技。

（三）“先后无二天，羲文相授守一道”

从圣人之意一贯的理解出发，钱一本亦对邵雍、朱熹的“先天”

---

① 〔明〕钱一本：《范衍》卷十，《续修四库全书》第1048册，上海古籍出版社2002年版。

"后天"之说进行了批评。在他看来,"先天""后天"实与"道""器"分别对应。"画前之易"即形而上之"道",亦称"先天"。它既指阴阳浑然未分的太极,又指卦爻所拟象的"天地自然之易";一旦落入卦爻形象便是形而下之"器",亦称"后天",即"卦在有象之后,皆属后天"。依此标准,宋明易家所谓"先天八卦"与"后天八卦"皆属后天易学。然而,钱一本还是在一定限度内接受了邵雍、朱熹的区分。他说:"就后天中又权分先后,如自昔相沿说。"①略有不同者在于,他格外凸显了朱子"先天为体、后天为用"的观点,并以此解说先天八卦与后天八卦。"'天地定位'章,皇羲所画八卦,俱相对待,可以南北竖列为序,亦可以东西横列为序,原无方位之分。"(卷七)依他之见,《说卦》"天地定位"一章意在说明太极对待之全体,相互对待的两卦本来没有方位可言,既可南北竖列,亦可以东西横列。"'帝出乎震'章遂有方位之分,自然之序便如此。"(卷七)"帝出乎震"一章则明示太极之流行大用,四正四隅之方位皆出于自然变化流行,绝非人力安排。另一方面,先天八卦与后天八卦虽有体用之别,但若究其根本,则是体用相即、先后不二。此二者皆以象尽意,旨在晓示四圣相传之道:"或因'天地定位'章而规八卦为圆,曰此为先天图,此为伏羲易。因'帝出乎震'章而矩八卦为方,曰此为后天图,此为文王易,殊未然。须知先后无二天,卦位无二方,羲文相授守一道,至谓文王更定伏羲卦图尤谬。"(卷七)

(四)"由辞得象,而后无虚悬说理之病"

既然《周易》经传皆基于"象",则学《易》之人先须"得象"。钱一本认为,伏羲画卦原本"以象为教",并未诉诸文字。可后人观伏

① 〔明〕钱一本:《像抄》卷一,《四库全书存目丛书》经部第14册,齐鲁书社1997年版。

羲卦画多不能明象，于是文王、周公便序卦系辞，以使卦画之象始显现出来。由此可知，《周易》古经的卦爻符号系统与卦爻辞文字系统必定一体圆融，即辞即象："皇羲立象尽意，不待有辞。文周系辞明象，即辞即象。"（《例略》）那么，圣人作《易》之初又是如何取象的？钱一本说：

> 天地有阖辟，有俯仰，故卦有正反。四时日月错行代明于其中，万物生长收藏于其中，故爻有杂撰。杂而不越，故言天下之至赜而不可恶，言天下之至动而不可乱。卦论体，要反两卦看，要分内外看，要六爻总合看，要中爻杂撰看；爻论主，虽多以尊位论，然两体自各有爻主，有六爻以一为主，有六爻兼两为主，不单主五为尊爻，亦不专主五言君道，看易不得主爻，全无头脑，都是鹘突说。（《例略》）

圣人画卦是对天地自然之易的效法。首先，"天地有阖辟，有俯仰"，则卦有正反之象。简言之，钱一本所谓的"正"，即虞翻之"反对"、孔颖达之"覆卦"、来知德之"综卦"；其所谓"反"，即虞翻之"旁通"、孔颖达之"变卦"、来知德之"错卦"。在注解《周易》时，他每每利用古经相邻两卦"反体互发"的原则来解说卦义。

再者，天地"四时日月错行代明于其中，万物生长收藏于其中"，则卦有中爻"杂撰"即互体之象。钱一本释《系辞》"若夫杂物撰德，辨是与非，则非其中爻不备"曰："中爻谓中四爻，又可杂撰为两卦。以卦必三爻，下三爻上三爻固是两卦，从二至四，三爻也，成一卦。从三至五，三爻也，成一卦。"（卷六）通观钱氏易著，其中但言经卦互体，并未使用四画、五画、半象连互等汉易体例。如其《晋》卦九四注云："艮为鼠，离之下，坤之上，艮伏其中。下据三柔之上，则杂艮而见；上近大明之五，又杂坎而隐。夜行昼隐，首鼠两端，晋如鼫鼠之象。”（卷三）晋卦二三四互艮，《说卦》：“艮为鼠。”下体坤为夜，是为“夜行”。三四五体坎，《说卦》：“坎为隐伏”，上体离为明、为昼，是为“昼隐”。钱一本进而指出，“同一杂撰又有杂撰之是，又有杂撰之非”（卷六）。如涣卦二三四杂撰震动，下体坎险，险以动而出，撰之是；三四五杂撰艮止，九五为君，止险而消，撰之是。又如屯卦二爻互坤为顺，然以柔乘刚，撰之非；五爻杂艮为止，屯膏不得下，故撰之非。

其次，天地有尊卑，则卦有“爻主”之象。“爻主”亦称“卦主”，源于京房易学。钱一本认为，爻主是分析一卦诸爻关系的关键所在：“易言乘，不是柔居刚上便为乘；言承，不是柔居刚下便为承；言应，亦不是初必与四应，二必与五应，三必与上应。凡乘承应须看爻主，又看中爻杂何物，撰何德，与夫杂撰及不及。凡易之情，近而不相得则凶，或害之悔且吝。易有相近之情，亦以主爻论，目近爻为比爻，此易之所无。”（《例略》）依他之见，确定乘、承、应等爻位关系，应看爻主，参以互体。如井卦九五为主，初六处一卦之始，距五最远，不获其助。九二与九三、六四互见兑，兑为毁折，故初二两爻虽近却不相得，则不可称初六承九二。

此外，钱一本解《易》还偶尔运用六画之象，即俞琰所谓“积体”。这一方法当是因袭宋人而来。如朱熹曰：“中孚便是大底离，小过是个大底坎。”①项安世曰：“坎离者，乾坤之用也。故上经终于坎离，下经终于既未济。颐、中孚肖离，大、小过肖坎，故上经以颐、大过附坎、离，下经以中孚、小过附既、未济。”②钱氏所云“颐，外实内虚，肖离；大过，阳中阴外，肖坎”（卷二）便属此类。

---

① 〔宋〕黎靖德：《朱子语类》卷六十七，中华书局1986年版，第1668页。

② 〔宋〕项安世：《周易玩辞》卷十二，《文渊阁四库全书》第14册，台湾商务印书馆1986年影印。

（五）“知象为像而后有神明默成之学”

对钱一本而言，“明象”绝不是解《易》的终点，而是知“像”的手段。“像”在天为天地万物之理，在人则为性命之理。这就意味着，钱一本易学的最终指向仍在于揭示天人一体通贯之道。他说：

> 易有太极，阴阳未分，是三才浑然为一之全体。（卷一）
>
> 这一阴一阳，端绪原是接续流行，而有其继之，是之谓善。成之者性也，这一阴一阳，全体无不凝成具足，而有其成之，是之谓性。（卷五）
>
> 性命之理，在天为阴阳，在地为刚柔，在人为仁义。（卷七）

钱一本认为，太极是阴阳二气未分、三才浑然一体的宇宙本原。当其发动，便分化出阴阳二气。气有清轻浊重之分，“升而上，在天则成日月星辰之象；降而下，在地则成水火土石之形”（卷五）。天作地成，万物又在大生广生的天地造化中流布成形。圣人作《易》，由太极而两仪而四象而八卦，无非是对此太极本原生化日新的模拟效法。太极在天道层面展现为阴阳，在地道层面展现为刚柔，在人道层面则展现为仁义。就天地而言，阴阳刚柔即太极全体之理，阴阳刚柔之外无所谓太极。太极所分之阴阳落实于人物之中，便凝成了人物之性，继而成为人物之所以为人物的根基、根据。换言之，太极与性并无本质区别。就其全者一者而言，谓之太极；就其分者多者而言，则谓之性。天道之阴阳、地道之刚柔、人道之仁义，实属太极之理的不同展现方式，可谓异名同实。“天地者，人心全体之易也，见于画则曰乾坤。”（卷五）既然人道的仁义与天地之阴阳刚柔一体贯通，皆为太极之理的展现，则“人人皆有一个大乾坤”,即人人都应以自己心中的仁来观照天地,尽一己之力发挥参赞化育之功,挺立起作为三才之一的人道担当:“天道有阴阳,吾以阳生万物,以阴成万物,顺乎天而不逆天,道自我而立也,性命之理之顺也。地道有刚柔,吾以其刚为刚,克以其柔为柔,克顺乎地而不逆地,道自我而立也,性命之理之顺也。人道有仁义,吾之以仁育也,天之阳也,地之刚也,吾之以义正也。天之阴也,地之柔也,顺乎人而不逆,人道自我而立也,性命之理之顺也。”(卷七)

然而,现实的人性往往各有殊别:“成性存存,成性未尝不存,只有圣人之德业便不曾作坏了,而能常存其所存。”(卷五)圣人独得于天,本全于己,合仁智于一身,不假修为而性功自成;对于君子来说,则有仁者、智者的区别。“仁者有仁边之见,日用无非仁。知者有知边之见,日用无非知。日用而知善斯成性,道所以有于君子。”(卷五)仁者有见于性体仁的一面,故其日用常行无非此仁发用,智者有见于性体中智的一面,故其日用常行无非此智发用;而对于一般百姓来说则常处于一种价值迷失状态,对人之所以为人的根基根据一无所知。“百姓日用乎阴阳,而一无所见,不见那阴阳继续底道理,是以于善一无所知,不见那阴阳凝成底道理,是以于性一无所知。”(卷五)钱一本认为,这是由于“性固天生,亦由人成”(《明儒学案》卷五十九《东林学案二》)。太极之理下贯于人,则人性完满具足、本无欠缺,此即“性固天生”。然而,人既生以后,与太极之理便不能不有一段距离。耳目口鼻有欲,心有思虑计议,且二者常常交织在一起。感性欲念引导思虑计议,思虑计议又反过来助长感性欲念,于是便对人禀赋太极之理而成的本然之性造成了遮蔽。所以,唯有通过工夫才能回复本性,这就是“性由人成”。“圣人同之以有忧,能以天地之心为心,谓之同忧。以圣人之同忧,成天地之无心,合仁知为一道,通万物为一身。”(卷五)圣人之心无丝毫物欲染污,纯是太极之理流行,因此能切实体认到自己所禀之理与天地万物所禀之理同一,己之理即涵摄了天地万物之理,故能以天地之心为心,“通天地万物于一身”。“俯仰皆观,远近皆取”,作《易》以参赞化育,教人“默识心体,以定乾坤,位贵贱,断刚柔,生吉凶”(卷五),不泖焉以己身为身,而极其心量于天地,从而在三才通贯的视野下定位自我。而“默识”之工夫,圣人独于震卦发之:

> 善其悔过真心,劈头震动觌体呈露,当下凭此一念恐惧修省,必期复于无过而后已。(卷五)

常人心体虽被物欲遮蔽,但性体毕竟俱足,只是不能发用而已。悔过之念便是“天理萌动之机”,是时,形上性体透入到形下的心体之中,性体自然萌动,此正是复性工夫下手处。值此之际,改过迁善,直至私欲净尽,则天理自会朗现而为人日用常行之主,人亦“成其像”矣。

明代定朱子易学为官学,治易学人多笃信朱子,对朱子《本义》《启蒙》等易学著作反复研习。值得注意的是,明代易家虽崇朱义,却不像元人那样因循固守,而是对其学说多有修正。一本尝言:“后人以信守朱说为崇事朱子,此徒以小人之心事朱子耳。”(《明儒学案》卷五十九《东林学案二》)本此识见,一本易学虽多有得于朱子,又不胶着于朱义,对朱学多有辨正。如一本在古经形成的问题上,既赞同“时更三圣,世历三古”的说法,又反对朱子主张三圣分观、经传分离的意见,认定有一个立乎其中与行乎其中的圣人之意。又如一本也讲“先天”“后天”之学,却认为“先天八卦”与“后天八卦”皆属后天易学。又如一本“以道义配吉凶”的“占易”说也导源于朱子,却更加强调透过蓍数卦爻的研习,透显出含蕴其中的圣人之意与性命之理。本此,钱氏易学认为卦爻画与卦爻辞虽皆为形而下者,但其中皆具有无形的性命之理。因此,学习《周易》文本不只是看辞句吉凶,而是要玩味其中的圣人之意、性命之理。此种易学观无疑是对汉唐以来的经传注疏易学的突破,更是对宋代易学的发展。

就理学发展而言,明代阳明心学异军突起,然阳明殁后,王学遂分,其后学末流一意本体,玩心高妙,中风偏走,流于狂禅,圣学复性的工夫与德性践履遂被架空。东林学人起而以朱学之工夫对治王门后学沉溺本体之流弊。钱氏之学也以工夫为主,钱一本通过《系辞传》"继善成性"的解释,在人性论上提出了"性固天生,亦由人成"的学说,这种学说后来被王夫之所力持。

概言之,在东林学人中,钱一本无疑是易学造诣较高的一位。在具体内容上,钱一本并没有直接吸收朱子或阳明后学的易学观点。但宏观地看,我们仍不难从中体味出理学与心学思维方式的双重影响。正因乎此,其理论建构始终摆脱不了宋儒已有的框架,其学虽多有惠见,亦旨在补前人之不足,试图将前人《易》说纳入其易学体系中,以使之获得新的合理性。也正是这种尝试使其"像象"易学呈现出不拘一格的浑融气象。

第四章　象数易学的新发展

一、以象解《易》方法的回归

(一)熊过与《周易象旨决录》

熊过,字叔仁,号南沙,四川富顺人,生卒年不详。嘉靖己丑(1529)进士,官至礼部、祠祭司郎中,后被贬,复除名为民。与陈束、王慎中、李开先等人并称"嘉靖八才子"。"然过研思经训,实不止以文章名。"自称十三岁开始学《易》,先学程朱易学,然而程颐"陋汉儒而过者也",朱熹"有其意矣,事无实证,虚理易差",故于易学未有启悟。后闻"闽人蔡清先生善为易,购得其书,其开陈宗义不及象也"。辛丑(1541)贬官入滇,得杨慎教导,"杨君用修数语,予当遂成书,乃益考前闻精思其义,加折衷焉"①,著有《周易象旨决录》。

熊过认为,《易》书的本质是易象,易象则本于万物之象。易数与易辞皆生于易象,有象而后有数,极数定象;有象后有辞,辞以言

① 〔明〕熊过:《周易象旨决录·自序》,《文渊阁四库全书》第31册,台湾商务印书馆1986年影印。以下凡引该书只注卷数。

象。他以《系辞传》为据说明之："昔者圣人类万物之情，象其物宜，物有万，不出阳物阴物、奇偶之画也，是谓仪象，故生八卦以象吉凶，是故'易者象也'。'八卦成列，象在其中。'奚啻天地风雷山泽水火哉，即阴阳消长盛衰之间，观其所乘而吉凶大业莫能违也，朴斲风漓后圣乃广为之象，以开物'开而正名当物'，因其自然，故曰'象者像也'。象有数，故曰'极其数遂定天下之象'。象有辞，故曰'彖者言乎其象'。'圣人设卦观象系辞焉'，是数与辞皆出于象也。"(《自序》)

进而，他又探讨了象与占的关系。既然辞皆言象，则象是占象，占是象占，"占爻辞皆象，象皆占也，占皆象"。辞象占一体不二。在此基础上，他对前人在象占问题上的误解逐一予以批评："辞有吉凶悔吝，皆谓之象。'吉凶者，失得之象也；悔吝者，忧虞之象也。'彖爻所同也。四者不为象而为占，何其不察圣人之言耶！其所谓'变化者，进退之象也'，其所谓'刚柔者，昼夜之象也'，爻所独也，异哉！后世之说曰此为象，此为占，既又曰戒占。嘻，亦已支矣！或又曰：此为意，此为言，为象，为数，岂不益甚哉！昔韩宣子适鲁见易象，明古统彖爻为象也，'居则观其象，而玩其辞'。居则本卦不变言，故曰所居而安者易之象。……'动则观变玩占'，动谓之卦，故曰'所变而玩爻之辞'……得其不变者，则占彖；得其变者，则占爻辞，皆象也，象皆占也，占皆象也，又可分象占哉。有不得其说者，则曰有占无象，象在占中。有象无占，占在象中。嘻，支矣！是故易非独言与数，其意亦皆生于象而已。"(《自序》)

《周易》辞出于象，则须由象解辞。概言之，熊过以象解《易》的方法约有如下四种：

第一，卦爻之变。按照熊过的理解，象有卦象及爻象，故易之变有卦变、爻变。他曾以观、剥为例说明卦变："今夫象旨者，犹为因辞求象之道耳，是故有一卦之象，有一爻之象。自其变者观剥，

《象传》曰：'观象。'观也者，观卦也，二阳之卦，剥五所自变也，一卦论变之例也。"(《自序》)在他看来，《象·剥》所云"观象"，是指一阳五阴之剥卦通过五爻变阳的方式成为二阳四阴之观卦。因其着眼于卦象的变化，故称"卦变"；爻变则如蒙巽："《蒙》六五'童蒙之吉，顺以巽也。'巽者，巽卦也。五变则上体巽，一爻论变之例也。"(《自序》)此是将《小象传》"顺以巽也"解作蒙卦六五变阳之后上体成巽。因其着眼于六五一爻之变，故属爻变。显见，熊过所讲的卦变和爻变并无实质区别，二者只是着眼点有所不同。从易学史的角度观之，其象变之例近乎虞翻易学的之正说。虞氏认为，失位之爻当变正。如剥卦六五阴爻居阳位，变正则成观；蒙卦六五变正，则上体成巽。然而，熊氏所变之爻却未必失正，亦可根据解经需要变正为不正，用他的话说，是"位正当兼取两卦相当之例"。如《履》九五曰"夬履"、《兑》九五曰"孚于剥"等，是言《履》九五与《夬》九五、《兑》九五与《剥》六五有内在联系，即"相当"之义。他还从一己之见出发对历代易家的卦变说皆予以否定。其《象·讼》注云："湛先生曰：阳本上物，故以居下为来。伏羲画卦，因而重之，各因自然，非相假借，非相互变是也。王辅嗣灭弃象学，故其旨未明。程先生变古说止主乾坤，潜室陈氏指三画阴阳不等者，推之不通。虞翻、范长生：讼九二皆从遁三来。朱先生从之，何子元不见二家，谓从朱始，误矣。又举节斋蔡氏：乾自外来交坤为坎，诸卦往来皆主本卦，刚柔相交而言，惟讼无妄上皆乾下为坎震，一刚自外来，非由本卦来往，故讼曰刚来，无妄曰刚自外来。此其为言，则固已异于虞、范、朱氏之旧，而谓诸卦之变，多主本卦刚柔相交，则如泰否之类多是，总指卦之两体往来，且不尽如虞、范、朱氏之说，子元乃信双湖谓变例无适不可似，当有遗议矣。按宋李舜臣《易本传》谓：舍本卦论他卦为不然，又以某卦从某卦来者，是妄是不信卦变图者，本卦图始出宋世，未必古法也。"(卷一)

第二,互体。从现存资料来看,互体的大规模使用始自西汉京房,至三国虞翻则兼用经卦互体、四画连互、五画连互、半象互体,可谓集互体之大成。① 熊过继承了这一方法。他举例说:"萃六三'上巽',三五互一卦之例也。泰六五'归妹',中四爻互二体之例也。"(卷一)熊过认为,萃三至五互经卦巽,故六三《小象》曰"上巽";泰二至四互经卦兑、三至五互经卦震,以震兑作上下体之别卦为归妹,故泰卦六五云"归妹"。可见,熊过使用的互体既有三画互出一经卦,又有四画互出两经卦,再由此两经卦组成一别卦。在解《易》过程中,他又常常把卦爻之变与互体结合起来,此种情形称为"变之又变"。例如,其乾卦九三注曰:"三变则二三四互成离日,在下卦之终,故曰终日。"乾卦九三爻变成阴后,二三四互离,离为日,三爻居内卦上位称终,是以乾九三爻辞称"终日"(卷一);又如,"乾九四,乾之小畜,小畜之中又有兑离,故曰革,是变之又变也"(《自序》)。乾通过九四变阴的方式卦变为小畜,小畜二三四互兑、三四五互离。以兑作上体、离作下体可得别卦革,故《文言》九四称"或跃在渊,乾道乃革"。

由此可知,熊过的"四爻互二体"之例并不等同于汉易的四画连互。因为小畜二至五四画连互必成睽卦,熊氏却以互体经卦兑离组成革卦,实为睽之"两象易"。也就是说,其"四爻互二体"乃别卦二三四、三四五各互出一经卦,然后再将两互体经卦组成别卦。至于孰作上体、孰作下体,可以根据注经需要灵活安排。

第三,汉易卦气。在易学史上,西汉孟喜首倡六日七分说,即以六十四卦与一年三百六十五又四分之一日相配。坎、震、离、兑四正卦之二十四爻分主二十四节气,其余六十卦各值六日七分。

---

① 参见林忠军:《象数易学发展史》第一卷《虞翻象数易学》,齐鲁书社1994年版,第228~234页。

京房、《易纬》亦有类似思想。熊过以此注复卦云："复，出入。古注入则阳反，出则刚长。盖剥一阳在外，倒转为复，则反于内也。'无疾'谓阳生有渐而不遽也，五阴之朋来顺一阳，善补剥时之过，无咎之象也。虞翻曰：出震成乾，入巽成坤，复取阳长，而又何以言成坤哉。朱先生以为己之出入，近人事舍取象之义矣。吴幼清曰：复自师而变，师之初还复于二为出，师之二还复于初为入，谓一阳之出有师象可也。而必师初复二，二复初，又取临、泰、壮、夬所变之卦，还复未变之时，以明'朋来'之义，尤为游辞凿说。以反复其道者，程先生曰：消长之道，反复迭至也。七日来复者，卦起中孚六日七分也。褚庄并云：五月一阴生，至十一月一阳生。朱义遂主之。侯果又以豳诗一日二日为言，见变月言日之意，然临一阳长而言八月，则其说不能通于彼矣。虞翻、李鼎祚皆本《易轨》谓爻主一日，剥卦阳气尽于九月之终，十月末纯坤用事，坤卦将尽，则复阳来，隔坤卦六爻为六日，复来成震一阳爻生为七日。其说原于《易纬·稽览图》。既曰爻主一日，剥阳尽于九月终矣。又曰十月末纯坤用事，坤将尽则复阳来，是不为一月来复乎。故卦起中孚六日七分为复者其义明矣。"（卷二）

第四，月体纳甲。西汉京房《京氏易传》将八卦配以十天干，因天干始于甲，后世称纳甲。此后，东汉魏伯阳又以月体盈虚变化解释纳甲，形成了月体纳甲说。三国虞翻则引月体纳甲入《易》，作为以象解《易》的重要方法。熊过在注释《周易》时，曾多次引用虞氏月体纳甲说。如《坤》卦注曰："虞翻谓'月三日变成震出庚，八日成兑见丁，庚西丁南，故西南得朋，二阳为朋友讲习。晦日消乙入癸，乙东癸北，故东北丧朋。'此盖纳甲之说与《古文龙虎参同》其旨相类耳。"（卷一）注《系辞上》"在天成象"云："按虞翻说，曰：震象出庚，兑象见丁，乾象盈甲，巽象伏辛，艮象消丙，坤象丧乙，坎象流戊，离象就己，于文日月为易，虞说当是。"（卷五）

此外，熊过还使用文字训诂方法解《易》，即“以象为主，据他书以证今文，合象则从焉”。所谓“证今文”，主要是以他书校定《周易》字音、辨正脱衍错简，纠误复旧。其中证字者一百一，证音者三十八，证句者二十六，证脱字者七十九，证衍文者三十，移置者三十二，旧以为误而今证还其旧者三，旧分段不明今正之十。

毋庸讳言，熊过虽然重视易象，但其成就远不及汉代易学。对于象数易学的发展而言，可以说意义甚微。然而，他在明代程朱易学盛行之际能够逆潮流而动，敢于批评纠正居于官学的程朱易学之弊，并以象数解《易》，提倡朴实之风，确有其独到价值与意义。诚如杨慎所言：“李鼎祚云：‘郑康成多参天象，王辅嗣全释人事。易道尚偏于天人哉！’宋世程氏之传专主理义，而朱子本义兼论象旨，其曰本义，盖易本象数而兼理义学者，废一不可。然而朱子精矣，或尚犹颇有余蕴，不能无望于后人之引伸触类也。吾友南沙熊子叔仁，乃作《周易象旨》一书，兼采众家之说，而多象数为主，亦北海考亭之遗意也。既本易之蕴，而摧陷廓清焉，而继绝表微焉，条入叶贯焉。视房审权、王应麟、齐履谦、郑合沙，可以分镳并驰，择精语详矣。”（《序》）四库馆臣亦称之曰：“过作此书，虽未能全复汉学，而义必考古，实胜支离恍惚之谈。……但注某字据某书当作某，亦不敢擅更一字，犹属谨严，在明人《易》说之中，固卓然翘楚矣。”（《四库全书总目》卷五《周易象旨决录》）

（二）陈士元与《易象钩解》

陈士元（1516—1597），字心叔，应城人。嘉靖甲辰（1544）进士，官至滦州知州。据清朱彝尊《经义考》载，陈士元撰有《易象钩解》四卷和《易象汇解》二卷。前者力图恢复汉儒解《易》之法，多取互体、五行、纳甲、飞伏、卦变、卦气、爻位等例注《易》；后者成书在先，“上卷为天文解、地象解、身象解、木象解、衣象解、食象解、宫室象解、器象解、政学解。下卷为说卦解、大象解、数象解，皆援据经文。发明象学，与所著《易象钩解》相为表里”①。

陈士元提倡以象解《易》，反对当时流行的空谈义理之风。他从易学史的角度论证了象数在易学中的地位。他认为，《周易》成书本于象，文王、周公观象系辞，以象定吉凶。朱熹虽然认同宋人的图书、先天之学而不用汉易象数，但也主张汉人互体、五行、纳甲、飞伏等取象方法不可俱废。“先儒传注论义理，不论祸福，虑人以卜筮，浅易也。发明彖爻非不显著，而取象之由，则略而不论。夫文、周系辞观象，以阐吉凶，占者玩辞稽象，以定趋避。朱晦庵、张南轩善谈《易》者，皆谓互体、五行、纳甲、飞伏之类，俱不可废。岂不豁然于蓍变而歉然于传注哉？盖文、周彖爻，虽非后世纬数琐碎拘拘互体、五行、纳甲、飞伏也，而道则无不冒焉。传注者，惟以虚玄之旨例之，有遗论矣。”②

我们知道，两汉是象数易学大发其皇的时代，而西汉京房则是以象解《易》的先驱之一，其《京氏易传》多言互体、五行、纳甲、飞伏。陈士元推崇京氏易，相信《京氏易传》必有所本，当为太卜所藏。他以履卦为例，说明《京氏易传》取积算、卦气、星位注履卦，与后世荀氏九家、虞翻取象和《天官书》所载一致不二，符合履卦之本义：“按《京氏易传》，履自艮卦而入世在九五，积算起庚子，星位起荧惑，卦气候六丙，宿位降壬申，卦之吉凶，考于三爻之升降止于四。……履自艮入，艮为虎，庚子，震之始也。震动为履，是为履虎。艮为虎者，得乾之刚也。兑说应之，兑为口，有咥象。兑一变而纯乾，兑又伏艮虎，同类也。故曰不咥。尾者，后也，卦下也。四

① 《续修四库全书总目提要》经部上下，中华书局 1993 年版。

② 〔明〕陈士元：《易象钩解·原序》，《文渊阁四库全书》第 31 册，台湾商务印书馆 1986 年影印。以下凡引该书只注卷数。

尾而三履之，故三四爻俱有‘履虎尾’之辞。荀爽九家以艮为虎，虞翻曰艮为寅位，寅为虎。又按《天官书》：尾宿为虎，盖尾在艮方故也。”（卷一）由此出发，他批判了后世误读京房易学者专攻卜筮而不言易象：“夫京房之学授受有自，而《易传》存其概耳。今之学士大夫摈弃不取，曰京氏专卜筮也。呜呼！使四圣不因卜筮而作《易》，惟欲立言垂训，则画卦揲蓍也，何为哉。朱子曰：易之取象固必有所自来，而其为说必已具于太卜之官。顾今不可复考，则姑阙之，亦不可谓象为假设而遂忘之也。然则京氏之学，安知非太卜之所藏者耶。”（卷一）

基于此，陈士元注《易》每引京房、荀爽、郑玄、虞翻之说，专以互体、五行、纳甲、飞伏、卦变、卦气、反对、之正、爻位等例注《易》。其中，卦变、互体、伏卦、反对、之正取象最为简便，是以陈氏多采之：以卦变注《易》，如注比卦：“卦变自复而来。”（卷一）注小畜初九：“卦变自姤而来，姤之四复为初，同人之五复为二。”（卷一）注咸卦九三：“卦变自泰来，随之六三变为咸之九三，咸之初六变为随之初九。”（卷三）注家人卦九三：“卦变家人与兑皆自遁卦而来，兑之六三变为家人之六二，兑之九四变为家人之上九。”（卷三）可见，他所理解的卦变是指某一别卦阴阳两爻升降互易从而致使一卦变为另一卦。这种卦变说与汉易荀爽、虞翻等人以十二消息卦作为卦变之母的做法明显不同，亦与朱熹两爻相比互易的卦变方法存在差别。

以互体注《易》，如谦卦六五：“自二至上有师体，故五曰侵伐，上曰行师。”（卷二）此是五画连互，即谦卦䷎二至上互体成师䷆。又如豫卦注曰：“自初至五有比体”（卷二），即豫卦䷏初至五五画连互成比䷇。

以伏卦注《易》，如蒙卦六四：“艮伏兑，兑上坎下为困，故曰困蒙。”注小畜卦初九：“巽伏震，乾伏坤。”（卷一）注豫卦六二：“互艮

有石象，艮伏兑，上体互坎，伏离，离日在兑西，终日也。”（卷二）

以反对注《易》，如豫卦：“谦反而为豫，则三升四，四为诸侯，有三公出封之象，故利建侯。”（卷二）注临卦：“以观次临，则当数至观，而不当数至遁，观临乃阴阳反对消息之常理。……惟临观反对之说为是。”（卷二）

以之正注《易》，如讼卦初六：“初变成兑，故曰小有言。”（卷一）注晋卦初六：“初变为震。”（卷三）

由是可见，陈士元解《易》之法多存汉易遗风。其旨在恢复汉易象数，继而对抗宋易、取代宋易。因此，他很少阐发义理，在取象上亦绝不言及河图洛书。不仅如此，其《易》注还每每针对程颐、朱熹。如大有上九注曰：“程朱谓上九下从六五。夫六五，君也。谁复为之上而下从者乎？”（卷一）既济六四注曰：“程朱皆以繻当作濡，谓四在坎体也，未允。”（卷四）临卦注云：“朱子曰：‘八月谓自复卦一阳之月，至于遁卦二阴之月，阴长阳，遁之时也。’然丑月卦为临，二阳浸长逼四阴。至于八月建酉卦为观，则四阴逼二阳也。所谓‘至于八月有凶’者，既言之于临，则当自临数而不当自复数卦序，以观次临，则当数至观，而不当数至遁。观临乃阴阳反对消息之常理。岂可外引遁卦谓六月之遁为周之八月哉。”（卷二）不过，陈士元亦有偶采宋易之时。如其以先天图释《蛊》卦“先甲三日，后甲三日”曰：“《易》于《蛊》之彖辞，独言甲日者，先天卦图，艮在西北，巽在西南，而甲木则在东方之离。《蛊》由巽艮而成，由甲逆数历离震坤三位得艮，‘先甲三日’也。自甲顺数历离兑乾三位，得巽‘后甲三日’也。上艮下巽所以为蛊，于艮得先甲三日之辛，于巽得后甲三日之丁，又所以治蛊也。”（卷二）释《巽》卦九五“先庚三日，后庚三日”曰：“甲庚皆曰先后三日者，圣人谨始终之意也。甲于四时为春，于五行为木。蛊下巽木上艮居寅地，故有甲象。庚于四时为秋，于五行为金，于五色为白，巽为曰乾，为庚金，巽本乾体。先

天图，巽居申方，故有庚象。”（卷四）

总体而言，陈士元与熊过一样，多用汉代象数注《易》，但在取象方面发明较少。甚至为了反对宋人视《京氏易传》为卜筮之书，他便将京房易学归诸太卜所藏，显然太过武断。然而，在宋易占据绝对主流的明代，他重新提倡汉代象数之学，对纠正宋易偏重义理疏于象数、重阐发而轻证据的弊端有着重要的学术意义。正如四库馆臣所言：“士元以京氏易当太卜所藏，殊为无据，且京氏之法绝不主象，引以为明象之证，亦失其真。然其谓《易》以卜筮为用，卜筮以象为宗，则深有合于作《易》之本旨，故所论虽或穿凿而犁然有当者为多，要胜于虚谈名理荒蔑古义者矣。”（《四库全书总目》卷五《易象钩解》）

（三）魏濬与《易义古象通》

魏濬，字苍水，福建松溪人，万历甲辰（1604）进士，累官至右佥都御史，巡抚湖广。著有《易义古象通》，主张解《易》当明古象，进而以象释《易》。事实上，其所谓“古象”多为汉魏晋唐易学所用之象。关于这一点，魏濬在该书《总论》中讲得极为清楚：“后儒贬驳汉魏晋唐诸君子，以为离跂牵强，然要言微义，往往袭用其说，予故取其近于正者，存之以明其于易，实有发明俾学者知其所自。”①在他看来，尽管汉魏晋唐易学取象驳杂不纯、支离破碎，“说愈精而去象愈远，训《易》者无取焉”，后世言象者却从未能摆脱、超越之。“若夫按象索理，则马融郑康成而下，以文训诂，于象间离合，然其因言得象，因象得意，未尝有异，虽不必尽祖马郑，终不能超马郑绝尘而逸，故多钩牵扳附，至虞氏而支离转甚矣。”（《明象一》）因此，

① 〔明〕魏濬：《易义古象通·总论·明象一》，《文渊阁四库全书》第34册，台湾商务印书馆1986年影印。以下凡引该书只注篇名。

魏濬主张，解《易》当取汉唐“近于正者”之易象。

何谓“近于正者”之易象？在他看来，就是“象著理”即涵有义理，“理傅于象”者。具体而言，包括八卦正象、爻象、卦爻画、卦变、互体、反对、爻动等。较之义理，易象更为直观，便于理解。“愚谓八卦之象，何居三画是也，六十四卦之象，何居六画是也，文周亦止从三画、六画上想像其形有肖，而拟形容以象物宜，著之繇辞，使颛愚之民，人人得而通晓，不必问之太卜之官耳。圣人以为以理喻民，不如以象喻民，使谋及卜筮者，随占而得从善去逆之路，此圣人之深心也。”（《明象二》）

所谓八卦正象，是指八卦最基本的取象。“八卦之象，父母男女为正，以其生出之序，本如此也。又如天地雷风水火山泽，在先天方位图内者，止以阴阳性情，而取是皆谓之正象。”（《明象三》）其他卦象皆由正象推出，“若远取物而为马为牛之类，近取身而为首为腹之类，实以八正象推之，犹以为未尽也，又广之而乾有为圜、为玉，坤有为布、为釜，震巽有为玄黄、绳直之类，然终不可得而尽也”（《明象三》）。其中也有“推广未及而著于卦爻繇辞之内有可举者”，如“十之必坤，以图数取；国邑必坤，以地象取；行师必坤，以众义取”（《明象三》）。其八卦取象非常灵活，“以类求之，不可胜数。悟者随其所占之事，通之得其象，斯得其理矣”（《明象三》）。

魏濬所讲的爻象包括三才之象和爻位之象。他以《系辞》《说卦》提出“兼三才而两之”成六画之卦为据，每每以初二地位、三四人位、五上天位注解《易》辞。例如，“《井》之‘泥’，《需》之‘沙’，《无妄》之‘菑畬’，《解》之‘获三品’，皆地位。《无妄》之一‘得’一‘灾’，《损》之‘损一’得一，《比》之‘比匪’，皆人位。《大有》之上‘佑’，《大畜》‘天衢’，《明夷》之‘初登’，《中孚》之‘翰音’，皆天位。”（《明象四》）同时，一卦六爻所处的上下位置也与客观事物的特点相吻合，上爻象征在上之事物，下爻象征在下之事物，中爻者则象征居中之事物。“以故六位之间，近取之，若首、足、股、腓；远取之，若丘陵、门户、无不各有所肖，即本卦偶取一象，上下前后，揆之无弗合者。”（《明象四》）他举例说明，“《泰》《否》初之‘茹’，《大过》初之‘藉’，《乾》三之‘不终日’，《离》三之‘日昃’，《同人》《解》三之‘墉’，《临》《艮》《复》五上之‘敦’，《泰》上之‘城’，《剥》上之‘庐’，《旅》上之‘巢’，皆非卒然为凑合之语。至六爻位于三四之间，则《泰》之‘平陂’‘往复’，《复》《巽》之‘频’，《恒》之‘不恒’，《观》之‘进退’，皆三；《乾》之‘跃’，《兑》之‘介’，皆四，取义至精。”（《明象四》）

卦爻画之象，是指卦爻画本身象形事物。魏濬认为，卦爻画象形经历了一个过程，从仓颉观鸟迹作书以象事物之形、发明文字变而画象，到伏羲取奇偶二画阴阳八卦，“可以无所不肖”。三画之象，“夫子《说卦》，所广因画居多”，“羲皇命卦初意可以概得其旨”。八卦重为六十四卦后，文王更以六画之象命名别卦，其取象非常清楚明了，如观、噬嗑、颐、鼎等。只因“后世以文义争长，略而不推其故，象教之衰实繇于此”。因此，他“细味繇辞得其象之有取于画者”，并从爻画象和同体象两方面论之。爻画象，是指《周易》卦爻符号所代表的象。如“《比》五‘三驱失前禽’，四以下皆拆无阻”，比卦䷇四爻以下皆为阴虚而无阻挡，故九五称“三驱失前禽”。又如“《同人》初‘于门’，初奇前、二偶拆，《随》初‘出门’同”。同人䷌、随䷐初爻皆阳，六二阴爻为门，故有“于门”“出门”之象。又如，“噬嗑校初上俱一奇横亘，一偶乘象屦，一偶承象荷”。噬嗑䷔初上皆阳，六二阴乘阳象屦，六五阴承阳象荷。同体象，指两卦象相似或相同。例如，“观艮体门阙”，此谓观䷓与☶艮相似，即俞琰所称“积体”。《说卦》：“艮为门阙。”故观有门象；“颐离体龟损益同”，颐䷚、损䷨、益䷩均为离之积体，离☲为龟，故三卦皆有龟象；“睽体噬嗑”，即䷥睽与䷔噬嗑相似。（《明象五》）

卦变是汉宋易学家常用的象数方法。魏濬相信卦变乃《周易》经传所本有，圣人作《易》以生变原理为基石，故有卦变。“圣人作《易》因画之阴阳得变，转转相生，故以三画自相重，而八卦共成六十四，以六画自相易，而一卦可成六十四，非圣人意为之，六画具而势不得穷如是，而后可以尽变，互而参之厥旨更备。”（《明象六》）在他看来，《彖传》所云“刚柔上下往来”是指卦变，《系辞传》所谓“上下无常，刚柔相易”“参伍以变”，亦指卦变。“予尝总《彖》之具有变义凡十九卦，三阴三阳之卦十，二阴四阳之卦五，二阳四阴之卦四，而卦之一阴一阳者不与焉。盖阴阳各有其偶，而后上下往来之象著。若本无所偶，而孤阴孤阳上下其间变，亦隐而不可见矣。《大传》云‘参互（伍）以变’，阴阳自偶之谓伍，以彼间此之谓参。伍可使参，参复还伍，爻爻可易，卦卦可变，所谓‘上下无常、刚柔相易’者，此也。”（《明象六》）在此基础上，魏濬区分了汉宋易学卦变说的差异。“如贲柔来文刚，刚上文柔。汉儒以为自泰变，朱子以为自损与既济变，其说小异。”（《明象六》）又如，噬嗑䷔为三阴三阳之卦，汉儒以为来自否卦，朱子则认为来自益卦。“盖汉儒直从诸卦径变，而朱义以相比为变，必从渐次而往，此其异也。”（《明象六》）魏濬解《易》亦用卦变。如讼卦䷅来自遁䷠三之二，则讼三本为遁二，与五相应，故称“食旧德”；损䷨来自泰䷊三之上，故辞云“三人行损一人，一人行得其友”；益䷩来自否䷋四之初，故曰“依迁国”；旅䷷来自䷋否五之三，上体本乾，阴来居之，失去一阳，故曰“一矢亡”。在具体内容上，魏濬并非依从汉儒，认为汉易卦变也有牵合之处，如以卦变注《解》卦上六“高墉射隼”即不符合经文原义。同时，他主张三阴三阳之卦的卦变应当灵活把握：“三阴三阳升降换易，彼变之此，此变之彼，不可以一变执也。”（《明象六》）

魏濬还主张以互体解《易》。在他看来，《系辞》“杂物撰德非中爻不备”一语即指互体。“易象总取之画卦中，既有此画，则交互成文,亦体中自然之象,不于此取义,岂非象旨之阙。”“试玩次第横图三六之间,更有四画五画。夫八卦径可因重何用?由四由五,而至于六,则二三四五明具两象,不可弃而不谈明矣。”(《明象七》)其注《师》卦六五称,师䷆二至四互震,震为长子,故曰“长子帅师”;又如,《泰》卦䷊二至五四画连互成归妹,故六五曰“帝乙归妹”。

关于反对之象,魏濬曾说:“反对之卦有二,有正反,有倒反。正反者,阴阳相反,如大过颐之类。倒反者,全体颠倒,如师比之类。”显见,魏濬所谓的正反与倒反,就是三国虞翻的旁通与反对、唐初孔颖达的变卦和覆卦、明人来知德的错卦和综卦。尽管名称各有不同,但实质并无二致。然而,他仅认肯虞翻之说,却对来氏错综颇有微词:“正反,虞翻又谓之旁通,近来氏以错综二字训之,《大传》云‘错综其数’。此似不谓之数,然犹于理未悖,但爻内求之不得。至于错而复综,综而复错,以求象之必合,则去本爻之义,益远矣。又有就本爻求之不得,遂以为变之某卦者,如乾初则变为巽,兑初则变为坎之类,其说亦起汉魏诸人,大非作《易》本旨。”(《明象八》)

所谓爻动,即指某爻由阳变阴或由阴变阳,也就是一般意义上所说的“爻变”。不过,在魏濬看来,二者有着本质的区别:爻变仅就筮占而言,与圣人系辞毫无关涉;爻动则与易辞密不可分,是观象系辞的重要方法。“若系辞至此即以为变,舍本爻而别立一象。假使布策之后,此爻不变而占者,值之则不可用矣。”(《明象八》)他举例说明爻动,“如比初应四,坎体为孚,初动是震,震有缶。蹇五动是坤,坤象朋来,如此之例,于义尚为未远”(《明象八》)。

综上可见,魏濬的象学较之汉易象数无甚新意。不过,在试图恢复以象解易传统的同时,他并未执定旧说,而是有所取舍发挥。对此,四库馆臣曾有如下评论:“其中征引多为精审间折衷,以已说亦能独抒所见,研析颇深,非剿袭雷同者比也。”

（四）董守谕与《卦变考略》

董守谕（1596—1664），浙江鄞县人，字次公。“父世登，性至孝，工诗……秉资耿介，不俯同流俗。少受业于黄道周，讲学大涤山中，读书讨古，穷极幽远。”①天启四年（1624）中举，与翁鸿业、姜思睿齐名，号称“浙东三俊”。李自成率军攻破北京宣告明朝灭亡后，逃至江南的残余势力又建立了多个反清政权。其中，明太祖第十世孙、鲁肃王朱寿镛第五子朱以海嗣鲁王位，1646 年监国于绍兴。尚书李白春推荐董守谕任户部贵州司主事兼经筵日讲官，“守谕不及从，遂遁迹荒郊”②，卒年六十九。据《四库提要》，董氏著有《卦变考略》《易韵补遗》《春秋简秀集》《董护部集》，《海外恸哭记》称其另有《读易一抄》《读易二抄》《公车录》等著作。其易学思想主要体现在《卦变考略》③一书中。

1. 易象六书说

在《卦变考略》中，董守谕提出了“易象六书”说。“六书”是古人分析汉字结构归纳出来的六种造字和用字方法，即象形、指事、会意、转注、谐声、假借。董氏认为，易象表征事物的方法与文字表达事物的方法相近。相应地，易象亦可分为如下六类：

第一，“象形”。“六书”中的象形，是指用简单的线条或字形摹写事物的形状与特征。“象形者，画成其物，随体诘诎，日月是也。”④董氏所谓的“象形”易象，则是指八卦所类万物之象。他说：

---

① 〔清〕翁洲老民：《海东逸史》卷十八《遗民》，载《海东逸史：外三种》，浙江古籍出版社 1985 年版。

② 赵尔巽等：《清史稿》卷五百《遗逸一》，中华书局 1977 年版。

③ 〔明〕董守谕：《卦变考略》，《文渊阁四库全书》第 35 册，台湾商务印书馆 1986 年影印。本节所引董氏原文皆出自该书，以下不另出注。

④ 〔汉〕许慎：《说文解字》卷十五上，中华书局 1963 年影印。

“形苟在健,何必马乎?形苟在顺,何必牛乎?正如书与画同出,画取形,书取象。形变而象,象安。穷象变而形,形安。寄,易也者,变之寄乎?变也者,象形之寄乎?”(《卦变考略》)书取事物之象,画取事物之形,故易之取象首推“象形”。但凡事物属健,均可以乾卦表征。但凡事物属顺,均可以坤卦表征。不能仅以乾卦为马、坤卦为牛。“夫八索生,鸾隼之所被;六甲出,灵龟之所负……细若谷鲋,大若丘陵,不可枚缕,寓于象者全也。”(《卦变考略》)

第二,“指事”。“指事”也称“象事”,是指用点、画等象征性符号来表达字的意义。例如,“本”字就是在“木”字下面加一横来代表为树木的下端。关于《周易》的“指事”取象,董氏说:“书之所可象者,曰‘象’;形非形不可象者,指其事。易之所可象者,曰‘像’;象非象所得像者,实其事。”(《卦变考略》)也就是说,对于那些用“象形”方法不能表征的事物,就要用“指事”的办法来表征。如“师居需后,五兵卫则八政修”(《卦变考略》),师卦有军队之象,需卦为“饮食宴乐”之卦,代表政治清明、国家安定。今本《周易》中,师卦排在需卦之后,这一卦序安排本身就蕴涵了一种象,即国家政治稳定必须以强大的军队作后盾。又如,地泽临为立君、风山渐为立相、天水讼为卷舌、天火同人为交相爱、雷泽归妹为婚姻等,皆是以“指事”取象。此外,九州配八卦,坎为冀州、乾为雍州之类亦属“指事”取象。

第三,“会意”。“会意”又称“象意”,是指用两个以上的字来表示新意义。《说文·车部》举例说:“轰,群车声也。从三车。”①就易学而言,“会意”取象是指由经卦的基本取象引申发挥出来的事物类象。例如,“国邑必坤,会地意也。震,长男也,会为师五之帅师。艮,少男也,会为渐初之小子。坎为水,则四爻之樽酒,屯上

---

① 〔汉〕许慎:《说文解字》卷十四上《车部·轰》,中华书局1963年影印。

之泣血。兑为泽，则萃上之涕洟，困二之酒食。巽鸡会恒四之无禽。离雉会明夷之飞翼。……离居南方，则明夷之南狩。兑为西方，则随上之西山”（《卦变考略》）。坤有国邑之象，是由坤为地“会意”而来；渐䷴下体艮，艮为少男，“会意”取象小子，故初六爻辞称“小子厉”；坎取象“樽酒”“泣血”，皆由坎为水“会意”而来；兑为“涕洟”、为“酒食”，皆由兑为泽“会意”而来；巽为鸡，“会意”取象“禽”，见于恒卦䷟九四爻辞；离为正南，“会意”为“南狩”，由明夷䷣九三爻辞可知。诸如此类，皆属“会意”取象。

第四，“转注”。许慎曰：“转注者……建类一首，同意相受，考老是也。”①即同义字辗转相注。董氏认为，《周易》用两经卦来表达同一事物之象的方法就是“转注”取象。他举例说，“需五之酒食，互离坎。水之上火也。丰三之折肱，互兑。兑金之销艮也。履之眇跛，互有离巽。离为目，巽为股，俱非正体，视履宜艰。萃之假庙，互有艮巽。巽为木，艮为阙，木在阙上，宫室是建。”需卦䷄三至五互离、上体为坎，水火交而有“酒食”；丰卦䷶三至五互兑，兑飞则艮伏。艮为手，兑为毁折，故“折肱”；履卦䷉三至五互巽，二至四互离，巽为股，离为目。巽股在上、离目在下，与人体离目在上、巽股在下颠倒，故有视物不清、行路不稳之义；萃卦䷬二至四互艮，三至五互巽。巽为木，艮为阙，巽在艮上，故有建筑宫室之象。凡此种种，皆是以两经卦共同取象，称为“转注”。

第五，“谐声”。意即与卦名发音相似者，皆可归入此卦取象。如“需”“须”音类，须有等待之意，是以需卦亦有等待、踌躇之象；“离”“丽”音类，丽有附丽义，故离卦亦有附着、附丽之象；“咸”声类“感”，是以咸卦有感应、交感之象；“晋”声类“进”，故晋卦有前进、上升之象；“坎”声类“陷”，则坎卦有失陷、陷入之象；“比”声类

---

① 〔汉〕许慎：《说文解字》卷十五上，中华书局1963年影印。

“辅”，所以比卦有亲辅、亲比之象；“蹇”声类“难”，因此蹇卦有困难之象。此即“谐声”取象。

第六，“假借”。所谓“假借”取象，就是以六爻整体表征某一事物。例如，“一奇贯五偶中，借曰‘盍簪’。一奇据五偶之上，借曰‘剥床’。一奇贯二偶，借曰‘黄矢’。……此以名借也。”豫卦䷏一阳居于五阴之间，如同发簪插入发中，故九四云“盍簪”；剥卦䷖一阳居于五阴之上，有床被腐蚀之象，故初、二、四皆言“剥床”；解䷧下体坎，中间一阳、上下皆阴，形如弓箭，是以九二爻辞曰“得黄矢”。

2. 卦变说

卦变是古代易学史上的重要象数体例。一般地说，卦变是指某一别卦因阴阳二爻互易变为另一别卦。卦变思想源于《彖传》，成熟于东汉荀爽，完备于三国虞翻。此后，魏晋蜀才、卢氏，唐人侯果皆以卦变注解《周易》。北宋以降，李之才推出新的卦变图，但其目的并非注解经文，而是借此表达易学思想。南宋朱熹又将其创造的全新卦变图置于《周易本义》卷首，并用于注解部分《易》卦。“此图以乾坤为生卦之本，乾坤生出十二消息卦，由十二消息卦变出其他卦。此卦变图克服了汉儒卦变体例不统一的缺陷，但是其生卦重复出现。”①而后，宋元之际的俞琰一面再次反对以卦变注解《周易》，断言卦变绝非《彖传》之意，一面又借卦变图阐明修道和养生之理。及至明末清初，董守谕在遍考前人卦变说的基础上，以经传之辞为据力辨诸家得失，从而对此前历代卦变说进行了系统总结。在他看来，卦变乃理解《周易》一书的关键所在：“读《易》不知卦变，犹日晤咿不知六书也。……六书明则六经如指掌，六变明则大《易》如日星。”(《卦变考略》)

---

① 林忠军：《象数易学发展史》第二册，齐鲁书社 1998 年版，第 130 页。

首先，董守谕在《卦变考略》中对历代卦变说进行了系统整理，从而使纷呈异见得以一目了然：

本卦	本卦所来之卦			
䷀乾				
䷁坤				
䷂屯	䷒（京）	䷜（荀）		
䷃蒙	䷓（京）	䷳（荀）		
䷄需	䷡（京、虞、蜀）			
䷅讼	䷠			
䷆师	䷖			
䷇比	䷆			
䷈小畜	䷫（京）	䷄（虞）		
䷉履	䷪（京）	䷅（虞）		
䷊泰	䷋（虞）	䷁（蜀）	䷵（朱）	
䷋否	䷊（虞、胡）	䷀（蜀）	䷴（朱）	
䷌同人	䷍（京）	䷪（蜀）		
䷍大有	䷌			
䷎谦	䷖			
䷏豫	䷗			
䷐随	䷋（京、虞、蜀）	䷮（朱）	䷔（朱）	䷿（朱）	䷲（荀）
䷑蛊	䷊（京、虞）	䷕（朱）	䷯（朱）	䷾（朱）
䷒临	䷁			
䷓观	䷀			
䷔噬嗑	䷋（京、卢）	䷩（朱）		
䷕贲	䷊（京、荀）	䷨（朱）	䷾（朱）	
䷖剥	䷀			
䷗复	䷁			

䷘无妄	䷠(京、虞、蜀)	䷅(朱)			
䷙大畜	䷡(京、蜀)	䷄(朱)			
䷚颐	䷖(京、侯)	䷢(虞)	䷒(虞)		
䷛大过	䷠(京)	䷡(虞)			
䷜习坎	䷁				
䷝离	䷀				
䷞咸	䷋(京、虞、蜀)	䷷(朱)			
䷟恒	䷊(京、蜀)	䷶(朱)			
䷠遁	䷫(虞)	䷀(侯)			
䷡大壮	䷊(虞)	䷁(侯)			
䷢晋	䷓				
䷣明夷	䷒				
䷤家人	䷠				
䷥睽	䷘(京、虞)	䷡(虞)	䷝(朱)	䷼(朱)	䷤(朱)
䷦蹇	䷽(京)	䷓(虞)	䷽(朱)		
䷧解	䷣(京)	䷒(虞)	䷽(朱)		
䷨损	䷊				
䷩益	䷋				
䷪夬	䷗				
䷫姤	䷖				
䷬萃	䷂(京)	䷓(虞)			
䷭升	䷒(虞)	䷽(朱)			
䷮困	䷋				
䷯井	䷊				
䷰革	䷡(京、项)	䷠(虞)			
䷱鼎	䷠(京、荀、项)	䷡(虞)	䷸(朱)		
䷲震	䷒				

䷳艮 ䷓

䷴渐 ䷋(京、虞) ䷺(朱) ䷷(朱)

䷵归妹 ䷊

䷶丰 ䷊(京) ䷔(虞)

䷷旅 ䷋(京、姚、蜀)䷕(虞)

䷸巽 ䷠

䷹兑 ䷡

䷺涣 ䷋(京、荀、虞)䷴(朱)

䷻节 ䷊

䷼中孚 ䷘(京) ䷠(朱)

䷽小过 ䷃(京) ䷢(虞) ䷒(赵)

䷾既济 ䷊(京、荀、虞)䷵(朱)

䷿未济 ䷋

上图括号内标明的“京”字指京房、“荀”指荀爽、“虞”指虞翻、“姚”指姚信、“蜀”指蜀才、“卢”指卢氏、“侯”指侯果、“项”指项安世、“胡”指胡一桂。除既济卦一栏中的“朱”字指朱震外，其余“朱”字俱指朱熹。由此可见，尽管有取卦变说者历代不乏其人，在具体观点上却又莫衷一是。

有鉴于此，董氏明确提出，当以《周易》经传为准判定诸说是非。唯有符合经传本义者方可被认肯，否则便不能成立。例如，睽卦所来之卦有无妄、大壮、离、中孚、家人五种说法。董氏认为，“凡彖辞言柔进上行，皆谓六五。噬嗑、晋、睽、鼎是也。今考噬嗑，否初进五；晋自观四进五；鼎自遁二进五，皆为上行。独睽卦以大壮三上相易，五未尝动则于例不通。虞翻取无妄二之五，朱子取中孚四之五，皆于彖辞有据者也。故虞氏初曰：‘大壮之三’，继曰：‘在彖取无妄二之五。’‘在彖’二字，指柔进而上行言也。往哲之谨严如此。”《彖传》称“柔进上行”者，皆指阴爻动至五位。由此可知，睽卦必由无妄或中孚变来。又如，蛊卦卦变有泰、贲、井、既济四种观点，“变卦之例杂而不一者，各持师说也。愚之言变，必欲与卦辞相符。……如京荀蛊自泰来者，乾天有河，坤地有水，二爻升降出入乾坤，利涉大川也。初变成乾，乾为甲，乾三爻在前，故先甲三日，变四至五成乾，乾三爻在后，故后甲三日。乾为始，坤为终，故终则有始。不自泰来，诸义遂晦，参之卦辞，昭然日星矣”。此是根据卦辞推断所来之卦。下图以五角星标示董氏卦变说之全貌。

本卦	本卦所来之卦				
䷀乾					
䷁坤					
䷂屯	䷒(京)	䷜(荀)☆			
䷃蒙	䷓(京)☆	䷳(荀)			
䷄需	䷡				
䷅讼	䷠				
䷆师	䷖				
䷇比	䷆				
䷈小畜	䷫(京)	䷄(虞)☆			
䷉履	䷪(京)	䷅(虞)☆			
䷊泰	䷋(虞)☆	䷁(蜀)	䷵(朱)		
䷋否	䷊(虞)☆	䷀(蜀)	䷴(朱)		
䷌同人	䷈(京)	䷪(蜀)☆			
䷍大有	䷌				
䷎谦	䷖				
䷏豫	䷗				
䷐随	䷋(京、虞、蜀)☆	䷮(朱)	䷔(朱)	䷿(朱)	䷲(荀)
䷑蛊	䷊(京、虞)	䷕(朱)	䷯(朱)	䷾(朱)	

　　　☆

䷒临　䷁

䷓观　䷀

䷔噬嗑　䷋(京、卢)　䷩(朱)

　　　☆

䷕贲　䷊(京、荀)　䷨(朱)　䷾(朱)

　　　☆

䷖剥　䷀

䷗复　䷁

䷘无妄　䷠(京、虞、蜀)䷅(朱)

　　　☆

䷙大畜　䷡(京、蜀)　䷄(朱)

　　　☆

䷚颐　䷓(京、侯)　䷢(虞)　䷒(虞)

　　　☆

䷛大过　䷠(京)☆　䷡(虞)

䷜习坎　䷁

䷝离　䷀

䷞咸　䷋(京、虞、蜀)䷷(朱)

　　　☆

䷟恒　䷊(京、蜀)　䷶(朱)

　　　☆

䷠遁　䷋(虞)☆　䷀(侯)

䷡大壮　䷊(虞)☆　䷁(侯)

䷢晋　䷓

䷣明夷　䷒

䷤家人　䷠

䷥睽 ䷘(京、虞) ䷡(虞) ䷝(朱) ䷼(朱)☆ ䷤(朱)
☆
䷦蹇 ䷽(京)☆ ䷓(虞) ䷽(朱)
䷧解 ䷣(京) ䷒(虞)☆ ䷭(朱)
䷨损 ䷊
䷩益 ䷋
䷪夬 ䷗
䷫姤 ䷖
䷬萃 ䷂(京)☆ ䷓(虞)
䷭升 ䷒(虞)☆ ䷧(朱)
䷮困 ䷋
䷯井 ䷊
䷰革 ䷡(京、项) ䷠(虞)☆
䷱鼎 ䷠(京、荀、项) ䷡(虞) ䷸(朱)
☆
䷲震 ䷒
䷳艮 ䷓
䷴渐 ䷋(京、虞) ䷷(朱) ䷺(朱)
☆
䷵归妹 ䷊
䷶丰 ䷊(京) ䷔(虞)☆
䷷旅 ䷋(京、姚、蜀) ䷕(虞)☆
䷸巽 ䷠
䷹兑 ䷡
䷺涣 ䷋(京、荀、虞) ䷴(朱)
☆
䷻节 ䷊

䷼中孚　䷘(京)　　　䷅(虞)☆

䷽小过　䷃(京)　　　䷢(虞)☆　䷒(赵)

䷾既济　䷊(京、荀、虞)䷶(朱)

☆

䷿未济　䷋

以上就是董守谕易学的主要内容。客观地讲,其“易象六书”说对卦画之象的归纳进一步拓宽了学者对《周易》取象的认识。然而,把造字用字之法与《周易》取象逐一对应,未免太过牵强。事实上,“六书”是后人通过观察分析汉字结构总结出来的六种造字方法,是后起之法。传统观点则一般认为卦象问世年代较之文字产生更为古远,故《周易》古经取象未必遵照六书造字之体例。同时,董氏对历代卦变思想的系统整理也为后人研究卦变提供了方便。尤为可贵的是,他罗列了东汉京氏易专家郎颚的卦变说,使学者由是得以窥见《京氏易传》未曾记载的京房卦变说之大略。他遵循“观象系辞”的理念,基于经传文辞逐一判定卦变诸说,从而言之成理、持之有故。《四库全书总目》评价曰:“上考郎颚、京房、蜀才、虞翻诸家之说,定为此图。每卦皆参列古法,断以己意。宋元诸儒以及明来知德之属亦参考焉。其言率有根据,不同他家之穿凿。其证以《彖》文,虽不免有所附会。然……于《经》文亦往往巧合。”(卷五《卦变考略》)不过,我们也应看到,董氏卦变大多承袭汉人之论,在行文中亦时时对汉儒称颂有加。其卦变说不仅了无新意,更有附会难通之处。诚如四库馆臣所言:“惟其篇末有曰:‘或谓变乃《易》中之一义,非画卦作《易》之本旨,愚独以为不然。’则主持未免太过。夫乾坤之生六子,犹阴阳之生五行也。其配而为六十四卦,犹干支之配为甲子也。其因卦而推奇偶之变,犹干支相配而推冲合制化也。驳卦变者谓‘不应先有某卦,后有某卦’,是犹谈五行者谓‘水生于庚辛,不化于丙辛。火生于甲乙,不化于戊癸也’。主卦变者以此为作《易》之本，六十四卦皆自此来，是又犹以化气为本气，亦乖五行相生之旨矣。故卦变之说不可谓非《易》之一义，亦不可谓为本义。汉以来儒者相传，要必有取，并存以备参考可矣。”（卷五《卦变考略》）

（五）何楷与《古周易订诂》

何楷（1594—1645），字玄子，《四库》避康熙讳改作元子，号黄如，福建漳州人。天启五年（1625）进士，时值魏忠贤乱政，请辞而归。崇祯时官至吏科给事中，后因弹劾温体仁、王应熊、杨嗣昌等人降职为南京国子监丞。清顺治二年（1645）随唐王朱聿键入闽，擢升至吏部尚书，因不满郑芝龙蛮横无理而不为所容，遂告退，途中遇贼寇，被截去一耳，疑为郑芝龙指使部下所为。漳州被破，抑郁而终。何楷博极群书，尤善经学，著有《古周易订诂》十六卷、《诗经世本古义》二十八卷。其中，《古周易订诂》[①]对前人易学成果多有综合，不但继承了程朱义理易学，而且对汉易象数、宋易图书及其同时代的来知德易学多有剖析，从而形成了独具特色的自家易学。

1. 编次与卦序

《周易》古经由六十四卦卦名、卦画、卦辞及爻辞四部分构成，分作上、下二篇。孔子儒家作“十翼”，附于古经之后称为《易传》。汉代以降，今文诸家说《易》皆自为章句，唯费直无章句，“与古文同”，坚持以“十翼”说解上下经。东汉郑玄传费氏易，《三国志·魏志》引淳于俊言“郑玄合《彖》《象》于经者”，始变《周易》十二篇之次序。魏王弼撰《周易注》延续费氏易传统，但与费直编次有所不

① 〔明〕何楷：《古周易订诂》，《文渊阁四库全书》第36册，台湾商务印书馆1986年影印。以下凡引该书只注卷数或篇名。

同，又将《文言》传分附乾、坤两卦之下。唐孔颖达本王弼注作《周易正义》，《周易》十二篇旧式遂不复存在。及至宋代，儒者怀疑经学文本多经汉人改动，于是试图恢复先秦时期《周易》之原貌，开始了经学复古工作。自北宋吕大防编著《周易古经》起，晁说之作《录古周易》、薛季宣作《古文周易》、南宋程迥作《古周易考》、李焘编《周易古经》、吴仁杰编《古周易》等。宋儒所谓的《古周易》，即指经传相分的十二编本，朱熹亦是在以吕祖谦《古周易》为底本的基础上撰作了经传分离的《周易本义》。明末何楷《古周易订诂》的撰写体例则与前人有所不同，他一面继承经传相分的古本"以还田何之旧"，一面又随经附传"以祖费直之意"(《序》)。

我们知道，《周易》古经问世之时，卦序已然确定。因而，《序卦传》只是后人对此作出的解释。韩康伯曾提出过质疑："《序卦》之所明，非《易》之蕴也。盖因卦之次，托象以明义。"①孔颖达亦从其说。伊川《易传》卷首《上下篇义》一文认为，上下篇之分实以阳贵阴轻为原则。阳为贵，乾为主，故阳盛而卦有乾者在上篇，阴盛而卦有坤者在下篇②。元代萧汉中则不以为然。他指出，以阴阳偏盛推求已有卦序不免太过刻意，况且阳盛而卦有乾者如大壮即居于下篇。"圣人先分卦而后序，必先名卦之所以分，始可论卦之所以序。卦非待名而后序，篇非因序而始分。"③卦序先天已定，乾坤坎离四正卦居于上篇，震巽艮兑四隅卦居于下篇。八卦重为六十四，一卦皆有上下两体，即六十四卦共一百二十八卦体。乾坤各十六

① 〔唐〕孔颖达:《周易正义·序卦传疏》,《十三经注疏》上册，中华书局1980年版。

② 〔宋〕程颐:《易传》卷首《上下篇义》,《二程集》，中华书局1981年版，第692～694页。

③ 〔元〕萧汉中:《读易考原》,《四库易类丛书》第19册，上海古籍出版社1990年版。

卦体，乾上经有十二、下经有四，坤上经有十二、下经有四，盖因“体四而用三”，即邵雍所云“天之体数四而用者三，不用者一也；地之体数四而用者三，不用者一也”①。顺循萧氏卦序论的思路，何楷又把《周易》上下经各分为初、中、终三部分。上经之初有乾、坤、屯、蒙、需、讼六卦。乾为主，坤从乾，坎用事。坎之所以为用，乃因坎阳居中体正，为嫡子。震虽为长子，但阳有所偏；上经之中有师、比、小畜、履、泰、否、同人、大有、谦、豫十卦。坤为主，离用事。乾坤相交为泰后，有离无坎，即坎不用事而离用事；上经之终有随、蛊、临、观、噬嗑、贲、剥、复、无妄、大畜、颐、大过、坎、离十四卦，坤为主，乾从坤，离用事。此十四卦坤多于乾、离多于坎；下经之初有咸、恒、遁、大壮、晋、明夷、家人、睽、蹇、解、损、益十二卦。兑、巽、震、艮为主，四卦相重所得之咸、恒、损、益分居此十二卦首尾。乾、坤、离、坎为客卦，坤、离居中为用事；下经之中有夬、姤、萃、升、困、井、革、鼎八卦，皆由乾、坤、坎、离交兑、巽两卦而成，下经主阴体，故兑、巽贵于震、艮；下经之终有震、艮、渐、归妹、丰、旅、巽、兑、涣、节、中孚、小过、既济、未济十四卦，为震、兑、巽、艮、坎、离六卦相合而成，不见乾坤。“乾坤立而六子生”，六十四卦始于乾坤，上经终于坎离，下经终于坎离相交之既济、未济，此“六子始全也”（卷一）。

2. 爻变与卦变

爻变思想在《左传》《国语》中已有体现，如筮例“郑公子曼满与王子伯瘳语，欲为卿，伯瘳告人曰：‘无德而贪，其在《周易》《丰》之《离》，弗过之矣！’间一岁，郑人杀之”②。其中“《丰》之《离》”即《丰》卦上爻由阴变阳而成《离》卦，这应当是迄今所见关于爻变的最早记载。汉代经师又以爻变为基础，发展出“之正”等注经方法。

---

① 〔宋〕邵雍：《观物外篇》，《邵雍集》，中华书局 2010 年版，第 51 页。

② 〔清〕洪亮吉：《春秋左传诂》卷十，中华书局 1987 年版，第 406 页。

何楷解《易》亦重爻变。每注一爻，必用变体符号标示，阳变阴记作□，阴变阳记作×，并结合互体、比应等义例来解释卦爻辞。如其注《晋》卦初六"晋如，摧如，贞吉。罔孚，裕无咎"曰："变震为噬嗑，顺而丽明。故曰晋三阴皆进而之离，九四居于其卫，挟近君之势欲并而有之，众莫之与也。初与四为应而志不合，故方进而即虑，有摧抑之者。摧，《说文》云：挤也，折也。上互艮有欲进而止之之象，贞者守其正道。不畔援苟合，汲汲以求进也，吉者终得遂其进也。罔孚指四也，三四五互坎，四居中，画有孚象。初既守贞，不与四合，故四罔孚。又坎为狐疑，亦不信之象也。裕者不以四之罔孚为戚，超然自得无所系累也。无咎者，无失身之咎也。坤含弘，故有裕义。变震为恐惧，亦摧如象。"（卷四）

何楷也相信卦变说符合《周易》原意，并对朱震、朱熹、来知德、程颐、苏轼等人的卦变思想逐一予以评判。我们知道，朱震认为，六十四卦中的十二辟卦符示阴阳消长、六子卦象征乾坤交易有定，故其卦变说以十辟与六子为主变之卦。何楷对十辟主变极为认同，却对六子卦变说深表置疑。原因在于，既然六子亦由十辟卦所生，则不应作为生卦之母；同样，朱熹卦变图中"凡三阴三阳之卦各二十皆自泰否来"一段混作一团，不能截然分清，且《周易本义》言诸卦卦变亦不尽相同，可知断非圣人本意；来知德则将卦变改为综卦。"综"，就是每卦皆由两个经卦组成，其内外两卦上下颠倒则生成另一别卦。何楷认为，来氏以两卦反对解释多数卦义极为顺妥，"如同人柔得位得中者，以大有上卦之离来，居同人之下卦也。大有柔得尊位而大中者，同人下卦之离，往于大有之上卦，得五之尊位，居大有之中也"（卷一）。但在贲与噬嗑两卦上则有可商榷处。因为贲与噬嗑之初上两爻同为阳爻、二五两爻皆为阴爻，故不能直接得出贲之六二来自噬嗑六五的结论。

在各种卦变说中，何楷最为赞同的是程颐的乾坤卦变说。"往来上下者，实皆乾坤之所为。”（卷一）也就是说，《彖传》所云“往来上下”实指乾坤两卦之初、中、上三画往来互通而成六十四卦，亦即六十四卦皆自乾坤二卦卦变而来。其说如下图所示：

乾坤为首，乾三画与坤三画上下往来成泰䷊、否䷋二卦；

乾上画来与坤上画往成咸卦䷞，坤初画来与乾初画往成恒卦䷟；

乾上画来与坤中画往成困卦䷮，坤中画来与乾初画往成井卦䷯；

乾上画来与坤初画往成随卦䷐，坤上画来与乾初画往成蛊卦䷑；

乾中画来与坤上画往成旅卦䷷，坤初画来与乾中画往成丰卦䷶；

乾中画来与坤中画往成未济卦䷿，坤中画来与乾中画往成既济卦䷾；

乾中画来与坤初画往成噬嗑卦䷔，坤上画来与乾中画往成贲卦䷕；

乾初画来与坤上画往成渐卦䷴，坤初画来与乾上画往成归妹卦䷵；

乾初画来与坤中画往成涣卦䷺，坤中画来与乾上画往成节卦䷻；

乾初画来与坤初画往成益卦䷩，坤上画来与乾上画往与损卦䷨。

3. 图书之学

明朝虽定程朱易学为官学，但随着义理解易之风愈发占居绝对主导，晚明学人对图书之学已少有论及。何楷感慨道：“近世图书之不谈久矣，故愚详列其说并志其图，欲以便学者览观焉。”（卷十一）

关于《易》之成书，何楷承袭朱子观点，主张：“《易》之为书，因卜筮以设教，所以使人知吉凶而成事业，而太极为《易》之本原。”（卷十一）朱子曾言，太极在阴阳之中而非阴阳之外，有理则有气，何楷以为此论“深为得之”（卷十一）。不过，他对朱子所说的圣人本河图洛书作《易》的观点颇不以为然。既然太极乃《易》之本原，未具卦画之前已在天地之间，那么，伏羲就应是仰观俯察天地之象而画卦，绝不是根据河图作易。况且伏羲为先天圣人，大禹为中天圣人，都是“搏捖阴阳之道，其满腔名理触处呈露”（卷十一）之人，并不需要则河图而作《周易》、则洛书而述《洪范》。何楷认为，伏羲八卦是以象数推演得来，大禹九畴则是讲治理天下之大经大法，实与象数无涉。换言之，就其由来处而言，《易》自为《易》，《洪范》自为《洪范》，河图自为河图，洛书自为洛书。

另一方面，若就象数而言，图书与《周易》又是相通的。在义理层面上，《周易》与《洪范》亦可相通。至于图书与《周易》的相通之处，精微深妙，何楷自称绝非其所能探知，因此便采订朱熹、雷思齐、胡一桂、蔡渊、朱元升、陈埴等人之说，其中又以朱子为主。即是将天地之数视作河图数，并按五行方位及“五生数统五成数”的原则排列。洛书取自龟象，是以“五奇数统四偶数”。大衍数与河图数密切相关，“筮法名大衍而起于河图”（卷十一）。然而，对宋儒所说的河图居中之五与十象太极、四周奇数二十与偶数二十象两仪、一二三四为四象之位、六七八九为四象之数，乃至乾九兑一为老阳、坤六艮四为老阴、坎七巽三为少阳、离八震二为少阴，故六七八九即乾坤坎离为四正卦、一二三四即震巽离兑为四隅卦等观点，何楷一概不取。他说：“以图配卦，固未必然也”，“大衍之揲法本河图而生耳，其实于卦无与也。”（卷十一）何楷赞同苏轼之说，“五行之数始于一而至五”，“水火木金得土而成”，六、七、八、九分别由一、二、三、四加五而成，土无定位是以“无成名，无志气”（卷十一）。一二三四在十之中特意言之，源于水、火、木、金与四时相配。而五已包含在六七八九之中，不特言之。土既不配于四时，亦不能代表四时，故河图之数减五即与大衍之数相合。

何楷不仅善于以象数解《易》，还曾以史证《易》，如其释《明夷》初九“明夷于飞，垂其翼。君子于行，三日不食，有攸往，主人有言”曰：“变艮为谦。详玩六爻，皆合商纣时事。上六纣也，五为箕子之奴，四为微子之去，三为武王之牧野，二为文王之羑里，初为伯夷太公之居海滨。各爻虽未明言，义则备矣。初与四应，皆遭明夷而引去者。二与五应，皆忠君爱国，虽明夷而不忍去者。特初、二去上远，故为异姓之臣之象。四、五去上近，故为贵戚之臣之象。若三、上则两相夷，合武王与纣之事，盖内外卦之末，极则必变，是明夷之终局也。初明而刚，故见机甚早，而去甚决。以明夷之暗主在上，非利见之时，飘然远引不繇轨路，怀惧而行，行不敢显。”（卷四）依他之见，明夷六爻爻辞所言皆属商纣之事。其中虽未直接点明，大意实已涵具其中。具言之，初九、六四是由明夷而隐去，六二、六五是忠君爱国之义；初、二两爻距上六最远，所以有异姓臣之象；初爻象征伯夷、太公有先见之明，见暗主在上，非用世之时，是以去意已决，远居海滨。

4. 考订古义

何楷易学之宗旨在于恢复古《易》之本义，因而，他在解经过程中十分留意卦名、卦爻辞及传文之中的古音、古义、古字、异字，并对不同版本的异字异文加以保留。

其论古音之例如下：

需，郑康成读为秀。（卷一）

观，卦内俱如字，本去声，后人读平声，反以去为转音。（卷三）

泰，九二，包（古本一作“苞”）荒，说文作㠩，水广也，虞翻本同郑读为康，云虚也。（卷二）

复，初九，不远复，无祇。祇以示氏，声有两音。音岐者，训神祇之祇；云支者，训适。（卷三）

困，初六，臀困于株木。陆德明作术音，张一反。（卷五）

保留古字、异字如下例：

乾，凡八纯卦，即古篆文，杨止庵谓古篆始自伏羲画卦，仓颉以作六书，禹碑尚存可见。今按《乾凿度》亦以卦画作字，又按天字古象形作☰，穹而积阳，形兼意也。或作垂布之象，省讹作渐讹，今文谓从一大，然则乾卦又即古天字也。（卷一）

坤，古字作巛，归藏易作臾。（卷一）

屯，初九，磐桓。古本或作盘，又作槃。（卷一）

讼，有孚窒惕。马融郑玄本俱作咥，马云读为踬，犹止也，郑云觉悔貌。（卷一）

明入地中明夷（象传同），内文明而（李鼎祚本无“而”字）外柔顺，以蒙大难（乃旦反下同）。文王以（郑玄荀爽本作“似”）之（王肃本作惟文王能用之），利艰贞。晦其明也，内难而能正其志，箕子以（郑荀本作“似”）之。（卷四）

师，贞，丈人吉。子夏传作大人，吴幼清云《子夏传》虽后人附托之书，然此彖作贞，大人吉，与困卦彖辞同，皆以内卦坎中画，九二为大人，阳为大，二为人，位其义。为得丈字，盖大字之讹。又王弼解丈人为严庄之称，按《论语》《庄子》等书，称丈人者谓老人无力，以老而扶杖，故曰丈人。解为严庄固未当。今定从大。然按《太玄》众首拟师卦其赞辞曰：丈人摧孥。盖用易语。此足证古易非大人，明矣。（卷二）

保留古义、异义示例如下：

豫，利建侯行师。许慎云：豫，象之大者。贾侍中说不害于物。愚按豫为兽名，性不害物，必以宽和安舒为德者，今莫得而详也。《晋书·地理志》云:河南曰豫州。豫者,舒也,言禀中和之气,性理安舒也。意颇相合,然则安舒二字是豫本义,既其后也。分诂为三:一曰备豫,《尔雅》解豫为叙。郭璞注,事豫备者有叙,《中庸》谓凡事豫则立是也。故《系辞传》曰:重门击柝以待暴客盖取诸豫;一曰悦豫,诸儒皆谓:豫者,乐也。《序卦传》言以喜随人,亦取喜乐之义。故《大象传》曰:雷出地奋豫,先王以作乐殷荐;一曰佚豫,盖孟子一游一豫之豫,《书》所谓无时豫怠无敢逸豫是也。故《杂卦传》曰:谦轻而豫怠。此三说者相为首尾,人能悦豫必始于备豫,悦豫之极则必至于佚豫,皆具安舒之意。此卦震上坤下,震动坤顺,顺理而动,上下皆应,当专以悦豫此义观,《大象》有作乐之文可见矣。郑康成云:震为雷,诸侯之象,坤为众,师役之象。故利建侯行师。《国语》秦伯召公子重耳于楚,楚子厚币以送公子于秦。公子亲筮之曰:尚有晋国,得贞屯悔豫皆八也。司空季子曰:吉是在《周易》,皆利建侯。我命筮曰尚有晋国,告我曰利建侯,得国之务也,吉孰大焉。震,车也。坎,水也。坤,土也。屯,厚也。豫,乐也。车班内外,顺以训之泉,货以资之土,厚而乐其实。不有晋国,何以当之。坤,母也。震,长男也。母老子疆,故曰豫。其繇曰利建侯行师,居乐出威之谓也。韦昭注云:《易》坤为大车,震为动,为雷。今云车者,车亦动,声象雷,其为小车乎。班,徧也。徧外内者,谓屯之外有震,豫之外亦有震。坤,顺也。豫内为坤,屯二至四为坤,资财也。屯三至五,豫二至四皆有艮象,豫三至五有坎象,艮山,坎水在山下,为泉源流而不竭也。居乐母在内也,出威震在外也。居乐,故利建侯,出威,故利行师。愚按郑韦二说,以坤震分属建侯行师,其义各异。然考屯卦有震无坤,则言建侯而不言行师。谦卦有坤无震,则言行师而不言建侯。当从郑说为正。

而吴幼清又谓坤为震侯之国，震为坤众之帅。则统全卦而言于郑韦二说俱不相碍矣，曰侯曰帅。惟九四一爻当之六爻，皆变为风天小畜，坤上震下为复。（卷二）

何楷解说卦名及经文时，必先以《说文》《尔雅》为据训解文字本义，继而征引不同版本及各家各派对于此字此文的解释，最后提出一己之见，并以史料文字加以论证。因而，他从不拘泥于一家一派，而是精审裁夺，理据充分。如其解豫卦时先据《说文》训豫为“象之大者”，然后引《晋书·地理志》解豫州之“豫”为“舒”，在此基础上提出“豫”字有三义，并逐一予以阐明，同时又以豫卦传文进行论证。而后，他列举郑玄、韦昭对豫卦之象的解说，最终断定当以郑氏所见为是。

何楷的《周易》注保存了大量的古音、古义、古字、异字，对后人了解古代字音的演变以及对《周易》古代版本的保存与流传均有重要意义。其《古周易订诂》所引版本多达几十种，主要有古本、归藏易、子夏传、京房本、马融本、郑玄本、荀爽本、虞翻本、陆绩本、王肃本、王弼本、姚信本、蜀才本、陆德明本、李鼎祚本、程颐本、杨敬仲本等。重要的是，他并非对其一概保留，而是加以考证，指明某些版本的不确之处，进而不予采纳。尽管何楷并非身处清代考据学的洪流之中，但其确是期望以考据手段来呈现《周易》之本义。其解经亦不拘执一家一派，而是象数、义理并重，汉宋兼采，旁征博引，佐以史料。《四库全书总目》曰：“楷之学虽博而不精，然取材宏富。汉晋以来之旧说，杂采并陈，不株守一家之言。又辞必有据，亦不为悬空臆断穿凿附会之说。每可以见先儒之余绪。明人经解空疏者多，弃短取长，不得已而思其次，楷书犹足备采择者，正不可以驳杂废矣。”（卷五《古周易订诂》）此后，何楷解易之法多被清人采纳发扬，其《古周易订诂》也为后人研究《周易》版本和了解各派易说提供了翔实可信的资料。

二、来知德的“错综”象学

来知德(1525—1604),字矣鲜,号瞿唐,明四川夔州府梁山县(今重庆梁平)人。自幼聪明好学,八岁能诵,九岁能词,被有司举为孝童。嘉靖三十一年(1552)中举,笃志“原学孔子”,攻研经学,日夜诵读《五经大全》和《性理大全》。万历三十年(1602),总督王象乾、巡抚郭子章合词论荐,特授翰林待诏。来知德力辞,诏以所授官致仕,终其身(《明史》卷二百八十三《儒林传二》)。其学以致知为本,尽伦为要。著有《省觉录》《省事录》《理学辨疑》《心学晦明解》诸书,其中当以《周易集注》又称《易经集注》用功尤笃。“自言学莫邃于《易》。”尝云:“德生去孔子二千余年,且赋性愚劣,又居僻地,无人传授,因父母病,侍养未仕,乃取《易》读于釜山草堂,六年不能窥其毫发,遂远客万县求溪深山之中,沉潜反复,忘寝忘食有年,思之思之,鬼神通之,数年而悟伏羲、文王、周公之象,又数年而悟文王序卦、孔子杂卦,又数年而悟卦变之非。始于隆庆四年庚午终于万历二十六年戊戌,二十九年而后成书,正所谓困而知之也。”①此间,来氏自称其易学有四大创见:悟易象、明《序卦》、解《杂卦》、辟卦变之非。其全凭长期自学体悟而得的治《易》经历,亦使来知德成为当时最具易学原创力的学者之一。

(一)易学起源:圣人之易,不过模写其象数

来知德继承了《系辞》“易者象也,象也者像也”的观点,认为易

① 〔明〕来知德:《周易集注·原序》,《文渊阁四库全书》第32册,台湾商务印书馆1986年影印。下引此书只注篇章名,不再另注版本。

之本质在于象。他从圣人作《易》的角度对此予以说明。“伏羲象男女之形以画卦”(《原序》);文王观象系辞并定以卦序,周公又作爻辞;“孔子见男女,有象即有数,有数即有理。……故所系之辞多于前圣。”(《原序》)总之,无论文王、周公之卦爻辞,还是孔子的传文,皆本于伏羲所画卦象。因此,易以象为本,而“象”的本质又在于“像”,即“像”万事万物之理。如其所言:“彖者,象之材也,乃卦之德也。爻者,效天下之动者也,象之变也,乃卦之趣时也。是故伏羲之易,惟像其理而近似之耳。至于文王有彖以言其材,周公有爻以效其动,则吉凶由此而生,悔吝由此而著矣。而要之,皆据其象而已。”(《系辞下》第三章注)既然如此,则“舍象不可以言《易》矣”(《系辞下》第三章注),“不知其象,《易》不注可也”(《原序》)。

那么,伏羲创制卦象的依据是什么?针对这一问题,来氏提出了“模写说”:

> 天地万物,一对一待,易之象也。盖未画易之前,一部《易经》已列于两间,故天尊地卑,未有《易》卦之乾坤,而乾坤已定矣。卑高以陈,未有《易》卦之贵贱,而贵贱已位矣。动静有常,未有《易》卦之刚柔,而刚柔已断矣。方以类聚,物以群分,未有《易》卦之吉凶,而吉凶已生矣。在天成象,在地成形,未有《易》卦之变化,而变化已见矣。圣人之易,不过模写其象数而已,非有心安排也。(《系辞上》第一章注)
>
> 包牺氏之王天下也,仰观俯察,与鸟兽之文与地之宜,近取诸身,远取诸物,见得天地间一对一待,成列于两间者,不过此阴阳也。一往一来流行于两间者,不过此阴阳也,于是画一奇以象阳,画一偶以象阴,因而重之以为八卦,以通神明之德,以类万物之情。(《系辞下》第二章注)

依来知德之见，有自然之易，有圣人之易。阴阳对待、贵贱之位、动静变化、吉凶福祸是自然之易，其实就是指不受人力支配的客观存在；圣人之易则是观自然之易而作，是对自然之易的模写。"易与天地准者，非圣人安排穿凿强与之为准也。"(《系辞上》第四章注)具言之，伏羲画卦的过程，即模写自然的过程。天地间有阴阳奇偶之数，有二气对待流行之理。一方面，阴阳二气各有其不同属性，以相反的方式存在，不可混同；另一方面，二者又相即不离，一时并在。此阴阳之不一不异、相反相成便是对待。因其对待，故有交感流行。如天与地对待，交感生万物即流行。男与女对待，繁衍子孙是流行。"天地间一对一待，成列于两间者，不过此阴阳也。一往一来流行于两间者，不过此阴阳也。"(《系辞下》第二章注)由此出发，他批评朱熹不识对待流行不可分离，方把先天、后天析之为二："先儒不知对待流行，而倡为先天后天之说，所以《本义》于此二节，皆云'未详'。殊不知二图分不得先后，譬如天之与地，对待也。二气交感，生成万物者，流行也。天地有先后哉？男之与女，对待也。二气交感，生成男女者，流行也。男女有先后哉？所以伏羲文王之图不可废一。"(《说卦传》第六章注)在来知德看来，伏羲所仰观俯察远近尽取者，无非是天地间对待流行的阴阳之道而已。"伏羲仰观俯察，见阴阳有奇耦之数，故画一奇以象阳，画一耦以象阴。"(《周易》上经注)"圣人作易之初，不过此阴阳二画，然乾本阳而名为乾者，以其健而成象，故谓之乾。坤本阴而名为坤者，以其顺而效法，故谓之坤。此则一阴一阳之道在卦者也。"(《系辞上传》第五章注)"见一阴一阳有各生之象，故自下而上，再倍而三以成八卦。又于八卦之上，各变八卦，以成六十四卦。"(《周易》上经注)。概言之，此一画卦过程"皆因天地自然之数，非圣人之安排也"(《周易》上经注)。

在构成自然之易的万事万象中，人具有举足轻重的地位。人有男女之别，男为阳，女为阴，男女对待流行；人有仁者知者，仁知对待流行。因而，人是宇宙间对待流行最为亲切生动的展示，伏羲对人自身的认知理解亦是促成其画卦的最重要的因素。“一阴一阳之道不可名状，其在人则谓之仁知，在天地则谓之德业，在易则谓之乾坤。”（《系辞上传》第五章注）在这个意义上，来知德有时又将易区分为“三易”：“有造化之易，有《易》书之易，有在人之易。德行者，在人之易也。有德行以神明之，则易不在造化，不在四圣，而在我矣。”（《系辞上传》第十二章注）

需要指出的是，来知德对“自然之易”与“圣人之易”的区分及其“模写说”均非新创。早在三国虞翻处已有此意。虞氏注《系辞》下“于是始作八卦”一段曰：“谓庖牺观鸟兽之文，则天八卦效之。‘易有太极，是生两仪，两仪生四象，四象生八卦。’八卦乃四象所生，非庖牺之所造也。故曰：‘象者，像此者也。’则大人造爻象以象天，卦可知也。而读《易》者咸以为庖牺之时，天未有八卦，恐失之矣。天垂象，示吉凶，圣人象之，则天已有八卦之象。”①宋人刘牧亦云，天赐河图内含四象八卦，“非后人能假伪而设之也”。伏羲以此画卦，“夫龙图呈卦，非圣人不能画之”②。在很大程度上，来知德所说的“自然之易”与“圣人之易”，更像是对朱熹之“四易”即“天地自然之易、伏羲之易、文王之易、孔子之易”的概括。而来氏“造化之易、《易》书之易、在人之易”的“三易”说，亦与蔡清“天地之易、吾身之易、《易》书之易”的判分极为相近。至于“模写说”，似乎也与朱子及其后学薛瑄、蔡清等人的观点无甚区别。此外，“对待”与“流行”的说法更是明显源自朱学。朱熹曾说：“阴阳有个流

① 〔清〕李道平：《周易集解纂疏》卷九，中华书局 1994 年版，第 622 页。

② 〔宋〕刘牧：《易数钩隐图》卷下，《文渊阁四库全书》第 8 册，台湾商务印书馆 1986 年影印。

行底，有个定位底。一动一静互为其根，便是流行底，寒暑往来是也。分阴分阳两仪立焉，便是定位底，天地上下四方是也。易有两义，一是变易，便是流行底；一是交易，便是对待底。”蔡元定曰：“理有流行，有对待。先有流行后有对待。”①蔡渊亦云：“天地之间，对待流行而已。对待者，体静而生。流行者，体动而成。伏羲八卦，对待者也，体静而生，则吉凶悔吝由乎我，故曰先天。文王八卦，流行者也，体动而成，则吉凶悔吝奉乎天，故曰后天。”“天地之间，对待流行而已，易体天地之撰者也。故伏羲八卦圆图以对待而作也，文王八卦圆图以流行而作也。伏羲六十四卦横图以流行而作也，文王六十四卦横图以对待而作也，是知主对待者，必以流行为用；主流行者必以对待为用，学者不可不察也。”②此足以证明，来知德虽自称其易学全凭个人体悟，但其论易学起源时实对朱子易学多有吸收。

（二）易学本质：舍象不可言易，无错综不成易

来知德重点探讨了模写自然之易的《易》书之象。一般地说，易学中的象是指六十四卦卦爻符号及其所表征的事物形态、属性、功能等。易象源于客观世界，是对天地万物及其理则的效法与凝练，具有高度的抽象性和象征性。其抽象性在于，它是超越天地万物的抽象符号，不能等同于客观现实中的事理；其象征性在于，它是对现实事理的模写效法，表征天地万物的属性和道理，故又不曾与天地万物隔绝。前文已言，来知德把《周易》的本质归结为象，“舍象不可以言易矣”。而在他看来，模写天地间对待流行的错综

---

① 〔宋〕黎靖德：《朱子语类》卷六十五、卷六，中华书局 1986 年版，第 1602、100 页。

② 〔宋〕蔡渊：《易象意言》，《文渊阁四库全书》第 18 册，台湾商务印书馆 1986 年影印。

之象，乃易象之根本。“若无错综，不成易矣。”（《易学六十四卦启蒙》）

所谓“错”，是指阴阳相反相对而相辅相成。“错者，交错，对待之名。阳左而阴右，阴左而阳右。”（《原序》）“大抵错者，阴阳横相对也。”（《易经字义·中爻》）“错者，阴与阳相对也。”（《易经字义·错》）阴阳相错是天地造化之规律，也是错卦产生的根源。“天地造化之理，独阴独阳不能生成，故有刚必有柔，有男必有女，所以八卦相错。”（《易经字义·错》）相错，即两卦同位之爻阴阳截然相反，此两卦称为错卦。错卦有八卦相错与六十四卦相错。不难推知，八卦相错有乾坤、震巽、坎离、艮兑四组。“错者，阴与阳相对也，父与母错，长男与长女错，中男与中女错，少男与少女错，八卦相错。”（《易经字义·错》）六十四卦相错有乾坤、屯鼎、蒙革、夬剥、大有比等三十二组。

所谓“综”，是指将一卦反转一百八十度，在下者反为上，在上者反为下。“综者，阴阳上下相颠倒也。”（《易经字义·中爻》）“综字之义，即织布帛之综，或上或下，颠之倒之者也。”（《易经字义·综》）若此卦初爻至上爻恰为彼卦之上爻至初爻，则两卦互为综卦。综卦亦有八卦综和六十四卦综。其中，八卦综分为四正卦综与四隅卦综：“乾坤水火四正之卦，四正与四正相综；艮巽震兑四隅之卦，四隅与四隅相综。”（《易经字义·综》）“乾坤坎离四正之卦，则或上或下。巽兑艮震四隅之卦，则巽即为兑，艮即为震。”（《易经字义·综》）换言之，先天四正卦皆与自身相综，先天四隅卦有巽兑、震艮两组相综。六十四卦综又分正综和杂综。“文王序卦有正综、有杂综，如乾初爻变姤，坤逆行五爻变夬，与姤相综，所以姤综夬、遁综大壮、否综泰、观综临、剥综复，所谓乾坤之正综也。”（《易经字义·综》）乾自下至上顺行，变初爻成姤，变下两爻成遁，变下三爻成否，变下四爻成观，变下五爻成剥；坤自上而下逆行，变下五爻成夬,变下四爻成大壮,变下三爻成泰,变下两爻成临,变初爻成复。此十卦两两相综,即姤与夬、遁与大壮、否与泰、观与临、剥与复属乾坤之正综,其他五十二卦皆属杂综。显见,来氏所说的正综卦即十二消息卦。其乾坤依次爻变的方式亦与京房八宫易学有相近之处。不过,来氏特别强调,乾坤二宫之游魂、归魂即晋、大有、需、比四卦并非正综卦。“若乾坤所属尾二卦,晋、大有、需、比之类,乃术家所谓游魂归魂。出于乾坤之外者,非乾坤五爻之正变,故谓之杂综。”(《易经字义·综》)

来知德《太极图》

在来知德看来,以错综为特质的易象在经历了伏羲、文王、周公、孔子四圣之后逐渐失传。本着恢复圣人之象的目的,来氏创作了多幅易图。其太极图、伏羲图、文王图、伏羲文王错综图、孔子太极生两仪四象八卦图、八卦变六十四卦诸图足以还原圣人易象由简单到复杂的演进历程。而“错综”,始终贯穿于上述诸图之中,或错或综,或错综交融。

“太极图”虽为来氏自造,但他认为圣人作易盖本乎此。“太极者,至极之理也,理寓于象数之中,难以名状,故曰太极。”(《系辞上》第十一章注)此图“不立文字”,融数理气、对待主宰流行于一体。“对待者数,主宰者理,流行者气”,“天地间理气象数不过如此”。(《易注杂说·圆图》)

来知德也接受了宋易的伏羲先天八卦图和伏羲先天六十四卦图,二者皆本于太极图。他用加一倍法解释太极分为阴阳、继而生成

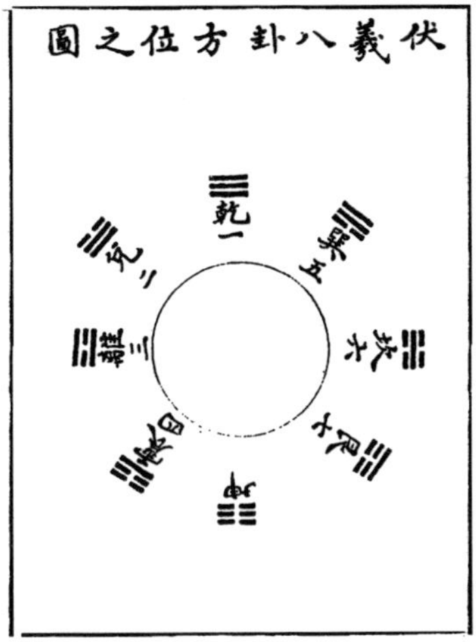

八卦的过程：“生者，加一倍法也。两仪者，画一奇以象阳，画一偶以象阴，为阴阳之仪也。四象者，一阴之上加一阴为太阴，加一阳为少阳；一阳之上加一阳为太阳，加一阴为少阴。阴阳各自老少有此四者之象也。八卦者，四象之上又每一象之上各加一阴一阳为八卦也。”（《系辞上传》第十一章注）六十四卦则由八卦相重而得：“八卦以卦之横图言，成列者，乾一兑二离三震四阳在下者列于左，巽五坎六艮七坤八阴在下者列于右。……因而重之者，三画上复加三画，重乾重坤之类也。阳极于六，阴极于六，因重成六画，故有六爻。”（《系辞下传》第一章注）概言之，伏羲图贯穿着对待之理。八卦圆图中有对待，“一与八错，二与七错，三与六错，四与五错”（《说卦传》第三章注）。同理，六十四卦圆图亦“皆相错以其对待也”（《易注杂说·伏羲八卦方位之图》）。基于此，来氏又作“伏羲圆图相错图”。

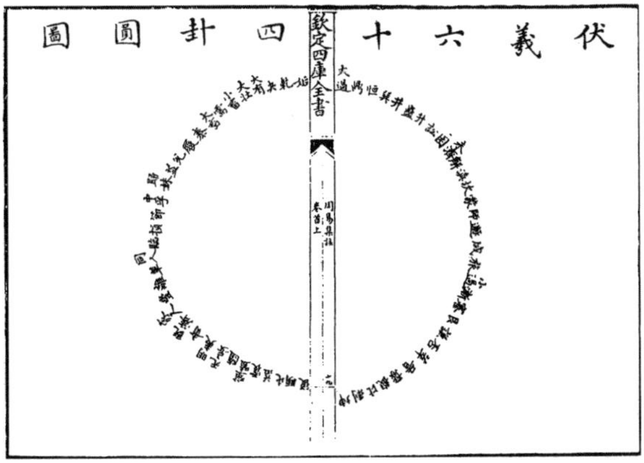

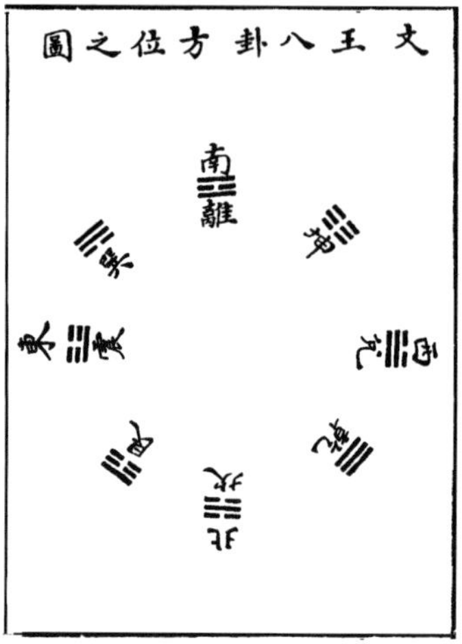

与伏羲图不同，文王图反映的是流行而非对待之理。他说：“易之气也，流行不已者也，自震而离、而兑、而坎，春夏秋冬，一气而已，故文王序卦一上一下相综者，以其流行而不已也。所以下经首咸恒，咸恒之交感者，流行也。”(《易注杂说·文王八卦方位之图》)由此出发，来氏又有“文王序卦相综图”。

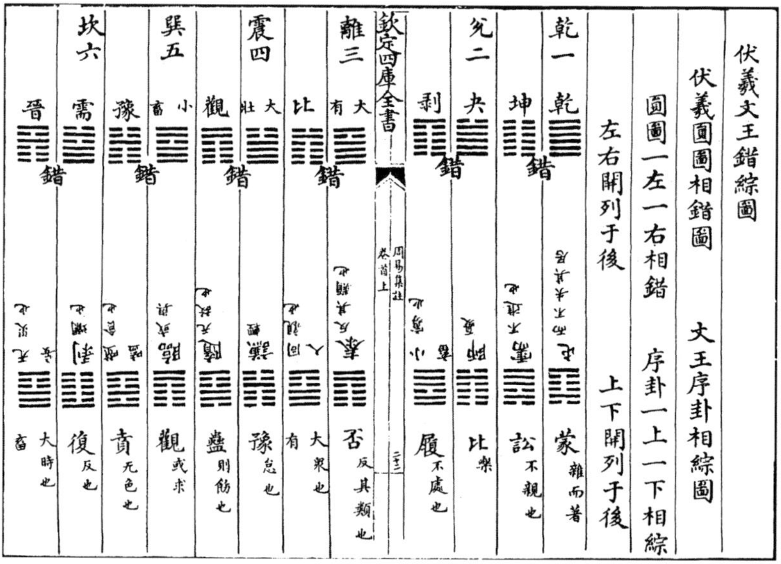

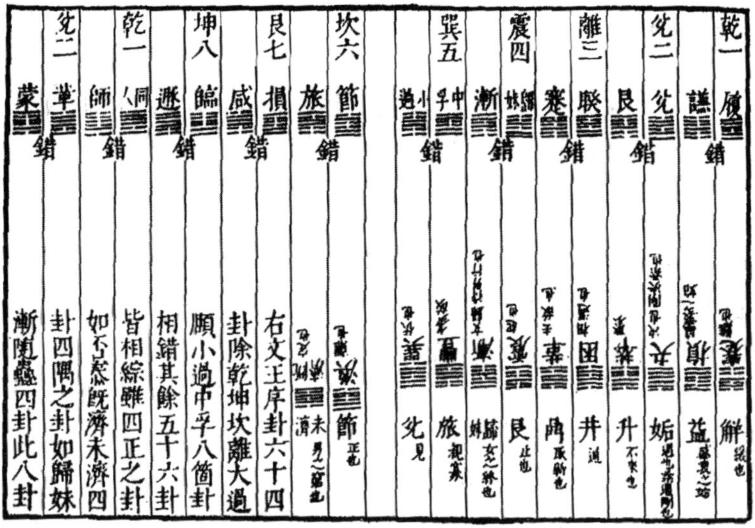
右文王序卦六十四卦除乾坤坎離大過頤小過中孚八箇卦相錯其餘五十六卦皆相綜雖四正之卦如否泰既濟未濟四卦四隅之卦如歸妹漸隨蠱四卦此八卦

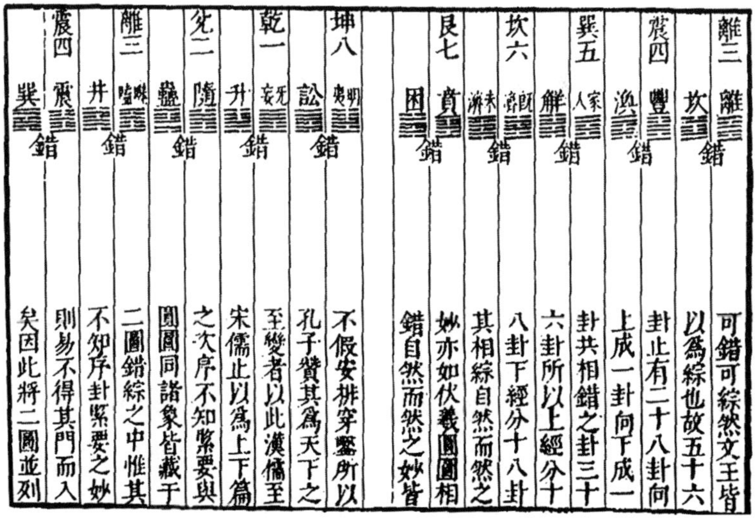
可錯可綜然文王皆以爲綜也故五十六卦止有二十八卦向上成一卦向下成一卦共相錯之卦三十六卦所以上經分十八卦下經分十八卦其相綜自然而然之妙亦如伏羲圓圖相錯自然而然之妙皆不假安排穿鑿所以孔子贊其爲天下之至變者以此漢儒至宋儒止以爲上下篇之次序不知緊要與圓圖同諸象皆藏于二圖錯綜之中惟其不知序卦緊要之妙則易不得其門而入矣因此將二圖並列

伏羲六十四卦圆图中，凡中心对称的两卦如乾坤、大壮观、小畜豫、需晋皆为相错；文王六十四卦除“反复不衰”之八卦以外，相

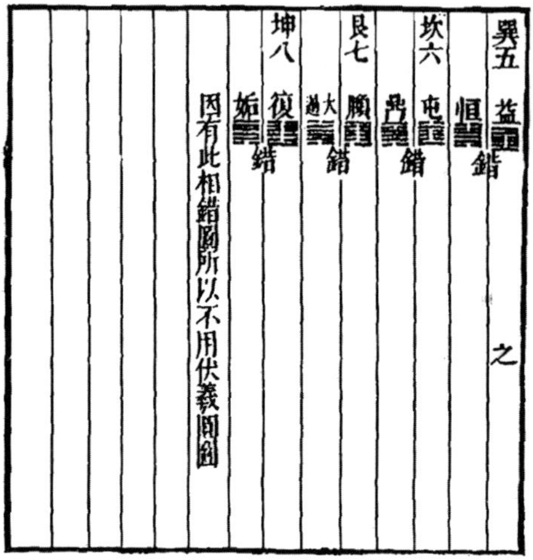

《伏羲文王错综图》

邻两卦皆互为综卦。“文王序卦六十四卦,除乾、坤、坎、离、大过、颐、小过、中孚八个卦相错,其余五十六卦皆相综。虽四正之卦如否、泰、既济、未济四卦,四隅之卦如归妹、渐、随、蛊四卦,此八卦可错可综,然文王皆以为综也。”(《易注杂说·伏羲文王错综图》)然而,天地间对待流行相即不离,“盖有对待,其气运必流行不已;有流行,其象数必对待而不移”(《易注杂说·文王八卦方位之图》)。因而,伏羲易与文王易亦互为表里,相辅相成。伏羲图已然包含了文王周公之易象。来氏注《系辞》“八卦成列,象在其中矣;因而重之,爻在其中矣”曰:“伏羲八卦成列,虽不言象,然既成八卦而文王之象已在卦之中矣。伏羲八卦虽无爻,然既重其六,而周公六爻已在重之中矣。”(《系辞下传》第一章注)注《系辞》“圣人设卦观象系辞”云:“设卦者,文王周公将伏羲圆图六十四卦陈列也。象者,物之似,总之有一卦之象,析之有六爻之象,观此象而系之以辞。”(《系辞上传》第二章注)由是,来氏便将“文王序卦相综图”置于“伏羲圆图相错图”之下,合为“伏羲文王错综图”。此图皆“自然而然之妙”,“不假安排穿凿”。(《易注杂说·伏羲文王错综图》)“此则总二圣之图而言,文王之流行,必有伏羲之对待而后可流行也。”(《说卦传》第六章注)

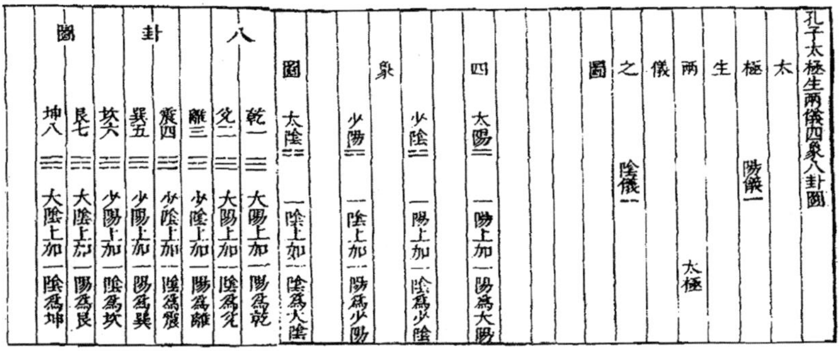

孔子太极生两仪四象八卦图

而后，孔子看出伏羲图中有对待，文王图中有流行，故作《说卦》以明之："第三章'天地定位'，第四章'雷以动之'，言伏羲圆图之对待；第五章'帝出乎震'二节言文王圆图之流行。"（《说卦传》第六章注）《序卦》《杂卦》亦旨在开示此意："孔子韦编三绝，于阴阳之理，悦心研虑已久，故于圆图看出错字，于序卦看出综字，所以说错综其数，又恐后人将序卦一连，不知有错综二体，故杂乱其卦，惟令二体之卦相连，如乾刚坤柔、比乐师忧是也。"（《易经字义·中爻》）《系辞》曾载孔子"易有太极，是生两仪，两仪生四象，四象生八卦"一语，来知德复以"孔子太极生两仪四象八卦图"加以解说："两仪者，画一奇以象阳，画一偶以象阴，为阴阳之仪也。"（《系辞上传》第十一章注）此谓"太极生两仪"；然后依次叠加，一阳之上加一阳为太阳，一阳之上加一阴为少阴，一阴之上加一阳为少阳，一阴之上加一阴为太阴，此谓"四象图"；四象之上又各加一阴或一阳，即太阳之上加一阳为乾一，太阳之上加一阴为兑二，少阴之上加一阳为离三，少阴之上加一阴为震四，少阳之上加一阳为巽五，少阳之上加一阴为坎六，太阴之上加一阳为艮七，太阴之上加一阴为坤八，是为八卦。值得注意的是，八卦既成后，六十四卦的生成便不再遵循"加一倍法"，而是直接由八卦相重而得。"邵子八分十六、十六分三十二、三十二分六十四，不成其说矣。"（《系辞上传》第十一章注)“八卦即六十四卦也。……如乾为天、为圜,坤为地、为母之类是也。故六十四卦不过八卦变而成之,如乾为天、天风姤,坤为地、地雷复之类是也。”(《系辞上传》第十一章注)

來知德八卦變六十四卦圖

☰乾一變

姤䷫	初爻變
遯䷠	二爻變
否䷋	三爻變
觀䷓	四爻變
剝䷖	五爻變
晉䷢	復還四爻變
大有䷍	歸本卦

乾尾二卦言火離尾二卦言天皆自然之數

八卦變六十四卦圖

☱兌二變

困䷮	初爻變
萃䷬	二爻變
咸䷞	三爻變
蹇䷦	四爻變
謙䷎	五爻變
小過䷽	復還四爻變
歸妹䷵	歸本卦

兌尾二卦言雷震尾二卦言澤皆自然之數

八卦變六十四卦圖

☲離三變

旅䷷	初爻變
鼎䷱	二爻變
未濟䷿	三爻變
蒙䷃	四爻變
渙䷺	五爻變
訟䷅	復還四爻變
同人䷌	歸本卦

離尾二卦言天乾尾二卦言火皆自然之數

八卦變六十四卦圖

☳震四變

豫䷏	初爻變
解䷧	二爻變
恒䷟	三爻變
升䷭	四爻變
井䷯	五爻變
大過䷛	復還四爻變
隨䷐	歸本卦

震尾二卦言澤兌尾二卦言雷皆自然之數

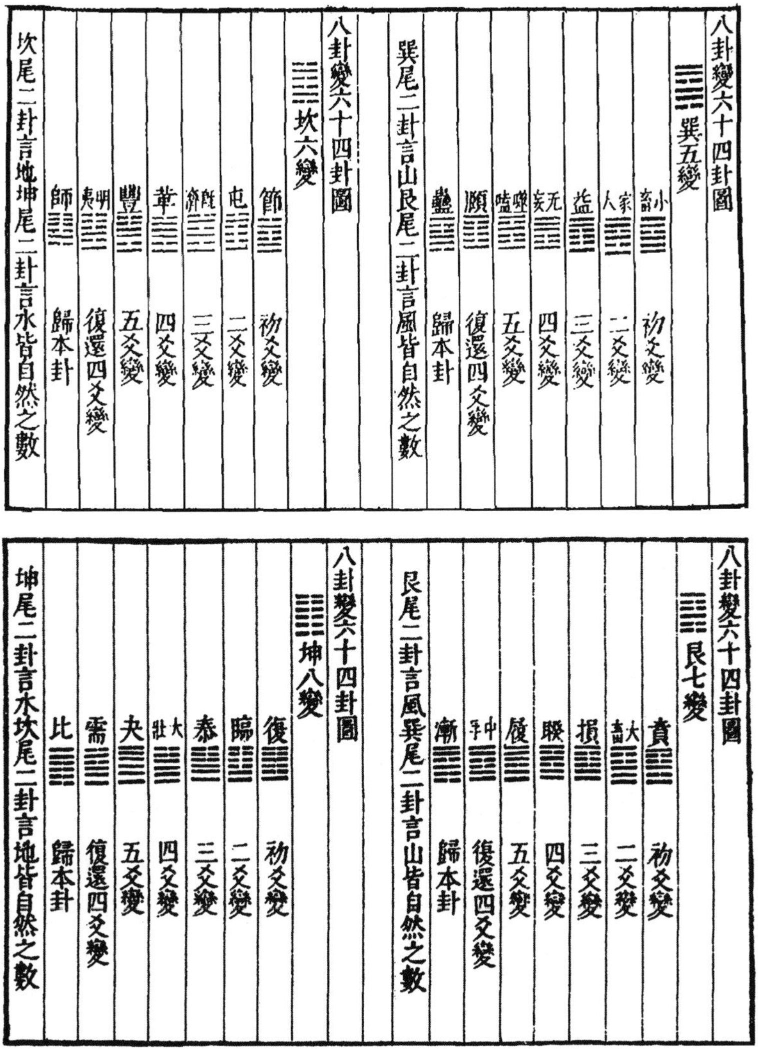

八卦变六十四卦图

在“八卦变六十四卦图”中,来知德详细展示了六十四卦之间的错综关系。其中,“八卦自相错图”是以伏羲八卦次序解说京房八宫之相错。如乾为一、坤为八,则作为乾宫本宫卦、一世至五世、游魂及归魂的乾、姤、遁、否、观、剥、晋、大有八卦分别与作为坤宫本宫卦、一世至五世、游魂及归魂的坤、复、临、泰、大壮、夬、需、比八卦相错。其余六宫震巽、离坎、艮兑亦复如是;“六爻变自相错图”是指八纯卦两两相错,其六对同位之爻依次爻变所得之卦亦必定相错。如乾坤初爻变所得之姤与复、二爻变所得之同人与师、三爻变所得之履与谦、四爻变所得之小畜与豫、五爻变所得之大有与比、上爻变所得之夬与剥皆互为错卦。兑艮、离坎、震巽相错,其同位之爻依此爻变亦得相错两卦;“八卦次序自相综图”是指先以乾一作上体,按先天八卦次序分别以兑二、离三、震四、巽五、坎六、艮七、坤八作下体,相重而得天泽履、天火同人、天雷无妄、天风姤、天水讼、天山遁、天地否,其综卦分别是风天小畜、火天大有、山天大畜、泽天夬、水天需、雷天大壮、地天泰。此八卦均以乾为下体,上体次序为巽五、离三、艮七、兑二、坎六、震四、坤八。其余七卦以此类推;“八卦所属自相综图”,是指别卦乾自初至五连续递变所得姤至剥依次顺数与别卦坤自初至五连续递变所得复至夬依次逆数两两互为综卦,亦可视为乾宫一世至五世卦分别与坤宫五世至一世卦相综。即姤综夬、遁综大壮、否综泰、观综临、剥综复。同理,坎宫一世至五世卦节、屯、既济、革、丰分别与离宫五世至一世卦涣、蒙、未济、鼎、旅相综。艮宫一世至五世卦贲、大畜、损、睽、履分别与巽宫五世至一世卦噬嗑、无妄、益、家人、小畜相综。震宫一世至五世卦豫、解、恒、升、井分别与巽宫五世至一世卦谦、蹇、咸、萃、困相综。此即来氏所谓“八卦通,是初与五综、二与四综、三与上(‘上’应为‘三’之误——引者注)综,虽一定之数,不容安排,然阳顺行而阴逆行,与之相综,造化之玄妙可见矣。文王之序卦,不其神哉。即阳木顺行,生亥死午,阴木逆行,生午死亥之意”(《易经字义·综》)。

综上可见,来知德多年隐居山野,废寝忘食,精研极思的收获,即洞见到《周易》的错综之象。然而，错综之象实非全然新创。就基本内涵而言，来氏的“综卦”无非就是三国虞翻的“反对”、唐代孔颖达的“覆卦”，来氏所谓“错卦”亦即虞翻的“旁通”、孔颖达的“变卦”。依此观之，其“孔子没，后儒不知文王周公立象皆藏于序卦错综之中”（《原序》）的说法，颇有言过其实之嫌。不过，来氏错综说确与前人有所不同。其有别于虞翻、孔颖达的关键之处在于，来知德的错综思想是在宋易的宏观易学语境之下建立的。他延续了邵雍、朱熹对伏羲易与文王易的区分，并选择性地吸纳涵化先天易学的大量资源，进而与一己发明熔为一炉。事实上，来知德易学的错综之说多有慧见，无论在具体内容上还是在讨论深度上都已远超前人。

（三）象辞关系：圣人立象设卦系辞

《系辞》曰：“圣人设卦观象，系辞焉而明吉凶。”基于此，来知德认为《周易》成书经历了立象、设卦、系辞三个过程。“立象、设卦、系辞，易之体已立矣。”（《系辞上》第十二章注）即伏羲模写自然之易而立阴阳之象，继而创作八卦、六十四卦，文王周公观象序卦并系以卦辞和爻辞，孔子复以“十翼”赞《易》。可见，先有易象，后有易辞，辞本于象。那么，具体地说，文王、周公、孔子三圣撰作经传时是如何取象的？带着这一问题，来知德对《周易》的象辞关系进行了深入探究，并最终提出了卦情之象、卦画之象、卦体大象之象、中爻之象、错卦之象、综卦之象、爻变之象、相因之象等一系列取象原则。

1. 有自卦情而立象者

“卦情之象”并不意在述说某一具体事物，而是借此事物表达一定的道理或情感。例如乾卦。《说卦》曰：“乾为良马、为老马、为瘠马、为驳马”，而乾卦诸爻爻辞却多称“龙”，《象传》亦释六爻为

“六龙”。表面看来，乾卦爻辞与《说卦》取象不符，其实不然。马与龙皆意在说明乾有运动不息、变化不止之意，此乃“卦情之象”。“乾卦本马而言龙，以乾道变化，龙乃变化之物，故以龙言之。”（《易经字义·象》）朱熹正是因为不知《周易》“有自卦情而立象者”，才认为“乾为马而说龙如此之类，皆不通”（《易经字义·象》）。又如，咸卦各爻以人体部位阐明男女交感之理皆属“卦情之象”：“艮为少男，兑为少女，男女相感之情，莫如年之少者，故周公立爻象，曰拇、曰腓、曰股、曰憧憧、曰脢、曰辅颊舌，一身皆感焉。盖艮止则感之专，兑悦则应之至，是以四体百骸，从拇而上，自舌而下，无往而非感矣。此则以男女相感之至情而立象也。”（《易经字义·象》）同样，中孚卦取豚鱼、鹤、鸡等动物之象讲信之理，渐卦取鸿雁之象明妇盼夫归之意，皆属此类。“豚鱼知风，鹤知秋，鸡知旦，三物皆有信，故中孚取之，亦以卦情立象也。”（《易经字义·象》）“鸿至有时而群有序，不失其时，不失其序，于渐之义为切，且鸿又不再偶，于文王卦辞女归之义为切，此亦以卦情立象也。”（《易经字义·象》）

2. 有以卦画之形取象者

若一卦六爻排列似某物形状，则此卦便可以取象该物。“如剥言宅、言床、言庐者，因五阴在下列于两旁，一阳覆于其上，如宅、如床、如庐，此以画之形立象也。”“鼎与小过亦然。”（《易经字义·象》）鼎卦初爻如鼎足、二三四爻如鼎腹、五爻如鼎耳、上爻如鼎铉，故鼎卦取象鼎，六爻辞云“鼎颠趾”“鼎有实”“鼎耳革”“鼎折足”“鼎黄耳”“鼎玉铉”。《彖传》亦曰：“鼎，象也。”小过形状似鸟，中两爻如鸟身，上下各两阴爻如鸟之双翼，故小过卦爻辞云“飞鸟遗之音”“飞鸟以凶”“飞鸟离之”。此即卦画之象。

3. 有卦体大象之象者

“卦体大象”即俞琰所谓“积体”、胡一桂所谓“似体”，是指某别卦之象与某经卦类似。来氏指出："凡阳在上者，皆象艮巽。阳在下者，皆象震兑。阳在上下者，皆象离。阴在上下者，皆象坎，如益象离，故言龟。大过象坎，故言栋。颐亦象离，故亦言龟也。又如'中孚，君子以议狱缓死'，亦取噬嗑火雷之意，以中孚大象离而中爻则雷也。故凡阳在下者，动之象。在中者，陷之象。在上者，止之象。凡阴在下者，入之象。在中者，丽之象。在上者，说之象。"(《易经字义·象》)

4. 有以中爻取象者

中爻即互体，历代易家多有论述。"中爻者，二三四五所合之卦也。""中爻者，阴阳内外相连属也。"(《易经字义·中爻》)来氏认为，《系辞》"二与四同功而异位""三与五同功而异位"即指中爻取象，"《系辞》第九章孔子言甚详矣"(《易经字义·中爻》)。例如，"渐卦九三'妇孕不育'，以中爻二四合坎中满也，九五'三岁不孕'，以中爻三五合离中虚也"(《易经字义·象》)。

5. 有将错卦立象者

来知德认为，若两卦互为相错，则此卦取象亦可系于彼卦。他举例说："乾错坤，乾为马，坤即'利牝马之贞'。履卦兑错艮，艮为虎，文王即以虎言之。革卦上体乃兑，周公九五爻亦以虎言之。又睽卦上九纯用错卦，师卦'王三锡命'，纯用天火同人之错，皆其证也。又有以中爻之错言者，如小畜言'云'，因中爻离错坎故也。六四言血者，坎为血也。言惕者，坎为加忧也。又如艮卦九三中爻坎，爻辞曰'薰心'，坎水安得薰心，以错离有火烟也。"(《易经字义·错》)乾坤相错，乾为马，故坤言"利牝马之贞"；履下体、革上体之兑皆与经卦艮相错，艮为虎，故履卦称"履虎尾"、革卦九五曰"大人虎变"；睽上体离，"离坎错。坎为豕，又为水，豕负涂之象也。坎为隐伏，载鬼之象也。又为弓，又为狐疑，张弓说弓，心狐疑不定之象也。变震为归妹，男悦女，女悦男，婚媾之象也。……又坎为雨，雨之象也。”(《睽》上九爻注)可见,睽卦上九爻辞“睽孤,见豕负涂,载鬼一车,先张之弧,后说之弧,匪寇婚媾,往遇雨则吉”一句完全是基于上卦离坎相错而系;师与同人相错,同人“乾在上,王之象。离在下,三之象。中爻巽,锡命之象”(《师》九二爻注),故师之九二曰“王三锡命”;小畜三四五互体离,离坎相错,坎为云,故象辞称“密云不雨”,又为血、为忧,忧而有惕,故六四言“血去惕出”;艮二三四互坎,坎离相错,离为火,故九三爻辞曰“薰心”。凡此种种,皆可证圣人有取相错之象系辞。

6. 有因综卦立象者

互为综卦者亦可系以同辞。“如损益相综,损之六五即益之六二,特倒转耳,故其象皆‘十朋之龟’。夬姤相综,夬之九四即姤之九三,故其象皆‘臀无肤’。”(《易经字义・综》)又如,“井与困相综,巽为市邑,在困为兑,在井为巽,则改为邑矣”(《易经字义・象》)。“八卦既相综,所以象即寓于综之中,如噬嗑‘利用狱’,贲乃相综之卦,亦以‘狱’言之。旅丰二卦亦以‘狱’言者,皆以其相综也。”(《易经字义・综》)

7. 有爻变之象者

爻变即阴阳互变,“阳变阴、阴变阳也”(《易经字义・变》)。以渐和归妹为例,“渐卦九三以三为夫,以坎中满为妇孕,及三爻一变,则阳死成坤,离绝夫位,故有‘夫征不复’之象。既成坤则并坎中满通不见矣,故有‘妇孕不育’之象。又如归妹九四中爻,坎月离日,期之象也,四一变则纯坤,而日月不见矣,故‘愆期’岂不玄妙”(《易经字义・变》)。

需要特别强调的是,来知德把爻变所导致的一卦变成另一卦称为“卦变”。“如乾卦初变即为姤,是就于本卦变之。”(《易经字义・变》)在他看来,圣人绝对没有使用过别卦自身阴阳两爻互易而成另一别卦的取象方法。换言之,虞翻、朱熹等人的卦变说,纯属无中生有。他相信,《彖传》所云“刚柔”“往来”“上下”,皆指综卦而言。“有以上六下初而综者,‘刚自外来而为主于内’是也。有以二五而综者,‘柔得中而上行’是也。”(《易经字义·综》)“如讼之‘刚来而得中’,乃卦综也,非卦变也。以为自遁卦变来,非矣。”(《易经字义·变》)“需讼相综,乃坎之阳爻来于内而得中也。”(《原序》)

8. 有相因而取象者

相因之象是指根据已有卦象连类取象。“如革卦九五言虎者,以兑错艮,艮为虎也。上六即以豹言之,豹次于虎,故相因而言豹也。”(《易经字义·象》)革卦九五爻辞“大人虎变”之“虎”乃由错卦立象,上六“君子豹变”之“豹”则是与“虎”连类而得,此即所谓相因之象。

在以上八种取象方法中,来氏尤其重视错综、互体、爻变之象。他说,圣人观象系辞“不过此错、综、变、中爻四者而已”。“如离卦居三,同人曰‘三岁’、未济曰‘三年’、既济曰‘三年’、明夷曰‘三日’,皆以本卦‘三’言也。若坎之‘三岁’,困之‘三岁’,解之‘三品’皆离之错也。渐之‘三岁’,巽之‘三品’皆以中爻合离也。丰之‘三岁’以上六变而为离也,即离而诸爻用四者。”(《易经字义·中爻》)

总之,圣人取象“至纤至悉,无所不有”,凡“形容物宜可拟可象,即是象矣”(《易经字义·象》)。由此出发,来知德对王弼和宋代义理派学者多有批评。在他看来,正是他们剥落象数、专言义理的治《易》路数导致了易象失传。甚至孔子身后的两千余年里,易之本旨宛若淹没在漫漫长夜之中,不得彰显。他说:

> 自王弼不知文王《序卦》之妙,扫除其象,后儒泥滞《说卦》,所以说象失其传,而不知未失其传也。善乎!蔡氏曰:

“圣人拟诸其形容而立象，至纤至悉，无所不有，所谓‘其道甚大，百物不废’者，此也。其在上古尚此以制器，其在中古观此以系辞，而后世之言易者，乃曰‘得意在忘象，得象在忘言’，一切指为鱼兔筌蹄，殆非圣人作易、前民用以教天下之意矣。”此言盖有所指而发也。(《易经字义·象》)

孔子没，后儒不知文王、周公立象皆藏于《序卦》错综之中，止以《序卦》为上下篇之次序，乃将《说卦》执图求骏。自王弼扫象以后，注《易》诸儒皆以象失其传，不言其象，止言其理，而易中取象之旨遂尘埋于后世。(《原序》)

宋儒不知乎此，将孔子《系辞》“所居而安者”、文王之序卦，“所乐而玩者”、周公之爻辞，认“序”字为卦爻所著事理当然之次第，故自孔子没而易已亡至今日矣。(《易经字义·中爻》)

来氏更把矛头直接指向明代官学著作《周易大全》。他认为，明人承袭宋儒之误，治易但言其理，不晓圣人之象，故其易学皆未入其门。“本朝纂修《易经》《性理》大全，虽会诸儒众注成书，然不过以理言之而已，均不知其象，不知文王序卦，不知孔子杂卦，不知后儒卦变之非。于此四者既不知，则《易》不得其门而入，不得其门而入则其注疏之所言者，乃门外之粗浅，非门内之奥妙。是自孔子没，而易已亡至今日矣。四圣之易如长夜者二千余年，不其可长叹也哉。”(《原序》)同时，他又以错综说为据否定了汉代以来的卦变说。“又如以某卦自某卦变者，此虞翻之说也，后儒信而从之……不知乃综卦也。”“孔子赞其为天下之至变，正在于此。……惟需讼相综，故《杂卦》曰‘需不进也，讼不亲也’。若遁则综大壮，故《杂卦》曰‘大壮则止，遁则退也’，见于孔子《杂卦传》，昭昭如此，而乃曰讼自遁来，失之千里矣。”(《原序》)

(四)象理关系:假象寓理,主宰者理

来知德虽然主张象为《易》之本,但他并不认为象是《周易》一书的全部内容和根本宗旨。他曾明确提出“假象寓理”说:

> 夫易者,象也。象也者,像也。此孔子之言也。曰像者,乃事理之仿佛近似,可以想像者也,非真有实事也,非真有实理也。若以事论,金岂可为车?玉岂可为铉?若以理论,虎尾岂可履?左腹岂可入?《易》与诸经不同者,全在于此。如《禹谟》曰:“惠迪吉,从逆凶,惟影响。”是真有此理也。如《泰誓》曰:“惟十有三年春大会于孟津。”是真有此事也。若《易》则无此事无此理,惟有此象而已。有象则大小、远近、精粗,千蹊万径之理咸寓乎其中,方可弥纶天地。无象则所言者,止一理而已,何以弥纶?故象犹镜也,有镜则万物毕照,若舍其镜,是无镜而索照矣。不知其象,《易》不注可也。(《原序》)

在来知德看来,《易传》“象也者,像也”一语已然道破易学的实质。《周易》一书的独特之处在于,其他典籍中的辞句必定是对某一事实的记述或对某种道理的直接揭示,《周易》则不然。例如,困九四爻辞云:“困于金车。”鼎上九爻辞曰:“鼎玉铉。”可在现实中,金不可以为车,玉也不可以为铉。此足以说明,《易》辞所言未必实有其物;履卦辞称“履虎尾”,明夷六四有“入于左腹”之辞,但现实中不会有此类事情发生,它也并不直接说明某种道理。所以,《周易》不是像其他典籍一样凭借经传文辞如实记载史事或直接传达义理,而是通过设立易象的方式来间接地、比喻性地阐明天地之间的一切道理。来知德的这一思想,与宋元之际的俞琰“象即像之

谓，既谓之像，则不过其理近似而已”①的观点有相近之处。概言之，象如镜，理如物。一方面，镜照万物，无镜则物不可照。于《周易》而言，即万理皆寓于象，舍象便无从谈理。由是，来知德极力张扬象在易学中的地位，“不知其象，《易》不注可也”。他既不同意王弼的“得意忘象”论，也不赞成宋儒重理不重象的治《易》路数：“若学《易》者不观其象，乃曰‘得意在忘象，得象在忘言’，正告子所谓‘不得于言，勿求于心’者也。”（《系辞下》第三章注）另一方面，若不照物，则镜亦无用。易象的作用终究还是为了开示世间道理，故研究易学绝不可以仅仅止步于易象，而应透过《周易》象辞阐扬开掘天地之道、圣人之理。总之，学《易》当以象为本、以理为归，这就是来知德的“假象寓理”说的全部内涵。

事实上，“假象寓理”的命题正是来氏易学由象数转向义理的关节点。前文已言，来知德易图以太极图为起点，而在对“太极”内涵的理解上，来氏与朱子“太极即理即道”的观点并无不同：“太极者，至极之理也，理寓于象数之中，难以名状，故曰太极。”（《系辞上传》第十一章注）“道者，天地日月之正理，即太极也。”（《系辞下传》第一章注）至于阴阳，亦被理解作构成天地万物的材质，即阴阳二气：“始者气之始，生者形之始，万物之形皆生于地，然非地之自能为也，天所施之气至，则生矣。”（《坤》卦《彖传》注）。“此造化一气流行之妙。”（《系辞上传》第一章注）

于是，太极与阴阳的关系问题就转化为理学的理气论。在这一问题上，来氏同样秉承了朱子“不一不异”的思路。一方面，太极之理是宇宙本原，是形而上者；阴阳之气是生物之资具，由其构成的万事万物是形而下者。二者分属“道”“器”，不可混同：“阴阳之

---

① 〔宋〕俞琰：《周易集说》卷三十二，《文渊阁四库全书》第21册，台湾商务印书馆1986年影印。

象，皆形也。形而上者，超乎形器之上，无声无臭，则理也，故谓之道。形而下者，则囿于形器之下，有色有象，止于形而已，故谓之器。”（《系辞上传》第十二章注）另一方面，理又遍在于万事万物之中，不离具体事物而独存，即“道器无二致，理数不相离”（《说卦传》第一章注）。他说：“道器不相离，如有天地就有太极之理在里面，如有人身此躯体，就有五性之理藏于此躯体之中。所以孔子分形上形下，不离形字也。”（《系辞上传》第十二章注）“理乘气机以出入，一阴一阳气之散殊，即太极之理，各足而富有者也。气之迭运，即太极之理流行，而日新者也，故谓之道。”（《系辞上传》第五章注）

依此观之，“孔子太极生两仪四象八卦图”和“八卦变六十四卦图”不仅是对由太极到六十四卦、三百八十四爻齐备的象数推演法则的展示，同时也是对宇宙生成演化过程的描绘。从气的角度言之，太极生成一阴爻、一阳爻，继而组成少阴、少阳、老阴、老阳四象，四象复加一阴一阳而为八卦，八卦再两两相重而得六十四卦，正符示着阴阳二气大化流行、生生不已造就出天地人物、宇宙万有；从理的角度言之，此一过程又时时处处贯穿着对待流行之理：

天地间一对一待，成列于两间者，不过此阴阳也。一往一来，流行于两间者，不过此阴阳也。（《系辞下传》第二章注）

天地阴阳之流行，一施一受，易之气也。言天地万物惟有此对待，故刚柔八卦相为摩荡，于是鼓雷霆，润风雨，日月寒暑运行往来，形交气感，男女于是乎生矣。（《系辞上传》第一章注）

刚柔相推者，卦爻阴阳迭相为推也，柔不一于柔，柔有时而穷，则自阴以推于阳而变生矣。刚不一于刚，刚有时而穷，则自阳以推于阴而化生矣。如乾之初九交于坤之初六则为震，坤之初六交于乾之初九则为巽，此类是也。又如夬极而乾矣，反下而又为姤，剥极而坤矣，反下而又为复，此类是也。（《系辞上传》第二章注）

盖有对待，其气运必流行而不已；有流行，其象数必对待而不移。（《易注杂说·文王八卦方位之图解》）

分而言之，理有对待，则阴阳二气相反相成，是以伏羲图主相错之象；理有流行，则二气交感往来、生生大化，是以文王图主相综之象。合而论之，对待流行又互涵互显，因而诸圣之易亦前后一揆。因乎理、数、气三者实则为一，故来知德特于"太极图"下留有一语："主宰者理，对待者数，流行者气。"（《杂说·圆图》）台湾学者高怀民先生解释道："从形式上看，来氏列'数'与'气'于两侧，而列'理'于中间，应是以'理'为最主要。""从含义上说，'数'之所以有'对待'之性与'气'之所以有'流行'之性，均本于'理'。"①总之，宇宙间对待流行之理无时无处不在。对应于象数，便是"六十四卦、三百八十四爻，皆理之所在也。"（《系辞上传》第七章注）。

与朱子由理气论开出人性论的思路类似，来知德一面主张太极之理禀赋于人而成纯然至善之性，即朱子所谓"天命之性"："性，人之理。"（《说卦传》第二章注）"自其各得其所赋之理，谓之性。"（《说卦传》第一章注）一面又强调天命之性不离乎"气质"："百姓虽与君子同具此善性之理，但为形气所拘，物欲所蔽，而知君子仁知之道者鲜矣。"（《系辞上传》第五章注）"物所受为性，天所受为命。……性命虽以理言，而不离乎气。……其实非有二也。"（《乾》卦《彖传》注）不过，相较而言，来知德谈论较多的还是"性即理"的

① 高怀民：《宋元明易学史》，广西师范大学出版社2007年版，第217页。

一面。他认为,太极之理落实于人而形成的至善之性以"仁"和"智"为基本内涵:"此一阴一阳之道,若以天人赋受之界言之,继之者善也,成之者性也,此所以谓之道也。虽曰善曰性,然具于人身浑然一理,无声无臭,不可以名状,惟仁者发见于恻隐,则谓之仁;知者发见于是非,则谓之知。"(《系辞上传》第五章注)在天而言,太极之理的生生之德是仁之体,其创造大化之功则是仁之用:"仁者,造化之心。用者,造化之功。仁本在内者也,如春夏之生长万物,是显诸仁。用本在外者也,如秋冬之收敛万物,是藏诸用。春夏是显秋冬所藏之仁,秋冬是藏春夏所显之用。"(《系辞上传》第五章注)在人而言,人人皆禀赋太极之理而具备仁义之性,此即孟子、阳明所讲的"良知良能":"人受天地之中,以生其性,分之天理,为我良知良能者,本与天同,其易而乃险,不可知;本与地同,其简而乃阻,不可从者,以其累于人欲之私耳。"(《系辞上传》第一章注)

在此基础上,来氏又将《周易》的"易简"之义与《孟子》的"良知良能"说结合起来,使之互诠互显。在天道意义上讲,阳气生物无有凝滞,阴气顺阳成物不自作为,此为天地之"易简",亦即天地之"良知良能":"惟易乃造化之良知,故始物不难;惟简乃造化之良能,故成物不烦也。"(《系辞上传》第一章注)因乎天人通贯、一体无间,所以人亦有"良知良能"、"易简"之德:"人之所知,如乾之易则所知者,皆性分之所固有而无一毫人欲之艰深,岂不易知;人之所能,如坤之简则所能者,皆职分之所当为而无一毫人欲之纷扰,岂不易从。易知,则此理之具于吾心者,常洽浃亲就,不相支离疏隔,故有亲。易从,则此理之践于吾身者,常日积月累无有作辍怠荒,故有功。"(《系辞上传》第一章注)概言之,在天人之学的视野下,"天有是易,吾之心亦有是易;地有是简,吾之身亦有是简"(《系辞上传》第一章注)。

此处有必要对来氏所谓“良知良能”与阳明的“良知”说略作比较。不可否认,来知德对“易简”的强调,确与象山、阳明的心学传统颇为相近。表面上看,其“易乃造化之良知”的表达,亦与阳明所云“良知即是易”“良知是造化的精灵”异曲同工。但若细究起来,二者的共通点其实仅仅在于把“良知”解作人皆先天禀赋的充足价值资源。单就这一点来说,来氏与阳明此见均未超出《孟子》原意,不过是一种平实的理解。然而,若将此“良知”涵义分别放在二人整体学术思想体系中加以考察,便可发觉其异大于同。显然,来知德的客观太极之理落实下贯而赋予人“良知良能”的思路同于朱熹、陆九渊,而与阳明把道德根源归于主体的“心外无理”说迥然有别。事实上,他也并未对心体良知的主宰作用展开过多讨论。至于阳明“良知即是易”的“易”是指“易道”,其旨在以易道的神妙特征来描绘良知的品格。来知德“易乃造化之良知”的“易”则指“易简”,其意在点示天地创生万物的自然而然、毫无烦难。因此,尽管来氏与阳明在“良知”“易简”问题上的论述看似相近,其间却有不容不辨处,绝不可混为一谈。

综上,道、理、性、命之名虽各有殊别,实质则完全一致:

> 易中所言之理,一而已矣。自其共由而言,谓之道。自其蕴畜而言,谓之德。自其散布而不可移易,谓之理。自其各得其所赋之理,谓之性。道德理性四者,自其在人而言谓之义,自其在天而言谓之命。(《说卦传》第一章注)
>
> 性,人之理。命,天地之理也。阴阳以气言,寒暑往来之类是也。刚柔以质言,山峙川流之类是也。仁义以德言,事亲从兄之类是也。三者虽若不同,然仁者,阳刚之理。义者,阴柔之理。其实一而已矣。(《说卦传》第二章注)

仁义是人之所以为人并区别于禽兽的标志。“天无阴阳则气机息，地无刚柔则地维坠，人无仁义则禽兽矣。”（《说卦传》第二章注）人虽禀赋太极之理而性本善，但因受气有精纯、驳杂之别，现实的人性便有了善恶即“情伪”之分。“本于性而善者，情也。拂乎性而不善者，伪也。伪则不情，情则不伪，人之情伪万端，非言可尽，即卦中之阴阳淑慝也，既立其象，又设八卦，因而重之为六十四，以观爱恶之相攻，远近之相取，以尽其情伪。”（《系辞上传》第十二章注）因而，人应力求使纯然至善之本性顺畅发用，进而言行举止、语默动静皆合太极之理，此即《说卦》所云“穷理尽性以至于命”：“穷理者，谓易中幽明之理，以至万事万物之变，皆有以研穷之也。尽性者，谓易中健顺之性，以至大而纲常，小而细微，皆有以处分之也。至于命者，凡人之进退存亡得丧皆命也。今既穷理尽性，则知进知退知存知亡知得知丧，与天合矣，故至于命也。”（《说卦传》第一章注）至此，来知德以其“假象寓理”说为基点，层层推进，最终完成了由象数到义理的易学建构。

综上可见，来知德易学表现出鲜明的“象数优位”特征。他主张《周易》以象本，再次强调了易象在易学研究中的地位，试图以此纠正王弼和宋儒重理不重象的治《易》路向。在具体内容上，来氏以错综说为基础，建立了有别于前人的象学体系，并在很多问题上提出了与当时居于官学的程朱易学完全不同的见解。例如，朱熹以河图洛书解释易学的起源，来知德则将圣人作《易》的渊源归诸错综；朱子主张伏羲之易、文王之易、孔子之易各有不同，故应三圣分观，来知德则从错综相互表里、对待流行圆融无间的角度论证了三圣一揆；此外，他还否定了朱子信从的卦变说，继而以错综之象注解《彖传》的“刚柔往来上下”之义。凡此种种，皆属来氏易学的独到之处。尽管来知德以自家所见非议前人的做法不无武断之嫌，但他勇于挑战官方正学，对冲破程朱藩篱、活跃学术风气、拓展研究思路有着积极的意义。其不惧权威、反对执守的学术精神，亦值得称道。鉴于此，古代学者对来氏易学多有赞许。如戴诰云："先生远客万之求溪，探赜索隐，三十年而后悟易之象，又悟文王序卦，又悟孔子杂卦，又悟卦变之非，洁静精微之奥旨，粲然大明于世，羽翼四圣之功，伟矣。"郭子张亦称，《周易集注》"皆抒千古所未发"，"继往开来，亘古百代而一见者也"①。

尤为可贵的是，来氏易学一面以象为本，一面又以理为归。在他看来，易象是对自然之易的模写，圣人创制易象的目的最终还是为了开示天地间的大道至理。也就是说，象为手段、理为主宰，易象只是理解义理的工具而已。基于此，来知德又大量借鉴吸收朱子理学的理气论和人性论来解说《周易》义理。这种兼顾象数与义理的研究路数，既使宋明义理易学的积极成果得以保留，又在客观上克服了汉代象数易学拘执易象、罕言义理的弊端。

当然，来氏易学绝非割裂前缘、凭空而造，它必定会受到此前易学史的浸润沾溉以及当时流行的程朱易学的巨大影响。例如，其论错综等易象时曾对京房八宫、汉儒互体、虞翻的旁通和反对、孔颖达的非覆即变说等汉唐易学思想多有采纳。他对伏羲易与文王易的区分，并用加一倍法解释卦象的生成推演显然是源于邵氏先天学。至于对待与流行、交易与变易，则是因袭了朱熹成说。在义理方面，来氏直接继承朱子理学之处更是不胜枚举，甚至《周易集注》的部分内容乃全盘照抄《周易本义》而来。依此观之，来知德自称其易学全凭自悟而得，不免有些言过其实。但若因此一概抹杀其易学创见，亦有失公允。平心而论，来知德易学在涵化整合前人思想的基础上提出一己之见，可谓是对汉宋易学的超越。他在易学发展史上做出的卓越贡献，委实不容置疑。

---

① 〔清〕朱彝尊：《经义考》卷五十五，中华书局1936年版《四库备要》本。

三、贯通天文、历数与历史的黄道周易学

黄道周(1585—1646),字幼玄(一作幼元),一字细遵,福建漳浦人,少居漳海铜山孤岛中一石室,名曰石斋,学者称石斋先生。家贫有志于学,无力聘请名师,"七岁读父书,过目成诵",后随伯兄切磋,"凡数年,自经传子籍,旁及诗赋、声律、铅汞阴阳之学,无不耽精元览焉"①。十四岁始,"时时挟策远游,读书罗浮山"(《明儒学案》卷五十六《诸儒学案下四》),遍寻名师大家,前往求学。《黄漳浦集》载:"闻博罗有韩大夫贤而好士,其家多异书。一日杖策行,遂造焉。大夫与之语而大悦,曰:'此儒者也,今日任斯道者,非子其谁!'因留与诸子处,遂得尽观所未见书,俱录以归。"(《黄漳浦集》卷首《黄道周传》)二十五岁时开始研究《周易》象数学,翌年悟得治学不可仅埋头书册,还应实行观测,于是夜持竹几坐庭中,"昼则布算,夜测分野","乃知南北中分,阴阳赢缩之说"(《黄漳浦集》附《漳浦黄先生年谱》)。三十八岁进士,后授翰林院编修,修国史实录,因触怒魏忠贤而告归。为人刚直不阿,严操守,重节气,是以一生仕途坎坷,几番被黜,又屡屡失而复得。历任浙江乡试主考官、春坊右中元、右中允、少詹事兼翰林院侍讲学士、江西布政司都事。崇祯四年(1631)为"救故相钱龙锡"连上三疏,又以易数上疏刺大学士周延儒、温体仁。其疏曰:"陛下御极之元年,正当《师》之上九,其爻云:'大君有命,开国承家,小人勿用。'"(《明史》卷二百五十五《黄道周传》)因是被削职为民。在家乡与诸弟子相从讲论,

---

① 〔明〕庄起涛编,〔清〕陈寿祺补:《漳浦黄先生年谱》,载《明漳浦黄忠端公全集》,道光十年(1830)刊本。以下简称《黄漳浦集》,凡引该书只注书名、卷数及篇名。

“谈经之余，屡屡劝人读史”。曾著《懿畜》前后编表彰自三国诸葛亮至明代杨文贞等中兴有为之臣，以表革新朝政之志。崇祯十三年（1640）廷杖下狱，又充军辰州（湖北江陵），赦归，入南明。清兵攻陷南京后，在福州拥立唐王，聚众抗清，兵败被俘，就义南京，谥忠烈。

黄道周居官之余，讲学不辍，海内问业者多达几千人。著述宏富，计四十余种、近百万言。崇祯二年（1629）至十五年（1642），先后撰作、编著《三易洞玑》《博物典》《孝经大传》《孝经集传》《坊记表记集传》等书。崇祯五年（1632）讲学于大涤书院、紫阳书院，与诸生问答之语后集为《榕坛问业》。今存《石斋先生经传九种》《榕坛问业》《黄漳浦集》。史称其“学贯古今”，学术思想大体倾向朱子，亦有会通朱王之意。在易学上，黄道周秉承邵氏易，精研象数，代表作品有《易本象》《三易洞玑》《易象正》。其中，《三易洞玑》一书大量吸收天文历算知识，融通易学与历法。《四库全书总目》曰：“盖约天文历数归之于易。其曰三易者，谓伏羲之易、文王之易、孔子之易也。曰洞玑者，玑衡乃测天之器，谓以易测天，毫忽不爽也。一、二、三卷为《伏羲经纬》上中下，即陈邵所传之先天图。四、五、六卷为《文图经纬》上中下，即《周易》上下经次序。七、八、九卷为《孔图经纬》上中下，即《说卦传》“出震”“齐巽”之方位。十、十一、十二卷为《杂图经纬》上中下，则《杂卦传》之义。十三卷为《余图总纬》，则因周官太卜而及于占梦之六梦、眡祲之十辉以及后世奇门太乙之术。十四、十五、十六卷为《贞图经纬》上中下，与新图相准，有衡、有倚、有环。”（《四库全书总目》卷一〇八《三易洞玑》）

《易象正》是黄道周的晚年作品。相关记载称，《易象正》以《易本象》为草本，在其基础上大幅修改而成。由于黄道周本人坚持《易本象》一书不足以尽《易》，故令门人存于山中，不准传授。后人则将此书附于《易象正》之后。又称，黄道周于崇祯十三年

(1640)被捕西库狱期间始作《易象正》,后由西库狱转入北寺狱,“初成《二十四图》,又逮过北寺,毒痛之下,指节初续,又为《六十四象正》”①。是时“大象十二图”一节尚未完稿,已为同狱中人方孔炤所收藏。对此,刘履丁曾云:“人言在先生西库始作《象正》,此殊不然。三十年前,丁侍先生在浦东草庐,于时有《易本象》八卷、《畴象》八卷。《畴象》在吴亮恭侍御处,《本象》在张雨玉兄弟处。念之已三十余年,当时亦三属草本也,但今《象正》与旧《象正》文义俱别耳。”(《易象正·序述》)《易象正·凡例》曰:“凡《易》自春秋《左》《国》暨两汉名儒皆就动爻以论之卦,虞、王而下,始就本卦正应以观攻取,只论阴阳刚柔,不分七八九六,虽《易》有刚柔杂居之文,而卦无不动玩占之理,《象正》专就动爻以明之卦。”(《青秋说象凡例十八条》)《四库全书总目》论其大旨亦称:“于每卦六爻皆即之卦以观其变,盖即左氏内外传所列古占法也。”除逐一注解六十四卦外,该书“前列目次一卷,则以汉人分爻直日之法,案文王之卦序以推历代之治乱,后二卷则以河图洛书之数自相乘除为三十五图,其《诗斗差图》《诗斗差退限图》《诗元命图》《春秋元命图》则本汉人纬书‘四始五际’之说,而别衍之以为推测之术,与所著《三易洞玑》相为表里”(卷五《易象正》)。

(一)“本天则一”的象数起源说

探究易学的起源和演变,是宋代易学的重要论题之一。刘牧、邵雍分别将圣人作《易》的根源诉诸河图洛书和先天学,并以图示的方式阐发易学思想。经过南宋朱熹的认肯发扬,图书学与先天学会通于一,并大行于后世。黄道周秉承宋易传统,在易学起源问

① 〔明〕黄道周:《易象正·序述》,《文渊阁四库全书》第35册,台湾商务印书馆1986年影印。

题上也表明了一己之见。一方面,他以伏羲易为先天易、文王易为中天易、孔子易为后天易。相应地,《易象正》列有“先天初成图”“先天再成图”“先天三成图”“中天卦次图”“后天卦次图”等图示;另一方面,他又反对朱子的三圣分观说,主张三易一理皆本于天:“宓为先天,则周为中天,孔为后天,本天则一。而三统难分,故还以宓、文、孔为主,以杂余畅其义。”①

1. 伏羲先天易

宓,通“伏”,宓羲即伏羲。黄道周认为,伏羲画卦之前已有客观自然的象数存在,象即天象,数即历数,是为先天图。伏羲为之立名,故称伏羲先天图。“称宓图者,即先天图也。宓前有易,大约本于天度,以为卦数,名字之立则自羲皇而始,历烈山、轩辕,其义乃备,今独称宓图者,尊始也。”(《三易洞玑》卷一《宓图经上》)先天图之意见于《说卦传》:“《说卦》自‘神妙’而下六章皆阐宓图之义,然其序次不传,义难意起。今起其本,皆出于元象八宫之卦,与星辰相次。”(《三易洞玑》卷一《宓图经上》)也就是说,伏羲先天图之象数本于自然,与天地相合,完满无缺,不可损益。“先天图原本自然,以阴阳分极,六倍成卦,以定六爻,天不能违也。”(《易象正》卷终上《先天初成图第一》)它与天象日月星辰运行一致:“天动于外,卦周于内,象曜之行,经于其中,日夕相摧,易以之生,故易者易也。易变而不可执,圣人屡出,分变各适。夫欲观其不变,则贞乎象矣。”(《三易洞玑》卷一《宓图经上》)而在众多天象中,日月之交替变化、普照天下最为显著。故易象莫大于日月,易图主日月变化,显现出日月运行的轨迹。他说:“夫悬象之大者也。天地悬象,莫大于日月,有日月而后有水火,有水火而后有山泽,有山泽而后

① 〔明〕黄道周:《三易洞玑》卷一《宓图经上》,《文渊阁四库全书》第806册,台湾商务印书馆1986年影印。

有风雷。水火生于日月,风雷发于山泽。日月不明,山泽不灵。故易者日月之谓也。"(《易象正·大象十二图序》)"故《易》者为救天地而作也。救天地则必明于天地之道,明天地之道则必清日月之路。乾坤、泰否,随蛊、颐大过,坎离、渐归妹,既未济、中孚小过,剥复、夬姤,萃升、晋明夷二十四者,日月之路也。以是二十四者,加于定、衡、环、倚、体、用六图者,研几辨物,其道无方。举其梗概为十二图,而日月之治,南北赢缩,朔望盈虚,交会闰余,亦略著于象,是古作《易》者之意也。"(《易象正·大象十二图序》)

除日月之外,其他天象也是易图的重要内容。黄道周曾作先天六十四卦与二十八星宿对应图。其具体配法是:卦始于大圆图正北方复卦,宿始于苍龙末宿箕,尔后卦顺行、宿逆行,即复、颐两卦对应箕,屯、益、震、噬嗑四卦对应玄武初宿斗:"复继之以颐,颐犹箕也,箕适于斗。斗者屯也,承箕而行之,小施而未光,故谓之屯。""屯继之以益,益犹斗也","益而后震,震犹未可以动也","震而继之噬嗑,噬嗑者,斗之所翕舌也"。噬嗑后为随卦,随卦对应牛宿,"随,牛也"。(《三易洞玑》卷一《宓图经上》)以此类推,至坤卦对应尾宿止。"故复,箕也;坤,尾也。"(《三易洞玑》卷一《宓图经上》)黄道周此图旨在证明伏羲先天六十四卦乃依据星象而作。如其所云:"自尧典以前,冬至日轨皆在虚危,羲炎之时,日宜在危中度,今断以《易·复》始箕者,天道著明,视于云汉,尾在云汉之阴,箕在云汉之阳,尾去极一百二十七度,下距南极五十四度,天道转毂,于是已极,故谓之尾。箕去极一百二十一度,下距南极六十度,天道东行,于是复始,故谓之箕。古人命象以为物始,取精天,鸟、火、星、虚,义先于《易》,非复羲炎之所创说。故取象则箕自为箕,尾自为尾;取义则尾自为终,箕自为始也。坤集于尾,谓之龙尾;乾集于觜,谓之虎首。由是以推,八卦三乘,终始本象,渊源远矣。"(《三易洞玑》卷一《宓图经上》)

前文已言，黄道周所谓的“象”是指日月星辰等天象，“数”是指日月星辰运行的度数。同时，他又把天象运行的规律和理则称为“理”。一方面，日月星辰等天象在逻辑上先于其运行度数与理则，即象在先，数理在后：“凡易生于象，象生而有数。象数灭，则理义、性命不可得而见也。天地、日月、星汉、山河、人物之数，皆系于象，其最易简明著者，皆在于易。”（《易象正》卷初上）“日月屈伸而易道生焉，故易生而有象，象生而有数，象数难明，理道易说。”（《三易洞玑》卷一《宓图经上》）另一方面，象、数、理其实是从不同角度言说日月星辰，故三者又合一不二：“日月星辰之行，可皆一理，理皆一象，象皆一数。”（《黄漳浦集》卷二十九《三易指归》）“有日有月有星，是三要物；理、象、数，是三要事。”理、象、数三者皆属自然，是天之所为。伏羲本此而作易，古人本此作历律表晷之法，则是人之所为。“易历律，则人之所治也；理象数，则天治之。天治者，不避象数，人治者，则历律为技也。”（《黄漳浦集》卷二十九《三易指归》）并且，黄道周认为，后世历律表晷之法不仅直接来源对日月星辰的长期观测，同时也受到本于客观天象而作的伏羲先天易的重要影响。他说：“易道未作之初，即有晷表量移之法，但其图义未明，爻象不著。”“天道自然，与易相配，无纤毫牵合，是历律表晷之原也。”“晷之准易者，一日六分四厘，为六十四，积六十日而三百八十四分，一期而万一千五百二十，余分之积三百八十四厘，故晷以象易之变。”（《三易洞玑》卷二《宓图经中》）

2. 文王中天易

伏羲之后，文王又对易学作出了新的发明，是为中天易。其特点有如下数端：其一，重新排列卦序，以六十四卦为体、七十二卦为用。以象定表，以律立位。“易之体三十有六，其卦七十有二，以候四气，以正八际。”（《三易洞玑》卷四《文图经上》）“姬文上圣，始变卦次，序六十四为七十二，爰立八表，九次相起，揆象定表，吹律命位。”(《三易洞玑·略例》)其二,作中天八卦图,内涵天地生物、四时更替、万物盛衰、五行大义和人伦之道,此是与先天图之根本区别所在。“资始称天,资生称地。坤三索成男,左数而之天。乾三索得女,右数而之地。彝伦既陈,五行式序。自先天图而后,此其最著矣。中天之道,以人次天。”(《易象正》卷终上《中天卦次图》)其三,伏羲图重旁通,六十四卦两两对待。文王图重反对,六十四卦实为三十六卦体,“盖宓图对待,以乾匹坤,以坎匹离,东西阴阳,各三十有二。文图反复,反屯为蒙,反咸为恒,屯咸诸卦,皆以一卦为两卦,反复相起。八体之卦,亦复如是。故体卦有八,倍为十六;交卦二十八,倍为五十六。两体相命,各三十六,以为一岁之候也”(《三易洞玑》卷四《文图经上》)。其四,六十四卦仍与天象对应,反映日月运行、四象星宿、节气更替:“乾之始姤,坤之始复,秋分明夷,春分于讼,师同泰否,以办四立,以亲先天,其义一也。阴阳之画,彼此对变,一阳在左,一阴在右,八六相离,虎豹之文,于是以出,单复环旋,日月之纬道也。日月纬道,与时变迁,而其元始,以云汉为首尾。箕参之端,出入云汉,为二至之中,壁、翼二宿,北近中垣,为二分之路。”(《易象正》卷终上《中天卦次图》)

3. 孔子后天易

在黄道周看来,孔子后天易的贡献主要体现在三个方面。首先,孔子以《说卦》“帝出乎震”一段正定了后天八卦图:

> 此后天图,文王之意,仲尼所定,即《说卦》所谓“帝出乎震,齐乎巽,相见乎离,致役乎坤,说言乎兑,战乎乾,劳乎坎,成言乎艮”者也。是图本地而作,与先天、中天相赞以成万物,其理道之精微,规模之奥渺。(《易象正》卷终上《后天卦次图》)

后天图与先天、中天图互为表里，内含深奥的宇宙之理，“故后天图者，道之至精者也，穷理格物，则必自此始也”（《易象正》卷终上《后天卦次图》）。依他之见，图中八卦居位的思想已散见于文王卦爻辞中，孔子加以概括引申，从而使其大白于天下。换言之，后世所谓“后天八卦方位图”绝非刘牧、邵雍等人所创。他说：“以‘出’‘齐’‘见’‘役’‘说’‘战’‘劳’‘成’为八方之位，即所谓后天图也。仲尼檃栝象义，以八字为妙言之蕴，彼此相加，则德象自著。焦赣本之以为《易林》，邵氏袭为私义。但文图未有分位，唯《坤》言‘西南得朋’，《蹇》言‘不利东北’，《解》言‘利西南’耳。《蹇》《解》皆在东北，必反易，乃在西南。《坤》自在西南，必反易，乃在东北。”（《三易洞玑》卷七《孔图经上》）尽管后天图与中天图的八卦排列完全一致，但其间仍有细微差别。文王八卦始于乾，孔子八卦始于震，即二者的首卦不同：“姬文首乾，仲尼首震。乾以立性，震以立命，知性，命乃立；知命，性乃尽。”（《三易洞玑·略例》）

其次，孔子又在《系辞》中对象数进行了概括。“凡圣人所言象数者五：一曰‘见天下之赜，拟容形容’；又曰‘至赜而不可恶，至动而不可乱’；又曰‘通其变遂成天地之文，极其数遂定天下之象’；又曰‘见天下之赜，拟诸形容，极天下之赜存乎卦’，皆为探赜而发，必非屈指而谈干支、折草以量朝夕、自谓无远近高深、遂知来物者也。诸图之义，自洙泗以还，世所未探，大要本于河图，裁以洛书，以九御十，以数变象，规矩日月，准绳星宿，以爻当日，以日当辰，察其交会，辨其序次，不敢有乱于羲文、孔子之故而已。至于率辞揆方，当名辨物之义，则犹未之详焉。”（《易象正》卷初上）

最后，孔子更以后天图解说四时五行之变、万物终始之化，进而引申出社会人伦之理。“仲尼妙言，始命卦位。万物终始，视日所在。五精从之，各依其方。以其本数，察五精度。艮藏其己，坤藏其戊。震有木火，兑有金水，二五十五，以复其数。性有所著，命有所属，情有所好，亦有所恶，好恶以贞，性命乃固。视日所在，以正其度，以正父子、君臣、宾主、兄弟、夫妇。”（《三易洞玑·略例》）

以上就是黄道周三易说的主要内容。我们知道，易学史上的“三易”或先天、中天、后天之分往往是指《连山》《归藏》《周易》，如《周礼·春官》云：“太卜掌三易之法，一曰《连山》，二曰《归藏》，三曰《周易》。”南宋朱元升又将此三者分别冠以先天、中天、后天之名。黄道周则不然。他在借鉴朱子的伏羲、文王、孔子三圣分观之说且以其分别对应先天、中天、后天的基础上，大量吸收自然科学，融易学与天文历法于一体，从而使其易学表现出与众不同的鲜明特色。

（二）准于天文的易图象说

黄道周的易象学说主要是借伏羲先天图和文王卦序图论述的。具体而言，《易象正》卷初据文王六十四卦卦序作二十四图，前十二图为“大象十二图”，后十二图为“历年十二图”；卷终则据伏羲先天易作“先天图”和“先天历年图”。今将黄道周易象分条论之于下：

1. 易以乾坤两用

黄道周依据《易传》所云“乾坤其易之门”“乾坤毁则无以见易”提出了“易以乾坤两用”“六十二卦皆归乾坤”的观点：

> 凡《易》以乾坤九六为例，乾用九而交于坤，坤用六而交于乾，凡六十四卦之用九者，皆交于坤；其用六者，皆交于乾。故六十二卦之皆乾坤也。易有交动，遂生变化，非谓九能变八，六能变七也。六十二卦皆归乾坤，故十八变中，小象得乾坤者，是为交动。父母动而六子不动，如六子交动，则皆为父母矣。《易》以乾坤两用该六十二卦之用，不复为各用系于各卦之终，所以明一卦之通得六十四卦，而乾坤两用实为纲纪。《系辞》曰：“乾坤毁，则无以见易。”（《易象正·目录序次》）

纵观易学史,将六十四卦视为乾坤所生者历代不乏其人,并非黄道周之独创。如郑玄爻辰说即以六十二卦之三百七十二爻视为乾坤十二爻所生;荀爽、虞翻等人的卦变思想亦主张杂卦生于十二辟,十二辟卦源于乾坤消息;北宋程颐更有乾坤卦变说,即六十二卦皆由乾坤两卦变来。此间,黄道周强调,诸卦皆由乾坤交动变化而生,绝非以老阴变少阳、老阳化少阴的爻变方式形成。所谓“交动”,是指乾阳交坤、坤阴交阳,即“乾用九而交于坤,坤用六而交于乾”。如乾阳交坤之初五、坤阴交乾之二三四上成屯,乾阳交坤之二上、坤阴交乾之初三四五成蒙。其余各卦亦复如是。其间,十二消息卦已蕴藏其中:“易始于乾,交于姤,终于剥,剥而后坤受之;始于坤,交于复,终于夬,夬而后乾受之。终始乾坤,相为反复,历律以出,礼乐以作,六爻变化而天神以降,地祇以出,亦其义也。”(《易象正》卷一)不仅如此,三百八十四爻皆为乾坤十二爻、六十四卦实为乾坤:“圣人之意,以六十四卦皆为乾坤,阳爻一百九十二皆出于乾,阴爻一百九十二皆出于坤。”(《易象正》卷一)

以此为据,黄道周对六十四卦进行了重新排列。阳多者从乾,阴多者从坤,阴阳平衡者则为乾坤交会:“乾南而坤北,屯蒙从坤,则需讼从乾,师比从坤,则小畜履从乾,泰否从坤,则同人大有从乾,大有者,五阳之卦,乾之三驾也。谦豫从坤,则随蛊从乾,临观从坤,则噬嗑贲从乾,剥复从坤,则无妄大畜从乾,大畜者四阳之卦,乾之又三驾也。重颐从坤,重大过从乾,于是大过而天地且中矣。故坎离,天地之中会也。当过而过,已过而反,天地亦不得已也。咸恒从坤,遁大壮从乾,于是而乾又三驾矣。天地九驾而得四大,故大有、大畜、大过,暑中,之渐分也;大壮,暑至之将进也。四大皆右,天地之尚位也。两阴两阳,各处其极,从于阳节,右行而赢,故观于四大卦,而大象之位可见矣。”(《易象正》卷三)归根结底，乾坤为易之本，乃由其纯阴纯阳属性及其所符示的自然天象决定的。乾纯阳居南象昼，坤纯阴居北象夜，其他卦皆自此而立。“乾坤，万物之生始，极南而乾，极北而坤，昼夜积象，乾坤两乘。自分左右，天地升降，帝王盛衰，皆于是为限。”（《易象正·目录序次》）“凡卦分阴阳，以从南北，自屯蒙从坤而北，需讼从乾而南，凡五十二卦，一南一北，上下分从，不失其序。故阴爻多者从阴，阳爻多者从阳，阴阳之中，酌从其象。惟夬姤萃升，上下分居，南北殊路，是男女华夷之变限也。”（《易象正·目次》）

2. 对化、反复、交象

黄道周的“大象十二图”包括“六十四体卦初终定序图第一”“六十四体卦上下定位图第二”“六十四体卦上下分次图第三”“六十四体卦上下衡交图第四”“六十四体卦左右倚交图第五”“六十四体卦上下圜图第六”“体卦外赢日闰追象图第七”“体卦内赢月闰追数图第八”“七十二用卦上下定序图第九”“七十二用卦上下衡交图第十”“七十二用卦左右倚交图第十一”“七十二用卦左右圜交图第十二”。通观此“大象十二图”可见，黄道周曾多次使用反复、对化、体用、交象等卦象。

所谓“反复”，大体相当于虞翻的反对、孔颖达的覆卦、来知德的综卦；“对化”，大体相当于虞翻的旁通、孔颖达的变卦、来知德的错卦。需要指出的是，按照虞翻和来知德的说法，六十四卦实为三十二组旁通，或称三十二组相错；而乾、坤、坎、离、颐、大过、中孚、小过八卦之反对即综卦仍为自身，虞翻称其为“反复不衰”之卦。除此八卦之外的五十六卦则构成二十八组反对，或称综卦。在此问题上，黄道周与虞翻、来知德有所不同。他将“反复”两卦视为“一体两象”，如屯蒙为同一卦体、需讼为同一卦体；“对化”之八卦则各为一体，故六十四卦实为三十六体。这一思想显然源于邵雍“三十六宫都是春”一语。此外，黄道周又将有对化而无反复的乾、坤、坎、离、颐、大过、中孚、小过八卦各自视为两卦。因此，其著作中常有乾乾、坤坤、坎坎、离离、颐颐、大过大过、中孚中孚、小过小过的表述。按此说法，六十四卦又可视作七十二卦，即“六十四为体，七十二为用”(《易象正·目录序次》)。其《易象正》中“七十二用卦上下定序图”“七十二用卦上下衡交图”“七十二用卦左右倚交图”等图所谓的“七十二用卦”即此意。黄道周的这一思想，既不同于虞翻、孔颖达和来知德，又不见于邵雍易学，当属自创。他说：

> 凡卦皆一体两象，反复异名。惟乾坤、坎离、颐大过、中孚小过，有对化而无反复。其实日有昼夜而时通二六，八体反复，皆十二爻。屯蒙以反复而得二名，乾坤以反复而得一体。其一体者，不必二名；其反复者，不必对化。故以八体卦之对化，通于五十六卦之反复，皆举两端以成大例，非因纲纪而有异同也。故为乾乾坤坤，首立四卦。虽以用九用六得对化之名，实以一昼一夜通六辰之义。昼夜虽有阴阳，反复只成一日。约之则曰三十六象，通之则曰七十二卦。或谓父母六子，相与错综，只得六十四，何三十六、七十二之有？曰：反复、对化、错综，易皆兼用之。错综之有重乘，反复之有不动，与对化之有不对化，单举之则难明，博观之则易着也。(《易象正·目次》)

黄道周强调，虽然反复与对化有别，对化不反复、反复不对化，静体反复、动用对化，但从卦象来看，二者亦相资为用。“对化之与反复，互相为用，乾坤举对化以用为体，屯蒙举反复以体为用，推而行之，两序互举。”(《易象正·目次》)“易之为道，静以为体，动以为用，静体则反复，动用则对化，反复之与对化，皆易也。无对化则乾不为坤，无反复则屯不为蒙，对化之易始于乾坤，则例可通于乾坤。故对化之与反复，其例得相起也。”(《易象正》卷一)

在此基础上，他又借用了邵雍和张行成等人的“交卦”概念。所谓交卦，是指两卦即反复即对化。他说：“交卦者何？反复、对化，则犹之此卦也。泰之反复曰否，对化亦曰否，则犹之一卦。不得曰乾之反复曰乾、对化曰坤也。否之反复曰泰，对化亦曰泰，则犹之一卦，不得曰坤之反复为坤、对化为乾也。既犹之一卦，则亦不得比于屯蒙、需讼，曰吾反复而为屯蒙、需讼，对化而为鼎革、晋明夷也。”（《易象正》卷三）据此可知，《周易》中交卦有八，“上经交卦有泰否、随蛊，下经交卦有渐归、两济”（《易象正·目录序次》）。此外，黄道周又依据自我设定的象数原则重新排列六十四卦或七十二卦，进而制作衡交、倚交、圜交诸图。“衡交者，两乾尽而交屯蒙，两坤尽而交需讼。倚交者，屯蒙自左而右，需讼自右而左。环交者，屯蒙、需讼皆自左而右。”（《易象正·目录序次》）

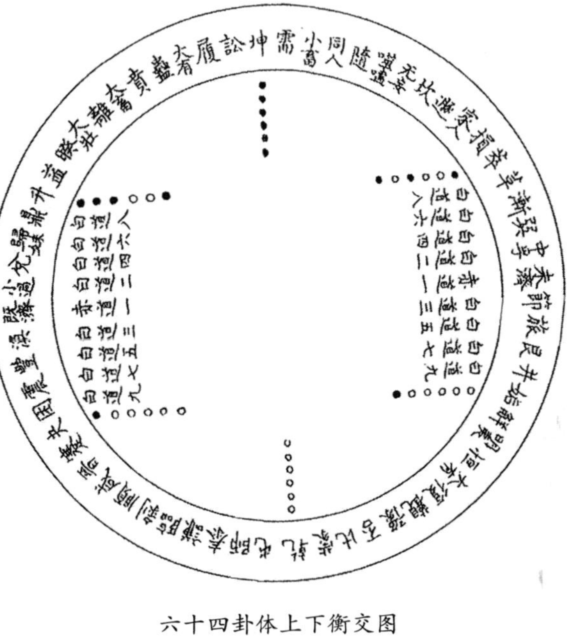

六十四卦体上下衡交图

“上下衡交图”首先根据“阳卦多阴、阴卦多阳”的原则将别卦区分为阳卦与阴卦，然后按阳卦从乾南、阴卦从坤北的次序排列体用卦，以此象征日月出入、上下交回。“屯、师、泰、谦、临、剥、颐皆阳也，故从乾而南。需、小畜、同人、随、噬嗑皆阴也，故从坤而北。夬姤从乾而南，萃升从坤而北，则夬姤、萃升亦未离其类也。凡卦六爻，以阳少者为阳，阴少者为阴，夬姤宜为阴，萃升宜为阳，然非实阴阳也。故夬姤萃升，更次南北，中分九卦，为日月出入、天地革命革政之会。”(《易象正》卷初上《六十四体卦上下衡交图第四》)

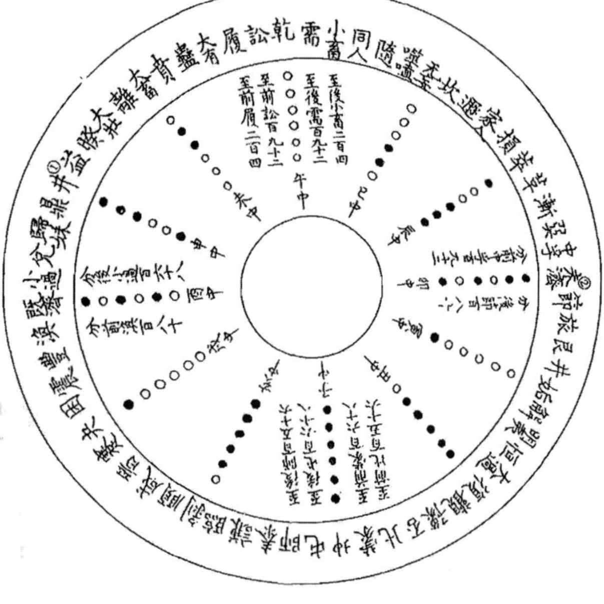

六十四卦体上下分次图

黄道周有“上下分次图”。与衡交图有别，分次图乃以六爻阴阳数量为标准将别卦区分为阳多之卦与阴多之卦，再按阳多之卦从乾、阴多之卦从阴的原则依次排列。“阳多从阳，阴多从阴，故屯、蒙、师、比、泰、否皆从坤于南陆，七卦仅十二阳爻，昼长自百四十四而上。谦、豫、临、观、剥、复、颐、大过、咸、恒十卦，仅二十阳爻，昼长自百五十六而上。晋、夷、蹇、解、夬、姤、困、井、震、艮十卦，仅二十八阳爻，昼长自百六十八而上。丰、旅、涣、节、两过、巽、兑，从两济于东西陆，升卦得三十二阳爻，昼长自百八十而上。归妹、渐、鼎、革、升、萃、益、损、睽、家人十卦，亦三十二阳爻，昼长如之。大壮、遁、离、坎、大畜、无妄、贲、噬嗑、蛊、随十卦，三十四阳爻，昼长百九十三而上。大有、同人、履、小畜、讼、需，皆从乾于北陆，七卦三十四阳爻，昼长二百四而上。凡卦六阴百四十四，乾六阳二百一十六，二阳之卦百六十八，三阳之卦百八十，四阳之卦百九十二，五阳之卦二百有四，以其阴阳，别昼夜之度，而寒暑节序，举可推也。十二次中，阳多从乾，阴多从坤，三阳三阴者，间位相次。惟夬、姤、升、萃四卦，乾坤互命，欲离其类，故复以夬、姤、升、萃分际之义。”（《易象正》卷初上《六十四体卦上下分次图第三》）

六十四体卦左右倚交图

“六十四体卦倚交图”是依据天左日右、日左月右的原理重新排列文王六十四卦，从而使两卦左右相交，“倚而望之”。其中，乾坤、既济未济是正交中，泰否、颐大过、中孚小过、渐归妹、离坎、蛊随互交为十二交卦。“天行而左，日退而右。日行而左，月退而右。迟速相差，以命先后。故屯蒙交于左，需讼交于右。乾坤两济，为正交中，又十二交，以别交际，远近合离，不立一例，盖积百十年而每卦入交，灿然备也。”黄道周指出，正交中和十二交卦显现的是日月运行的不同位置。“如乾坤两交，赤道平于南北；中孚小过，赤道正于东西。随蛊出朱道南，则蛊随出玄道北。否泰出元道东，则泰否出朱道西。渐归、两济夹于黄道，经纬之所出入。渐归出青道东，则未既出青道西；渐归出白道西，则既未出白道东。颐交大过出朱道之西、白道之南，则大过交颐出玄道之南，青道之东。坎离出入，亦犹是也。”（《易象正》卷初上《六十四体卦左右倚交图第五》）

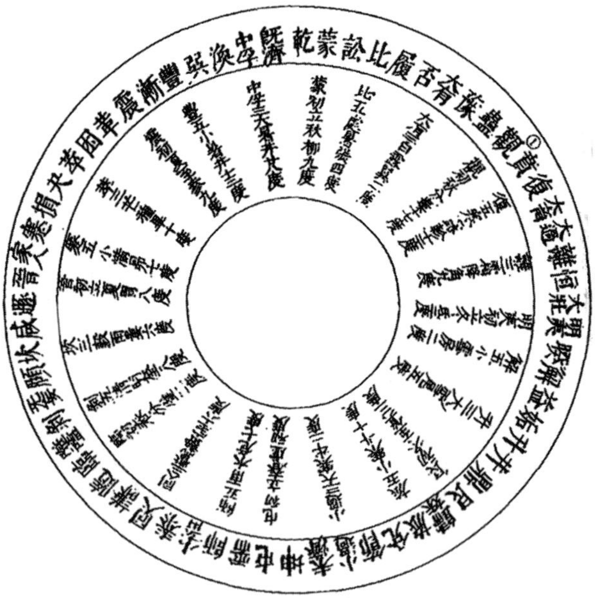

六十四体卦圜图

在“六十四体卦圜图”中，乾卦居南、坤卦居北，屯以始春居下、蒙以始秋居上，而后依次排列左需右讼，左师右比……直至左既济右未济。"七十二用卦左右圜交图"与此相仿。图中六十四卦或七十二卦相交的位置，分别代表一年的二十四个节气。就此而言，六十四体卦圜图和七十二用卦左右圜交图实质上是一种符示阴阳变化的卦气图式。我们知道，卦气说发端于先秦，成熟于西汉孟喜。孟氏取坎震离兑四正卦分居四方，其二十四爻分主二十四节气，其余六十杂卦各值六日七分，合计三百六十五又四分之一天。此后，京房和《易纬》虽对六十四卦卦气说略加损益，但宏观上仍未越出孟氏之说。宋易的卦气说则是基于伏羲六十四卦圆图而发。在邵雍处，大圆图左半部分的阳息阴消与右半部分的阴息阳消便被赋予了四时更替、节气流转的意蕴，因此先天六十四卦方位图本身即一幅卦气图。与汉宋卦气图皆有不同，黄道周的卦气说是以今本卦序为基础、以乾坤为尺度建立起象征自然界阴阳变化的图式。他相信，唯有他本人创作的卦气图合乎天地自然，符合圣人之意。他解释"六十四体卦上下圜图"时说："此即序卦也。序卦乾坤，不自为始，屯以始春，蒙以始秋，春秋立而乾坤之义定矣。故为晋以立夏，为明夷以立冬，为临以分春，为观以分秋，为震以察夏至，为艮以察冬至，乾为暑极，坤为寒极。"（《易象正》卷初上《六十四体卦左右倚交图第五》）

其论"七十二用卦左右圜交图"云："夫子曰：'吾观殷道，而得《坤乾》焉，吾观夏道，而得《夏时》焉。'坤乾既交，屯蒙始立，殷人之用丑正，亦犹大易之义也。屯蒙之为春秋，晋与明夷之为夏冬，是犹之序也。乾乾坤坤，亦南北交相取也；既济未济，天地之所分寒暑也。是《易》之序也，故定序、定交则究归于此也。"（《易象正》卷初上《七十二用卦左右圜交图第十二》）另外，他还以乾、坤、泰、否、随、蛊、颐、大过、坎、离、归妹、渐、中孚、小过、既济、未济等十六卦象对应二十四气与七十二候。根据反复"一体两象"的原则，上述十六卦实为十二卦。此十二卦为体，则七十二爻分主七十二候；此十二卦为用，即反复为两象，则二十四象分值二十四气，即所谓“十二卦以为体，以爻因之，为七十二侯。十二卦以为用，以卦命之，为二十四气”(《易象正》卷初上《七十二用卦上下定序图九》)。

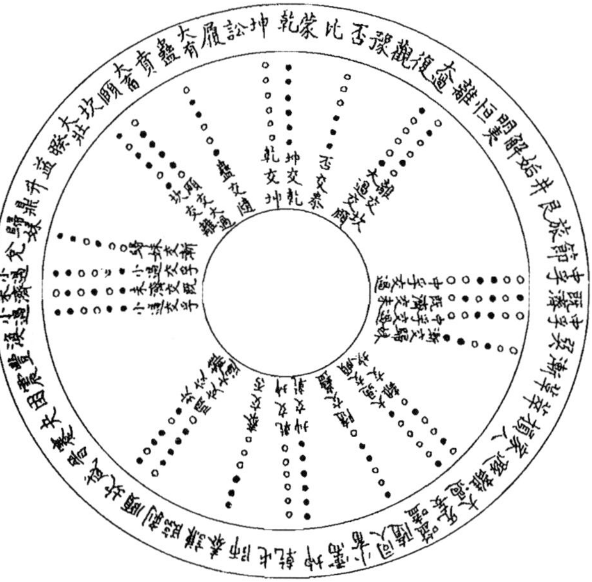

七十二用卦左右倚交图

据此，黄道周对汉宋卦气说皆有批评。他认为，汉易的十二消息说与月令不能相应：“观于否泰，在二八之分，而序意略可见矣，故易亦犹行夏道也。遁之不为八月，大壮之不为二月，昼夜之互易也。剥复、夬姤不应月令，是非易所为纪也。易纪春秋，正冬夏，明交食，置闰差，以辨帝王之序、盛衰之纪也。”(六十四体卦上下圆图第六)“凡易不立岁序，惟先天图立候差明。汉儒去坎、离、震、兑以为监司，及依复、临、泰、壮，以为月限，远近各殊，其非姬文之意也。智者但观此图，阴阳消长灼然可见，虽有升萃、夬姤各离其位，而日道疏密，因之适均，非复寻常意思所能窥测，故视体卦交图又为明著矣。"(《易象正》卷初上《七十二用卦上下衡交图第十》)至于宋儒就先天图言卦气的做法,同样悖离了圣人本意:"汉宋以来,图象渐多,大要以先天图为极,自有先天图而卦气诸图皆废。然至《周易》卦序、杂卦序、中天后天卦序,四图错综,匪夷所思,谁敢废之?大抵《周易》卦序,源本天地,橐钥万物。自羲农以前,鱼龙涵负,已有是篇,特至周而始备。"(《易象正》卷初上《十二象图后》)"凡论《易》序,整齐明著,莫备乎先天图,然亦圣人所为序也。圣人所为序,以上正千古,下俟百世,非若日月之自为朝夕也。先天图以姤复为二至,离坎、临遁为二分,夷升、泰否为四立,著于经者,独复耳。序卦与卦象意义各别,不相袭也。"(《易象正》卷初上《六十四体卦上下圜图第六》)

3. 动爻与两卦之象

动爻又称爻变,本于筮法。《周易》以变为占,即因老阳变少阴、老阴变少阳而使一卦变为另一卦,前者称"本卦"、后者称"之卦",并以动爻作为判定吉凶的主要依据。黄道周对《周易》变占问题也进行了详细探讨。他认为:"有动则有象,有象则有占。"(《易象正》卷一)既然动爻使本卦与之卦相互连接,则变占并非只取动爻爻辞,而是可以取本卦和之卦两卦之象辞。然而,此一春秋古法自汉以后渐渐失传。"凡《易》自春秋《左》《国》暨两汉名儒,皆就动爻以论之卦,至虞、王而下,始就本卦正应以观攻取,只论阴阳刚柔,不分七八九六,虽《易》有刚柔杂居之文,而卦无不动玩占之理。"(《易象正·凡例》)黄道周作《易象正》的目的之一,就在于追根溯源、彰明古法。"《象正》专就动爻以明之卦。虽一爻动者不过六卦,而六爻杂动皆可错综。"(《易象正·凡例》)他根据《国语》《左传》记载的筮例,分析了春秋时期以爻变断卦的方法:

有一爻变取之卦象。如《左传》庄公二十二年,陈公子完奔齐,周史以《周易》筮之,遇《观》之《否》,即观卦四爻变而成否卦。四爻曰："观国之光，利用宾于王。"观之象上巽下坤，"坤，土也，巽，风也"。爻变成否，上乾下坤，"乾，天也"。互体艮，艮为山，即"风为天于土上，山也"。其意为"有山之材而照之以天光，庭实旅百，奉以玉帛，天地之美具矣"。黄道周认为，此并非以动爻之辞占之，而是取爻动之象断占。"此论《观》之《否》，以谓极而且泰者也，以其动爻胜其之象，以其大往而占它国。"(《易象正·凡例》)

有一爻动取两卦之象者。如闵公元年，初毕万筮仕于晋，遇《屯》之《比》。屯初九一爻动，内卦震变坤，成比。取震坤象，"震为土，车从马，足居之，兄长之，母覆之，众归之"。黄道周曰："此论两象而兼取象者也，盘桓建国，且亲诸侯。"(《易象正·凡例》)又如，叔孙穆子之生也，庄叔筮之，遇《明夷》之《谦》。明夷初爻变得谦，黄道周曰："大抵明夷为伤，谦为有终，伤而有终，与有终而伤，互取之也，是亦古之占法也。"(《易象正·凡例》)

有一爻动以本卦为主、兼取之卦者。例如："卫襄公夫人姜无子，嬖人婤姶生孟縶而跛，既又生元。孔成子筮之，遇《屯》之《比》。遇《屯》之《比》，以示史朝，朝曰：元亨，又何疑焉？其繇曰'利建侯'，嗣吉何建，建非嗣也。二卦皆云子其建之，故孔成子立灵公。"(《易象正·凡例》)此是据《屯》卦"元亨""利建侯"之辞立次子为太子，又取之卦《比》"元永贞"证之。即以本卦卦辞为主，兼取之卦卦辞，"是与毕万同占也，皆论本象，不宁后失，则未之及也，取其'元永贞'者而已"(《易象正·凡例》)。

有五爻变而一爻不变取之卦卦象者。如襄公九年穆姜入于东宫，筮之遇《艮》之八，史曰："是谓《艮》之《随》，随其出也。"《艮》之《随》，五爻变，一爻不变，取之随卦之象。黄道周曰："穆姜述随之象及乾之《文言》，而讳其本象。讳之者何？恶其辞之著也。然而犹述随之象辞，则是论之象，古之通法也。"(《易象正·凡例》)同时，他对"之八"之义也提出了自己的见解。在他看来，"艮之八"

当为“艮二八”，即二爻不变：“然则曰艮之八，何也？曰是二八也，五爻皆动而二独不动。其辞曰‘艮其腓，不拯其随’，则是不动之随也。《易》有五爻皆动，而占其不动者，若艮之二八是也。不曰二八而曰之八，史误也。或曰《周易》占九六，《归藏》占七八，是非《归藏》也，而占其八，故穆姜之说近古也，然而皆缪也，是谓艮之坤。”（《易象正·凡例》）

综上可见，《左传》《国语》中的阴阳九六之变乃《周易》变占之古法。因此，动爻之象理应成为解说《周易》卦爻辞和筮占的重要依据。他举屯之节、讼之困、师之临、小畜之大畜、泰之明夷、同人之革、随之屯、贲之艮、遁之姤、大壮之归妹、家人之渐、蹇之井、损之中孚、萃之否、革之同人、丰之明夷、巽之蛊、中孚之节、既济之明夷等十九例加以说明。如讼之困：

> 讼：有孚窒惕，中吉，终凶，利见大人，不利涉大川。
>
> 困：亨，贞大人吉，无咎，有言不信。
>
> 其辞曰：或锡之鞶带，终朝三褫之。
>
> 其辞曰：“或锡之鞶带，终朝三褫之。”锡鞶带者，见大人之象；终朝三褫者，有言不信之象也。君子当讼不讼，内反诸己，信则行之，疑则违之，是大人之义也。（《易象正·凡例》）

讼卦上爻由阳变阴而成困卦。讼上九曰：“或锡之鞶带，终朝三褫之。”黄道周认为，讼上九爻象与讼、困两卦卦象相通，其辞意也可相互印证：“锡鞶带者，见大人之象；终朝三褫者，有言不信之象也。君子当讼不讼，内反诸己，信则行之，疑则违之，是大人之义也。”其他十八例，亦复如是。基于此，他驳斥了易学史上将卦象与爻象、卦辞与爻辞分判为二的做法：“以上一十九条，皆举彖象通义最易晓者，略引其端，虽三百八十四爻，其以两象会通，阐幽显微，其义一也。世儒骤读爻辞，时与大象不能遽合，辄疑其说，以为爻象分行，文周异旨，故复举爻象正变，或吉而之凶，或凶而之吉，微有异同，尚烦拟议者，其繇吉而凶二十四条，繇凶而吉一十二条，凡三十六条，略开其意，以释众滞焉。小象疑误殊多，以非周文原旨，不复正也。”“至于辞有显晦，义难遽合，亦当涵泳绎思，必不可谓象自象、爻自爻，象自为体、爻自为用，一象之体，不通于各爻之辞，两象之辞，不通于众爻之象也。”(《易象正·凡例》)黄道周又用这一方法分析了《系辞》中的释《易》十九例。在他看来，理解《系辞》十九例同样要通过动爻观察两卦之象。他说：“以上十九条，皆举《系辞》推合之卦，或指卦德，或兼象义，以明精义默成之指，世儒但见圣人言意真质，不滞所之，遂迸弃典要，以左氏为穿凿，不知圣人观象立辞，因动观象，不动则象无可占，不占则辞无繇立，今合两象以论一爻，虽有杂占，不离两象，复举乾坤十二爻而外象象明白最可据者一十九条，皆指所之以发其蒙焉。”(《易象正·凡例》)总之，“今存《左》、《国》及《系辞》三十八条以指所之，再举爻象正变异同五十五条以通其说。内观之否，屯之比，丰之离，师之临，困之大过，复之颐，解之恒，解之未济，噬嗑之震、之晋，益之屯诸卦，层见互发，其义一也”(《易象正·凡例》)。

然而，《周易》中两卦吉而动爻凶者二十四、两卦凶而动爻吉者十二，这显然与动爻、本卦、之卦象辞相通的原则相抵牾。对此，黄道周又从“变正”与“变不正”的爻位角度加以补充说明。屯之益、师之升、比之观等“二十四条合象皆吉，而爻象反凶，以是推之，繇正而变，其辞义差殊者可以理解也”。“需之既济、蒙之剥、临之归妹等十二条之卦，合象有凶，而爻象反吉，以是推之，繇变而正，其辞义差殊者，亦可以理解也。”(《易象正·凡例》)此说的另一问题在于，他对动爻与两卦的分析时而着眼于辞，时而着眼于象，并无一定之规存乎其间。为了给出合理的解释，黄道周又对象辞关系及观象、辨辞、尽意的方法进行了解说：

> 《易》曰："吉凶见乎辞。"系辞以尽变，不达其象，不通乎辞，不达其辞，不通乎意，使书不尽言，言不尽意，则易之蕴皆不可得而见矣。故象者无辞之言，辞者有意之象也，学者不解爻辞，但取两象合观，则辞意千出，有非言语文字之所能尽者，如其精蕴则在乎度数，存乎德行，虽悬象静观，别其功凶，详其咎誉，终日省中，未足以周天地之变、阴阳之序也。世儒牵于旧闻，守其故说，其稍慧巧者，又以易多变象，不为典要，劈切支离，务以奇琐自眩，而姬文、周、孔三圣相传之意，荡然尽矣。（《易象正·凡例》）

一方面，象是通达意的路径，尽意自观象始；另一方面，象抽象多变、意义不定，辞可以对象做出具体限制。若仅观两象、不理文辞，亦无法穷尽圣人之意，故明象必须析辞。总之，象辞密不可分，由象而辞，由辞而意。显然，黄道周的象辞观本于《系辞》"立象以尽意、系辞以尽言"一语。

有必要指出，以《周易》变占的动爻之象注经并非黄道周首创，宋人沈该和都絜均曾以此解《易》。不过，黄道周自有其独到之处，诚如四库馆臣所言："宋儒沈该之《易传》，都絜之《易变体义》皆发明之卦，与是书体例相似，而是书则每爻之下先列本卦之彖辞，次列本卦之象辞，然后列本爻之象辞及夫子之象辞，与沈氏、都氏之书，又各不同，存之以为二家之外传，亦无不可也。"（《四库全书总目》卷五《易象正》）

（三）齐历律的易数说

黄道周易学的显著特色在于以天文历律谈论易学，他将二者视为不可分割的整体。如其所言:“易之与历,历之与律,三者同用也。”①他运用丰富的天文历法知识解释易象的起源,认为易象即天象,而天象运行有一定的位置和轨迹,其位置和轨迹则往往通过数表现出来。依据数确立天象变化的周期即为历法。就此而言,天文与历法实则为一,二者旨在揭示宇宙变化及其规律。因此,黄道周“大象十二图”中呈现的易数,更多是律历数及其推算方法。在他看来,《周易》六十四卦每卦皆可变为六十四,是为四千零九十六卦。此四千零九十六卦每卦复可变为六十四,计二十六万二千一百四十四卦,即 $64^3 = 262144$。就爻而论,六十四卦为六爻,四千零九十六卦为十二爻,二十六万二千一百四十四卦则为十八爻。黄道周曾作六爻十八变倍数图,即由一变二,二变四,三变八,四变十六,五变三十二,六变六十四……十八变二十六万二千一百四十四卦(《易象正》卷终上)。其融易数与历数于一体的象数学说,正是以此为基点生长起来的。例如,“三成之法于再乘每卦六十四之上,又各加六十四,则四千九十六之上通加六十四,统得二十六万二千一百四十四,所谓六十岁历也”(《易象正》卷终上《先天再成图第二》)。“凡此十八变所得之爻,即六十年经辰之历,虽每岁不及天行十三辰九分六六,而日月交余纳虚之数,实从此出。盖自先天之图,再加两倍,而积渐自合,非有损益其间也。”(《易象正》卷终上《先天三成图第三》)他曾用卦爻数推算历法中的“一岁日月交食退差”:

易自一而二,始加一倍,以十八积之为二十六万二千一百四十四,此即一卦十八变,六十四卦三乘之数也。凡易以六十四为一乘,再乘得四千九十六,三乘得二十六万二千一百四十

① 〔明〕黄道周:《榕坛问业》卷十七,《文渊阁四库全书》第 717 册,台湾商务印书馆 1986 年影印。

> 四，分为六十年，每年得四千三百六十九辰六厘六毫六丝，与天平行四千三百八十三较之，不及十三辰九分三厘三三，为一岁日月交食退差之准。（《易象正》卷初上《六十四体卦初终定序图第一》）

易卦数分为六十年，即 $64^3 \div 60 = 262144 \div 60 = 4369.0666\cdots\cdots$ 每年三百六十五日余，每日十二辰，一年之辰数为 $365.25 \times 12 = 4383$。易卦一年之数与实际一年辰数之差为 $4383 - 4369.0666 \approx 13.9333$，此即"一岁日月交食退差之准"。黄道周又以易之爻数推算历法中的"天地交限之差数"：

> 凡卦以爻当日，积日成岁，其以六十四卦之爻积日者，二万四千五百七十六，凡得岁六十八年，余九十六日。其以七十二卦之爻积日者，三万一千一百四，凡得岁八十六年，余一百四十四日。两法相追，凡四其六十八年九十六日，得二百七十三年二十四日，为天地之交会。凡三其八十六年一百四十四日，得二百五十九年七十二日，距差赢缩十三年三百十二日，为天地交限之差数。（《易象正·目录序次》）

他认为，六十四卦之爻积日为 $64 \times 384 = 24576$，七十二卦之爻积日为 $72^2 \times 6 = 31104$。此两数代表日数，除以一年天数分别为 $24576 \div 360 = 68 \cdots 96$，$31104 \div 360 = 86 \cdots 144$。用四乘以六十八年九十六日则为二百七十三年二十四日（$68 \cdots 96 \times 4 = 272 \cdots 384$，按 360 进位则为 273 年 24 日），此为"天地之交会"之数。用三乘以八十六年一百四十四日，则为二百五十九年七十二日（$86 \cdots 144 \times 3 = 258 \cdots 432$，按 360 进位得 259 年 72 日），273 年 24 日减去 259 年 72 日为 13 年 312 日，此为"天地交限之差数"。

黄道周还曾以四千零九十六卦之爻说明历法的“积日推步”：

> 《序卦》以六乘四千九十六，为二万四千五百七十六，以爻当时，则一卦当五年七月零九日弱。以爻当日，则一卦得六十七年零百六日弱也。以卦当日，则一卦得十一年零七十八日六分五厘强。以卦当时，则一卦得十一月零七十八时六分五厘强也。以一期之日辰实之，各有差分，不及日行之度，以三百六十及四千三百二十约之，则六十四卦之岁周与四千三百六十九之卦辰，反复相值，故邵尧夫只以十二经三十，统举成数，不及余分，后人因之，以推先天图，立一期之局，以冒三年之闰，遂使岁月日时，元会运世，通成泛谱，故复举有闰之期，以起周卦之闰，使后之积日推步者得因而稽焉。（《易象正》卷初上《六十四体卦上下圜图第六》）

按照他的计算，以爻当时，则 4096 卦乘以 6 爻得 24576 爻，一年 365.25 日，每日 12 时，共计 $365.25 \times 12 = 4383$，则一爻为 $24576 \div 4383 \approx 5.60712$ 年。一年 12 月，$0.60712 \times 12 = 7.28544$ 月，即余有 7 月多。每月 30 天，$0.28544 \times 30 = 8.5632$ 天，约余 9 天，是以“一卦当五年七月零九日弱”；以爻当日，则 $24576 \div 365.25 \approx 67.2854$ 年，一年 365.25 日，$0.2854 \times 365.25 = 104.24235$ 日，不到 106 日，故曰“一卦得六十七年零百六日弱”；以卦当日，则 $4096 \div 365.25 \approx 11.2142$ 年，$0.2142 \times 365.25 = 78.23655$ 日，约 78 日六分五厘；以卦当时，则 $4096 \div 12 \div 30 \approx 11.3778$ 月。黄道周指出，此数与日行之度有些许差距。用 360 及 4320（360×12）数约之，以六十四卦岁周与四千三百六十九之卦辰（$643 = 262144$，$262144 \div 60 \approx 4369$）反复相值，即为积日推步之法。他认为，这一方法本于邵雍。邵氏不计余数，元会运世“以三十、十二互相纪也，则岁月日辰不出周甲二十五万

九千二百”(《易象正》卷一)。一甲子 60 年,一年 12 月,一月 30 天,一天 12 辰,共 $60\times30\times12\times12=259200$ 辰,“宇宙之数齐矣”(《易象正》卷一)。在黄道周看来,邵雍之历数乃标准模式,而其自家所言之历数,则是通过实际年月日辰积累而成,与邵雍近似。

黄道周又推算了易卦阴阳之数与历律数及万物之象的关系。他说:

> 然则出于易者,是皆象也,虽数亦象也,象是生理,数是生义,义理尽而性命出。……数不生于蓍,而寄于万物,万物蓍象者也。阳爻蓍象,其数一三五七九,五象皆阳也。阴爻蓍象,其数二四六八四者,皆阴也。三阳之爻,以五象各自相经,得百二十五,再乘三阳之爻,得万五千六百二十五,故乾卦得数,万五千六百二十五。三阴之爻,以四象各自相经,得六十四,再乘三阴之爻,得四千九十六,故坤卦得数,四千九十六。推之六十四卦,内外相乘,六阳之卦得数,万有五千六百二十五。六阴之卦得数,四千九十六。一阳五阴之卦,五千一百二十;一阴五阳之卦,万二千五百。二阳四阴之卦,六千四百。二阴四阳之卦,得数一万。三阳三阴之卦各得八千。繇是而推,数生有滋,滋则不可复数,凡乾坤统数,以七百二十九,各自相经,得五十三万一千六百二十一,两之而得六十岁之盈历。参之而得六十岁之全律,历律之本备于易端,每爻之象,皆备万物。(《易象正》卷一)

此是以自然数一至九为基点推算易卦阴阳数。一至九,五阳四阴,“一三五七九,五象皆阳也”。“二四六八,四者皆阴也。”若用四和五分别表示一阴爻与一阳爻,则可得一卦卦数。例如,乾卦六阳,卦数为 $5\times5\times5\times5\times5\times5=15625$。同理,坤六阴,卦数为 $4\times4\times$

4×4×4×4=4096。依此类推，一阳五阴之卦卦数为5×4×4×4×4×4=5120，一阴五阳之卦卦数为4×5×5×5×5×5=12500，二阳四阴之卦卦数为5×5×4×4×4×4=6400，二阴四阳之卦卦数为4×4×5×5×5×5=10000，三阳三阴之卦卦数为4×4×4×5×5×5=8000。凡乾坤统数为9×9×9=729，各自相经，得729×729=531441，531441÷2=265720.5。如前所言，64^3=262144，每年262144÷60≈4369辰，265720.5÷4369≈60.8，即所谓“两之而得六十岁之盈历”。“参之”，即531441÷3=177147，此为吕律之数。《史记·律书》曰：“子一分，丑三分二，寅九分八，卯二十七分十六……亥十七万七千一百四十七分六万五千五百三十六。”从子到亥，以三乘之而得律数，注引《索隐》云：“自此以下十一辰，皆以三乘之，为黄钟积实之数。”此即《史记》所谓“三其法”。《汉书·律历志》则略去余数，以分算起，得十有七万七千一百四十七，“本起于黄钟之数，始于三其法，三三积之，历十二辰之数，十有七万七千一百四十七，而五数备矣。”《汉书·律历志》曾用此方法具体推算十二律数：“太极元气，函三为一。极，中也。元，始也。行于十二辰，始动于子，参之于丑，得三。又参之于寅，得九。又参之于卯，得二十七。又参之于辰，得八十一。又参之于巳，得二百四十三。又参之于午，得七百二十九。又参之于未，得二千一百八十七。又参之于申，得六千五百六十一，又参之于酉，得万九千六百八十三。又参之于戌，得五万九千四十九。又参之于亥，得十七万七千一百四十七。此阴阳合德，气钟于子，化生万物者也。”用现代数学公式表示，即1×3×3×3×3×3×3×3×3×3×3×3=177147。一辰值一律，则十二律之数十七万七千一百四十七，是为六十岁之全律，故“参之而得六十岁之全律”。此为“历律之本备于易端”之明证。

黄道周还用同样的方法推算出易数与历法之差，并把这个差数称为易之差法。他说：“凡宓图三乘，初乘八八六十有四，次乘六十四得四千九十六,次乘四千九十六得二十六万二千一百四十四,如今揲蓍每一爻必得一卦,偶八而奇四,过揲得九者皆乾,过揲得六者皆坤,过揲得七者有震、坎、艮,过揲得八者有巽、离、兑。六爻通十八变,三六十八,故自六十四三乘之得二十六万二千一百四十四,此探赜之自然,不可一毫损益也。以十八变分为十八爻,泛度得十,为百八十,两极分距,中爻三四,为黄赤进退之交,极体不动,不在象度之限,圣人所以致虚,役使群动也。以十八爻分阴阳,阳者得一三五七九,阴者得二四六八,实数得九,分于十八爻,阴阳相乘,三阳之数一十五,三阴之数十二,一阳之数十三,一阴之数十四。以三爻相乘,乾得一百二十五,坤得六十四,震坎艮得八十,巽离兑得一百。以六爻相乘,乾得一万五千六百二十五,坤得四千九十六,阳子得六千四百,阴子得一万,阴阳相交者,皆得八千,咸统其数为五十三万一千四百四十一,中分二十六万五千七百二十有半,与三乘易会,而余三千五百七十六半,为爻与数会之差。以六十年分之,每岁之历四千三百八十三,积辰二十六万二千九百八十与易统数会,而余二千七百四十半,为数与度会之差,两差之余以十乘之,各当日周月周之数。"(《三易洞玑》卷一《宓图经上》)

值得注意的是,黄道周的早期著作《三易洞玑》所使用的概念与《易象正》存在细微差别。例如,"阳子得六千四百,阴子得一万,阴阳相交者,皆得八千"是说"二阳四阴之卦,六千四百。二阴四阳之卦,得数一万。三阳三阴之卦各得八千"。他认为,乾坤阴阳数除以二与六十四卦三乘之数有差数,是为爻与数会之差,即 531441 ÷2 =265720. 5,265720. 5 -262144 =3576. 5。每年 365. 25 天,一天 12 辰,一年 365. 25 ×12 =4383 辰,六十年积辰 4383 ×60 =262980,积辰与易统数会,而余二千七百四十半,为数与度会之差,即 265720. 5 -262980 =2740. 5,这个差数乘十分别为日周月周之数。此间,黄道周承袭了此前易学的数理传统,尤其是汉代以来的历律之数,力图会通易数与历律,并最大限度地缩小和化解易数与历律之数的差距。其易数说虽不乏牵强附会,却内含着科学的内容,与同时代的其他易学体系迥然有别。

黄道周还曾用历数解说《诗经》和《春秋》。在他看来,《诗经》《春秋》《周易》三者相互贯通、数理一致,皆与历数吻合。例如,历法岁差每 64 年冬至点退行一度,即每年退行 1/64 = 0.015625 度,约等于 156 分。倍之,则两年差 312 分,约合《诗经》305 篇加亡诗 6 篇合计 311 篇之数,故曰"天行两岁而退《诗》一部";一年时辰数 4383,14 部《诗经》篇数为 311 × 14 = 4354,二者相差 29,故曰"《诗》积十四部而天行一岁,天行一岁而诗差二十九分"(《易象正》卷终下《大象本河图》)。又如,《春秋》所记为公元前 722 年至公元前 481 年之事,共计 242 年。加 1 为 243,243 × 18 = 4374,与一年时辰数 4383 差 9,27 年共差 9 × 27 = 243,又与一部《春秋》年数相当。486 ÷ 27 = 18,即 18 部《春秋》之年数。此即所谓"凡《春秋》十八部而追天之岁,不及九辰。凡九岁不及八十一辰,二十七岁退一部,四百八十六岁退十八部,而又与天会"(《易象正》卷终下《春秋元差图》)。

(四)天道征于人事的历史图式

黄道周认为,天道为经,人事为纬,天道人事贯通,人事本于天道。故他虽以象数推明天道,终究仍是以尽人事为旨归。如其所言:"凡易本于日月,与天地相似。其有不准于天地、本于日月者,非易也。天地之用托于日月,日运南北,以为寒暑,月行迟疾,以为朔望,气周相缠,或盈或虚,各以其节,积久而合,纤毫秒忽,不可废也。世之谈易者,但略举阴阳、粗明气象而已。其次乃专谈理义,以为性命。今以历律为端,日月为本,六十四为体,七十二为用,天道为经,人事为纬,义理性命,以为要归。"(《易象正·目录序次》)

如果说黄道周的十二易象图是明天道的宇宙图式，那么，十二历年图（体卦定序历年圜图第一、体卦定位历年圜图第二、体卦反对历年圜图第三、体卦对积历年圜图第四、七十二限行体卦定序历年图第五、七十二限行体卦定位历年图第六、六十四限行体用兼乘历年衡图第七、七十二限行体用兼乘历年衡图第八、六十四限行用卦自乘历年衡图第九、七十二限行体卦自乘历年衡图第十、积实定闰图第十一、积实岁历图第十二）就是尽人事的历史纪年图式。前者是后者的基础，后者本于前者，二者凭借易象与易数相互表里、贯通为一。“历年十二图，何谓也？言夫大象之历年者也。天道积于上，人事渐于下。众积而神，渐久而天。故百年之历，可以观智；千年之历，可以观圣也。”（《易象正》卷初下《历年十二图序》）

事实上，“大象十二图”中的卦象不单具有丰赡的天文历法意蕴，反映自然界的阴阳变化、日月盈缩，同时也有着深沉的人文内涵，影射着朝代变革、世道治乱。换言之，对黄道周而言，易象不仅对应日月星辰之运行，还蕴含着古往今来帝王圣贤与妇寺贼臣的历史意义。由是，他以日月运行、天文历法为依据，并从卦名涵义和《大象传》中的人事内容出发来探求易象背后的社会人事之理，进而最大限度地证明六十四卦易象与中国古代历史发展过程中的稳定和分裂、繁荣与衰退相吻合。依他之见，《周易》上经开始的若干易卦，说的是容民畜德、辨位定志、建功立业之事：“屯蒙从坤，而在于南，则需讼从乾，而在于北。南者阳乏，故经纶以造其端，果育以正其则；北者阳饶，故燕享以通其志，作谋以集其事，两者圣人之慎始也。师比在于南，则小畜履在于北。南有正主，故容畜亲建奠其功，北有疑客，故懿柔辨定贞其志。两者圣人之辨位也。”（《易象正》卷初上《大象十二图序》）随蛊泰否是八交卦，亦即乱天常之卦。枯荣兴灭交替频繁，自此变乱：“泰否在于南，则同人大有在于北。谦豫在于南，则随蛊在于北。随蛊泰否，日月之正交也。泰否正交，反类而必复，随蛊正交，有事而无故，以为是日月之常行，然而圣人始忧之矣。圣人之治日月于其北而南，不于其南而北，否自北而南，泰自南而北，蛊自北而南，随自南而北，两者中国夷狄之大界也。”（《易象正》卷初上《大象十二图序》）“随蛊泰否，三姓之间，或灭或兴，往替而来隆，往枯而来荣，君子视之，以为天地代谢，圣人谓是宴息寝兴，要归于振民育德而已。”（《易象正》卷初下《历年十二图序》）“随蛊渐归妹之交，不有女祸，则必有戎祸乎？是阴阳男女之杂也。天地祸谪，著于日月，外蕃女谒，阉寺强臣，奸宄盗贼，六者相为起也。”（《易象正》卷初上《大象十二图序》）“观于古今，乾坤、泰否、随蛊、颐大过、坎离，六体四交六百八十年间，华夷臣主，牝牡雌雄，不乱天常者，百无一二。”（《易象正》卷初下《历年十二图第五》）

《周易》下经开始，复为“山泽风雷之治矣”。“山泽之有龙蛇，风雷之有灾眚，圣人之所畏也。”（《易象正》卷初下《历年十二图序》）至夬姤萃升又乱，“夬，阍寺也；姤，妇人也；萃，盗贼也；升，权臣也。四者，天地之常孽，而卦运间值，或数百年，以每卦七年分之，则九十一年而入十四卦，阴阳之变，又虞其已遬也。姤夬升萃，四者错居，其人变限者，不分上下初末，妇寺贼臣，相倚为命，至困井而凋耗极矣”（《易象正·目录序次》）。是以方有圣人之困井、帝王之革鼎：“夬姤萃升，天地之变位也。夬姤在于南，则萃升在于北。……颁禄施命，以收人心，耀武升中，以固众志，是非圣人之得已也。有德而无其位，有位而无其时，虽天地无以得于六子，而况于圣人乎？圣人之有困井，帝王之有鼎革，犹日月之有交食，敬其时位而无敢改于其德。困井在于南，则革鼎在于北，师之于君，敌也。震艮在于南，则渐归妹在于北，妇之于男，非敌也。”（《易象正》卷初上《大象十二图序》）“春秋已来，故牒可稽，上自东汉大阉，下自李唐女宠，或流沴于六十年之后，或着兆于六十年之前，虽未入

正交，体姓如故，而阴阳之祸，发于灾戎，毒痛极矣。”（《易象正·目录序次》）

在“历年十二图”中，黄道周又以卦爻象数推演中国古代历史发展之运数。前文已言，他在推“天地交限之差数”时以体卦与用卦之数 64、72 各自相乘而得 4096 和 5184，然后再乘以 6，又得 24576 和 31104。24576 和 31104 分别除以岁实年日数 365.25 和通期年日数 360，可知体卦与用卦一卦岁实或通期年数约为 67.2854 年、68.2667 年和 85.1581 年、86.4 年。用类似方法，亦可以得知体用相乘一卦岁实和通期年数。$64\times72\times6=27648$，分别除以实年日数和通期年日数，$27648\div365.25\approx75.6961$ 年，$27648\div360=76.8$ 年。此六数即 67.2854、68.2667、85.1581、86.4、75.6961、76.8 再分别与 64 卦限、32 卦限、31 卦限、72 卦限、36 卦限相乘，就是“历年十二图”推步历史治乱兴衰所用的基本积年数。如体卦自乘限年数：

$64\times67.2854\approx4306.267$ 年

$32\times67.2854\approx2153.133$ 年

$31\times67.2854\approx2085.848$ 年

$72\times67.2854\approx4844.550$ 年

$36\times67.2854\approx2422.275$ 年

$64\times68.2667\approx4369.068$ 年

$32\times68.2667\approx2184.533$ 年

$31\times68.2667\approx2116.267$ 年

$72\times68.2667\approx4915.202$ 年

$36\times68.2667\approx2457.601$ 年

其他用卦自乘和体用兼乘概与此同，该数代表历史治乱兴衰的一个轮回周期。其中，黄道周推步历史常用体卦岁实 67.2854 年（67 年 106 日）和 31 卦限，积年 2085.848。如大象图第一图“定序图皆依上下经为次，上经三十卦，每卦乘六十四，再乘四千九十六，以爻计之，二万四千五百七十六，当岁实六十七年零百有六日。以三十积之，得二千一十八年，再加一卦，为二千八十六年，正当咸恒之中交，而上下分际。故自春秋己未，至元末癸卯”（《易象正》卷初上）。用算式表示即 $64\times64=4096$，$4096\times6=24576$，$24576\div365.25\approx67.2854$ 年即 67 年 106 日，$67.2854\times30=2018.562$ 年，$2018.562+67.2854\approx2085.8$ 年。黄道周有时以此数对应春秋己未（前 722）至元末癸卯（1363）之间的 2085 年，或推到甲辰（1364）吴兴之岁共计 2086 年；有时从桓王壬戌（前 719）推到洪武丁未（1367）；有时又从桓王三年甲子（前 717）推到洪武元年戊申（1368）。其间经三十一历，大约以 2085 年为一周期。但无论如何推算，乾坤两卦必定落到明代开国皇帝朱元璋建朝的相关年份上，以此象征明太祖扭转乾坤、开启新纪元。

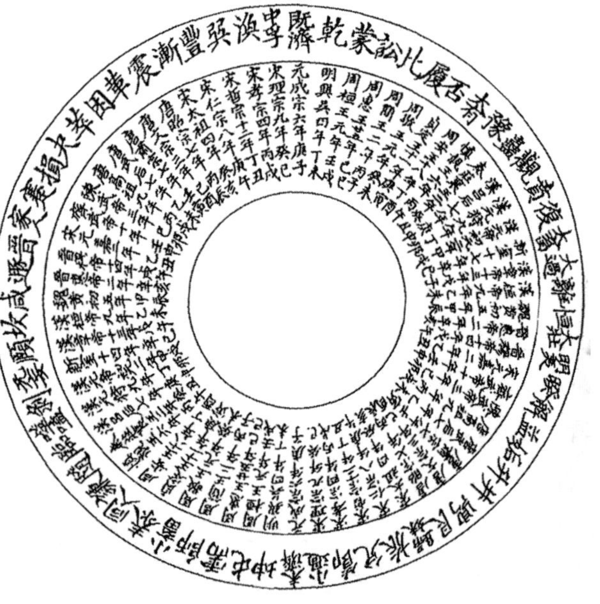

六十四体卦定序历年圆图

以六十四卦定序历年圆图为例，以桓王壬戌（前719）为元推到洪武丁未年（1367），共31卦限。自屯蒙起于桓王壬戌（前719），需讼对应周惠王二十五年己巳（前652），师比对应周简王二年丙子（前585）①，小畜履对应周敬王元年癸未（前518）②，否泰对应贞定王十一年庚寅（前451）③，大有同人对应周安王十八年丁酉（前384），谦豫对应慎靓王六年丙午（前315），随蛊对应秦庄襄王二年癸丑（前248），临观对应汉吕后七年庚申（前181），噬嗑贲对应汉元狩九年丁卯（前114）④，剥复对应汉元帝初元二年甲戌（前47），无妄大畜对应新室十七年辛巳（21）⑤，颐大过对应汉章帝十三年戊子（88），坎离对应汉桓帝九年乙未（155），咸恒对应魏黄初五年甲辰（224），遁大壮对应晋惠帝二年辛亥（291），晋明夷对应晋穆帝十四年戊午（358），家人睽对应宋元嘉二年乙丑（425），蹇解对应齐武帝十年壬申（492），损益对应陈武帝三年己卯（559），夬姤对应唐高祖九年丙戌（626），萃升对应唐武后七年乙未（695），困井对应唐肃宗七年壬寅（762），革鼎对应唐文宗三年己酉（829），震艮对应唐昭宗七年丙辰（896）⑥，渐归妹对应宋太祖四年癸亥（963），丰旅对

---

①　查历史纪年，当为“周简王元年丙子”，图中所记“周简王二年丙子”恐有误。

②　查历史纪年，当为“周敬王二年癸未”，图中所记“周敬王元年癸未”恐有误。

③　查历史纪年，当为“贞定王十八年庚寅”，图中所记“贞定王十一年庚寅”恐有误。

④　查历史纪年，当为“汉元鼎三年丁卯”，图中所记“汉元狩九年丁卯”恐有误。

⑤　按王莽公元八年称帝为新室元年，则当为“新室十四年辛巳”，图中所记“新室十七年辛巳”恐有误。

⑥　查历史纪年，当为“唐昭宗八年丙辰”，图中所记“唐昭宗七年丙辰”恐有误。

应宋仁宗八年庚午(1030),巽兑对应宋哲宗十二年丁丑(1097),涣节对应宋孝宗四年丙戌(1166),中孚小过对应宋理宗九年癸巳(1233),既济未济对应元成宗六年庚子(1300)①,至吴四年丁未(1367)朱元璋大局已定。春秋以前属乾坤限,至元末既济未济限终止,此一历元周期结束,下一元的乾坤限则自朱元璋建朝开始。概言之,《周易》上经三十卦起于春秋诸王、终于曹魏建立,下经三十四卦起于魏晋,终于明之兴起。此 2085 年共值 62 卦,反复两卦为一卦限,即 31 卦限。值得注意的是,卦限间隔一般为 67 年,但有时为 69 年。如周安王十八年丁酉(前 384)值大有同人、慎靓王六年丙午(前 315)值谦豫、秦庄襄王二年癸丑(前 248)值随蛊、汉桓帝九年乙未(155)值坎离、魏黄初五年甲辰(224)值咸恒,其间皆为 69 年。

黄道周倾一生精力,仰观俯察,推星象运行之度,演其数理之变,进而极天道以明人事,最终建立了熔象数与天文、历法、音律、史事于一炉的宏大易学体系。其明天道的"大象十二图"与尽人事的"历年十二图"前后贯通、涵纳天人、通贯古今,以此诠释《周易》经传,旨在凸显"天道为经,人事为纬,义理性命,以为要归"。就功用而言,黄道周易学不仅展示了自然天象的运行规律,而且彰往察来,力图推知历史演化的轨迹和周期。就思维而言,其易学的广度和深度足可与邵雍媲美。

当然,黄道周的易学思想也对此前汉宋象数学及天文历法音律知识多有吸纳。四库馆臣指出:"道周此书乍观似属创获,然郑康成解《随》之初九云:'震为大涂,又为日门,当春分阴阳之所交。'此道周言岁气之所本也,故云'晷益则日损,晷损则日益'。康成解

① 查历史纪年,当为"元成宗四年庚子",图中所记"元成宗六年庚子"恐有误。

《比》之初六云：‘有孚盈缶，爻辰在未，上值东井，井之水人所汲，故用缶。’此道周言星名之所本也，故云‘坤为箕，复为尾，斗之翕舌则为噬嗑，牛之任重致远则为随’。卦气值日，始于京房，充之则为元会之运。推策定历详于一行，衍之则为章蔀之纪，推其源流，各有端绪。”（《四库全书总目》卷一〇八《三易洞玑》）不过，黄道周并非直接采用前人成说，而是大量引入古代天文历法知识，通过详尽而具体的论述建构起庞杂而严密的象数体系。他对《周易》经传的解释，除了取爻变之象以外，几乎全是在讲天文历律、古代史实。

这种易学博大精深、气象恢宏，为其赢得了当时及后世学者的大力称赞。明人洪思云：“黄子之学，起于漳海之滨，海内从之问业者几千人，教之皆以忠孝，在思陵间漳海之学，天下莫隆焉，其学深于天人之际，极博穷微，皆本于六经，其所著易、孝经、史、春秋数十卷书，自汉宋以下诸儒所谈，皆置之不复道也，宜其书独为当世贵，学者宗焉。”（《黄漳浦集》卷首《黄道周传》）《明史》卷二百五十五《黄道周列传》云：“道周学贯古今，所至学者云集。……精天文历数皇极诸书，所著《易象正》、《三易洞玑》及《太函经》，学者穷年不能通其说，而道周用以推验治乱。……刘宗周、黄道周所指陈，深中时弊。其论才守，别忠佞，足为万世龟鉴。”清儒蔡世远曰：“道周学贯天人，行本忠孝，入则言朝，出则守墓讲学，著书清修，自饬金陵一节，堪为殿后矣。……道周负其聪明，气岸直欲兼之，古文不循史汉八家，诗歌不步汉魏唐宋，而博奥黝深，雕镂古健，风骨成一家矣。论学宗旨于程朱，精微未能洞彻要非，可以博杂讥之，天文历数，推衍无差，几与康节季通相伯仲也。”（《黄漳浦集》卷首《黄道周传》）

相较而言，四库馆臣从正反两方面给予的评价更显平正公允：“盖天地人之象数，皆具于物，布而为历，次而为律，统而为易。去其图蓍，别其虚实，以为春秋诗。又以孟子所言千岁之日至五百兴王，为七十二相乘之历，故是书之作，意欲网罗古今，囊括三才，尽入其中。虽其失者，时时流于机祥，入于驳杂，然易道广大，不泥于数，而亦不离于数。不滞于一端，而亦不遗于一端。纵横推之，各有其理。"（《四库全书总目》卷一〇八《三易洞玑》）平心而论，中国古代易学与其他学科的交融渗透确实在一定程度上起到了双向的互促交进作用。然而，天文、历法、音律虽与《周易》学理存在相通之处，但其毕竟属于不同学科，有着不同的概念体系和逻辑理路。因此，黄道周极力谋求彼此之间的会通，以天文、历法、音律疏解易学，又以易学推明天文、历法、音律之数，继而推步朝代更替、历史发展的做法，与京房、邵雍等人一样不免流于牵强附会。他以历数比附《诗经》《春秋》篇数，尤其荒谬。

黄道周易学在此后产生了巨大影响。尽管他抗清就义，但清廷对其人品学问皆有嘉奖，并将其树立为儒学明道之典范。乾隆谕文称："若刘宗周、黄道周，立朝守正，风节凛然，其奏议慷慨，极言忠荩，溢于简牍，卒之以身殉国，不愧一代完人。"（《黄漳浦集》卷首）为表彰其忠节，改谥"忠端"，其书经修改后收入《四库全书》。道光时又从祀文庙，奏章曰："明臣黄道周，行完忠孝，学贯天人，著书本于六经节义，兴乎百世，其发明圣学，卫道宗经大旨，与刘宗周相近。……道周硕学清操，孤忠亮节，其生平著书尤富，四库采录其书多至十种，皆阐明经旨，推究治道，囊括大典，体用简赅，而最湛深于《易经》《孝经》。……至其生平，讲学浙闽，以格物为宗，而归宿于至善，与刘宗周之以诚意为宗，而归本于慣独学术，洵为相等，虽其讲易，兼明象数，亦犹邵子先天之学，可与程子《易传》专言义理者并行，实与圣经有裨，足为后学师承，是其亮节孤忠，早树楷模于史册，正谊明道，复标圭臬于儒林。"（《黄漳浦集》卷首）同时，黄道周易学也在不同程度上影响了方孔炤父子、钱澄之、赵继序、李世熊、孙奇逢等人。他们或顺循黄道周的运思理路研究易学，或在某些方面阐发黄氏之说,或在注《易》时直接征引其著作。尤其是由于方孔炤父子与黄道周的特殊关系,在《周易时论合编》中每每可以看到黄道周易学的影子。“除了直接引用《易象正》对于爻辞的解释外,《时论》在体例上也受到《易象正》的很大影响。《时论》在每一爻下一一注明其爻变后的所之之卦,这和《易象正》在体例是一致的。”①

四、桐城方氏父子的“时论”易学

明朝中后期,一场反思理学、复兴经学的运动正在孕育。面对来势凶猛、虎视眈眈的异族和满目疮痍、岌岌可危的大明王朝,一批学者逐渐意识到无论是理学还是心学,都无法改变即将到来的历史命运。于是,他们纷纷著书立说,从理论和现实的双重角度检讨反思朱子理学和阳明心学,希望以此扭转乾坤、革弊救亡。桐城方氏父子的《周易时论合编》正是对此一时代文化课题的深沉思索与积极回应。

(一)《周易时论合编》的作者及成书

明代,安徽桐城方氏家族以科名仕宦、道德文章名噪天下。自方学渐起,世代研《易》。方学渐(1540—1615),字达卿,号本庵,少而嗜学,长而弥敦,老而不懈。曾受学于泰州学派张甑山、耿定理,其学“以明善为宗”,反对无善无恶之心,“在泰州一派,别出一机轴”(《明儒学案》卷三十五《泰州学案四》)。死后,门人私谥明善

① 翟奎凤:《以易测天——黄道周易学思想研究》,中国社会科学出版社 2012 年版,第 332 页。

先生。著有《性善绎》《心学宗》等书，易学著作为《易蠡》。其子方大镇（1560—1630），字君静，号鲁岳，万历己丑（1589）进士，历任大名府推官、江西道御史、大理丞、本寺少卿等，后筮得“同人于野”，遂引疾而归，自号“野同公”。除易学著作《易意》《野同录》之外，还作有《诗意》《礼说》诸书。方大镇之弟方鲲，字羽南，号梦明，学者谥文潜先生，著《易荡》，“推河洛纵横之图，以测古人制乐、用兵之法，往往悉合”。

方大镇之子方孔炤（1591—1655），号仁植，因在白鹿山筮得“潜龙”，自称“潜老夫”。明万历四十四年（1616）进士，授嘉定知州，天启初升方司郎中，后因曾经反对魏忠贤而被削职。崇祯元年（1628）复职，升尚宝司卿。崇祯十一年（1638）以都御史巡抚湖广。在围剿张献忠等义军时主战，为主抚的杨嗣昌所劾，入狱。其间与同在狱中的黄道周朝夕论《易》，并收藏其尚未完稿的“大象十二图”，置生死于度外。后逢朝廷大赦天下，官复原职，督山东军务。值时局混乱，方孔炤奉母命归隐白鹿山，潜心学问，承家学而著《周易时论合编》《尚书世论》《诗经永论》《春秋窃论》《礼记节论》《四书当问》《全边略记》《环中堂集》《潜草》等书。其中，《周易时论合编》一书曾三易其稿。方以智曰：“家君子自辛未庐墓白鹿三年，广先曾王父《易蠡》、先王父《易意》而阐之，名曰《时论》。”①即崇祯三年（1630）方孔炤为父守孝期间推阐家学，完成了第一稿。“肆赦之后，家君子特蒙召对，此两年中，又会扬、京、关、邵以推见四圣，发挥旁通，论诸图说。”（《周易时论合编·后跋》）即崇祯十四年（1641）方孔炤被赦出狱后，又用两年时间修改该书。其中大量借鉴黄道周易学，且“广泛汇集历代《易》家之说，以邵、周、程、朱为正

① 〔明〕方以智：《周易时论合编·后跋》，《续修四库全书》第15册，上海古籍出版社2002年版。以下凡引该书只注卷数或篇名。

宗,尤以邵雍的思想为核心而折中之”[1],是为第二稿。明朝覆亡,方孔炤隐居家乡,又再次修改书稿。直至顺治十一年(1654),方孔炤才将书稿送与方以智,是为第三稿。

方以智(1611—1671),明末四公子之一,字密之,号曼公,又号鹿起、龙眠愚者。别称愚道人、无可、药地、墨厉等。崇祯十三年(1640)进士,授翰林院检讨。李自成攻陷北京,受刑不屈,乘机逃脱,南下广西。顺治四年即永历元年(1647),任南明经筵讲官,后又辞官隐居闽湘桂黔间。南明灭亡后削发为僧,法名弘智,字无可。顺治十年(1653)赴南京,皈依觉浪道盛,圆具天界寺,闭关高座寺。顺治十二年(1655)因父丧回桐城,庐墓三年,后入主青原山净居寺。康熙十年(1671)因广东某文案牵连,押赴问罪途中死于江西万安县惶恐滩。方以智学识渊博,除家传易学外,又从觉浪道盛习佛、从王宣受河图洛书和物理之学,于经学、天文、地理、历史、生物、医药、音韵、文字无所不通。《清史稿·遗逸传》称:“以智生有异禀,年十五,群经子史,略能背诵。博涉多通,自天文、舆地、礼乐、律数、声音、文字、书画、医药、技勇之属,皆能考其源流,析其旨趣。”[2]其学调和朱王,贯通儒释道,融会中西,并重“质测”与“通几”。著有《东西均》《易余》《物理小识》《通雅》《药地炮庄》等。在为方孔炤守孝的三年中,他又遵先父遗命再次整理修订《时论》,是为第四稿。其于《时论后跋》中写道:“《合编》未竟,遗命谆谆,时当病废,庐墓碌趍,命儿子德、通、履合前后稿而编录之,自泯薪火而已。”是以《周易时论合编》由撰写到问世历经三代,最终编订者是方以智三子中德、中通、中履及侄子中泰。

---

① 彭迎喜:《方以智与〈周易时论合编〉考》,中山大学出版社2007年版,第201页。

② 赵尔巽等:《清史稿》卷五百《遗逸一》,中华书局1977年版,第13833页。

关于《时论》一书的作者，当今学界尚有争议。主要有三种观点①：一是方孔炤撰，如余英时、徐芳等；一是方以智撰，如方中通、施闰章等；一是方氏父子合撰，如蒋国保、冒怀辛、朱伯崑、彭迎喜等。第三种观点比较流行，即以《时论》中存有方以智的易学观点为据，主张该书是由方孔炤、方以智父子合作完成的。② 我们认为，该书资料的汇整择取、写作框架的拟定和基本观点的确立均出自方孔炤之手。至于方以智所作的补充修订，是在不改变其父整体思路的前提下进行的，即所谓"谨守父师之说"。尽管书中确实表达了方以智本人的思想，但这些内容正是为了印证和诠释方孔昭的易学见解，而非悖离原意另立新说。因此，将《时论》一书归于方孔炤之作当无疑义。

在具体内容上，《周易时论合编》不仅汇集了包括方孔炤、方以智在内的方氏家传易学的重要成果，还收录了明代及明代以前的诸家《易》说，正如李世洽序言所云："潜夫方先生缵承家学，著为《时论》，绍闻则祖明善而祢廷尉，集说则循康节而遵考亭，而又精搜扬、京、王、郑、周、程、张、蔡之奥，以汇及近代名儒巨公，穷经博物诸君子，不下十百余家。"(《序》)可谓融采众家之说，自成一家之言。其中，又以吴应宾、王宣、黄道周等人的影响尤重。吴应宾(1565—1643)是方孔炤的岳父，即方以智的外祖父。字尚之，一字客卿，号观我，别称三一老人，门人谥宗一先生。万历年间进士，授编修，曾著《学易斋集》。他与方大镇交往甚密，辨学论道近二十年。左亨《中五说》曰："吴(吾)乡方野同廷尉公与吴观我太史辨

① 参见彭迎喜:《方以智与〈周易时论合编〉考》，中山大学出版社 2007 年版，第 211 ~ 227 页。

② 参见蒋国保《方以智哲学思想研究》，安徽人民出版社 1997 年版；朱伯崑《易学哲学史》第三卷，华夏出版社 1995 年版；彭迎喜《方以智与〈周易时论合编〉考》，中山大学出版社 2007 年版。

析二十年，而中承公潜夫先生会之于易。”①由此可知，方孔炤曾对其易学思想有所吸收；王宣，方以智业师，字化卿，号虚舟，原籍江西金溪，侨居桐城，师事方学渐，常与方大镇、吴应宾等人辨析学问。精于河洛之学，著《风姬易溯》《孔易衍》。《时论》称：“王虚舟、曹白奇、钱尔卓皆事先祖，虚舟晚穷河洛。”又曰：“两间物物皆河洛也。……虚舟最精。”（《凡例》）黄道周与方孔炤狱中论《易》之事前已言及，此不赘述。

有必要指出，该书以“时论”命名，意在凸显《周易》重“时”。依方孔炤之见，天地万物之生息演化因“时”而成、由“时”而显。《周易》法天地而作，“六爻成质，六位成体，其异其同，皆由乎时”（《图象几表五》）。六十四卦以阴阳相贯，息息相通，从而构成时之不息。无论是伏羲、文王、孔子等古圣，还是邵雍等先贤，皆能趋时行止、随时出入，故皆以“时”来阐发易之大义。“时之为言也，孔子题之，子思书之，孟子潢之，张二无言《易》赞十二时卦，邹匪石言二十四卦赞时，吾谓六十四皆不息之时也。时时变，中不变者也。伏羲约表一切生成之象，文王总表四时藏岁之图，孔子始影写一太极之真，而寔归于顺理同患之用。春夏秋冬不可谓岁，欲离春夏秋冬，岂有岁乎？自天地未分而今，时矣，今时之天地即未分时之天地也，是有极即无极也。……邵子以年月日时征元会运世而曰经世者，贵时用也。‘其道甚大，百物不废。惧以终始，其要无咎’，是万古之时用也。一元尧当巳末，周孔当午初，今当正午，万法咸章，虽遘阴至，而阳必用阴。行窝潜老家学忘食方悚荷薪，合编今古，亦曰随时拾薪云尔。”（《凡例》）方孔炤所谓的“时”，是指事物生生不息、持续发展的过程和趋势。他认为，易学的发展经历了巳末即尧之时、午初即周孔之时、正午即当下这三个时期。此时万象彰

① 〔明〕方以智：《青原志略》卷五，华夏出版社 2012 年版，第 126 页。

显、诸理大明，正乃振兴易道之大好时机，故其趋时而合编古今贵时之易学，名曰《周易时论合编》。一言以蔽之，曰："悟尽万世之用，总归一时之用。"（卷八）亦即方以智所云"名曰时论，以六虚之归环中者，时也"（《后跋》）。

（二）"寓卦策象数以为体"和"合理象数为费隐一贯"的《周易》观①

方孔炤父子继承了此前的象数学传统，以象数为易学研究的重点。他们认为，宇宙间存在的一切都可以用象数来表示。"一有天地，无非象数也。大无内，细无间，以此为征。"（《后跋》）甚至"虚空"也是"象数"："吾十五年而乃豁然于象数之塞虚空也。"（卷十）"虚空皆象数也。洋溢充塞，皆所以然之理也。"（《凡例》）这一观点可能受到了北宋张载的启发。我们知道，张载曾以"太虚即气"说反对佛教的生死观和空观。他指出，所谓"虚空"不过是气的无形状态而已。与此相类，方孔炤也认为宇宙中并无绝对的虚空。看似虚空者，其中亦有象数之理。如此一来，则天地之间在在皆象数：

> 两间物物皆河洛也，人人具全卦爻，而时时有当然之卦爻，无非象也。……总之，无所非象，而圣人亦时有不取，无所非义，而圣人亦时有不宣。盖缘爻触变而会通之，随人征理事耳。（《凡例》）
>
> 智每叹虚空无非卦爻象数，圣人格通，处处表法。后人好径，苟偷见得电拂，非以空拳裨贩，即踞荒高独尊，况胶训诂膏

① 刘谨铭把《周易时论合编》之《周易》观概括为"总摄理象数之书""征合天地万物之书""各正性命之书"。此说亦言之成理，可备参考。见氏著：《方孔炤〈周易时论合编〉之研究》，台湾花木兰文化出版社2013年版。

词章乎！（卷十一）

象，指卦爻之象和河洛诸图；数则是与历法相关的蓍数和河洛之数等。象数一体，“象之分合即数也”（卷十）。方氏父子认为，《周易》象数是圣人法天地而作，表征了宇宙间的一切存在。以易学的视野观察世界，天地人物乃至虚空处处皆象数。“开眼者河洛卦策，处处弥纶，有何虚空非象数、象数非虚空乎？”（《图象几表一》）因此，探求宇宙奥妙、天地生成、人物之理，必以象数为入路。既不能拘泥于章句训诂，泛泛注解辞义，亦不可流入玄谈，宛若空中楼阁。唯有深研《周易》象数，通达事物之几微，破除执着于外境之偏见，才能明晓世间至理。正是在这一意义上，方氏父子提出了“致理以象数为征”的观点：

易无体而寓卦策象数以为体而用之，圣人惟言天地日月四时，而于穆其中矣。故致理以象数为征，而历律几微，正盈虚消息之表也。（《图象几表七》）

此段文字点出了象数与义理的关系。一方面，可感知的象数表征抽象的所以然之理，理寓于象数之中。“凡不可见之理寓于可见之象者，皆数也，以数极数而知之，皆蓍也。”（卷十）另一方面，易象之所以表达理，乃因圣人之心与天地之理相契，其画卦立象皆出于自然。归根结底，无论伏羲先天之象，还是文王卦爻变化之象，都是源于天地之理，此即“象本于理”。显见，这一思想曾经受到朱熹易学的影响。至于方孔炤所谓的“理”，又有至理、物理、宰理三义。他说：“语必三而后显。诸家立帜，飞箝纷挐，故析为至理、物理、宰理。”（卷十三）方以智释曰：“问宰理？曰：仁义。问物理？曰：阴阳刚柔。问至理？曰：

所以为宰,所以为物者。"①"所谓至理,统一切事理者。"(卷十)概言之,至理即宇宙终极之理,物理即阴阳刚柔自然之理,宰理即仁义道德之理。

方氏父子又用"一"与"二"来说明象理二者相互依存、一体难离的关系:"理与数相倚也,无理数与理数亦相倚也。犹夫一与二之相倚也。立卦生爻,依数而理寓焉。……圣人开成,则倚数穷理,是饮食耳。故会通者,以为象数,一切是象数;以为道理,一切是道理。"(卷十三)分而视之,象数与理有别,此是"二";合而观之,则即象即理,此为"一"。方孔炤指出:

> 《易》合理象数为费隐一贯之书,善全民用,适中于时。(卷十二)
>
> 费而象数,隐而条理,亦二而一也。(《图象几表七》)

因此,方氏易学不取纯粹的"象数优位"或"义理优位"的解《易》路数。方以智曾说:"世有泥象数而不知通者,固矣;专言理而扫象数者,亦固也。"②基于此一象理观,《周易时论合编》以象数开篇,而后注解辞义。正如方孔炤所说:"此编以图居首,全无文字,而万理万变具焉。"(《凡例》)

(三)不落有无的太极图说

尽管《系辞》提出了"易有太极,是生两仪"的命题,但并未对何为"太极"作出明确解释。大体而言,汉唐经学多将"太极"解为阴

---

① 〔明〕方以智:《青原志略》卷三,华夏出版社 2012 年版,第 86 页。

② 〔明〕方以智著,庞朴注释:《东西均注释》,中华书局 2001 年版,第 203 页。

阳二气尚未分化的宇宙端初。宋代以降，学者们又创造出诸多图式来阐发“太极”之义。例如，周敦颐有《太极图》并《说》，林至《易裨传》、陈致虚《金丹大要》、俞琰《易外别传》、张理《易象图说外篇》皆载有空心圆太极图，明代章潢的《图书编》和来知德的《易经集注》则载有阴阳鱼太极图。在此问题上，方氏父子有取空心圆太极图。他们认为，太极深远无穷、博大抽象，是天地万物产生和存在的终极根基，无法用形象表示。不得已时，只能画一空心圆代替。《周易时论合编》篇首载方大镇之语曰：

不可以有无言，故曰太极。太极何可画乎？姑以圜象画之，非可执圜象为太极也。《中庸》曰：“於穆不已，天之所以为天也。”善哉，子思之画太极乎！所以然者，伦序于卦爻时位，宜民日用谓之当然，当然即所以然。然不从之于对待之上而泯之于对待之中，能免日用不知耶。（《图象几表一》）

作为宇宙之本的太极，既非无，亦非有。它无法用语言描绘，也不可能用任何图形和符号来表示。所以，用空心圆表达其意义只是一种权宜，它并不等同于太极。相应地，对太极的理解绝不应拘泥于圆象。

方氏父子又从“一”与“二”的角度解释太极与卦象的关系。概言之，太极是一，卦象是二，一生二，二本于一。此即方孔炤所谓“一而二，二而一”：

智曰：《礼运》曰“礼本于大一，分为天地”，即太极、两仪也。自此两仪为太极，而四象为两仪，四象为太极，而八卦为两仪。虽至四千九十六，亦两仪也，故自一至万，谓之大两，而太极者，大一也。大两即大一，而不妨分之以为用，费有三象，隐亦有三象，不落费隐者，亦成三焉，两即藏三，谓对错之中藏一，而三为错综之端矣。二分太少为四象，而一即藏于中五矣，此参两参伍旋四藏一之旨，所以为万法尽变也。（《图象几表一》）

此段文字是对《系辞》“易有太极，是生两仪，两仪生四象，四象生八卦”一句的解释。我们知道，邵氏先天学曾以“加一倍法”来说明八卦和六十四卦的产生。在此基础上，方孔炤父子指出，四象、八卦、六十四卦乃至继续推演出四千零九十六卦以至无穷之卦，在根本上仍然可以归结为阳奇阴偶两大类，亦即“两仪”。“两仪”用数来表示，就是“大两”或“大二”。易象皆本于太极，太极即“大一”。是以“大二”本于“大一”，“大两即大一”。与此同时，“太极”的内涵又可以从有无、微显、费隐、寂历等角度加以分析。

1. 即有即无

方孔炤把卦画已具称为“有极”，卦画未成称为“无极”。他说：

不得不形之卦画号曰有极，而推其未始有形号曰无极。因贯一不落有无者，号曰太极。（《图象几表一》）

太极不离乎阴阳，故“有”；不杂乎阴阳，故“无”。太极即有即无，有无一体。关键在于，经验层面的有无界限分明，不容混淆。有就是有，无就是无。但“太极”的有与无之间并无严整界限：“有非定有，无非定无；其言有也，非刻舟守株之有也；言无也，非龟毛兔角之无也。有无相错，而提一不落者，则成参矣。”①卦象阴阳有

① 〔明〕方以智：《易余·一有无》，见张昭炜整理：《方以智著作选》，九州出版社2015年版，第427页。

极为“二”,卦画未成无极为“一”,太极贯通有无,则“一”与“二”合为“三”。尤有进者,“大两即大一”,则不单“太极”不落有无,卦爻亦可谓不落有无:“其实有极即无极,直下含开辟之卦爻,岂复有不落有无之太极耶!则谓卦爻为不落有无之卦爻,无不可者。”(卷十)

2. 费隐、显微之统一

为了避免学者对太极有无之意产生误读,方孔炤又以费隐、显微来解释太极内涵。我们知道,“费隐”概念出自《中庸》,明代泰州学者耿定向曾将儒学要义概括为“费而隐”:“孔孟之学,真实费而隐。”“盖费中隐,常中妙,粗浅中之精微,本是孔孟万古不易正脉。”黄宗羲论及耿定向学问要旨时亦云:“先生之学,不尚玄远……故费之即隐也,常之即妙也,粗浅之即精微也。”(《明儒学案》卷三十五《泰州学案四》)因乎方学渐曾受学于耿定向之弟耿定理,故耿氏的“费隐”之说亦成为方氏父子用以诠释易学问题的重要概念。方孔炤说:

> 微之显者,常无常有,费而隐者,即有即无。唯恐人以有为有,无为无;又恐人以有无为玄蔓,故正告微显费隐也。(《图象几表一》)

费与隐相对。费即显,指显现于外的现象;隐即微,指隐藏于内的本质。费隐即有无,“有无者,费隐相摄之二也”(卷九)。依他之见,太极“大无外、细无间”,不是隐而微,也不是费而显,而是费隐、显微之统一体。此论旨在反对两种倾向:一是截然判分有无,有即有,无即无;一是混淆二者,“以有无玄蔓”。对此,方以智进一步加以解说:“费象即隐无象,费形即隐无形。因知不落有无之太极,而太极即践卦爻之形矣。”(卷八)

3. 寂历同时、即体即用

此外，方氏父子还从“寂”“历”的角度论述太极内涵：

> 然必表寂历同时之故，始免头上安头之病。必表即历是寂之故，始免主仆不分之病。于是决之曰：不落有无之太极，即在无极有极中，而无极即在有极中。（《图象几表一》）
>
> 寂历同时之体即在历然之用中。今欲执寂坏历，是窃偏权以莽荡招殃者矣。开眼未全，盲引众盲，宜其痛也。（卷一）

“寂”，即《系辞》“寂然不动”之“寂”，指体；“历”指变化过程，即“感而遂通”之用。一方面，太极寂历同时、即体即用，不可将体用分作两截，置太极于有极之上；另一方面，体用终须有别，寂是历之主宰，此亦不容不辨。方氏此论显然受到了伊川“体用一原，显微无间”之说的影响，方孔炤所云即明证：“周子合无极与阴阳而明太极，人未亲切也；邵子合无极与有象而明道极，为无体之一，又曰‘有无之极’，又曰‘心为太极’，而人犹未亲切也；程子曰：‘体用一原，微显无间。’有亲切者乎！”（《图象几表一》）

综上，太极即有即无，合费显、隐微于一体，寂历同时、体用一原，是以方以智言道：“费而隐者，即有即无，非有之外独立一无而敦有之化也。微之显者，常无常有，非无之外竟起众有而发无之藏也。天地之大也，民物之赜也，以有诠之而不得也；鬼神之幽也，名言之假也，以无诠之而不得也。重交驳之曰：非有非非有，有不见以为有；非无非非无，无不见以为无。轮推折之曰：天地未分，无无不有；天地已分，有无非无。据实而要断之曰：有非定有，无非定无；其言有也，非刻舟守株之有也；其言无也，非龟毛兔角之无也。

有无相错，而提一不落者，则成参矣。"①

（四）"图书一理"的象学

方氏父子从其太极观出发，进一步表达了对图书之学的看法。在他们看来，无论是河图洛书，还是先天图与后天图，抑或整部《周易》，归根结底，皆太极即"大一"。正是基于"合全图全书谓之大一，即名太极""全图皆太极也"的整体定位，方氏父子对河图洛书、先天后天诸图进行了全面的解说与阐发。

纵观易学史，早在先秦时期即有关于河图洛书的记载。《系辞》曰："河出图，洛出书。"《论语》曰："河不出图，凤鸟不至。"《尚书·顾命》曰："陈宝、赤刀、大训、弘璧、琬琰在西序；大玉、夷玉、天球、河图在东序。"然而，由于先秦文献语焉不详，汉代以来的学者对河图洛书的理解也不尽相同：或以图书为代表受命瑞兆的自然天象或图画宝器；或以之为有颜色、有文字、有图形的书；或主张河图即八卦、洛书即九畴；或指自然形成的某种文字、图案。宋代以降，又出现了由黑白圆点组成的"十数图"与"九数图"。北宋刘牧认为，九数图即"河图"、十数图即"洛书"。其图出于天地自然，非后人假伪而设。河图出于天，属象；洛书出于地，属形。伏羲本前者而画易卦，大禹本后者而作《洪范》。在此基础上，南宋程大昌于《易原》中指出，图书皆《易》之原，洛书蕴含五行相生之序，河图蕴含五行相克之序，"图书之写造化固皆天地五行之数"。朱熹、蔡元定则认肯孔安国、刘歆等人以河图为八卦、洛书为九畴的观点，即主张"河十洛九"。他们认为，河图洛书是伏羲时代出现的自然之象，河图为体、洛书为用，二者相涵互变。此外，薛季宣以河图为地

① 〔明〕方以智：《易余·一有无》，见张昭炜整理：《方以智著作选》，九州出版社2015年版，第427页。

理图，俞琰以之为宝器，吴澄则相信河图源于龙马背上的旋毛数圆点，圣人合观天地阴阳与河图之数而画卦。在《周易时论合编·河图洛书旧说》一节中，方氏父子对汉宋以来有关河图洛书的诸多成说逐一予以检讨，最终肯定了“河十洛九”说。他们认为，“汉前图书本具而中间隐晦，至宋乃显”，“汉人固以九数者为洛书矣，关子明邵康节皆以十为图、九为书”。刘牧易置之，“所传混耳”。（《图象几表一》）

需要指出的是，方氏父子对图书的看法曾受到王宣的极大影响。方孔昭《时论·图象几表》所演河图洛书，主要得自于王宣。方以智曰：“余小子少受河洛于王虚舟先生，符我家学。”（《后跋》）“小子半生虚过，中年历诸患难，淬砺刀头，乃悟三世之易，虚舟子之河洛。”（《冬灰录·双选社传语》）方以智之子方中通于《物理小识·总论》中亦称：“虚舟子者，王化卿先生讳宣，在先高祖明善先生门，四十不娶，学悟河洛，以授老父者也。”①在方以智看来，虽然此前刘牧、朱熹、胡一桂等人皆曾推演过河图洛书，但当属王宣之说最为清楚明白。“自朱子、刘长民、胡双湖亦言金火易位矣，而河图变洛书之演使人豁然，则自虚舟王子始。”（《图象几表一》）

王宣认为，自然数一至十与河洛数、大衍数、五行数有着密切的关联：

> 天下之数始于一，终于十，而五为中。言五而兼六者，五为生数之终，而六为成数之始也。言五与十者，合两生成之终数也，故五十者，数之统也。五与十为数十五，以一五而合二五也，参五也。故河洛为十五者十二，原其始则五行之生数，

① 〔明〕方以智：《物理小识·总论》，商务印书馆 1937 年版，第 3 页。

十五已足，用九、用六、用十五也。即以此作十圆图，而五在中，已尽其妙。大衍以十乘五，以五乘十，而是矣。河图五十五，虚其中宫之五者，亦适合也。(《图象几表一》)

依他之见，世间的一切数皆本于天地之数一至十。五居十数之中，为生数之终。五与十相加得十五，故洛书纵向、横向、斜向三数之和皆为十五，《周易》古经所谓“用九”“用六”亦为十五；五与十相乘为大衍之数五十，河图数五十有五，虚其中宫之五亦得五十。在此基础上，王宣又提出了“金火易位”之说：

盖图既已成，当除十而不用矣。寄王于四，虽无五而五存。正位居体，故建极焉。建极以克制为生，以扶阳为经。苟非金火易位，何能左旋相克耶？一水、三木、五土皆阳，二火、四金为阴，《启蒙》所谓阳不易位而阴易位也。成数虽阳，盖亦生之阴也。于是以阳居四正位，以阴居四隅位，而成洛书矣。阴易位而隅置者，圣人扶阳抑阴，即所以用阴，此千古不易之道也。(《图象几表一》)

“金火易位”，是指河图十数去掉中十分居四方，而后二七之火与四九之金互换位置，阳数不动居四正，阴数移位居四隅，便形成洛书。此一变化过程正反映出圣人“扶阳抑阴”之意。由此可见，王宣图书学的显著特色，是着眼于数之五行方位来阐明河图与洛书的内在关联。这一思想又被方孔炤和方以智吸纳。《时论》所谓的“密衍”，即对此说的发挥。方以智说：“全书析衍诸图烦矣。……图书体用之分合，终未剔醒也。此岂天地必如此剖合次第乎？理寓象数，衍而历之，易燎然耳。故因邵子小衍，以虚舟子法衍之曰密衍。”(《图象几表一》)在此基础上，方氏父子详尽阐发了“中五太极”、“五行环生环克”和“火金易位”等图书学思想。

1. 中五太极说

方孔炤曰：“中五用三，藏一旋四，此易之准也。”（《凡例》）“五藏四中，四用半为二，二即藏三。”（卷十）方以智解之曰：“中五即中一也，可以藏一而旋四，用三矣。可用三于一矣，或纵或横，即参矣。或四用半，即两矣。有此无此，亦两也。”（《图象几表一》）“两即藏三，谓对错之中藏一，而三为错综之端矣。”（《图象几表一》）这是说，河图中五数排列纵横皆三。中一居中，连接纵横四数，故“中五即中一”。中一既是纵三之中，亦是横三之中。“中五用三”，藏一为四，四取其半为二。纵横二，中有一，故“二即藏三”。

那么，中五是如何构成河图的呢？方氏父子认为，生数一二三四五和为十五，此十五之数乃构成河图的基本框架，象征春夏秋冬四象，用白点表示。然“有阳即有阴”，阴阳交织，故在十五个白点外再加十五个黑点：冬春阴在外、阳在内；夏秋阳在外、阴在内。而后再加五，即具五行之成数。按照方以智的理解，河图分五个层次，第一层是中五连心，第二层是随中五之地十，第三层是一二三四，第四层为六七八九，第五层是中一。洛书则分三个层次，如下图所示：

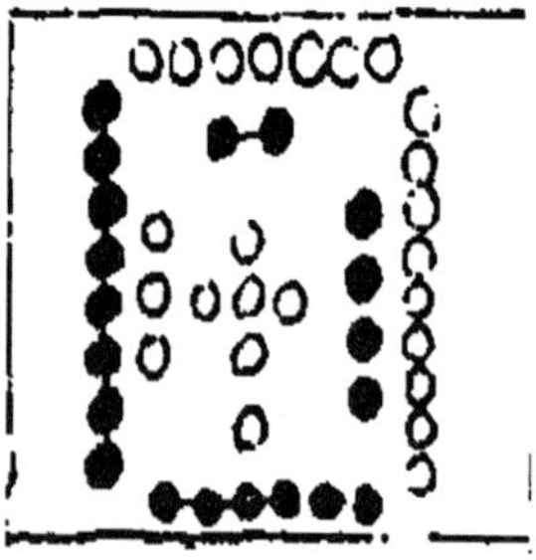

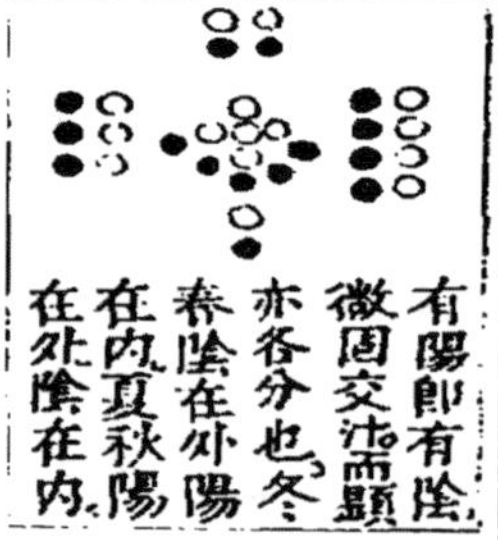

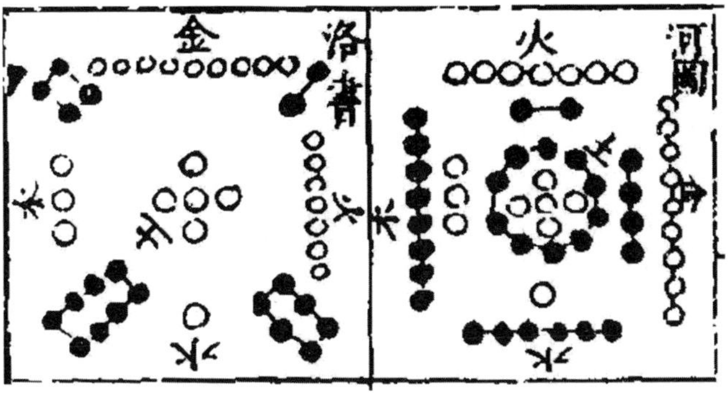

在方氏父子的理解中,河图洛书是内含数理、和谐有序的结构图式。其每一部分各有其功用,而最重要者莫过于中五。各部分构成皆与中五相关,五居中而统领主宰各个部分,以象太极。“五之前一二三四,五之后六七八九皆成四象,何以前为位,而后为数也,盖以五居中象太极。”(《图象几表一》)方以智有时把河图洛书之整体视为“大一”即太极,而中五是图书的核心,故中五为太极。中一又居中五之间,则亦可谓中一为太极。他说:

北方之一,乃小一也。邵子曰“一非数也”。合全图全书谓之大一,即名太极。不落中旁,不离中旁,而先儒以中之五十指之,正以莫非太极之中,历然中统旁之表也。(《图象几表一》)

邵子言小衍者,示五而万备矣。愚者言前衍者,举一而五具矣。一亦不举而五亦具矣,万亦具矣。知之则全图皆太极也,知全图之皆太极,又当知中之十五为极,十五以中五为极,中五以中一为极。(《图象几表一》)

本以太极为体、图书为用,究以图书立体,而以太极为用。止有善用,即用此图书卦爻伦常时位之体用也。(《图象几表一》)

方以智此间区分了“大一”与“小一”。所谓“小一”,是指河图洛书中居于北方的一;“大一”则是指河图洛书之整体。太极不离图象,即有即无、即体即用,故河图洛书皆可视为太极。图书中宫十五之数以“一”为核心,此“一”居中,统领全图,当属“大一”之太极。从本原上说,太极为体、图书为用;从图书构成上看,图书立太极,即中五和中一之太极为用。依此观之,则太极与图书互为体用。

2. 河图“环生对克”和洛书“环克对生”

方氏父子把河图洛书的差别概括为“环生对克”与“环克对生”。“河图环生”,是指河图相邻之数五行相生,即一六水生三八木、三八木生二七火、二七火生五十土、五十土生四九金、四九金生一六水;“河图对克”,是指河图相对之数五行相克,即四九金克三八木、一六水克二七火;“洛书环克”,是指洛书四正位及中位之数五行相克:一水克七火、七火克九金、九金克三木、三木克五土、五土克一水;“洛书对生”,是指洛书相对之数五行相生:九金生一水、三木生七火。对此,方孔炤曾作图示明之:

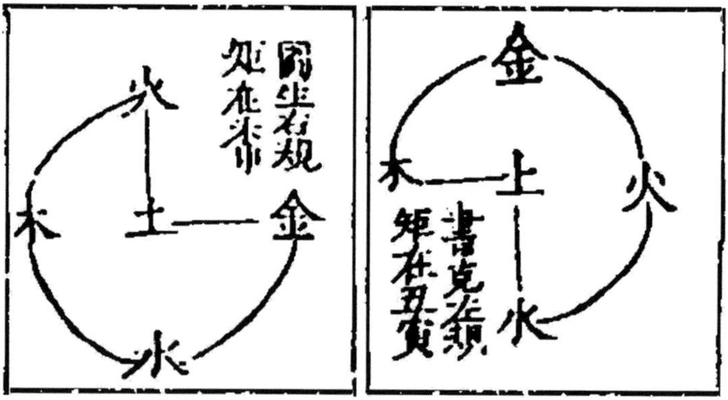

他说:“图生右旋规之,矩在未申;书克左旋规之,矩在丑寅。”(《图象几表一》)规为圆,矩为方。河图五行相生,规始于右而在左,矩在未申之位;洛书五行相克,规始于左而在右,矩在丑寅之位。方氏认为,此一规矩图式本于自然,符示天地阴阳变化之理:“春夏为阳用,秋冬为阴

用”,“矩曲之用,天地自然之微乎”。(《图象几表一》)

此外,王宣还曾对洛书九数关系予以如下解说:“中五合北一为六,故左旋西北得六,北一合六为七,故西方得七。西七合西南二为九,故正南得九。九合东南四为十三,除十算三,故正东为三。三合东北八为十一,除十算一,故正北得一。”(《图象几表一》)与此有别,方孔炤提供了另外一种解释:

> 隅何以生之耶!盖十年而得之。以五合北一例之,五合西七为十二,除十得西南二;以五合南九为十四,除十得东南四;以五合东三为八,故东北得八。又合八一六七为二十二,除二十得得西南二;合六七二九为二十四,除二十得东南四;合二九四三为十八,除十得东北八;合四三八一为十六,除十得西北六。(《图象几表一》)

由此可见,王宣论洛书乃着眼于相邻三数之关系,不论四正、四隅。方孔昭则是一面将四正与中五相加得出四隅,一面又从相邻四数之和中推出四隅。这不仅凸现了中五在洛书中的重要地位,同时也反映了方氏以四正为本、四隅为用的洛书观。

3. 金火易位

因乎河图洛书皆本于天地之数一至十,故二者可以互通。方孔炤指出:“图书一理,皆易道也。九畴应书九宫,又何尝非图之中五四运乎。”“《系传》举五十有五,人以为河图也,岂知除十为洛书,何尝不具洛书之用乎!乘除圆方不出一二三四五六七八九十而已矣。”(《图象几表一》)前文已言,王宣曾以“金火易位”说证明了二者之间的互变关系。在此基础上,方氏父子进一步分析了金火在五行中的作用及其易位的原因。方孔炤曰:

天下之道,必相制乃可用,制杀之道,先起金方,金火不易位,则永不相制矣。所以但易金火者,正阳以用阴也。五行惟金火之性独烈,水木不变,而金火通变。盖金入于火,不别于火。火能炼金,乃别其金。……西南之间坤土本位,而离兑二阴用事之地,故变动从此始。(《图象几表一》)

方以智曰:

凡生则始水,而用则首金,如人以精始而下地即有声,此一理也。火有相火,金曰燥金,火为土寄位所郁,故以相火足之,金为燥金,分火体也,此一理也。南方西方,阴而用阳,暑即藏寒,为万物之用地,成地坤土居间,故易位在此。以一岁言之,为四时之中间,此一理也。(《图象几表一》)

金为气母,在天为星,在地为石。……五行以气为主,是天地之生数,水为首。而五行之成序,金为首也。金以石为体,而以火为用者也。金能生水,而又能出火。……火之体,全无而用有也,金之体半自天半自地也。火由木而见形,依土而附质。遇水而作声,无体寄体者也。金得火气燥坚土中,又得火制,足以制物,故曰火以用无而传神,金以凝有而用精。乾刚居西北六,以南位用离之九。金火易位,其旨微哉。(《图象几表一》)

在他们看来,易位的关键在于金火相通。五行之中,水木属性不变,即不论相生相克,水仍为水,木仍是木。金火则不同。西南坤土将金火联结在一起,从而使之具有了通变性:火有旺火,金有燥金。火化为土,土又生金。金入火中,燥热而分火体。火炼金,又不同于金。“金以石为体,以火为用”,“金能生水,而又能出火”。这就解释了金火能够易位的原因。事实上，方氏更为推崇火的作用。《图象几表》"五行尊火为宗说"一节指出，火不仅能生土，还能生金、生水、生木："金非火不能生成，水非火不能能升降，木非火不能发荣。"火"是阳转阴风之燥气，必知其所以然之公理，而适用于中节当然之理，则能转气而不为气所转"。相应地，河图因金火易位而变洛书亦涵具着生物成物之意。这无疑是对王宣思想的超越。

4. 河洛与太极两仪四象八卦

宋代以降，学者大多笃信刘牧之说，相信圣人是根据河图洛书画卦作易。对此，方氏父子并未否认。但与此同时，他们反对那种"拘拘以图配卦"(《图象几表一》)的复杂论证，而引吴澄"伏羲观河洛奇偶数画八卦"的观点，倡导以"撮其概约之通论"(《图象几表一》)的方法来说明河洛与八卦的内在联系。其说曰：

> 先儒谓虚其中之五与十，太极象也。四周奇数二十，偶数二十，两仪象也。中五四布，即四象本位也。北为太阳生位，东为少阳行位，南为太阴生位，西为少阴行位，正对者也。化用则东南用少，西北用太，细分之则一二三四，四象用位也，六七八九，四象用数也。(《图象几表一》)

按《周易本义》卷首小横图之四象次序，一为老阳、二为少阴、三为少阳、四为老阴；以筮数言之，六为老阴、七为少阳、八为少阴、九为老阳。河图排列以一六共宗、四九为友，故二老互藏；二七为朋、三八同道，故二少互藏。同时，一与九、三与七、四与六、二与八相连，相加皆得十，故四象与本位互藏。河图四象所示四正四隅合为八方，配入八卦，即先天八卦图。方氏引朱子《启蒙》曰："析四方之合，以乾坤坎离居四寔，兑震巽艮补四虚，则先天八卦是也。"(《图象几表一》)

我们知道，自先天学问世以来，学者们对于“顺逆”的理解一直未获定论。方以智认为：“按一二三四，天地之阳，故顺数。六七八九，天地之阴，故逆数。犹之自左而右，则坤第一，而艮二、坎三、巽四、震五、离六、兑七、乾八，逆数也。自右而左，则乾第一，而兑二、离三、震四、巽五、坎六、艮七、坤八，顺数也。”（《图象几表一》）方以智此间将“顺”解作或自右而左、将“逆”解为自左而右的说法，不失为一家之言。

更重要的是，先天八卦与河图数理完全吻合。先天八卦次序乾一、兑二、离三、震四、巽五、坎六、艮七、坤八。观先天八卦序号在河图中所居位置可见，乾一极于九、河图九在西，则乾居西；兑二始于一，河图一在北，则兑居北；离三始于二，河图二在南，则离居南；震四极于八，河图八在东，则震居东；巽五极于七，河图七在南，则巽居南；坎六始于三，河图三在东，则坎在东；艮七始于四，河图四在西，则艮在西；坤八极于六，河图六在北，则坤居北。一九为太阳、二八为少阴、三七为少阳、四六为太阴。先天八卦一二三四属天卦，为顺数。六七八九属地卦，为逆数。图示如下：

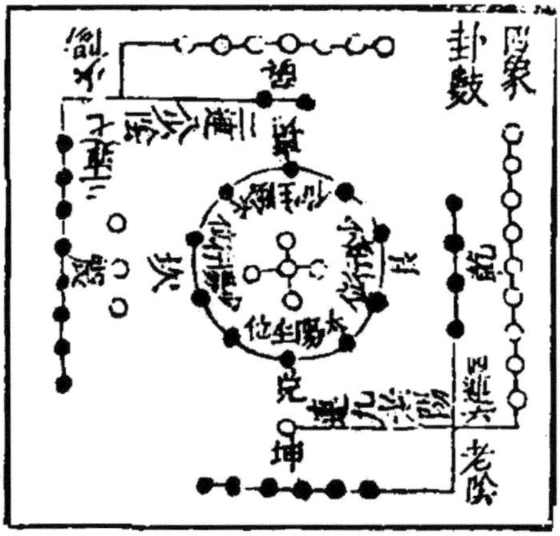

再以河图数观先天八卦。河图一六为水，一是天太阳，为乾。六是地太阴，为坤。故先天图乾南坤北为水。二七为火，二是天少阳离，七是地少阴坎，故离东坎西为火。三八为木，三是地太阳巽，八是天太阴震。四九为金，四少阳艮，九是天少阳兑。“四正皆水火，四隅皆金木”（《图象几表一》），依此排出

先天八卦图如下：

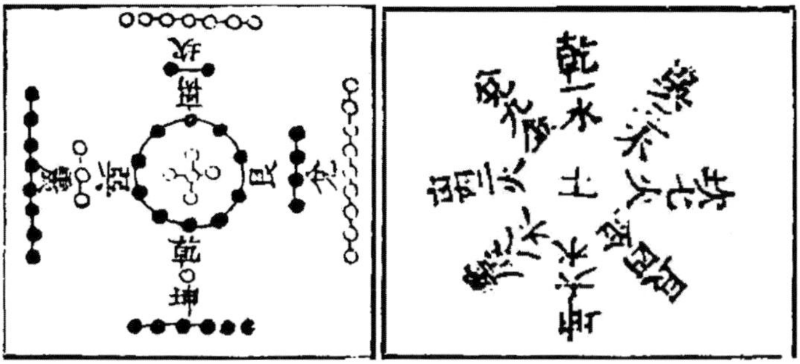

方氏父子认为，河图数与先天八卦相配，既符合太极生两仪四象八卦之说，又契合日月运行、四时更替之理。方孔炤曰："一用于二，必分阴阳。中五四旋，必分太少。四正为象之主，四偏从之。阳仪乾离顺数得一二，而阴仪坤坎回数得六七。图布四方，则乾坤坎离四正卦当南北之极。巽震二长在东，艮兑二少在西，则四隅卦当日月出入之腰轮焉。表以四时，春夏秋冬正用，而冬为不用之用，故乾坤主于北，而坎离济于南。"（《图象几表一》）他还讨论了河图洛书与后天八卦的对应关系：

> 坎水济于七火，而先天位西对三，故以七予后天之兑；离用二火，以热天一之水，而先天位东，故以八连后天之震。中明本于中刚，故后天乾以一予坎，而坤以六奉乾。乾藏用九于六，而以九予用二之离，离既居九，而以二奉坤养矣。坤连四之艮，则予以巽，巽以三让震，震以八予艮，而震春兑秋遂主二分之用，故外包焉。用巽对乾，用艮对坤，此内运所以合乾坤，补四维也。盖震与兑夹离，先天乾命之以继离之明，故曰外包。巽与艮夹坎，先天坤命之以习坎之体，故曰内运。（《图象几表一》）

洛书除去中五纳入后天八卦，可得坎一、艮八、震三、巽四、离九、坤二、兑七、乾六。河图坎七居火位，后天兑为七。河图离二居南，而先天位东。河图八居东，后天震位东，“故以八连后天之震”。后天坎一，河图乾一坤六居之，“而坤以六奉乾”。后天九居南，河图离二居之。因乾藏九用六，先天坤六，“二奉坤养”。坤连艮四，后天四为巽，故“予以巽”。河图巽三，后天震三，故“巽以三让震”。河图震八，后天艮八，故“震以八予艮”。河图震兑主春分秋分，居外而外包。河图巽对乾、艮对坤，故内运合乾坤，在后天图为四维卦。河图“震与兑夹离”，先天离居东，“先天乾命之以继离之明，故曰外包”。河图“巽与艮夹坎”，先天坎居西，“先天坤命之以习坎之体，故曰内运”。

方以智还进一步解释了先天八卦与后天八卦的关系。九在西，兑为西，故先天九为兑，后天九为离；先天震八，后天艮八，“震艮同八，男之始终，卦反对也”；先天坎七，后天兑七，“坎兑同七，共西北之水泽也”（《图象几表一》）；先天艮四，后天巽四，“巽艮同四，先后上下之偏维也”；先天巽三，后天巽四，“巽震同三，二长共东及南之木也”；先天离二，后天坤二。先天乾一，后天坎一。乾坤坎离，“四正飞伏”，即乾坤、坎离、震巽、艮兑互为飞伏。

（五）“尽后天即先天”

1. 方圆卦爻总一太极

经过朱熹的大力表彰，邵雍创立的先天易学随即成为宋明易学史的重要论题。通观《周易时论合编》可见，方氏父子曾对先天之学多有讨论。不过，他们对“太极”“两仪”的理解与邵雍、朱熹等人有所不同。方氏父子认为，“太极”“两仪”绝不仅仅是说一画未具生出一阴一阳，即小横图的下两层。在“加一倍法”的卦爻推演过程中，三画、四画、五画、六画甚至无穷画皆可视为“太极”“两

仪”。概言之,“极”与“仪”是相对的。凡生者即太极,被生者即两仪。依此观之,被生而又生他者即仪即极。方孔炤曰:

> 自太极而两仪,仪为极,则四象为仪;四象为极,则八卦为仪;八卦为极,则十六卦为仪;十六卦为极,则三十二卦为仪;三十二卦为极,则六十四卦为仪。一阴一阳之谓道,皆仪即皆极也。以重仪为四画,重象为五画。姑以称谓便人指耳。(《图象几表二》)

后世批判邵氏先天学的一个重要论据,就在于四画卦、五画卦不曾见于《周易》,于理不合。在此问题上,方氏同意吴澄的观点,把四画称谓“重仪”,五画称谓“重象”,从而肯定了四画、五画之卦的意义。他还进一步探讨了阴阳两仪的积数:

> 积数乾三十六,兑一百,离百六十四,震二百二十八,阳仪共五百二十八。巽二百九十二,坎三百五十六,艮四百二十,坤四百八十四,阴仪共一千五百五十二。合积两千〇八十。(《图象几表二》)

先天八卦乾一兑二离三震四为阳仪,巽五坎六艮七坤八为阴仪。从太极到六十四卦,阳仪数太极 1、两仪 1、四象 2、八卦 4、重仪 8、重象 16、六十四卦 32,共 64。同理,阴仪亦 64。先天六十四卦中属乾八卦即乾至泰共三十六阳爻,故积数始于三十六。自兑二至坤七积数递加六十四,即“以三十六为始,而七加六十四”,则兑 100、离 164、震 228,阳仪数合计 36 + 100 + 164 + 228 = 528。巽 292、坎 356、艮 420、坤 484,阴仪数合计 292 + 356 + 420 + 484 = 1552。阴阳仪数之和 528 + 1552 = 2080。

方氏父子指出，不仅六十四卦圆图体现了“天地定位、山泽通气、雷风相薄、水火不相射、八卦相错”的对待思想，方图亦然。“邵子曰：‘图皆自中起。’方图中起震巽之一阴一阳，然后有坎离艮兑之二阴二阳，后成乾坤之三阴三阳，其序皆自内而外。内四卦四震四巽相配，而近有雷风相薄之象。震巽之外十二卦，纵横坎离，有水火不相射之象。坎离之外二十卦，纵横艮兑，有山泽通气之象。艮兑之外二十八卦，纵横乾坤，有天地定位之象。四而十二，而二十，而二十八，皆有隔八相生之妙。”(《图象几表二》)“圆用于方，圆图亦方，圆之四四也，故方圆从中起。中何见乎？起于初阴初阳之震巽恒益也，生受天地之中者，人得全灵。坎离得天地之中，环中十二卦，故以象人。此十二卦，以八坎八离之中气，用四震四巽之初气者也。物得其偏，艮兑得天地之究，环坎离为二十卦，故以象物。此二十卦以十二艮十二兑资四震四巽以受，始得四坎四离以用中，合内外共四十卦，当图书四周之全数者也。大围乾坤藏二十八卦，是天地之气包之也。……或以四介分之，西北之十六为天，以阳仪所生也；东南之十六为地，以阴仪所生也；东北之十六为物，西南之十六为人。”(《图象几表二》)方图自内而外分为四层。第一层震巽恒益四卦为天地之中，第二层坎离既济未济等十二卦象人，第三层艮兑损咸二十卦得天地之究，第四层乾坤否泰二十八卦如天地之气包之。方图东北、西北、东南、西南四方各十六卦，乾坤泰否四角相交也为十六卦。由内而外，震巽、离坎、兑艮、乾坤、益恒、既济未济、损咸、泰否皆体现了对待旁通。“邵子曰：‘天地定位，泰否反类；山泽通气，损咸见义；雷风相薄，恒益起意；水火不相射，既济未济。四象相交，成十六事’，此方图之义也。”(《图象几表二》)

方氏父子着重探讨了先天方圆合一图。一方面，方圆图阴阳均衡、顺逆交错，体现了宇宙至理。“半顺半逆而阳逆阴中，阴逆阳中，已示全顺全逆矣。就象数以为征，而至理森然，即其浑然，此张子所以叹天秩天序乎，方圆卦爻总一太极。”（《图象几表二》）另一方面，圆方二图排列悬殊，各自有其不同之理。圆图象天，方图象地，“圆图阳生子中，顺而左旋，象天也；方图阳生寅丑间，逆而右旋。象地也”（《图象几表二》）。圆图涵具着阴阳对待交错之理，“圆图乾坤在中，天地定位。后以风泽之相错者附天，以山雷之相错者附地，终以水火不相射。以水火之相错者，交贯于左右也”（《图象几表二》）。方图则体现了阴阳消长流行之理，“方图震巽在中，雷动风散后，长之以水火之既未济；收之以山泽之咸损，终之以乾坤之君藏”。圆图半顺半逆，方图全顺。此前，“朱子以起附者阳生为顺，起姤者阴生为逆”，即从复至乾之阳息阴消为顺、从姤至坤之阳消阴息为逆。同理，“横图由坤至姤，阴尽阳生至乾，谓顺可也；从乾渐消至复，阳尽阴生至坤，谓逆可也”（《图象几表二》）。在此问题上，方氏不取朱子之说。他们认为，就阴阳消长而言，阴行阴中、阳行阳中皆顺，即圆图自一阳复至六阳乾、自一阴姤至六阴坤同为顺；阳行阴中、阴行阳中皆逆，即自六阳乾至一阳复、六阴坤至一阴姤同为逆，此即“圆图总顺总逆”（《图象几表二》）。从圆方图所示季节时令观之，“复以圆图之冬至，转为方图之春分；姤以圆图之夏至，转为方图之秋分”。这种差别，恰恰反映出圆方图的内在联系及其四时互含互藏、递相转换之意。“春藏于冬，冬藏于秋，秋藏于夏，夏藏于春。”（《图象几表二》）表现在六十四卦排列上，“其在圆图，中孚归妹在东，小过渐在西，其在方图，中孚归妹在北，小过渐在南。圆图随颐在北，大过蛊在南。方图颐蛊在东，大过随在西，皆自然相对相次者也”（《图象几表二》）。显然，方氏此说是对邵雍、朱熹相关思想的解读与阐发。“邵子曰：圆图‘其阳在南，其阴在北’，方图‘其阳在北，其阴在南’。此尤造化之妙处，天地万物之理，尽在其中矣。”（《图象几表二》）朱熹曾云：“此图圆布者，乾尽午中，坤尽子中，离尽卯中，坎尽酉中。阳生于子中，极于午中；阴生于午中，极于子中。其阳在南，其阴在北。方布者，乾始于西北，坤尽于东南。其阳在北，其阴在南。此二者，阴阳对待之数。圆于外者为阳，方于中者为阴。圆者动而为天，方者静而为地者也。”①

此外，方氏父子还吸收了黄道周的易学思想，主张太极生两仪、八卦、六十四卦乃至十二画卦之积数皆合乎历律之数：“《启蒙》已有十二画之说，焦氏四千九十六林，即其法也。《象正》谓一卦具四千九十六，即十八变所积之二十六万二千一百四十四也。凡爻具三变，以初爻二爻当地之六画。三爻四爻当人之六画，五爻六爻当天之六画。此即黄钟律亥分六万五千五百三十六，而四之也。律历损益，尽此通几而约为六爻，故虽至赜，理自易简。”（《图象几表二》）并且认为，先天六十四卦的阴阳消长本于日月运行规律。“天用地凝，水火以为日月，而一阴一阳之道昭然穆然，实则天惟有时，时惟有寒暑，一寒一暑，则日用月之所为也。”“盈绕一日为望，故当乾；晦绕一日为朔，故当坤。”因此，他们也认同东汉魏伯阳《周易参同契》发明的“月体纳甲说”：“纳甲本以父母包六子，而亦可以月行循先天。”“震巽得初画，坎离得中画，艮兑得究画，父母包之。”“若以月宿之次言之，则晦正当坤，以渐生明近艮，上弦在坎，望正当乾，以渐生魄近兑，下弦在离。”（《图象几表二》）

2. 先天之学亦后天

方氏父子认为，《易》虽有先后天之分，但二者其实并无二致。这一思想可能曾受王宣“先天无可说，声臭即后天，有易而后天即先天矣”（卷一）的影响。方孔昭说：“本自易知简能者，先天也；善

① 〔宋〕朱熹：《周易本义·卷首》，萧汉明：《〈周易本义〉导读》，齐鲁书社2003年版，第71～72页。

用其知能者，后天也。先在后中，止有善用，故易示人善用之方。”“先天不能不后天，纯不能不杂居。”（卷十二）先天之学纯粹，是本；后天之学杂居，是用。一方面，后天本于先天，是先天之用。另一方面，先天之学唯有在后天之学中方能体现。在这个意义说，先天即后天：“后天之学固后天，先天之学亦后天也。止尽后天，即是先天，无先无后，无容辞矣。”（卷十二）基于此，他对先天八卦与后天八卦的关系进行了讨论：

天地之理本自如此，先后并用，圣人随时发明，其制度行事自然符合。……先天即横图也，惟震巽之相连于中，先天八卦折而可对起焉。故先天乾连兑，而后天兑终乾始，乾即继兑。先天坤连艮，而后天坤冲艮为岁限，即先天之震冲巽也，故后天出震齐巽，巽即继震，其补横图之中用，兼方图之中起乎。坎离之中，先后皆宗之，一东西，一南北，其机一也，其极一也。（《图象几表三》）

表面上看，先天八卦方位与后天八卦方位截然不同：乾兑先天相继，后天终始；坤艮先天相连，后天相冲；震巽先天相冲，后天相连；坎离先天居东西，后天居南北。不过，二者又全然相通：“先天四正居四方、四偏居四隅，而以纯正主南北，以正之用中者主东西焉。后天以二正之用中者主南北，以二偏者主东西，而震巽乃六子之初终也。八卦本六卦，以乾坤坎离四正不易，而四偏颠倒，止二卦耳。故以巽艮二偏夹卯震之开，而以乾坤二统正者，夹酉兑之收。艮巽即震兑之位，乾坤即艮巽之位，四偏合为二全而主正以用偏焉，重此出入之门也。先天乾合三女于南，而以中者主东；坤合三男于北，而以中者主西，其介在乎寅申，而坎离以东西平分。后天乾统三男于西北，坤合三女于西南，其介在乎巳亥，而震兑以东西平分，重此出入之门也。”(《图象几表三》)推之于六十四卦亦然。“先天内而因后天得有、孚、丰、颐、升、困、遁、比,立其体也;后天内而因先天得同、过、噬、小、观、节、畜、师,流其用也。邵子以乾坤坎离不用也,其始也,乾金用之,而坎离半用之,以兑巽艮震半用也;其究也,全用之。何也?乾坤者日月之所急,坎离者日月之所缓也。十二辟之为宫也,乾占其四,兑震占其二,阳气上行,而离不与焉。坤占其四,巽艮占二,阴气下行而坎不与焉。后天于是乎取离居天,取坎居地,运其缓以调其急,故曰六十子半而二老不用也。”(《图象几表三》)

3. 后天卦气之润法

所谓“后天卦气润法”,实质上是一种基于《周易》今本卦序的六十四卦卦气说。简言之,方氏将干支纳入《易》卦,以首卦乾配甲子、坤配乙丑、屯配丙寅……依此类推,第六十卦节配癸亥,至此为一甲子。此六十卦一爻主一日,三百六十爻符示一年三百六十日。“乾配甲而起于子,坤配乙而起于丑,故六十四卦上经乾起甲子,泰甲戌,噬嗑甲申,至三十卦一百八十日而三甲尽。下经咸起甲午,损甲辰,震甲寅,至节癸亥而终,亦三十卦一百八十日而年一周。所以京焦用以值日。‘天地节’‘革而四时成’是也。”(《图象几表二》)余下中孚、小过、既济、未济四卦象征日月之行,一爻主十五日,合为一年四时、二十四气、七十二候:“孚、过、既、未有交周之义焉。……月当黄道为正交,出黄道外六度为半交,复当黄道中为中交,复入黄道内六度为半交,是为四象限……退天一周有奇,终而复始,此月行之取于四卦也。冬至日行一度强,出赤道外二十四度弱;夏至日行一度弱,入赤道内二十四度强,此日行之取于四卦也。故夏至则月出中孚入小过,冬至则日出中孚入小过,二分既未济居焉,此其革于四十九,节于六十,而余四象为置闰之统也。”“节后继以中孚、小过、既未济者,所以先坎离震兑四卦,应子午卯酉为春夏秋冬四时，两之以为八节，是为分至启闭，每爻值十五日，以应七十二候。”（《图象几表二》）由此出发，方氏对西汉孟喜、京房、《易纬》所主张的“六日七分”说和易卦排序表示了明确反对：“先儒言卦起中孚，非也。中孚复起于甲子耳。乾为十一月之卦而起甲子，节为十月之卦而得癸亥，由是知上经三十卦是阳生于子而终于巳，下经三十卦是阴生于午而终于亥，至中孚而阳气复生于子，故亦为十一月之卦。自乾起甲子，至节六十卦而终，是四其河图十五之数为三百六十爻，爻当一日，而为六十卦一年之候也。中孚起甲子，至未济四卦而终，是四其六子之数，凡二十四爻而爻当一气，为二十四气，应一年之候也。”（《图象几表二》）

此外，方以智又以京房易学的纳甲纳支说为基础，建立了八纯卦与二十四气的逐一对应。他说：“以纳甲分卦，以爻支应二十四气。乾内卦起甲子，外卦起壬午，子午与震同。坤内卦起乙未，外卦起癸丑，丑未与巽同。此八卦为六卦，卦初爻与四爻当两气首。每爻一候，六卦则十二气也。”（《图象几表五》）乾震纳支相同，故内卦用震、外卦用乾，即震初九与乾九四两爻各主两节气，以示“无非乾君”。坤初、巽四同纳未，坤四、巽初同纳丑，则用巽不用坤，以示“无非坤所藏”。余下坎、离、艮、兑四卦，每卦皆取初四两爻各主两节气。具言之，震初九纳子，主惊蛰、白露；巽初六纳丑，主雨水、处暑；坎初六纳寅，主立春、立秋；离初九纳卯，主大暑、大寒；艮初六纳辰，主小暑、小寒；兑初九纳巳，主夏至、冬至；乾九四纳午，主芒种、大雪；巽六四纳未，主小满、小雪；坎六四纳申，主立夏、立冬；离九四纳酉，主谷雨、霜降；艮六四纳戌，主清明、寒露；兑九四纳亥，主春分、秋分。不难发觉，方以智的八纯卦气说明显是源于京房易学的六子卦气说。在具体配法上，二者相差无几。所不同者，仅在于方氏对乾坤两卦的主导意义有所突出，并将京氏用以对应芒种、大雪的震卦九四换作为乾卦九四而已。

（六）蓍道全用其半的蓍数观

纵观易学史，探求大衍筮法的相关细节历来是易学研究的重要论题之一。北宋邵雍认为，大衍之数五十，取一不用，挂一之后则为四十八策。四十八除以四为十二。十二分别减去三、四、五、六即为九、八、七、六。“蓍之用数，挂一以象三。其余四十八，则一卦之策也。四其十二为四十八也。十二去三而用九，四三十二所去之策也，四九三十六所用之策也，以当乾之三十六阳爻也；十二去五而用七，四五二十所去之策也，四七二十八所用之策也，以当兑离之二十八阳爻也；十二去六而用六，四六二十四所去之策也，四六二十四所用之策也，以当坤之二十四阴爻也；十二去四而用八，四四十六所去之策也，四八三十二所用之策也，以当艮坎之二十四爻，并上卦之八阴，为三十二爻也。”（《图象几表四》）朱子则指出，大衍有“挂扐”和“过揲”两种方法。其之所以推崇前者，乃因挂扐法“以寡御众”，符合河洛之数。在此问题上，方氏父子吸取了邵雍和朱熹的相关思想，认为大衍筮法中涵具奇偶、虚实、三两、消息、进退之理。方孔炤说：

> 圣人之裁成即生成也。奇者，倚之而得实，偶者，倚之而得虚。进者倚之而得长，退者倚之而得消。倚也者，损益而已矣。其法不外于参天两地。参，犹鼎立也。两，犹权平也。鼎载物用其全，权称物用其半。蓍之为道，全也。而半限焉。……挂扐之数，太阳十二，少阴十六，少阳二十，太阴二十四，是七十二也。过揲之数，太阳三十六，少阴三十二，少阳二十八，太阴二十四，皆视太阳以递减而得一百二十者也。象宫变共得二百五十六，以三乘之得七百六十八，此大衍历所由本也。围全用半，贵以方用圆也。太阳纯全，故十二者，凡十二

> 见用其三，不用其一，则悬其三奇之一，而得九也。九生三十六矣。太阴纯半，故二十四者，凡四见，八存其四，四用其二，则悬其三偶之二而得六也，六生二十四矣。少阴两奇一偶为十六者，凡二十八见，则悬其两奇之一、一偶之二，而得八也。八生三十二矣。少阳两偶一奇，为二十者，凡二十见，则悬其两偶之二、一奇之一，而得七也，七生二十八矣。(《图象几表四》)

在方孔炤看来，大衍之数取一、挂一之后的蓍草策数四十八，不仅与十二存在着密切关系，而且与归奇余扐之数亦相通。具体地说，蓍策总数四十八如鼎载物，是参和全；用数则如权称物，为两为半。“参，犹鼎立也。两，犹权平也。鼎载物用其全，权称物用其半。蓍之为道，全也，而半限焉。”继而，他在朱熹成说的基础上，进一步解说了“挂扐法”与“过揲法”的关系。“挂扐法”着眼于揲之以四的余数，八为多、四为少，三变挂扐数之和或十二、或十六、或二十、或二十四。由挂扐数可定一爻，“太阳十二，少阴十六，少阳二十，太阴二十四”。“过揲法”则着眼于揲之以四的整数，三变之和或三十六、或三十二、或二十八、或二十四。由过揲数可定一爻，“太阳三十六，少阴三十二，少阳二十八，太阴二十四”。由此可知，过揲法与挂扐法互通，挂扐数与过揲数之和必为四十八。在此基础上，方氏又接续了邵雍的思路，进一步分析 12 与挂扐数和过揲数的关系。具言之，挂扐数 12 定一爻太阳，三变皆 4。4 去 1 用 3，$12-3=9$，$9\times4=36$。此即“太阳纯全，故十二者。凡十二见用其三，不用其一，则悬其三奇之一而得九也，九生三十六矣”。挂扐数 24 定一爻太阴，三变皆 8，$8=4+4$，4 取其半为 2，$12-2\times3=6$，$6\times4=24$。此即“太阴纯半，故二十四者。凡四见，八存其四，四用其二，悬起三偶之二而得六也，六生二十四矣”。挂扐数 16 定一爻少阴，三变两4一8。4去1不用,8存4用2,12-(1+1+2)=8,8×4=32,此即"少阴两奇一偶为十六者,凡二十八见,则悬其两奇之一、一偶之二而得八也,八生三十二矣"。挂扐数20定一爻少阳,三变两8一4。8存4用2,4去1不用,12-(2+2+1)=7,7×4=28。此即"少阳两偶一奇为二十者,凡二十见,则悬其两偶之二、一奇之一而得七,七生二十八也"。他还指出,蓍数之间的计算转换,象征着奇偶虚实相倚而变以及阴阳进退此消彼长。过揲数二十四、二十八、三十二、三十六"自阴而进阳","是坤之乾挂扐减、过揲增也"(《图象几表四》)。挂扐数十二、十六、二十、二十四"自阳而退阴也","是乾之坤挂扐增、过揲减也。此所谓进长退消也"。(《图象几表四》)

依方氏之见,天地之数的核心在于五和六。就五行而言,五是生数之终,六是成数之始。"六者,天地生成之谓也。五者,参天两地之谓也。"(《图象几表四》)就大衍之数和用数而言,天地之数五十有五,减五即为五十,行蓍"以五行运于中"。"大偶而言则五十也,小奇而言则五也。"(《图象几表四》)五乘十亦为大衍之数五十。取一而用四十九,则是五十五去六,即"六来一去"。以有无言之,一是无,四十九是有,有生于无,故"大衍五十用四十九者,入有去无之谓也"(《图象几表四》)。若以奇偶盈虚言之,"日往月来,昼极则夜进,盈于此则虚于彼,盈于小必虚于大"。"天地之数五十有五,奇偶小大,具言之耳。若举大而去小,盈奇而虚偶,则小奇之五、大偶之一,皆盈而不用。"(《图象几表四》)就策而言,乾坤策数皆得于六。乾之策三十六,乘以六爻而为二百一十六。坤之策二十四,乘以六爻而为一百四十四。"三天两地,举生成而六之也。三六而又二之,故三十六策为乾。二六而又二之,故二十四策为坤。三其二十四,与二其三十六,皆得七十二焉。三其七十二,乾策也。二其七十二,坤策也。"(《图象几表四》)不仅如此,《周易》

卦数爻爻莫不与六相关。方以智说：

> 子明曰：象以数五，参天两地。先三十而六之，得一百八十，又二而六之，得一十有二，合百九十二。盖三十者，五其六也。十二者，二其六也。共四十二，用七其六，于四十八策中，余六焉。百九十二者，三十二其六也。全爻六十四其六也。九则四十二，其九则乃余六也，益知六为三两之会。（《图象几表四》）

《周易》三百八十四爻，阴阳各有一百九十二。方氏认为，192是由6的倍数相加得来，即 $5\times6=30$，$30\times6=180$，$2\times6=12$，$180+12=192$。又，$30+12=42$，42既是6的倍数，又等于策数48减6。384也是6的倍数，$64\times6=384$。

那么，为何6的意义如此重大？方以智指出，其原因在于“六为三两之会”。“十数以内惟六会参两，故易止用六爻，兼三才而两之，则参两也。”（《图象几表八》）$6=3\times2$，三为天数，二为地数，是以六便具有了三天两地的意蕴。在他看来，天地之数一至十皆与天三、地二关联紧密。圆径一周三，方径一围四。三起于一，二二得四，五是二三之和，六是二三之积，两二一三之和为七，二四如八、三三见九，可知“十数之中，无非参两矣”（《图象几表八》）。既然河图、洛书皆源于天地之数，则其势必涵具了参两之数、天地之理。对此，他以洛书为例加以说明：“天三合九，地二合六。圆一围三而用全，方一围四而用半。此本说也。……因悟天地间无非参两也。参两者，所以用九六也。九六为十五，十五为三伍，三伍归一五，五即一也。……参两实用，见于洛书，前此三千年，未有发明者，故列其概云：中统四生四成之河图，既变中应四正四隅之洛书。则一极三而为九，三九二十七，三其二十七为八十一。极畡秭无出一三九七者，此以四正之阳，参天也。两一为二，两二为四，两四为八，两八为十六，两十六为三十二，两三十二为六十四，极畡秭无出于二四八六者，此以四隅之阴，两地也。”(《图象几表八》)尤有进者，易学中所涉及的数，几乎全部可以由天三和地二推出。例如，$12 = 3 \times 4 = 3 \times 5 - 3 = 2 \times 5 + 2 = (2 \times 9) \times 2/3 = (3 \times 6) \times 2/3$。“阴阳正用十二，三四相乘也，三五损三而二五益二也。本于参两之会，六而兼之，九不会而会于二九，即三六也，即十八变与十二会之三分损益也。”(《图象几表二》)又如，“两其三、参其二为六爻，而天下之变尽矣，由两其六、参其四之时法十二而推之，两其十二为二十四，而参其八亦二十四也。此四六合节而二十五之天数藏一也。参其十二为三十六，而两其十八亦三十六也。此四九、六六之合而环宫主阳者也。两其老阴之二十四为四十八，而参其十六亦四十八也。此六其八而四其十二之合也。两其老阳之三十六为七十二，而参其二十四亦七十二也，是八其九而六其十二之合也”(《图象几表八》)。

综上可见，方氏父子的易数理论在很多方面是对邵雍易学的继承与发挥。这一点，应当与黄道周的影响有关。方孔炤后来谈及与黄道周狱中论易的经历时曾说“同西库而信之，归学邵学，殚力不及，以命子孙”(《图象几表八》)，即明证。

从宏观学术史的角度审视，桐城方氏易学表现出回应时代文化课题的鲜明指向。我们知道，自明初定程朱于一尊以来，理学的真精神日趋黯淡，甚至已然沦为士子间的口耳记诵之学。于是，一批具有高度思想原创力的儒者最终从朱学阵营中跨步而出，其中最杰出者莫过于阳明。然而，在心学逐渐取代理学成为明代主流学术的过程中，王门后学的蹈空涉虚之又弊愈发暴露出来。在此文化时局之下，方氏父子对各家学术进行了全面反思，继而最终建立了兼象数与义理、即理学即经学、融会朱王、打通三教的易学体系。

首先,方氏父子以其“寓卦策象数以为体”“合理象数为费隐一贯”的观点明确认肯了朱熹兼象与义的治《易》路数,并对朱子极力表彰的宋易图书、先天之学展开了大量论述,甚至强调不应片面理解“《易》本为卜筮之书”的文本判定:“圣人以蓍龟守《易》,藏大于小,不碍其为无所非占,亦不碍其就占言占也。……旨哉其本义也,就占言占而已矣。后必以此詆朱子者,是自未悟全易之用也。”(《凡例》)不过,在许多问题上,方氏父子自有其独到见解,而与邵雍、朱熹之说多有出入。

再者,《周易时论合编》亦不乏以心解《易》之语。例如,“天地之心,即吾心矣”(卷四)。“象也,理也,心也,一也。”(卷一)“全易皆心学也,天下皆心学也。”(卷十一)凡此种种,皆透露出明显的心学色彩。可是,方氏父子又严厉批评王畿“四无说”所代表的高明一路,倡导平实之学。方孔炤注《系辞》“生生之谓易”云:“近日死标四无者,执统坏辨非无妄之眚乎。易统而辨,即辨是统,无体藏用者也。儒为黄叶所诓而仿作死语耶。标性善者,生机也。标四无者,死语也。下学藏上,则死语即是生机。”(卷九)又曰:“象数条理,不可胶柱,将欲避之,逃洸洋耶。生此天地中土之时位,君民政教,皆赖士风,世即出世,惟有在世言世,观会通以行典礼,制数度以议德行。不能博约明察,何由知圣人财成天地而时措宜民哉。以畏难昵便之情,袭偏上末流之说,为粪除之黄叶所诓,颠颐迷浚,动扫考亭,杜撰狂谈掩其固陋,群废开物成务之实法,朝野识学,均何赖焉,是人牛浪死耳。”(《图象几表七》)“黄叶”语出《大涅槃经》,本意指父母以杨树黄叶为金送予婴儿止其啼哭,此处代指虚无玄远之说。

其次,尽管方氏易学在宋学语境下建立,总体上并未越出宋易范围,但其同时也涵化修正了汉易的纳甲、飞伏、卦气等象数体例,且注重训诂考辨，从而又表现出某种汉学风范。

最后，方氏父子虽对心学、佛学的虚无倾向有所批评，但其从未彻底否定佛学的价值。事实上，会通儒释道正是方氏学术的显著特征之一。方以智就曾明确指出，易、道、佛实为一理，三者互涵互诠，一致而不殊。他平等对待各家学说，且经常采取诸如即无即有、即费即隐、即象数即义理的论证方式，以此点出二者之间的不一不异，由是透显出些许齐物论的意味。他说："庄子者，《易》之风也，《中庸》之魂也，禅之先机也。"①方氏父子还每每援引佛教话语诠释易学，如以华严表法注《彖·乾》"大明终始，六位时成"曰："无终始者即在终始中，犹无子午者即在子午中……表法本明也。"（卷一）又如，方以智曾云："费天地人而立一切法，所以安之也。隐天地人而泯一切法，所以深之也。合费隐之天地人而统一切法，所以贯之也。"（卷十三）对此，庞朴先生解释道："一切法，佛家术语，总括万有之称。《智度论》卷二：'一切法，略说有三种：一者有为法，二者无为法，三者不可说法。'"②

依此观之，方氏易学在一定意义上可以说是对宋明学术和此前易学的一次全面总结与会通。这一指向，注定了方氏父子势必要在广泛采撷历代易学的基础上加以裁度、折中。方以智尝云："自晋以后，右王左郑，而李鼎祚集之，依然皮傅钩釽也。至康节乃明河洛之原，考亭表之，学易家或凿象数以言占，或废象数而言理，岂观其通而知时义者哉。一有天地，无非象数也。大无外，细无间，以此为征，不者洸洋矣。观玩环中，原其始终，古今一呼吸也。杂而不越，旁行而不流，此《时论》所以折衷诸家者乎！"（《后跋》）

① 〔明〕方以智：《一贯问答》，见张昭炜整理：《方以智著作选》，九州出版社2015年版，第761页。

② 〔明〕方以智著，庞朴注释：《东西均注释》，中华书局2001年版，第37页。

清初李溉林评价方氏易学亦称:“桐山方氏四世精《易》,潜夫先生研极数十年,明此一在二中、寂历同时之旨,邵、周、程、朱是为正铎,而理寓象数中旁皆通。近代王阳明、焦弱侯、管东溟、郝楚望、孙淇澳、高景逸、黄石斋、倪鸿宝诸先生之说,万派朝宗矣。一切生成,天然秩叙,元会呼吸,律历征几,通志成务,体用神明,兼该悉备,实造化人事之橐钥,百家九流之指归也。”(《序》)此言不可谓不公允。

第五章　学术会通造就的易学成果

一、以佛解《易》的智旭易学

智旭(1599—1655)，江苏吴县人，明末四大高僧之一，净土宗九祖。俗姓钟，名际明，又名声，字振之，号“八不道人”“北天目道人”。因从所居而晚号“灵峰”，故又称“灵峰老人”“藕益老人”，世称灵峰藕益大师。法名智旭，自谓“震旦之逸民”，因“古者有儒、有禅、有律、有教，道人既蹴然不敢。今亦有儒、有禅、有律、有教，道人又艴然不屑”，是以又自号“八不道人”①。终年五十七。

智旭幼年读儒书，宗理学，以千古圣学道脉自任，极力反对佛老之说，曾撰《辟佛论》数十篇以“辟异端”。十七岁时因读袾宏大师《自知录序》和《竹窗随笔》，一改往日谤佛态度，将所著《辟佛论》悉数焚毁。二十二岁决意向佛。二十四岁依德清弟子雪岭剃度，正式出家，法号智旭。次年夏，因对“不怕念起，只怕觉迟”发生疑情而往径山坐禅，始受一食法。得悟生身从无始来，当处出生，随处灭尽，只是坚固妄想所现之影像，念念不住，确非从父母生，于

① 曹越主编，孔宏点校，〔明〕藕益著:《明清四大高僧文集·灵峰宗论》，北京图书馆出版社 2005 年版，第 797 页。

是豁然透脱彻悟、性相二宗本无冲突矛盾，从此性相二宗一齐透彻。此后辗转九华山等地不断宣讲、著述。1641 年，智旭于温陵月台结冬，因有郭氏问易，遂举笔笺释之，始撰《周易禅解》，先成《系辞》等五传，次解《上经》已成，解《下经》稿未及半，应紫云法华之请，遂旋置高阁。直至 1645 年春，因兵阻石城，于济生庵度夏，复拈示易学，遂成《周易禅解》一书。作为一代高僧，智旭博览群书，深明内外之学，反对佛教内部宗派各执门庭、不能和合的态势，力主佛教不二法门，极力倡导三教合流。一生著述宏丰。据弟子成时《灵峰蕅益大师宗论序说》和《续传抄录》，智旭著述共有 47 种，《蕅益大师全集》则收录 50 种，合计二百余卷。其中，《四书蕅益解》以佛释儒，力倡儒佛互融；《周易禅解》更是易学史上第一部以佛学教理系统诠释《周易》的著作。

（一）“密说为易”的形上建构

智旭认为，《周易》是一部明心见性之书。因此，他通过阐释《周易》经传极力追寻世界的本原，从而为人生安立一形上本体，为万物确立一终极根据。他深契佛家心性之说，又兼“幼崇理学，千古为任”，受宋明道学浸润甚笃，于是试图立足佛教的心性之学去会通儒佛，使佛易一以贯之。为此，智旭对“易”的形上化作出了全新尝试，以“易”为万事万物存在的内在根据和本原，亦是“吾人本源佛性”，即“密说为易”“易即真如之性”。① 他将“易”“理”“心”“易理”“无极”“太极”“佛性”“真如”等概念全部打通，实则是把易学、儒学、佛学乃至儒释道三教统一于“易真如”，由是构建其易学形上学。

① 曹越主编，孔宏点校，〔明〕蕅益著：《明清四大高僧文集·灵峰宗论》，北京图书馆出版社 2005 年版，第 197 页。

1."易即一切事理本源"

受程朱理学影响,智旭在解易时常以理释易,以"易"为"易理",在天地之先而具本体义,并进一步证明易理与佛理相通,强调"易"既指"易理",又是吾人不思议之心体,即为心理。《周易禅解·系辞上传》曰:"随缘不变,不变随缘之易理,天地万物所从建立也。"易理具有"随缘不变、不变随缘"之义,是天地万物得以建立的内在根据,因而有"由易理方有天地万物"之论。这里,智旭赋予"易理"以佛教真如实相"随缘生就万法"的特性,可谓圆融贴切,毫不牵强。"易"包尽天下的大道理,"易理本在天地之先,亦贯彻于天地万物始终。今言天下之理者,以既依理而有天地,则此理即浑然在天下也"①。这就以易理统御世出世法,融二者为一。

然而,智旭对程朱理学并不是简单地撷取与重复,而是巧妙地将它融入佛学的名相范畴和思想体系当中,使之成为其沟通易学与佛学的重要中介和桥梁。因此,智旭的以理释易又与程朱大相异趣。朱子以太极之理作为世界本原,这也就相当于砍掉了"易有太极"的"易",即以总万物之理的太极为世界缘起的根本因。有别于程朱,智旭以理为"易"并将其作为世界存在的根本因,至于世界的缘起则在于杂染妄动无明之太极为直接因。也就是说,易自为易,太极自为太极。此举既圆融了佛易,又会通了周子,使易佛在世界缘起的根本处达成一致,可以说是对朱子理学的一种超越。

在解《系辞传》时,智旭更是以"理""易""易理"三位一体,皆具本体义,从而提出了一系列以程朱理学为基础而又异于程朱的新观点。他说:"由易理方有天地万物""惟其易理全现乎天地之间,而人莫能知也。"(卷八《系辞上》)生生之谓易即指本性易理

① 〔明〕智旭:《周易禅解》卷八《系辞上》,江苏广陵古籍刻印社 1998 年版。以下凡引此书只注卷数。

言,易理即自心之理体,是易之有体的形象展现,所谓"迩静而正,曾不离我现前一念心性也"(卷八《系辞上》)。易理备于天地之间,既彻乎远迩,又该乎事理,统乎凡圣,这就融佛易而为一。据此,智旭在解"神无方而易无体"时说:"神指圣人,易指理性。非无体之易理,不足以发无方之神知;非无方之神知,不足以证无体之易理。"(卷八《系辞上》)"易"指理性,又谓"易理",为无形体无方所之本体,亦即无形无相。尔后,他又对理学"全体太极"的思想加以发挥,认为六十四卦三百八十四爻中任意一位便是全体太极、全体易理。"夫易理既在天而天,在地而地,在人而人,是故随所居处无非易之次序,只须随位而安。只此所安之位,虽仅六十四卦中之一位,便是全体太极,全体易理。不须更向外求,而就此一位中,具足无量无边变化,统摄三百八十四种爻辞,无有不尽,是可乐而玩也。平时善能乐玩,故随动皆与理合。"(卷八《系辞上》)尽管易理有在天而天、在地而地、在人而人之差别,只要随位而安,则随所居处无非易之次序;尽管所安之位虽仅《周易》六十四卦中之一位,但亦得全体太极、全体易理。平素行为皆与理合,自然就无须外求,即使就此一位,亦具足无量无边变化,统摄三百八十四种爻辞而无有不尽。在解"不与圣人同忧"时,智旭又把"圣人"与"理体"相联系,以"圣人"之忧涵于"理体"之内,并以"易理"统摄凡圣,会通真俗,使"易"得以形上化。

总之,"易理"作为天地万事万物的律则和本源,与"禅理"在本质上完全一致。如此一来,智旭便借助宋明理学之"理"巧妙地将易学和佛学贯穿起来,从而为其易佛合一奠定了坚实的立论基础。"是故易者,无住之理也。从无住本,立一切法。所以易即为一切事理本源。"(卷八《系辞上》)不过,此易理只是世界缘起的根本因而非直接因,是清净无为法而非杂染有为法,而现实世界的生起还需依凭无为法和有为法和合的太极来完成,于是智旭在释易为理后又进一步提出了易“有太极之义焉”(卷八《系辞上》)。

2.“易有太极之义”

“太极”决非凝然一法,必有动静相对之机,由是生两仪、四象、八卦乃至六十四卦三百八十四爻,实则是世界缘起的直接因。对此,智旭在解《系辞》“显道神德行”一节时云:“有一必有二,有二必有四,有四必有八,有八必有六十四,有六十四必有三百八十四。然三百八十四爻,只是六十四卦。六十四卦,只是八卦,八卦只是四象,四象只是两仪,两仪只是太极。太极本不可得。太极不可得,则三百八十四皆不可得,故即数可以显道也。阴可变阳,阳可变阴。一可为多,多可为一。故体此即数之道者,可以神其德行也。既即数而悟道,悟道而神明其德。则世间至赜至动,皆可酬酢。而鬼神所不能为之事,圣人亦能祐之矣。先天而天弗违,此之谓也。人但知揲蓍为变化之数耳。若知变化之道,则无方之神,无体之易,皆现于灵知寂照中矣。”(卷八《系辞上》)在智旭看来,“一”即“太极”,“二”即“两仪”,“四”即“四象”,由太极之“一”而有两仪、四象、八卦、六十四卦以至三百八十四爻,然而此太极本无形无象要不可得,只是即数可以显之道,即数而悟道,由悟道而神明其德,并以“道”与“太极”同义,以“物物无非太极”即“物物无非道”楷定太极,所谓“知太极之本无极,而物物无非太极,则物物无非道矣”①。如此,“物”“太极”“道”“无极”便相融相即、一体无间。对“太极”和“无极”的具体内涵,智旭进行了界定。他认为太极即心而为万法本原,无极只是觅心了不可得之谓。对于“了不可得”,智旭又解释道,天地万物虽皆有始终、有形象、有方隅、有分剂,但作为天地万物本源的真如本心之心识却

① 曹越主编,孔宏点校,〔明〕蕅益著:《明清四大高僧文集·灵峰宗论》,北京图书馆出版社2005年版,第250页。

无始终、无形象、无方隅、无分剂，是为“觅心了不可得”。由心之了不可得而天地万物无一不唯心。然而，在现实世界中，众生不解唯心之理，妄计我法二执，从而使得心识之理不彰明，故不能对因果感应妙理了如指掌。

在解《系辞》“子曰：易其至矣乎”一节时，智旭又视太极与易理为一，以阴阳、太极和自心本具之易理为一。他认为，自天地设位以来，易理已行于其中。而天下之物虽至赜，总不过阴阳所成。若恶天下万物之赜，就是恶阴阳，就是恶太极，也就是恶众生自心本具之易理。然易理、太极、阴阳等皆不可恶，则天下万事万物之至赜亦不可恶。天下之事虽动至极，然总不能超越阴阳之动静所为。如果说天下之至动为乱，实则是以阴阳、太极、众生自心之易理有乱。易理、太极、阴阳等皆不乱，则天下之至动亦不得乱。是以君子虽处至赜至动中而能善用其拟议以成变化，能够操持至赜至动之权而自心自性恒如如不动（卷八《系辞上》）。在解《伏羲八卦次序》时，智旭又进一步以动静阴阳诠释太极，以太极为非动非静而双照动静；以阳亦太极，阴亦太极，而太极双照动静还具阴阳而成四象、八卦。由八卦而四象而阴阳亦只是太极。太极本身本无实法，由是得以成就一切法。另一方面，智旭又以“一”为太极，从太极至六十四卦为“顺数”，亦即佛教之流转门，从而使现象世界得以展开；从六十四卦到太极为逆数，是为佛教之还灭门，从而成就世界向自性本体的回归。圣人之所以作《易》，其实就是要人们不离流转门的现象界而透悟还灭门的本体界，超越生死轮回诸苦，成就圣贤境界，最终进入佛教涅槃之境，成就极乐佛果。这就是他所谓的“易逆数也”（卷十《图说》）。

基于这一理念，智旭在解“大衍之数五十，其用四十有九”时说：“及揲蓍时，又于五十数中，存其一而不用，以表用中之体，亦表无用之用，与本体太极实非有二。”（卷八《系辞上》）大衍之数揲蓍时“存一不用”即表用中之体、无用之用，这与“本体太极实非有二”，实即“太极本无极”之谓。无极虽“不可得”，但借以表万法诸功用中之体，是无用之大用，为太极所本。所以太极只是谓心为万法本原，是本体之发用；无极则为觅心了不可得，实则为自性清净之真如，是太极之所依。此真如“但有性德，未有修德，故不守自性，不觉念起而有无明。此无始住地无明，正是二种生死根本，密说之为太极”①。智旭此论颇费参详。易即真如，而真如但具性德而无修德，是无为法，因是不守自性而产生无始住地之无明。此无明正是二种生死根本，密说为“太极”，也就是以无明即有为法之太极。一切法依之而立，由是太极得为万法之本原而成为万物产生的直接因。若结合智旭对《系辞》“天一地二”一节的解读，此论就更为明晓。他说：“太极无极，只因无始不觉妄动强名为一。一即属天，对动名静。静即是二，二即属地。”（卷八《系辞上》）无明即为无始不觉妄动，亦即性具之恶，以易学释之则谓太极。太极之无极也就是无始无终的清净真如，仅具性德而未有修德，是以不守自性、不觉念起而生起无明，强名为“一”，是为“太极”。太极性修兼具，是有为法与无为法之和合，亦即生灭与不生灭之和合。由此始有无始不觉之妄动，动即属阳，强名为一，一即属天。对动而有静，静即二，二即属阴属地。这样太极得以成就阴阳二仪。

显然，智旭释易有太极之义，目的就是探究世界的缘起法，以太极为世界缘起的直接因，由此赋予“太极”更为深广的内涵，太极也就成为纷纭万象的此岸世界与清净无染的彼岸世界的桥梁和纽带，从而使现实世界和理想世界的矛盾冲突得以化解，对现实的此岸世界予以解说。不仅如此，智旭又强调太极为自心之易理，太极

---

① 曹越主编，孔宏点校，〔明〕蕅益著：《明清四大高僧文集 · 灵峰宗论》，北京图书馆出版社2005年版，第197页。

与心体相契,以此打通佛易的本质联系。由此,智旭进一步证明了“易理”即“自心”“不思议心体”,进而又释易为心,以易为“密说为易”之真如。

3.“易即真如之性”

智旭认为,儒学的真谛是心学。自孔子以至阳明,儒学即以心学为旨归,孔子所传即“千古圣贤心学”,至程朱理学“循行数墨”及公辈“索隐立异”所为文字知解已然尽失孔子之旨,以致朱熹“早富著述,晚乃悔,欲追泯之不可得”①。依他之见,儒门致知格物之旨尽在究其本心,并以不迁怒、不贰过为孔门正传心法。智旭更将阳明的四句教改为:“无怒无过心之体,有怒有过意之动,知怒知过是良知,不迁不贰是格物。”而在孔门诸贤中,唯有颜回达其旨,了知心外无境,深达唯心识观,成就不远之复。② 于是,智旭在对儒家所谓的“十六字心传”进行解读时又对“心”进行了一番界定和开拓,以尧、舜、孔、颜等先圣先贤“以心印心”“心外无法”来解读儒家心性之学,并将其视为儒门“一以贯之”的为道宗旨。他认为,有心而后有天地万物,众生只是迷悟因缘才使“心”有“人心”“道心”之别。究竟言之,自心本体只是惟一之体,元不属迷悟两端。尧、舜、禹、汤诸圣皆以此心学立其极,了知心外别无天地万物,由是心物相与为一,互感互应。尽管世事变迁,“而吾人心性元未尝往”,是以孔颜、王通、陆象山、王阳明诸位圣贤代代相续,绵延不绝。尧、舜、孔、颜等所见不过是通达了悟心外无法之旨,由此物格而良知自致,由知至而意诚心正,乃至修齐治平。所以,“后之学者,苟契

① 曹越主编,孔宏点校,〔明〕蕅益著:《明清四大高僧文集·灵峰宗论》,北京图书馆出版社 2005 年版,第 92 页。

② 曹越主编,孔宏点校,〔明〕蕅益著:《明清四大高僧文集·灵峰宗论》,北京图书馆出版社 2005 年版,第 100 页。

于心性之源，谓尧、舜、孔、颜至今未亡可也”①。由于智旭一生独服膺阳明心学，故其解《易》每每援引陆王“心即理”的思想来界定“易理”和“太极”，以“心”“理”“易理”“无极”“太极”等范畴互诠互释，并以“心”作为沟通佛学与易学之间的桥梁。如“自心”与“天理”相合而为理所护佑、“天文地理”皆由于“自心”一念之妄动妄静(卷八《系辞上》)、贯穿天地始终的易理即自心之易理等观点，皆是基于陆王心学所做的发挥。

同时，智旭又以佛教心性思想与之融通，以唯心识观为世界本体勘定哲学基本问题，主张一切“吉凶祸福”无不出于“自心”，“心外更无别法”(卷九《说卦传》)。大化周流莫不依于一念无明法性心而成形，从而为世界万事万物的存在构筑本源，即其所谓“十法界不出一心”(卷九《系辞下》)。这既是佛门心法，亦可说是对陆王心学的扬弃。不过，智旭并不以陆王为限，而是进一步据佛教“万法唯心”的观念涵摄“自心”之“易理”所以“幽深”之故。他说：“约观心者：一念发心为帝，一切诸心心所随之，乃至三千性相，百界千如，无不随现前一念之心而出入也。”(卷九《说卦传》)“无有一事一物而不会归于即心自性也。”(卷一《乾》)此心不在过去、现在和将来，出入无时；不在内外中间，无有方所。人要“了知心外无法，不于心外别求一法，故为志在内而志无咎”(卷三《临》)。是以士君子“知一切险难境界，惟吾心自造自现，故不敢怨天尤人，但反身以修其德”(卷五《蹇》)。同样，时间亦不例外，“时无实法，依于色心分位假立。心无形象，依色表见……故知时惟心现，无在而无所不在”(卷六《革》)。不仅“唯心为佛法之家”(卷五《家人》)，亦为易学之家。由此，智旭以“心”作为易学和佛教之共法而成就其

① 曹越主编，孔宏点校，〔明〕蕅益著：《明清四大高僧文集 · 灵峰宗论》，北京图书馆出版社2005年版，第135页。

最终的学理归趣,《周易》经传便一一对应佛门"心法"。甚至可以说,《周易》只是出于权说或方便之说而谓之"所泄妙机"的"密说"。

对此"密说",智旭称:"当知易即真如之性,具有随缘不变,不变随缘之义,密说为'易'。而此真如,但有性德,未有修德,故不守自性,不觉念起而有无明。此无始住地无明,正是二种生死根本,密说之为'太极'。"①此间,他依佛教"万法唯识""三界唯心"的教义,推出其易学"以易为心"的终极结论。"当知易即真如之性,具有随缘不变、不变随缘之义,密说为'易'",其实就是将佛教的根本宗旨"佛性"即"真如之性"直截了当地比附于"易"。易之所以为真如或佛性,乃因真如具有随缘变易而其本性不变的特质,有不守自性的"性德"而没有自性妙明的"修德",是以虽"变易终于不易",此为世界得以存在的根本因。又因真如随缘变易而未有修德,因而不能守其真如自性,不觉一念生起而为无明所覆蔽,此无始住地之无明即为太极,也就是生死轮回的根本所在。这种"密说",也只是一种权变的"方便说法"或"权说"。因而,在智旭看来,"易有太极"就是说易虽为真如之性,但由于其不守自性随缘变易而有"无始住地无明"。此无明就是现象世界得以形成和开启的直接原因。若进而以周子、道家比附,则周子之"无极"、道家之"道"、佛教之"真如心"皆可统于《周易》"易有太极"之"易"。进一步说,将周子和《易传》之"太极"与佛教"生灭心"之阿赖耶识和道家之"一"相较亦不无道理,世界万物由是而生。这样,由无明妄动之太极到世界万物化生为顺,是为生死轮回的娑婆世界;由世界万物生灭流转而回归于无明妄动之太极并直达易真如之性超脱生

① 曹越主编,孔宏点校,〔明〕蕅益著:《明清四大高僧文集·灵峰宗论》,北京图书馆出版社2005年版,第197页。

死轮回为逆,是为清净涅槃的极乐世界。“易逆数也”,教导世人出离生死苦海的出世宗旨。太极所生之动静、阴阳二门,既是生死轮回诸苦的源头,也是成就佛果的关键。当一念心迷失则顺动静或散或昏而生死流转,当一念心觉或悟则藉动静修行止观定慧而进入涅槃超脱生死。这无疑是对儒家心学的扬弃,以佛教心性论来阐发心学。

所以,智旭不以太极而以易为宇宙本体,并认为易即真如,以易为心自性,此真如不能守自性而有无明,宇宙万物由是而生死轮回不已。这样,真如本体就成为现象世界得以存在和发生的根本因。智旭此举旨在弘传“三界唯心”“万法唯识”的佛教教理,促使易佛乃至儒释道三教圆融互通。如其所言:“故吾谓求道者,求之三教,不若求于自心。自心者,三教之源。三教皆从此心施设。苟无自心,三教俱无。昧自心,三教俱昧。苟知此心而扩充之,何患三教不总归陶铸也哉?心足以陶铸三教,乃名能尽其性,亦能尽人物之性。尽人物之性,乃知民不止吾胞,物不止吾与。”①自心乃儒释道三教共依之源,三教皆从此心施设。这就赋予了易即自心的原始性和永久性。

(二)“乾元即佛性”的圆融运思

尽管儒佛两家的心性之学存有诸多差异,但二者都以现实人性的善恶染净为理论起点,都以自觉为修行中介,以成圣达佛为归趣。宋明诸儒可以站在儒家立场上吸取佛性论资源重铸儒学,佛门中人同样可以借助儒学心性思想宣扬佛家宗教学说。从这一思路出发,智旭提出了乾元佛性说。他认为,“乾元”与“佛性”乃同一

① 曹越主编,孔宏点校,〔明〕蕅益著:《明清四大高僧文集·灵峰宗论》,北京图书馆出版社2005年版,第465页。

范畴,是一物之异名。此举旨在阐发“性修不二”之理,实现性德与修德的有机结合,为其佛易合一的“性修不二”工夫构筑理论基石。《周易》既是明心见性之书,同样也是成圣成佛的宝典。为了给修行成就圣贤和佛果提供学理依据,进一步圆融佛易,智旭断言:“佛性即乾道”,“佛性常住之理,名为乾元。”(卷一《乾》)

概言之,智旭从“本元义”言易即真如佛性,论述了世界存在的根本或根源问题;从世界形成的“生成义”言易有太极之义,诠释了世界的生成问题;又从“因缘义”言乾元即佛性,解读了众生得以成佛成圣的内在根据和可能性。其论乾卦《彖传》曰:“竖穷横遍,当体绝待,故曰‘大哉乾元’。试观世间万物,何一不从真常佛性建立。设无佛性,则亦无三千性相,百界千如,故举一常住佛性,而世间果报天、方便净天、实报义天、寂光大涅槃天,无不统摄之矣。依此佛性常住法身,遂有应身之云,八教之雨,能令三草二木各称种性,而得生长。”(卷一《乾》)乾元广大,无物不覆。另一方面,世间万物又无一不从真常佛性建立,即使世间报天、方便净天、实报义天、寂光大涅槃天等“四天”亦无不由之统摄。若无佛性,也就没有三千性相、百界千如的三千大千世界。而此佛性即常住法身,据此得有应身,由是能够使得三草二木各称种性而得生长。此常住佛性即为乾元,二者实为一物之两名。“此常住佛性之乾道,虽亘古亘今,不变不坏,而具足一切变化功用,故能使三草二木各随其位而证佛性。既证佛性,则位位皆是法界。统一切法无有不尽,而保合太和矣。所以如来成道,首出九界之表,而刹海众生,皆得安住于佛性中也。”(卷一《乾》)佛性的变化有如变动不居之乾道,尽管历经从古至今,但依然不变迁不毁坏而又具足一切变化功用。既能够随其位而证成佛性使得位位皆是法界,又能够统御一切法而无有不尽使得万法保合太和,“一切万物既皆资始于乾元,则罔非乾道之变化”(卷一《乾》)。“物物具乾道全体”而保合太和时,不过是“此常住佛性之乾道”所本自具足的一切变化功用，此“佛性常住之理，遍能出生成就百界千如之法”，“佛性常住之理，名为乾元”（卷一《乾》）。佛性与乾元的性质、特点和功用并无二致，故乾元即佛性。

在以乾元表征雄猛不可沮坏之佛性后，智旭又以乾卦四德表征佛性四德。我们知道，早在魏晋南北朝时期，佛儒即在伦理层面上获得了调和沟通，其中之一便是以佛教五戒与儒家五常相配。及至隋唐，乾卦的“元亨利贞”四德又与佛性的“常乐我净”四德相配。华严五祖宗密认为，乾之四德始于一气，佛之四德本乎一心，而此“本觉真心”和“太易元气”实为一物，这就为乾卦与佛性之四德相配确立了依据。在此基础上，智旭进一步加以发挥。在他看来，佛性之常乐我净不仅可以与乾卦之元亨利贞对释，更可与儒家的仁义礼智四德相配。“约性则寂照之体，约修则明净之德，约因则止观之功，约果则定慧之严也。若性若修，若因若果，无非常、乐、我、净。常、乐、我、净之慧名一切智，常、乐、我、净之定名首楞严定，所以乾坤各明元、亨、利、贞四德也。今以儒理言之，则为仁、义、礼、智。”（卷一《乾》）仁体无迁故为常德，礼具庄严故为乐德，义裁制自在是为我德，智无昏翳故是为净德。仁义礼智性恒，故常；仁义礼智以爱为用，故乐；仁义礼智自在满足，故我；仁义礼智无杂无垢，故净。佛性四德无杂，故仁；四德周备，故礼；四德相摄，故义；四德为一切法本，故智。是以具备仁义礼智则能成就圣贤，具足常乐我净则能成就佛果，二者互融互摄，无有分别。智旭又说：“前约仁礼义智四德以释元亨利贞。今更申明四德一以贯之统惟属乾，而非判然四物也。举一乾字，必具元德。举一元字，必统四德。元之大，即乾之大矣”，“佛性必常，常必备乎四德。”（卷一《乾》）佛、易、儒之四德互含互具互摄互融，颇类天台“百界千如”、“十界互具”以及华严之“事事无碍”观。

智旭此说对世出世间法、真俗二界的交流与融合不无推动，证明了世俗之德与佛性之德互具互足，完全能相互容摄。在解同人上九爻时，智旭说：“九五刚健中正，而定力不足。虽见佛性，而不了了。所以先须具修众行，积集菩提资粮，藉万善之力，而后开发正道。盖是直缘中道佛性，以为迥出二谛之外。所以先号咷而后笑也。”（卷三《同人》）此间，智旭以渐进法门导化众生，并以中道佛性迥出真、俗二谛之外。同人九五刚健中正，然空有其慧而定力不足，虽能洞见佛性，却不够彻证彻悟，故须具修众行，积功累行，涵养菩提资粮，藉万善之力而后开发出正道。所谓“正道”，就是“迥出二谛之外”的佛化中正之“中道”。

（三）“中正”即“中道”的佛化中正说

“中正”既是《易传》的爻位体例，也是该书倡导的道德观念。智旭把易学的“中正”与佛学的“中道”贯通为一，从而形成了特色鲜明的佛化中正说。如其解观卦彖辞云：“佛法释者：大观者，绝待妙观也。在上者，高超九界也。顺者，不与性相违也。巽者，遍于九界一切诸法也。中者，不堕生死涅槃二边也。正者，双照二谛，无减缺也。”（卷三《观》）这是智旭对“中”和“正”作出的典型佛学化解读。在解易过程中，他对“中正”说还进行了诸多发挥。如益卦震下巽上，上下二体皆主木，故可以涉大川。坤卦因大施得其初爻为震，乾卦因地生得其初爻为巽，举凡八卦无不是天施地生之益。是以益道与时偕行而无方所，此益即全体乾坤、全体太极、全体易道。其他六十三卦莫不皆然。以佛法言之，“开圆解以显性德名为天施，立圆行以成修德名为地生”，损佛界之上而益九界之下、损己而利人之“天行，圣行”名曰“中正”。也就是说，“中正”本体高妙而其迹却下，“故自上下下，而其道大光”（卷五《益》）。比卦九五阳刚中正而得为天下之共主，故称“显比”。如同圣人最初并无意于要结人心，即使有天下而不与，此正为“吉之道也”。此是就儒理言之。就佛法而言，九五爻符示法王出世，具阳刚中正之德，如杲日当空，故称“显比”。对于无缘之人善用大舍三昧救度之，此即诸佛弟子。对无缘之人则不强求进行度化。若以观心释之，则为实慧开发，有如赫日丽天，由是亦得名“显比”（卷二《比》）。解坤卦六二时称，世间净禅即实相，是为直方大。正念真如为直、善法无缺为方、功德广博为大，分别谓为定之体、相、用。以世间净禅法尔本自具足实相之法身、般若、解脱三德，能于根本禅中通达实相，即使不习然而却无不利；以向净禅中而觑实相理，名之为动。动则三德之理现前，于禅开秘密藏，是故“地道光明”（卷一《坤》）。

智旭进一步将《周易》“中正”与佛教“中道”思想相联系，以为“中正”即“中道”。“中道”系佛教之根本立场，佛教以中道为最高真理，于大、小二乘广受重视，其意义虽各有深浅，但各宗均以此表其教理核心。具体而言，“中道”表示双照而离有无二边之极端、邪执，“中”即不二，为绝待之称。也就是不堕极端，脱离边邪，不偏于任何一方之中正，又称“中路”，或单称“中”。中道表示宇宙万有之真实相，故在中道即实相的意义上，称为中道实相。《中论》偈曰：“因缘所生法，我说即是空，亦名为假名，亦是中道义。”中道即一真不二，含义亦与真如、法性、法身、法界、佛性、实相等同。智旭以中正为佛教中道，以中道即中正之道，批驳偏空、偏有的小乘教法，坚持大乘“中道实相”思想，认为得中则为得正，以中与正非二理。他说：“从屯至此（注：‘此’指比卦）六卦，皆有坎焉。坎得乾之中爻，盖中道妙慧也。其德为陷为险。夫烦恼大海，与萨婆若海，岂真有二性哉？且从古及今，无不生于忧患，死于安乐。故四谛以苦居初，佛称八苦为师。苦则悚惕而不安，悚惕不安，则烦恼海动，而种智现前矣。圣人序卦之旨，不亦甚深也与！”（卷二《比》）屯卦至比卦六卦之中皆有坎卦，坎卦得乾卦中爻而居中位，坎中一阳表征慧,故此中爻即中道妙慧。众生烦恼大海与萨婆若智慧大海实无二性,烦恼与种智一体无间,实为不偏于空有二边极端的中道观。从古及今,众生无不生于烦恼忧患而死于安乐之中。因而,佛陀教化众生的四谛真理以苦居初,佛称八苦为师。众生因苦悚惕不安,则烦恼海动而种智现前。如此环环相扣,众生由苦而得种智乐境现前,最终得悟中道之理。是以智旭叹曰:“圣人序卦之旨,不亦甚深也与!”

智旭的蛊卦注既可视为其爻位说的综论,亦可作为其佛化中正思想的结论。他首先从世道视角统论蛊卦六爻:初六如贤士,九二如文臣,九三如贤将,六四如便嬖近臣,六五如贤王,上九如夷齐之类;次则以“约佛化”解读六爻:下三爻有如外护,上三爻有如内护。其中,初六爻柔质居下位,以布施之力承顺三宝者;九二刚爻居中,是为以慈心法门屏翰正法者;九三阳爻居阳位而过刚,但兼具威折之用,是为护持佛教者;六四柔质得正,但能自守,却不能训导人;六五柔质得中,能够化导一切众生;上九践履力行头陀远离行,表面看似无意度化众生,然佛法全依赖于此人作榜样,其志可则;最后,智旭从“约观心”为视角出发,认为初六柔质本是定胜,得为父之蛊,居阳位则仍有慧子,是以无咎。必精厉一番,方使慧与定等最终致吉。九二阳刚之质,本是慧胜而得为母之蛊,但居阴位,是以仍有其定。九二之所以取定者,只是欲助其慧而已;九三以阳爻居阳位,过刚不中,聪明反被聪明误,其智慧反成蛊,故小有悔。出世救弊之要,最终仍须藉智慧之力,是以无大咎;六四阴爻居阴位,过于柔弱,不能发慧,若以此而往,则未免随味禅而生上慢,所以可羞;六五柔质而得中,定有其慧,必能见道;上九阳爻居阴位,慧有其定,顿入无功用之道,因是为不事王侯而高尚其事。所谓“佛祖位中留不住”者,是以其志可则(卷三《蛊》)。此间,智旭融爻位、中正、佛理于一体,使易学和佛学彻底交融合一,既深契于儒学易旨，又深得佛学三昧；既将爻位中正与否和佛法性修不二之学相圆融，又以阴阳刚柔与定慧双修相即不离，从而又开启了“性修不二”的工夫哲学。

（四）“性修不二”的工夫哲学

智旭以心性融通儒佛，就是要为理想与现实搭起中介，为真与俗、禅与易、儒与释的贯通构建一桥梁，使易学与佛学殊途同归，从而实现其“吾所由解易者无他，以禅入儒，诱儒知禅”的立论宗旨。在他看来，要想获得身心轻安，祛除痛苦烦恼，就需根据佛教修行路径，按照教理行证和信愿行的阶次，切实发心修炼，尅除无明烦恼，由迷至觉，渐现真如本性，最终脱离生死苦海，还人身本来面目，乃至开佛知见。基于此，智旭又对佛教修行办道的工夫哲学展开论证。他说：“孔子借释彖爻之辞，而深明性修不二之学。”（卷一《乾》）这里的“性”，是佛教的核心范畴“佛性”或“性德”；“修”即修德，指佛教的修行，亦即佛教工夫。他进一步援引《周易》“自强不息”的精神，化导众生法天行之健，倡言“以修合性”，成就佛果，共享极乐。“本由法性不息，所以天行常健。今法天行之健而自强不息，则以修合性矣。”（卷一《乾》）众生由学理到修行工夫，要不断进德修业，以修德开显性德，进而成就佛道、自利利他。智旭此说，既能给为人处世、修齐治平提供有效合理的方法，又基于宗教信念为人们出离现世诸苦、修心成佛、达成极乐指明了方向。

智旭认为，《周易》与佛学不仅在义理上圆融相通，在成圣作佛的修行路径上亦异曲同工。他从“佛之说法不外自行、化他二途”出发，以性修二德勘定《周易》上下经。“上经始乾、坤而终坎、离，乃天地日月之象，又寂照定慧之德也。是约性德之始终。下经始咸、恒而终既济、未济，乃感应穷通之象，又机教相叩、三世益物之象也。是约修德之始终。”“又上经始于乾、坤之性德，终于坎、离之修德，为‘自行’因果具足。下经始于咸、恒之机教，终于既济、未济之无穷，为‘化他’能所具足。此二篇之大旨也。”（卷五《咸》）其解《序卦》更是一言尽得其妙：“《序卦》一传，亦可作世间流转门说，亦可作工夫还灭门说，亦可作法界缘起门说，亦可作设化利生门说。在儒内圣外王之学，在释则自利利他之诀也。”（卷九《序卦传》）“内圣”之“自利”实即“性德”，为外王之体；“外王”之“利他”即“修德”，为内圣之用。“修德”之外王开显“性德”之内圣，“性德”之体圆满“修德”之用，“修德”与“性德”为相即不离的不二法门，实则是对“性修不二”工夫的易学化解读。

关于性德，智旭曾说：“由证三德，方坐道场，故位乎天德。天德者，天然之性德也。极则必返，证佛果者，必当同流九界。性必具修，全性起修，乃见性修不二之则。”（卷一《乾》）天德即天然之性德，性德必具修德，全性以发起修德。关于修德，智旭认为它是现实世界众生个体与社会和谐的出发点，济世利民便不可无修德。修德以入世，普利众生。对本有妙明真心的体认证悟，对社会道德规范的践行，对现实世界的参与投入，促使人与社会和谐统一。“修德”更培养完美的理想人格境界，即所谓“圣人以修合性，而自利功圆”，“圣人修德功圆，而利他自在”（卷一《乾》），实现人间净土，其义同于内圣而外王、自利而利他，从而“自利既成，便可以化成天下矣”（卷四《离》）。

智旭还以性修不二与乾坤二德进行对释。其解坤卦彖传曰：“佛法释者：以坤表多所含蓄而无积聚之如来藏性。约智名乾，约理名坤。约照名乾，约寂名坤。又可约性名乾，约修名坤。又可修中慧行名乾，行行名坤。乾坤实无先后。以喻理智一如，寂照不二，性修交彻，福慧互严。今于无先后中说先后者，由智故显理，由照故显寂，由性故起修，由慧故导福。而理与智冥，寂与照一，修与性合，福与慧融。故曰‘至哉坤元万物资生乃顺承天’也。称理之行，自利利他。一行一切行，故德合于无疆之智而含弘光大也。牝马行地，虽顺而健。三昧随智慧行，所以为佛之三昧也。夫五度如盲，般若如导。若以福行为先，则佛知见未开，未免落于旁蹊曲径而失道。惟以智导行，行顺于智，则智常而行亦常。故西南得朋，不过与类俱行而已。惟'东北丧朋'，则于一一行中具见佛性。而行行无非法界，当体绝待，'终有庆'矣。所以'安贞'之'吉'，定慧均平，乃可应如来藏性之无疆也。"（卷一《坤》）因而，在统论乾坤二卦时，智旭以乾元与坤元对举，以乾坤相即为一、无有先后，二者一阴一阳、不可分离，以之晓喻佛法理智如一，寂照不二，性修交沏，福慧互严，从而开显乾坤二卦既明性德又明修德。他极力反对性修割裂。若只知性德而不知修德，犹如眇其一目；崇尚智慧行而不能够崇尚脚踏实地之践履行，犹如跛其一足。二者既不得见正法身，又不能到彼岸而脱离苦海（卷三《履》）。

智旭又以卦爻辞和六爻时位探究了佛教修行办道的工夫，并以佛家"六即""六度"与易之"六爻""六位"对释互诠。所谓"六即"，是指天台智者大师所立的六种行位，以示由凡夫修行达至成就佛果的位次。这里的"即"是体一不二之义。六即包括理即、名字即、观行即、相似即、分证即、究竟即等六行位，又称六即佛、六是、六绝、六如。智旭认为，"六即"之理恰可与一卦"六爻""六位"相互印证。如其以乾卦初九为理即位、九二为名字位、九三为观行位、九四为相似位、九五为分证位、上九为究竟即位。"理即位中，佛性为烦恼所覆，故'勿用'。名字位中，宜参见师友，故'利见大人'。观行位中，宜精进不息，故'夕惕若厉'。相似位中，不着似道法爱，故'或跃在渊'。分证位中，八相成道，利益群品，故为人所'利见'。究竟位中，不入涅槃，同流九界，故云'有悔'。"（卷一《乾》）"佛法释者：理即佛为贬之极，故下。名字即佛，未有功夫，故时舍。五品位正修观行，故行事。相似位拟欲证真，故自试。分证位八相成道故上治。究竟位不住涅槃,故穷之灾。用九,则以修合性,故天下治也。”(卷一《乾》)初九理即佛龙德而隐,即名如来藏。虽昏迷倒惑,然而其理常存;虽佛性之名未彰,终日行而不自觉,枉入六道诸趣,然毕竟在凡不减,在圣不增,行亦佛性,违亦佛性,终日随缘而终日不变,是以理即佛为贬之极。九二名字即佛,属口耳所闻的学问,知法性无染,存佛性之诚。虽已发菩提心,但是仅属尚未证入实践修观的理体,未有功夫,“故时舍”。九三处“五品位正修观行”,得成就正观行位中之圆妙功夫。直心正念真如,随说法净,导利前人,化功归己,止观双行,定慧具足,则能上合诸佛慈力而不骄,下合众生悲仰而不忧,“故行事”。九四相似位中拟欲证真,直观不思议境,心心欲趋萨婆若海,深观六即不起上慢,欲于此生了办大事,度脱生死二海,入圆住正位,“故自试”。九五分证位八相成道,如来成正觉时,悉见一切众生成正觉。初地离异生性,入同生性,大乐欢喜,乃至证法身已,入普现色身三昧,在天同天,在人同人,法界六道所同仰,“故上治”。上九究竟位中法身不堕诸数,佛果出九界表,寂光非等觉以下境界,是以究竟位中,必逆流而出,示同九界,还现婴儿行及病行,不住涅槃,“故穷之灾”。用九是用有变化之慧,不用七之无变化慧。阳动即变为阴,以喻妙慧必与定俱。是以证佛果者,离四句,绝百非,不可以相求,不可以识识,必当同流九界,性必具修,全性起修,以修合性,乃见性修不二之则,“故天下治也”。

智旭还以大乘“六度”行法与卦之“六爻”相配。“六度”指大乘菩萨所必须实践的六种修行,又称六波罗蜜:一布施,二持戒,三忍辱,四精进,五禅定,六智慧。在释坤卦初六爻时,智旭说:“又约乾为正行,坤为助行者:坤之六爻即表六度。布施如履霜,驯之可致坚冰。冰者,乾德之象,故云乾为冰也。持戒则直方大,摄律仪故直,摄善法故方,摄众生故大。忍辱为含章,力中最故。精进如括囊，于法无遗失故。禅定如黄裳，中道妙定遍法界故。智慧如龙战，破烦恼贼故。”（卷一《坤》）在统论贲卦六爻时，智旭更以“六度”“六即”与卦之六爻圆融互诠：“佛法释者：初九以施自贲，六二以戒自贲，九三以忍自贲，六四以进自贲，六五以定自贲，上九以慧自贲。又初九为理贲，不以性德滥修德故；六二为名字贲，从此发心向上故；九三为观行贲，不可暂忘故；六四为相似贲，不住法爱故；六五为分证贲，于三谛不漏失故；上九为究竟贲，复于本性，无纤瑕故。”（卷四《贲》）

在修禅观方面，智旭又在《周易》的“乾坤”“阴阳”与佛学的“止观”“定慧”之间建立了连接。“止观”是佛教的重要修行法门，也是天台宗主张脱离苦海获得解脱的根本路径。“止”为停止义，谓止息妄念，或停止于谛理而不动，也就是息止烦恼虚妄心；“观”为观达义，谓智慧的利用，穿凿烦恼而殄灭之，或观智通达，契会真如，也就是进行简择而获得般若智慧。合称“止观”，又称寂照、明静，亦即止息一切外境与妄念而贯注于特定对象，由是生起正智慧以观此对象。

《易传》称：“乾坤其易之门耶?”“乾坤其易之蕴耶?”在佛学中，止观定慧是佛教修行的基本观念与方法，是明心见性的桥梁。因而智旭相信，乾坤阴阳与止观定慧必可融通。坤阴为定、为止，乾阳为慧、为观。定与慧、止与观相反相成，犹如阴阳对待、乾坤并举。“乾即照，坤即寂。乾即慧，坤即定。乾即观，坤即止。若非止观定慧，不见心体。若不见心体，安有止观定慧？是故即形而非形者，向上一著即谓之道。无形而成形者，向下施设即谓之器。道可成器，器可表道，即谓之变。从道垂器，从器入道，即谓之通。自既悟道与器之一如，以此化天下之民，即谓之事业矣。是故夫象也者，不过是圣人见天下之赜，而拟诸其形容象其物宜者也。夫爻也者，不过是圣人见天下之动，而观其会通，以行其典礼，系辞焉以断其吉凶者也。是以卦可极天下之赜,辞可鼓天下之动,变可尽化裁之功,通可极推行之妙。此终非书之所能尽言,亦非言之所能尽意也。神而明之,必存乎其人。而默而成之,不言而信,又必存乎德行耳。德行者,体乾坤之道而修定慧,由定慧而彻见自心之易理者也。"(卷八《系辞上》)"心体"即"易","止观定慧"则是通达心易本体的门径。若非止观定慧之修法,就无从得见心体。同样,若不见心体,也就没有止观定慧的修行之法。既然乾坤对应止观定慧,则体悟乾坤之道即可彻见心性本源,直达心源性海。

据此,智旭对《周易》诸卦进行了修禅工夫化的解读。他以阴爻阴位为定为止,以阳爻阳位为慧为观。如其解坤卦曰:"乾之六爻,兼性修而言之。坤之六爻,皆约修德定行而言。初上二爻,表世间味禅之始终。中间四爻,表禅波罗密具四种也。二即世间净禅,而达实相。三即亦世间亦出世禅。四即出世间禅。五即非世间非出世禅。又借乾爻对释。初九有慧无定,故'勿用',欲以养成其定。初六以定含慧,故如'履霜'。若'驯致'之,则为'坚冰'之乾德。九二中道妙慧,故'利见大人'。六二中道妙定,故'无不利'。九三慧过于定,故'惕厉而无咎'。六三定有其慧,故'含章'而'可贞'。九四慧与定俱,故'或跃'而'可进'。六四定过于慧,故'括囊'而'无誉'。九五大慧中正。故'在天'而'利见'。六五大定即慧,故'黄裳'而'元吉'。'亢'以慧有定而知悔,'战'则定无慧而道穷也。"(卷一《坤》)在解小畜卦时,他进一步说:"修正道时,或有事障力强,须用对治助开。虽用助开,仍以正道观慧为主。初九,正智力强,故事障不能为害,而'复自道'。九二,定慧得中,故能化彼事障反为我助而'不自失'。九三,恃其'乾'慧,故为事障所碍,而定慧两伤。六四,善用正定以发巧慧,故'血去'而'惕出'。九五,中正妙慧,体障即德。故能'富以其邻'。上九,定慧平等,故事障释然解脱,如'既雨既处'而修德有功。"(卷三《小畜》)小畜除九三无有正慧，致有“增上慢”故为事障所碍而定慧两伤外，其余五爻皆定慧相济，故获吉祥，定中含慧，慧中含定，以慧入定，从定发慧，二者不即不离，恰如水月相摄。

智旭还以止观双运、定慧具足的佛教修行原则诠释乾坤六子。在解《文王八卦次序》时，他以乾为男即父，坤为女即母。坤卦得乾之阳爻而为震、坎、艮三男，是为有慧之定，即止而观；乾卦得坤之阴爻而为巽、离、兑三女，是为有定之慧，即观而止。震义观穿，艮义观达，坎义不观观；巽义止息，兑义停止，离义不止止。在解《说卦传》“乾，天也”一段时，智旭又说：“方便为父，智度为母。三观皆能破一切法，为长男；三止皆能息一切法，为长女。三观皆能统一切法，为中男；三止皆能统一切法，为中女。三观能达一切法，为少男；三止皆能停一切法，为少女。”（卷九《说卦传》）此处的“三观”指空观、假观、中观，“三止”指体真止、方便随缘止、息二边分别止，三止同三观互应相对又相辅相成。止观双运，乃得解脱。他还特别强调定慧平等，以定生慧，以慧发定，慧有其定，定有其慧，定慧相济，相即不离。如其解蒙卦九二爻曰：“定慧平等，自利已成，故可以包容覆育群蒙而吉。以此教授群蒙修行妙定，名纳妇吉。定能生慧，慧能绍隆佛种，为子克家。妇是定，子是慧也。”（卷二《蒙》）总之，“知至至之，是妙观；知终终之，是妙止。止观双行，定慧具足，则能上合诸佛慈力而不骄，下合众生悲仰而不忧矣。”（卷一《乾》）

（五）真俗相即的境界诉求

在明末激烈的社会变革面前，智旭对僧肇《物不迁论》所阐发的不变之理产生了强烈的共鸣：“交易耶？变易耶？至于历尽万别千差世事，时地俱易，而不易者依然如故。吾是以知日月稽天而不历，江河竞注而不流，肇公非欺我也。”（卷九《跋》）世事虽然纷纭变化，但不变者依然如故。由是，他汲汲于以佛法济人度世，为迷茫中的人们开示前行的方向，强调君子应随时而不失其度，不离于正道。与王弼、程颐等人不同，智旭的随时而变易说建立在佛性的基础上，易即真如佛性具有随缘不变、不变随缘的德性。只有遵循佛性和易理方能不迷失正道，顺应时世变迁。由是，智旭进一步以真如佛性“随缘不变，不变随缘”的特质来诠释《周易》的“变易”和“不易”二义，从而成就真俗不二、世即出世的合一境界。

智旭论朱熹“交易”“不易”之说云：“可上可下，可内可外，易地皆然，初无死局，故名交易；能动能静，能柔能刚，阴阳不测，初无死法，故名变易。虽无死局，而就事论事，则上下内外仍自历然；虽无死法，而即象言象，则动静刚柔仍自灿然。此所谓万古不易之常经也。若以事物言之，可以一事一物各对一卦一爻，亦可于一事一物之中，具有六十四卦三百八十四爻。若以卦爻言之，可以一卦一爻各对一事一物，亦可于一卦一爻之中，具断万事万物，乃至世出世间一切事物。又一切事物即一事一物，一事一物即一切事物。一切卦爻即一卦一爻，一卦一爻即一切卦爻。故名交易变易。实即不变随缘，随缘不变，互具互造，互入互融之法界耳。”（卷一）智旭此间巧妙地运用华严宗的“理事无碍观”和“事事无碍观”解读“交易”“变易”，以一多相即、一即一切、一切即一的思想极为贴切地说明了卦爻与事物的关系。此论与其说是一种脱离苦海获得自救的方法，不如说是一种清醒的人生态度。《周易禅解·跋》又曰：“嗟嗟！从闽至吴，地不过三千余里；从辛巳冬至今夏，时不过一千二百余日。乃世事梦幻，盖不啻万别千差。交易耶？变易耶？至于历尽万别千差世事，时地俱易，而不易者依然如故。吾是以知日月稽天而不历，江河竞注而不流，肇公非欺我也！得其不易者，以应其至易；观其至易者，以验其不易。常与无常，二鸟双游，吾安知文王之于羑里，周公之被流言，孔子之息机于周流，而韦编三为之绝,不同感于斯旨耶!”(卷九《跋》)《周易》的“易与不易”和佛教“常与无常”如出一辙,世事犹如幻梦,无异万别千差。“易”不过是示人以变动不居的象,此象也只是事物之克肖者而已。他还以尺蠖“尚屈”意在“伸”、龙蛇之“蜇”志于“震”明示应变适变的“随缘”之理。“唯变所适”,才能进退自如、亨通无虞。至于“时地俱易,然而不易者依然如故”,实际上就是万物之本源,是修行者所欲达到的理境。“不易”即常、为体、为不变;“至易”即无常、为发用、为变易。此处,智旭充分表达了对“不易而易、易而不易”与“随缘不变,不变随缘”圆融互通的深刻洞察。

在解恒卦卦辞时,智旭进一步解说了常与无常之义:“夫感应之机,不可一息有差。而感应之理,则亘古不变者也。依常然之理而为感应,故泽山得名为咸;依逗机之妙而论常理,故雷风得名为恒。泽山名咸,则常即无常;雷风名恒,则无常即常。又咸是泽山,则无常本常。恒是雷风,则常本无常。二鸟双游之喻,于此亦可悟矣。理既有常,常则必亨,亦必无咎。但常非一定死执之常,须知有体有用。体则非常非无常,用则双照常与无常。悟非常非无常之体,名为利贞。起能常能无常之用,名利有攸往也。”(卷五《恒》)在智旭看来,感应之理为亘古不变之常,感应之机为不可一息有差之无常。常即无常,无常即常,无常本常,常本无常,由此得二鸟双游之喻。常非一定死执之常,须知有体有用,体则非常非无常,用则双照常与无常。在解恒卦象传时,智旭又指出,开始必有终结,终结必有开始。始终相代为非常,始终相续为非断,非断非常则常与无常二义俱成。天地有成住坏空、日月有昼夜出没、四时有乘除代谢、圣道有始终体用,亦使常与无常二义双存。此体非常非无常,故强名之曰恒。“夫从体起用,即不变随缘义也。用中之体,即随缘不变义也。”(卷八《系辞上》)显然,智旭以常即不易、不变,无常即变易、随缘的思想也是对程颐易学“体用不二,显微无间”思想的继承。

“随缘”，就是要随顺世间当下的自然状态，不假人为，变通以趋时，由此明进退存亡之机，知进退存亡之道，其关键是要知机；“不变”就是“其变通之正者”，即不守自性之“真如”。不变之体不离随缘之用，随缘之用不离不变之体，体用相即，不一不异。体不变故，妙用不变，体常用亦常；用随缘故，举体随缘，用无常体亦无常。正随缘，随缘即不变，别无不变所在；悟不变，不变随悟缘，了了常无迷惑。不变常自随缘，随缘常自不变。就见为论，见性不变，见一见二皆随缘，见一是真见，见二是妄见。只一见体而有真妄，不变常随缘；真见妄见总是见，随缘常不变。从此体会，方知能所不二，不二之性，即不变。迷者谓二，悟知不二，总号随缘，一性随迷悟两缘，迷悟总不改一性。“随缘不变、不变随缘之易理，天地万物所从建立也。”（卷八《系辞上》）“吾人自无始以来，迷性命而顺生死，所以从一生二，从二生四，乃至万有之不同。今圣人作易，将以逆生死流，而‘顺性命之理’。是以即彼自心妄现之天，立其道曰‘阴与阳’，可见天不偏于阳，还具易之全理，所谓‘随缘不变’也。即彼自心妄现之地，立其道曰‘柔与刚’，可见地不偏于柔，亦具易之全理，亦‘随缘不变’也。即彼自心妄计之人，立其道曰‘仁与义’，仁则同地，义则同天，可见人非天地所生，亦具易之全理，而‘随缘常不变’也。”（卷九《说卦传》）这里，智旭着重阐述了“三才之道”与“随缘不变”的内在联系。尽管万事万物变动不拘、周流六虚，但其中自有不变者在，这就是所谓的“自心”。彼自心虽妄现、妄计之天地人，但“易之全理”具足，此即“随缘常不变”者的佛性，亦可说是“对境无心是功夫”之精神境界的另一种表达。

在《灵峰宗论》卷二《示马太昭》中，智旭进一步说：“又闻‘现前一念心性，不变随缘，随缘不变’之妙，方知不易之为变易，变易之终不易。夫所谓‘不易’者，惟无方无体故。”①这是对《周易》“神无方而易无体”的解读。他更以乾卦诸爻龙象喻佛性，虽终日随缘，然又终日不变。“隐居以求其志，行养以达其道。”惟有进退存养之“随缘”工夫日渐细密，心中所存“不变”的“刚中之德”方得显发。特别是，身处困境更要“随缘”而“远遁”，“指险即止”“指机不犯”，韬光养晦，待机而动。因而，行者亦是佛性，违者亦是佛性，要在于“确乎其不可拔也”。他还指出：“天命之谓性者，天非望而苍苍之天，亦非忉利夜摩等天，即涅槃经第一义天也。命非命令之解，即第八识执持色身相续不断之妄情也。谓生灭与不生灭和合而成阿赖邪识，此识即有生之性。以全真起妄，天复称命；以全妄是真，命复称天。全真起妄，即不变而随缘；全妄是真，即随缘而不变也。率性之谓道者，此藏性中具染净善恶一切种子。若率染恶种子而起现行，即小人之道，亦名逆修；若率净善种子而起现行，即君子之道，亦名顺修。道二，仁与不仁而已矣，正合此意，亦合台家性具宗旨。修道之谓教者，小人之道，修除令尽，君子之道，修习令满，此则圣贤教法，惟欲人返逆修而归顺修，即随缘而悟不变也。”②生灭与不生灭和合而成的阿赖邪识为万法生起之本，全真起妄为不变而随缘，全妄是真为随缘而不变，真妄和合，真即妄，妄即真；随缘即不变，不变即随缘。随缘而悟不变，则人返逆修而归顺修，从而实现世间法与出世间法的合一，即俗而修真，随缘而悟常不变，不变而达常随缘。此间，智旭实以易之“随缘”为外王之业，“不变”即内圣之德，内具阳刚之德而外示阴柔之忍，内具健行不息之力而外随顺世间方便，内合佛道君子而外同流域九界小人，进而在

---

① 曹越主编，孔宏点校，〔明〕蕅益著：《明清四大高僧文集·灵峰宗论》，北京图书馆出版社 2005 年版，第 149 页。

② 曹越主编，孔宏点校，〔明〕蕅益著：《明清四大高僧文集·灵峰宗论》，北京图书馆出版社 2005 年版，第 190 ~ 199 页。

现实之中追求自由，以成就儒佛合一的内圣外王人格，这就是其易学期以达到的真俗不二之理境。质言之，智旭以佛教“不变随缘、随缘不变”之旨解读《周易》的“不易而易、易而不易”，就是试图把人与自然、出世与入世、治世与治心统一起来，为人立定一条安顿心灵与生命的道路。

以上就是智旭易学的主要内容。今天看来，易学与佛学分属截然不同的思想体系，二者关系实为异质文化的关系问题。佛教自东传始即与中土文化不断冲撞、交流、融合，而异质文化的交互是依托某种相似性在本土文化与外来文化之间形成交互视域，这种相似性会引向对彼此差异性的认识，从而导致各自文化视域的不断拓展，最终消融相互间的差异性而走向融通与重建。智旭易学就是佛学与易学会通所成就的边缘交叉学术。就此而言，《周易禅解》的以佛解易之举可谓空前，无论在易学史还是在佛教史上都具有不可忽视的价值和意义。夏金华先生认为：“从总体上说，蕅益‘以佛解易’是成功的。”①潘雨廷先生曰：“全书以佛法解《易》，确多可通之处”，“若解六十四卦三百八十四爻，语甚简明，合诸佛法，大半能得其自然。”②黄寿祺先生亦云：“今考其书，援引禅理，间虽不免傅会，然亦颇有可取者……立说皆非尽恍惚虚无。书内类此者多，未可以其援禅入儒而悉非之。”③具言之，智旭佛学易的成就与贡献约有如下数端：其一，重新界定和开拓了佛性思想，以易为真如佛性，又以乾道为佛性；以太极为生灭门、为无明。这既是对以往价值本体论思想的继承，又是一番创新，从而使易佛

① 夏金华：《佛学与易学》，台湾新文丰出版公司1997年版，第123页。

② 潘雨廷：《读易提要》卷七《蕅益〈周易禅解〉提要》，上海古籍出版社2003年版，第319页。

③ 尚秉和：《易说评议》附编《易学群书平议》，光明日报出版社2006年版，第243页。

在根本处达成一致，证明了儒释道三教之同理同心同根同源；其二，智旭将《周易》入世价值观和佛教出世价值观并轨融合，其“不变随缘、随缘不变”与“不易而易、易而不易”相融相即的境界诉求使佛教民俗化，顺应时代潮流，更大范围地实现了济世救人的价值，从而进一步催生了“大众佛教”或“平民佛教”的民间信仰，对近代太虚大师的“人间佛教”思想亦不无影响；其三，智旭积极运用对比方法，探寻易学和佛教概念理论的相通之处，由此切入到易学和佛学经典的诠释之中。他兼采诸家之长，掺以己说，使《易传》爻位说、卦变说、训诂字义、以史证易等传统方法与其约佛法释、约观心释的佛学解易方法相容无间。这在易学史上无疑具有开创之功。

当然，智旭易学亦非完美无缺。他将佛教名相与易学范畴并举对释的做法，确有比附太甚、过于牵强之嫌。更重要的是，出于“诱儒知禅”的目的，他每每强调佛学“三界唯心”“万法唯识”“三法印”“一实相印”的真理性。对他而言，以佛解易只是一时权变，最终还是要把《周易》纳入佛教体系，即泯易归佛。这就使得智旭在高扬佛学精神的同时，对易学本身的特质有所遗落。

二、《易》医互诠的张介宾易学

张介宾(1563—1640)，字会卿，号景岳，别号通一子，明代杰出的医学家。原籍四川绵竹，其先祖于明初因军功世授绍兴卫指挥，父张寿峄为定西侯客，迁浙江会稽。张介宾自幼跟随父亲学习中医经典《黄帝内经》，十四岁时游历北京，拜入当时名医金英门下，金英遂将所学倾囊相授。但张介宾学成后并未以此为业，而是投身军旅，曾随军游历北方，远渡鸭绿江，抵达朝鲜。卸职后，方潜心钻研医学。关于此一重大转折，其友鲁超曾在《景岳全书》序言中说:“壮年好谈兵击剑,思有所用于世,筮《易》得天山之遁,遂决意石隐,避世壶中。精轩歧之道,而于生死疑难之际,审呼吸于毫芒,辨浮沉于影响,君臣佐使,无不析其源流,望闻问切,无不穷其奥。”①此后,凭借其先天智慧和后天学医之积累,名声大噪。黄宗羲所撰《张景岳传》云:“谒病者辐辏其门,沿边大帅皆遣金币致之。”②此外,张介宾还广览诸子百家,通晓易理、天文、吕律、声音、堪舆、兵法,“介宾博学,于医之外,象数、星纬、堪舆、律吕,皆能究其底蕴。……在辽阳道中,闻御马者歌声聒耳,介宾曰:‘此恶声也,不出五年,辽其亡矣。’已而言验。所亲问以近事,介宾曰:‘我夜观乾象,宫车殆将晏驾,天下从此亦乱矣。’未几,神宗崩,介宾遂返越。……卒之日自题其像,召三子而诲之,其门人曰:‘先生乃死邪!吾先生故有不死者。’介宾莞尔而逝”(《黄梨洲文集·张景岳传》)。

张介宾一生著述颇丰,《类经》三十二卷是其最重要的著作。该书是张介宾积近三十年之功,对《内经》所做的分门别类的诠释。《类经》成书后,他又编写了《类经图翼》十一卷、《类经附翼》四卷。前者以图象方式对《类经》难解之处再加以详细解说,后者则探讨了《周易》与中医的密切关系,提出了“医易同源”说。书中以河图洛书、伏羲八卦方位与次序图、伏羲六十四卦方圆图、文王八卦方位与次序图来阐释《周易》与中医的关系,并以图书之学解释中医之生理、病理。此外,其《质疑录》四十五篇力辨金、元医家的偏执之处,并对自家早年著作之失逐一予以纠正。晚年,张介宾把自己的行医经验按照临床各科分类编辑成《景岳全书》六十四卷,书成

① 〔明〕张介宾:《景岳全书·鲁序》,人民军医电子出版社2010年版,第12页。

② 〔清〕黄宗羲:《黄梨洲文集·张景岳传》,中华书局1959年版,第50页。

即卒,享年七十八。

(一)医易同源

关于易学与中医的关系,先秦时期已有一些零星资料。例如,《周易》古经的爻辞中有占筮疾病的内容;《左传》记载秦国名医医和曾引《蛊》卦之象解说晋侯之病;《易传》更明确以八卦对应人体部位。魏晋罕有医书存世,可见者有六朝人托名华佗所写的《中藏经》,其中曾引用坎离两卦说明医理。针灸学家皇甫谧所著《帝王世纪》认为,伏羲所画八卦可以使六气、六腑、五脏、五行、水火、升降有形象可见,人身之病理可以类推。隋朝巢元方著《诸病源候论》用后天八卦配八风解释八方风邪之害。唐朝药王孙思邈在《备急千金要方》里明确提出,“凡欲为大医,必须谙《素问》《甲乙》……又须妙解阴阳禄命、诸家相法及灼龟五兆、周易六壬,并须精熟”。自此,宋、金、元时期的中医学家,逐渐开始在医学专著中引《易》来诠释中医生理病理。如宋代医家陈无择在《三因极一病证方论》以洛书之理诠释六气相生之道;金元中医四大家之一、“脾胃学说”创始人李东垣强调脾胃在人体中的重要性,并把人体的脾胃类比为《周易》之“太极”。及至明代,中医家孙一奎在《赤水玄珠·医旨绪余》中提出“不知《易》者,不足以言太医”的论断。可见,在张介宾之前,易学与中医的会通已有一段漫长的历史。

事实上,张介宾起初并不认为易学与中医存在关联。在经历了丰富的医疗实践和人生阅历后,他才明确提出“医易同源论”。他说:“宾尝闻之孙真人曰:‘不知易,不足以言太医。’每窃疑焉。以谓易之为书,在开物成务,知来藏往;而医之为道,则调元赞化,起死回生。其义似殊,其用似异。且以医有内经,何借于易?舍近求远，奚必其然？而今也年逾不惑，茅塞稍开；学到知羞，方克渐悟。”①他原本认为，易的功用在于开启事物，成就天下之业，预知未来，揭示过去。中医则旨在调理元阳、赞助化育、起死回生。两者功用不同，谈不上有任何关系。况且中医有自己的经典《黄帝内经》，不必借助于《周易》。然而，随着年龄的增长和知识的提升，他才逐渐悟得“医易同源”。那么，医易同源，源在何处？他说：“天地之道，以阴阳二气而造化万物；人生之理，以阴阳二气而长养百骸。易者，易也，具阴阳动静之妙；医者，意也，合阴阳消长之机。虽阴阳已备于内经，而变化莫大乎周易。故曰天人一理者，一此阴阳也；医易同原者，同此变化也。岂非医易相通，理无二致，可以医而不知易乎？”大自然以阴阳二气创生万物，此是天地之道。人体则以阴阳二气养育五脏六腑，此即人之生理。所谓医易同源，即中医与《周易》皆本于阴阳动静消长，故二者学理内在相通。

（二）内易外易

在论证了“医易同源”之后，张介宾又提出了“内易”“外易”之说。依他之见，易学的本质在于阴阳变化。细究起来，天地的阴阳变化是“外易”，人身的阴阳消长则是“内易”。为了说明二者关系，他先论证了天人一体：“伟哉人生！禀二五之精，为万物之灵；得天地之中和，参乾坤之化育；四象应天，四体应地；天地之合辟，即吾身之呼吸也；昼夜之潮汐，即吾身之脉息也；天之北辰为群动之本，人之一心为全体之君也。由是观之，天之气，即人之气；人之体，即天之体。故康节曰：思虑未起，鬼神未知，不由乎我，更由乎谁？盖谓一念方萌，便达乎气，神随气见，便与天地鬼神相感通。然则天人相与之际，精

① 〔明〕张介宾：《类经附翼》卷一《医易义》，学苑出版社 2005 年版。如无特殊说明，本节所引张介宾原文皆出自《医易义》，下不另注。

哉妙矣，诚可畏矣；人身小天地，真无一毫之相间矣。”人禀天地之气而生，故四象、四肢、呼吸、脉息、心神皆与自然之天、地、合辟、潮汐、北辰相应。即使人的细微意念，也可与天地鬼神相感通。天人贯通，一体无间。“今夫天地之理具乎易，而身心之理独不具乎易乎？矧天地之易，外易也；身心之易，内易也。”既然天人相应、一体无间，则天地之道即人身之理。天地之易与身心之易虽可分为“外易”“内易”，但二者在根本上全然相通。在此基础上，他又分析了二者的辨证关系。身心之易为重、为急，天地之易为轻、为缓：“矧天地之易，外易也；身心之易，内易也。内外孰亲？天人孰近？故必求诸己而后可以求诸人，先乎内而后可以及乎外；是物理之易犹可缓，而身心之易不容忽。医之为道，身心之易也，医而不易，其何以行之哉？”天地之易为本、为源，身心之易为末、为流：“然易道无穷，而万生于一，一分为二，二分为四，四分为八，八分为十六，自十六而三十二，三十二而六十四，以至三百八十四爻，万有一千五百二十策，而交感之妙，化生之机，万物之数，皆从此出矣。”

为了论证天地之易是身心之易的本根，他又建立了“太极”“两仪”“四象”“八卦”与人之身心的对应关系：“详而言之，则其所谓一者，易有太极也。太极本无极，无极即太极，象数未形理已具，万物所生之化原。故曰：五行不到处，父母未生前。又曰：杳杳冥冥，其中有精，其精甚真，其中有信。是为造物之初，因虚以化气，因气以造形，而为先天一气之祖也。医而明此，乃知生生化化，皆有所原，则凡吾身于未有之初，便可因之以知其肇基于父母，而预占其禀受之象矣。”“易之太极”为先天一气之始祖，为万物化生之源头，虽然无形无象，但其理已具。医者据此可明人身生化皆有其源，人身禀赋皆肇基于父母。“所谓一分为二者，是生两仪也。太极动而生阳，静而生阴；天生于动，地生于静；阳为阴之偶，阴为阳之基；以体而言为天地，以用而言为乾坤，以道而言为阴阳；一动一静，互为其根，分阴分阳，两仪立焉。是为有象之始，因形以寓气，因气以化神，而为后天体象之祖也。医而明此，乃知阴阳气血，皆有所钟，则凡吾身之形体气质，可因之以知其纯驳偏正，而默会其禀赋之刚柔矣。所谓二分为四者，两仪生四象也。谓动之始则阳生，动之极则阴生；静之始则柔生，静之极则刚生。太少阴阳，为天四象；太少刚柔，为地四体；耳目口鼻以应天，血气骨肉以应地。医而明此，乃知阳中有阴，阴中有阳，则凡人之似阳非阳、似阴非阴，可因之以知其真假逆顺，而察其互藏之幽显矣。”“两仪”，即人体所禀之刚柔。“四象”，即人体阳中有阴，阴中有阳。如心肺为阳，心则为阳中之阳，肺则为阳中之阴。肝肾为阴，肝则为阴中之阳，肾则为阴中之阴。至于“八卦”，则对应病症错综复杂的情状：“所谓四分为八者，四象生八卦也。谓乾一、兑二、离三、震四、巽五、坎六、艮七、坤八也。乾，健也；坤，顺也；震，动也；巽，入也；坎，陷也；离，丽也；艮，止也；兑，说也。伏羲八卦，分阴阳之体象；文王八卦，明五行之精微。医而明此，方知阴阳之中，复有阴阳，刚柔之中，复有刚柔，而其对待之体，消息之机，交感之妙，错综之义，昭乎已备；则凡人之性理神机，形情病治，可因之以得其纲领，而会通其变化之多矣。”

（三）以《易》证医

张介宾笃信图书之学，以河图为《易》之本原。他说：“伏羲氏王天下，龙马负图之河。其数一六居下，二七居上，三八居左，四九居右，五十居中。伏羲则之以画八卦。大禹治水，神龟负图之洛，文刊于背。其数戴九履一，左三右七，二四为肩，六八为足，五居于中。禹因以第之，以成九畴。”他认为，“十为河图”“九为洛书”，八卦起源于圣人对河图的效法，河图实乃《易》之源头，《洪范》九畴则是效法洛书而作。他还特别推崇邵氏先天学。如其所云：“《易·系曰》：‘易有太极，是生两仪，两仪生四象，四象生八卦。’邵子曰：

‘一分为二,二分为四,四分为八,是为八卦。自八而十六,十六而三十二,三十二而六十四,尤见法象自然之妙也。’伏羲六十四卦圆图内为下卦,外为上卦。内卦之序,照前乾一兑二之数以定八卦方位,外卦之序,亦照前一二等数,挨次而加于内卦之上,遂成六十四卦,混然之妙,出自天成,固非可以造作为之者。”

由此出发,张介宾常用图书、先天之学诠释医理。首先,他以伏羲先天六十四卦圆图类比人体器官的形态:“自兹而四象相交,成十六事,八卦相荡,为六十四,分内外以配六爻,推九六以成蓍数,人物由之而大成,万象因之以毕具。前阅圆图,即其精义,是图虽象乎万有,尤切夫人之一身。故曰先天图者,环中也;环中者,天之象也。六十四卦列于外,昭阴阳交变之理也;太极独运乎其中,象心为一身之主也。乾南坤北者,象首腹之上下也;离东坎西者,象耳目之左右也。”圆图中央象心,为身之主。乾卦正南,乾为首,坤卦正北,坤为腹,象征人体首上腹下。离卦居东,为目,坎卦居西,为耳,象征人体耳目之左右。其次,伏羲先天六十四卦圆图又如人体机能之生、长、收、藏:“自复至同人,当内卦震离之地,为阴中少阳之十六,在人为二八;自临至乾,当内卦兑乾之地,为阳中太阳之十六,在人为四八;自姤至师,当内卦巽坎之地,为阳中少阴之十六,在人为六八;自遁至坤,当内卦艮坤之地,为阴中太阴之十六,在人为八八。阳生于子而极于午,故复曰天根,至乾为三十二卦,以应前之一世;阴生于午而极于子,故曰月窟,至坤为三十二卦,以应后之半生。前一世始于复之一阳,渐次增添,至乾而阳盛已极,乃象人之自少至壮;后半生始于之一阴,渐次耗减,至坤而阳尽以终,乃象人之自衰至老。”先天图自复至同人共计十六卦,由下体震、离各交八卦而成,属四象之少阳。一卦当一岁,象征人自出生至十六岁的阶段。自临至乾亦十六卦,由下体兑、乾各交八卦而成,属四象之老阳,象征人自十七岁至三十二岁的阶段。自姤卦至师卦共十六卦，由下体巽、坎各交八卦而成，属四象之少阴，象征人自三十三至四十八岁的阶段。自遁卦至坤卦共十六卦，由下体艮、坤各交八卦而成，属四象之太阴，象征人自四十九至六十四岁的阶段。亦即先天图左半部分象征人体自少至壮阳气逐渐壮盛，右半部分象征人体自衰至老阳气逐渐衰减。最后，先天六十四卦圆图亦与人体气机之升、降、浮、沉、昼、夜、寤、寐对应。他说："纵观之，则象在初爻，其乾尽于午，坤尽于子，当二至之令，为天地之中而左右以判。左主升而右主降，升则阳居东南，主春夏之发生，以应人之渐长；降则阴居西北，主秋冬之收敛，以应人之渐消。横观之，则象在二爻，其离尽于卯，坎尽于酉，当二分之中，为阴阳之半而上下以分。上为阳而下为阴，阳则日出于卯，以应昼之为寤；阴则日入于酉，以应夜之寐焉。即此一图，而天人之妙，运气之理，无不具矣。"正南乾当夏至、正北坤当冬至。先天图左为春夏，为阳，主人体气机之生，图右为秋冬，为阴，主人体气机之降。正东离当春分、正西坎为秋分。先天图上半部分太阳居于地上，为阳、为昼、为寤，主人体阳气外浮；先天图下半部分太阳入地下，为夜、为寐，主人体阳气沉潜。

张介宾不仅援引图书之学入医，还以卦象、爻象解说中医医理。例如，"以疾病言之，则《泰》为上下之交通，否是乾坤之隔绝。《既济》为心肾相谐，《未济》为阴阳各别。《大过》《小过》，入则阴寒渐深，而出为症痞之象；《中孚》《颐》卦，《中孚》如土脏不足，而《颐》为臌胀之形。《剥》《复》如隔阳脱阳，《夬》《姤》如隔阴脱阴。《观》是阳衰之渐，《遁》藏阴长之因。姑象其概，无能赘陈"。这是以《易》卦象征中医病症。《泰》《否》表示人体上下畅通；《既济》《未济》表示人体心肾交济；《大过》互乾，处秋冬之交，为寒凉，所以为"阴寒渐深"；《小过》下体艮石，上体震与艮反对，为气血凝结成块之象；《中孚》卦四阳两阴，阴从坤土来，所以土脏不足；《颐》卦似大离，离为大腹，所以有臌胀之形；《剥》《夬》有脱阳、脱阴之象；《复》《姤》

有隔阳、隔阴之象;《观》《遁》为阳气渐消、阴气渐长之象。

在具体的医疗实践中,张介宾还以卦象测断病情。例如:“又若离火临乾,非头即脏;若逢兑卦,口肺相连。交坎互相利害,入东木火防炎。坤艮虽然喜暖,太过亦恐枯干。坎为木母,震巽相便;若逢土位,反克最嫌。金水本为同气,失常燥湿相干。坤艮居中,怕逢东旺;若当乾兑,稍见安然。”倘若离卦逢乾卦,离火克乾金,乾为首、为肺,故病在头部或者肺脏;离卦遇兑卦,离火克兑金,兑为口、为肺,火泽睽互见坎,坎为疾,则口、肺有疾;离卦遇震木,震木生离火,则木火炽盛而防炎;如果卦见坤、艮,应防止脾胃燥烈之症;坎卦遇震、巽,水木相生,肝肾相济,吉祥;如果坎逢坤、艮,则旺土克伤肾水,最为不祥。

此外,他还以《乾》《坤》六爻之象比拟五脏六腑。“以爻象言之,则天地之道,以六为节,三才而两,是为六爻,六奇六偶,是为十二。故天有十二月,人有十二脏;天有十二会,人有十二经;天有十二辰,人有十二节。知乎此,则营卫之周流,经络之表里,象在其中矣。以藏象言之,则自初六至上六为阴、为脏,初六次命门,六二次肾,六三次肝,六四次脾,六五次心,上六次肺;初九至上九为阳、为腑,初九当膀胱,九二当大肠,九三当小肠,九四当胆,九五当胃,上九当三焦。知乎此,而脏腑之阴阳,内景之高下,象在其中矣。”坤卦为阴,坤卦六爻当脏。初六为命门、六二为肾、六三为肝、六四为脾、六五为心、上六为肺,此五脏位置由低到高恰与坤卦六爻顺序相配;同理,乾卦为阳,乾卦六爻当腑,则初九为膀胱、九二为大肠、九三为小肠、九四为胆、九五为胃、上九为三焦。

(四)援医释《易》

张介宾一面以《易》证医,一面又援医释《易》。他曾以人体器官之形状和生理功能来解释八卦之象:“以形体言之,则乾为首,阳尊居上也；坤为腹，阴广容物也；坎为耳，阳聪于内也；离为目，阳明在外也；兑为口，拆开于上也；巽为股，两垂而下也；艮为手，阳居于前也；震为足，刚动在下也。”乾卦先天方位在上，因人首居上；坤为腹，因其广纳食物；肾阳主听，坎水为肾，所以坎为耳；阳气在外主明，所以离为目；兑为口，口开于上；巽为股，因其初爻断开，似人体两腿下垂；艮卦阳爻在上，宛如人手居前；震为足，初阳在初，正象足阳在下发动。

他又用人体器官生理功能的差异来解释伏羲六十四卦方圆图。“夫天体正圆，面南背北。南北两极，乃其运转之枢。北极居上而为尊，南极居下而为对。邵子曰：天之阳在南，阴在北；地之阴在南，阳在北。天阳在南，故日处之；地刚在北，故山处之。河图括地象曰：西北为天门，东南为地户。《内经》曰：天不足西北，地不满东南。故曰天门无上，地户无下。又曰东南方阳也，阳者其精降于下；西北方阴也，阴者其精奉于上。故阳降于下，则阳盛阴微而东南之方常多热；阴奉于上，则阴盛阳微而西北之地常多寒。昆仑峙于西北，故西北高而多山；沧海浴于东南，故东南下而多水。高者多寒，下者多热。东南阳胜，则气为熏蒸，而春夏之气多烟雾；西北阴胜，则气为凛冽，而秋冬之气多风霾。”①六十四卦圆图象天，东南十六卦阳爻最多，表示天阳在南，西北十六卦阴爻最多，表示天阴在北。六十四卦方图象地，东南十六卦阴爻最多，表示地阴在南；西北十六卦阳爻最多，表示地阳在北。张介宾认为，此即《内经》所云“天不足西北，地不满东南”之义。天阳盛于东南，故东南地势低陷，气候炎热，而西北天阳不足。地阳盛于西北，故西北多高山，气候寒冷，而东南地阳不足。不仅自然气候和地势可以证明“天不足西北，地不满东南”，人体器官功能的差异也可证实此义。“天不足

① 〔明〕张介宾：《类经附翼》卷一《卦气方隅论》，学苑出版社2005年版。

西北，故耳目之左明于右；地不满东南，故手足之右强于左。知乎此，而人身之体用，象在其中矣。”人耳目居上，故其发挥功能必有天阳的作用。据伏羲六十四卦圆图，天阳盛在东南而西北不足，东南即左，西北即右。天阳左盛右衰，故人之耳目左明于右。人手足居下，故其发挥功能必依地阳发动。据伏羲六十四卦方图，地阳盛在西北而东南不足，西北即右，东南即左。地阳右盛左衰，故人之手足右强于左。

在医疗实践中，张介宾非常注重“温补”。这一观点不但有丰富的实践基础，而且与易学思想的启发不无关联。他说：“阴以阳为主，而天地之大德曰生。夫生也者，阳也，奇也，一也，丹也。《易》有万象，而欲以一字统之者，曰阳而已矣；生死事大，而欲以一字蔽之者，亦曰阳而已矣。虽曰阳为阴偶而乾阳健运，阴为阳基而坤静常宁；然坤之所以得宁者，何莫非乾阳之所为？故曰如艮其止，止是静，所以止之便是动。是以阴性虽狡，未尝不听命乎阳，而因其强弱以为进退也。所以元贯四德，春贯四时，而天地之道，阳常盈，阴常亏，以为万物生生之本，此先天造化之自然也。”《易》曰：“生生之谓易”，“天地之大德曰生”，生即阳。人之生死皆为阳气所主。虽然阴阳互为根基才能乾阳健运、坤阴常宁，但坤所以能宁静，亦是乾阳所为。阴之进退，实受阳之进退支配。阳气为万物生长之本，此为先天自然之造化。“人是小乾坤，得阳则生，失阳则死。阳衰者，即亡阳之渐也。恃强者，即致衰之兆也。可不畏哉？故伏羲作《易》首制一爻，此立元阳之祖也；文王衍《易》，凡六十四卦，皆以阳喻君子，阴喻小人，此明阳气之德也；《乾》之《彖》曰：‘大哉乾元！万物资始乃统天’，此言元贯四德，阳为发育之首也……此言天之运，人之命，元元根本，总在太阳无两也。”①易道尚

① 〔明〕张介宾：《类经附翼》卷三《大宝论》，学苑出版社 2005 年版。

阳，人亦应调养爱惜元阳，不可用寒凉药物折损之。

综上可见，“《易》之为书，一言一字，皆藏医学之指南；一象一爻，咸寓尊生之心鉴。故圣人立象以尽意，设卦以尽情伪，系辞焉以尽言，变而通之以尽利，鼓之舞之以尽神，虽不言医而义尽其中矣”。《周易》虽未明言医理，但象辞之中实已蕴含着医学的法则。“然而易天地之《易》诚难，未敢曰斡旋造化；易身心之《易》还易，岂不可变理阴阳？故以《易》之变化参乎医，则有象莫非医，医尽回天之造化；以医之运用赞乎《易》，则一身都是《易》，《易》真系我之安危。予故曰：《易》具医之理，医得《易》之用。学医不学《易》，必谓医学无难，如斯而已也，抑孰知目视者有所不见，耳听者有所不闻，终不免一曲之陋；知《易》不知医，必谓《易》理深玄，渺茫难用也，又何异畏寒者得裘不衣，畏饥者得羹不食，可惜了错过此生。然则医不可以无《易》，《易》不可以无医，设能兼而有之，则《易》之变化出乎天，医之运用由乎我。”在“医易同源”的视域下，医学理应视为易道的现实应用。唯有医易兼通，方能“易危为安，易乱为治，易亡为存，易祸为福。致心于玄境，致身于寿域”。

应当承认，“阴阳变化”本是《周易》一书的重要理念，而中医的本质也是讲人体的阴阳变化。人生于天地之间，与宇宙自然的阴阳交感互通；人体又自成一小宇宙，其内部也有一个相对独立的阴阳交感系统。这两套阴阳交感系统，无论多么错综复杂，都有某种特定的道理存乎其中。质言之，援易入医与援医入易即基于二者道理的相通之处来展开双向诠释。事实上，《周易》的阴阳思维模式、天人一体互感互通的理念的确与中医学的理论构架相通。就此而言，张介宾易医互诠的尝试在一定程度上使得抽象的医学道理变得形象生动，从而易于被人理解接受，其积极意义和独到价值不宜轻易否定。

参考文献

〔魏〕王弼:《周易注》,楼宇烈:《王弼集校释》,中华书局 1980 年版。

〔唐〕孔颖达:《周易正义》,刘玉建:《〈周易正义〉导读》,齐鲁书社 2005 年版。

〔宋〕邵雍:《邵雍集》,中华书局 2010 年版。

〔宋〕周敦颐:《周敦颐集》,中华书局 1990 年版。

〔宋〕程颢、程颐:《二程集》,中华书局 1981 年版。

〔宋〕朱熹:《朱子全书》,上海古籍出版社、安徽教育出版社 2002 年版。

〔宋〕朱熹:《周易本义》,萧汉明:《〈周易本义〉导读》,齐鲁书社 2003 年版。

〔宋〕黎靖德:《朱子语类》,中华书局 1986 年版。

〔宋〕陆九渊:《陆九渊集》,中华书局 1980 年版。

〔宋〕杨简:《慈湖遗书》,《文渊阁四库全书》第 1156 册,台湾商务印书馆 1986 年版。

〔明〕曹端:《曹端集》,中华书局 2003 年版。

〔明〕薛瑄:《薛瑄全集》,山西人民出版社 1990 年版。

〔明〕陈献章:《陈献章集》,中华书局 1987 年版。

〔明〕蔡清:《易经蒙引》,《文渊阁四库全书》第 29 册,台湾商务印书馆1986年版。

〔明〕蔡清:《四书蒙引》,《文渊阁四库全书》第206册,台湾商务印书馆1986年版。

〔明〕湛若水:《湛甘泉先生文集》,《四库全书存目丛书》集部第56~57册,齐鲁书社1997年版。

〔明〕湛若水:《格物通》,《文渊阁四库全书》第716册,台湾商务印书馆1986年版。

〔明〕王守仁:《王阳明全集》,上海古籍出版社1992年版。

〔明〕黄绾:《明道编》,中华书局1959年版。

〔明〕崔铣:《读易馀言》,《文渊阁四库全书》第30册,台湾商务印书馆1986年版。

〔明〕崔铣:《士翼》,《文渊阁四库全书》第714册,台湾商务印书馆1986年版。

〔明〕季本:《易学四同》,《四库全书存目丛书》经部第3册,齐鲁书社1997年版。

〔明〕季本:《易学四同别录》,《四库全书存目丛书》经部第3册,齐鲁书社1997年版。

〔明〕王畿:《王畿集》,凤凰出版社2007年版。

〔明〕罗汝芳:《罗汝芳集》,凤凰出版社2007年版。

〔明〕熊过:《周易象旨决录》,《文渊阁四库全书》第31册,台湾商务印书馆1986年版。

〔明〕陈士元:《易象钩解》,《文渊阁四库全书》第31册,台湾商务印书馆1986年版。

〔明〕来知德:《周易集注》,《文渊阁四库全书》第32册,台湾商务印书馆1986年版。

〔明〕唐鹤征:《周易象义》,《四库全书存目丛书》经部第10册,齐鲁书社1997年版。

〔明〕苏浚:《易经儿说》,《四库全书存目丛书》经部第 13 册,齐鲁书社 1997 年版。

〔明〕苏浚:《周易生生篇》,《续修四库全书》第 10 册,上海古籍出版社 2002 年版。

〔明〕钱一本:《像象管见》,《文渊阁四库全书》第 33 册,台湾商务印书馆 1986 年版。

〔明〕高攀龙:《周易易简说》,《文渊阁四库全书》第 34 册,台湾商务印书馆 1986 年版。

〔明〕张介宾:《类经图翼附:类经附翼》,人民卫生出版社 1965 年版。

〔明〕黄道周:《易象正》,《文渊阁四库全书》第 35 册,台湾商务印书馆 1986 年版。

〔明〕黄道周:《三易洞玑》,《文渊阁四库全书》第 806 册,台湾商务印书馆 1986 年版。

〔明〕方孔炤:《周易时论合编》,《续修四库全书》第 15 册,上海古籍出版社 2002 年版。

〔明〕方以智著,庞朴注释:《东西均注释》,中华书局 2001 年版。

〔明〕方以智:《易余》,张昭炜整理:《方以智著作选》,九州出版社 2015 年版。

〔明〕魏濬:《周易古象通》,《文渊阁四库全书》第 34 册,台湾商务印书馆 1986 年版。

〔明〕何楷:《古周易订诂》,《文渊阁四库全书》第 36 册,台湾商务印书馆 1986 年版。

〔明〕董守谕:《卦变考略》,《文渊阁四库全书》第 35 册,台湾商务印书馆 1986 年版。

〔明〕智旭:《周易禅解》,江苏广陵古籍刻印社 1998 年版。

〔清〕李道平:《周易集解纂疏》,中华书局1994年版。

〔清〕黄宗羲:《明儒学案》,中华书局1985年版。

〔清〕朱彝尊:《经义考》,中华书局1936年版。

〔清〕张廷玉等:《明史》,中华书局1987年版。

〔清〕永瑢等:《四库全书总目》,中华书局1965年版。

〔清〕皮锡瑞:《经学历史》,中华书局1959年版。

〔清〕皮锡瑞:《经学通论》,中华书局1954年版。

朱伯崑:《易学哲学史》,昆仑出版社2005年版。

高怀民:《宋元明易学史》,广西师范大学出版社2007年版。

刘大钧:《周易概论》,齐鲁书社1988年版。

廖名春、康学伟、梁韦弦:《周易研究史》,湖南出版社1991年版。

徐志锐:《宋明易学概论》,辽宁古籍出版社1997年版。

潘雨廷:《读易提要》,上海古籍出版社2003年版。

林忠军:《象数易学发展史》第一卷,齐鲁书社1994年版。

林忠军:《象数易学发展史》第二卷,齐鲁书社1998年版。

杨自平:《明代学术论集》,台湾万卷楼图书股份有限公司2008年版。

杨自平:《世变与学术——明清之际士林〈易〉学与殿堂〈易〉学》,台湾大学出版中心2012年版。

彭迎喜:《方以智与〈周易时论合编〉考》,中山大学出版社2007年版。

翟奎凤:《以易测天——黄道周易学思想研究》,中国社会科学出版社2012年版。

刘谨铭:《方孔炤〈周易时论合编〉之研究》,台湾花木兰文化出版社2013年版。

夏金华:《佛学与易学》,台湾新文丰出版公司1997年版。

林庆彰:《明代经学研究论集》,台湾文史出版社 1994 年版。

章权才:《宋明经学史》,广东人民出版社 1999 年版。

吴雁南、秦学颀、李禹阶主编:《中国经学史》,福建人民出版社 2001 年版。

姜广辉主编:《中国经学思想史》第三卷,中国社会科学出版社 2010 年版。

牟宗三:《心体与性体》,上海古籍出版社 1999 年版。

牟宗三:《从陆象山到刘蕺山》,上海古籍出版社 2001 年版。

侯外庐、邱汉生、张岂之主编:《宋明理学史》,人民出版社 1884 年版。

陈来:《宋明理学》,华东师范大学出版社 2003 年版。

张学智:《明代哲学史》,北京大学出版社 2000 年版。

冯达文、郭齐勇主编:《新编中国哲学史》,人民出版社 2004 年版。

王新春:《易学与中国哲学》,人民出版社 2012 年版。

苟小泉:《陈白沙哲学研究》,中华书局 2009 年版。

乔清举:《湛若水哲学思想研究》,台湾文津出版社 1993 年版。

彭国翔:《良知学的展开》,生活 · 读书 · 新知三联书店 2005 年版。

吴震:《泰州学派研究》,中国人民大学出版社 2009 年版。

[日]冈田武彦:《王阳明与明末儒学》,上海古籍出版社 2000 年版。

蒋国保:《方以智哲学思想研究》,安徽人民出版社 1997 年版。

后 记

《明代易学史》是教育部人文社会科学重点研究基地山东大学易学与中国古代哲学研究中心重大项目“明清易学”之一部分研究成果。另一部分研究成果为《清代易学史》，亦已完成，不久将会付梓。“明清易学”项目自 2007 年立项，至 2014 年初步成果汇集成册，通过结项。按照课题研究合同，本项目应当三年完成，却拖至七年，研究进展如此之缓慢，主要原因是课题组对课题研究难度估计不足。传统观念认为，在易学史、哲学史乃至整个思想史上，宋代最具原创精神，元明延续宋代，且一代不如一代，即元不及宋、明不及元。至清，其时考据学和训诂学盛行，故清代学人及著述思想性、哲学性相对较弱。这种观点在学界非常流行。然而，当真正进入易学领域研究时，却发现其情况绝非想象中那么简单。以明代为例，明代的许多易学家，不仅有自己独特的易学研究思路和话语，而且对易学研究不乏精辟之见。就其整体的内容而言，明代易学庞大广博，融合了儒道释、心学与理学、象数与义理、天文历法等学说；就其象数而言，除了宋代图书之学，还有汉代象数学与训诂学。有的易学家倾一生之精力，潜心研究易学，运用天文、历法、数学等自然科学知识，结合筮法相关理论，诠释易学文本，建构一个庞大的象数易学体系。用一年或几个月，甚至更短时间去理清其思想来龙去脉，通晓易学概念与思想体系的真实内涵，谈何容易！

故进行深入研究非短时期所为。此为研究进展缓慢重要的原因之一。而就研究团队而言,研究人员并不专职,每一位研究人员皆承担着诸多繁重的教学、编刊和其他科研任务,无法把全部精力投入到课题研究上。且由于种种原因,团队不得不做出频繁的调整,致使研究计划远远超出了先前预期。当然,最为重要的是,作为本课题负责人,我负有不可推卸的责任。在自责之余,亦深感在当下合作完成一易学科研项目实为不易。

本书是研究团队通力合作之结晶。其象数易学部分主要由林忠军负责,其义理易学主要由张沛与张韶宇负责。全书具体分工如下:

概述　林忠军撰

第一章:程朱一尊格局下的理学易

一、崇奉朱子的曹端易学　王广撰

二、恪守朱学的薛瑄易学　张沛撰

三、发明朱子学的蔡清易学　高原撰

四、批判与修正朱子学的崔铣易学　吕相国撰

第二章:心学易的繁盛

一、陈献章“江门之学”的易学注解　张沛撰

二、湛若水的心学与易学　张沛撰

三、王守仁的易学观　张沛撰

四、王畿心学与易学的融通互释　张沛撰

五、黄绾的“艮止”之学　张韶宇撰

六、季本的“四同”与“龙惕”易学　张韶宇撰

七、通于四书五经的罗汝芳易学　张沛撰

八、“以象明理”的唐鹤征易学　张韶宇撰

第三章:会通理学与心学的义理易学

一、高攀龙的“易简”易学　张韶宇撰

二、苏浚的"生生"易学　赵中国撰

三、钱一本的"像象"易学　马士彪撰

第四章:象数易学的新发展

一、以象解《易》方法的回归

(一)熊过与《周易象旨决录》　林忠军撰

(二)陈士元与《易象钩解》　林忠军撰

(三)魏濬与《易义古象通》　林忠军撰

(四)董守谕与《卦变考略》　乔宗方撰

(五)何楷与《古周易订诂》　陶英娜撰

二、来知德的"错综"象学　林忠军撰

三、贯通天文、历数与历史的黄道周易学　林忠军撰

四、桐城方氏父子的"时论"易学　林忠军撰

第五章:学术会通造就的易学成果

一、以佛解易的智旭易学　张韶宇撰

二、《易》医互诠的张介宾易学　乔宗方撰

本书大致选择了25位有影响的、能够体现时代特色的易学家及30余部易学著作加以研究,研究成果汇集成书。书稿撰成之后,由课题负责人通审全书,并在不违背作者原意的前提下进行修改。后又由张沛再审、润色加工并负责修改体例。

由于课题负责人才学疏浅,团队研究水平参差不齐,该书仍存有不尽人意之处。如明代易学家和易学著作很多,因时间所限,未能遍读现存所有明代易学著作,只能借助于诸种易学提要著作筛选易学家或易学著作,故不免会忽略遗漏一些重要的易学家或易学著作,此为一失;对于某些本书已谈及的易学家和易学著作的研究又缺乏深度,则为另一失。还请海内外易学方家不吝赐教。

本书为集体研究成果,诸位研究人员为本书撰写皆付出了大量的心血。在本书出版之际,向为本书撰写付出辛勤劳动的研究

人员深表感谢！

刘大钧教授不仅关注本课题研究，书成之后还拨冗亲为本书题签，在此深表谢意！

齐鲁书社陈修亮先生及同仁为本书出版做了大量工作，在此表示谢忱！

林忠军于山东大学

2015 年 12 月

图书在版编目(CIP)数据

明代易学史/林忠军等著.—济南:齐鲁书社,
2016.6(2018.12 重印)
ISBN 978-7-5333-3484-0

Ⅰ.①明… Ⅱ.①林… Ⅲ.①《周易》—研究—中国
—明代 Ⅳ.①B221.5

中国版本图书馆 CIP 数据核字(2016)第 106233 号

明代易学史

林忠军 张 沛 张韶宇 等著

主管单位	山东出版传媒股份有限公司
出版发行	齊魯書社
社 址	济南市英雄山路 189 号
邮 编	250002
网 址	www.qlss.com.cn
电子邮箱	qilupress@126.com
营销中心	(0531)82098521 82098519
印 刷	山东德州新华印务有限责任公司
开 本	880mm×1230mm 1/32
印 张	14.25
插 页	3
字 数	358 千
版 次	2016 年 6 月第 1 版
印 次	2018 年 12 月第 2 次印刷
标准书号	ISBN 978-7-5333-3484-0
定 价	**88.00 元**